〔美〕亚历山大·沃尔夫
Alexander Wolff
著

衬纸

Endpapers

关于书籍、战争、逃亡与故乡的家族故事
A Family Story of Books, War, Escape, and Home

王聪 译

人民文学出版社
PEOPLE'S LITERATURE PUBLISHING HOUSE

著作权合同登记号　图字 01-2023-4551

Copyright ©2021 by Alexander Wolff
Copyright licensed by Grove/Atlantic, Inc.
arranged with Andrew Nurnberg Associates International Limited

图书在版编目（CIP）数据

衬纸：关于书籍、战争、逃亡与故乡的家族故事／（美）亚历山大·沃尔夫著；王聪译．--北京：人民文学出版社，2024．-- ISBN 978-7-02-018968-7

Ⅰ. K851.609

中国国家版本馆 CIP 数据核字第 20249WV783 号

责任编辑	汪　徽
装帧设计	刘　远
责任印制	宋佳月

出版发行	人民文学出版社
社　　址	北京市朝内大街166号
邮政编码	100705

印　　刷	侨友印刷（河北）有限公司
经　　销	全国新华书店等

字　　数	346千字
开　　本	880毫米×1230毫米　1/32
印　　张	15.625　插页3
印　　数	1—5000
版　　次	2024年11月北京第1版
印　　次	2024年11月第1次印刷

书　　号	978-7-02-018968-7
定　　价	72.00元

如有印装质量问题，请与本社图书销售中心调换。电话：010-65233595

谨以此书献给
同时拥有美国与德国国籍的
弗兰克与克拉拉

"森林里，积雪从树枝上散落，很快就铺满了整片大地。"每当我读到这一页，便会抬头看着她，不解地问道，如果大地都变成了白色，那松鼠怎么知道它们把坚果埋在了哪里？……松鼠究竟如何判断松果的位置？我们对自己又了解几分？我们如何记住过往？我们最终能从往事中发现什么？

——W.G. 塞巴尔德（W. G. Sebald），
《奥斯特利茨》（*Austerlitz*）

家族谱系图

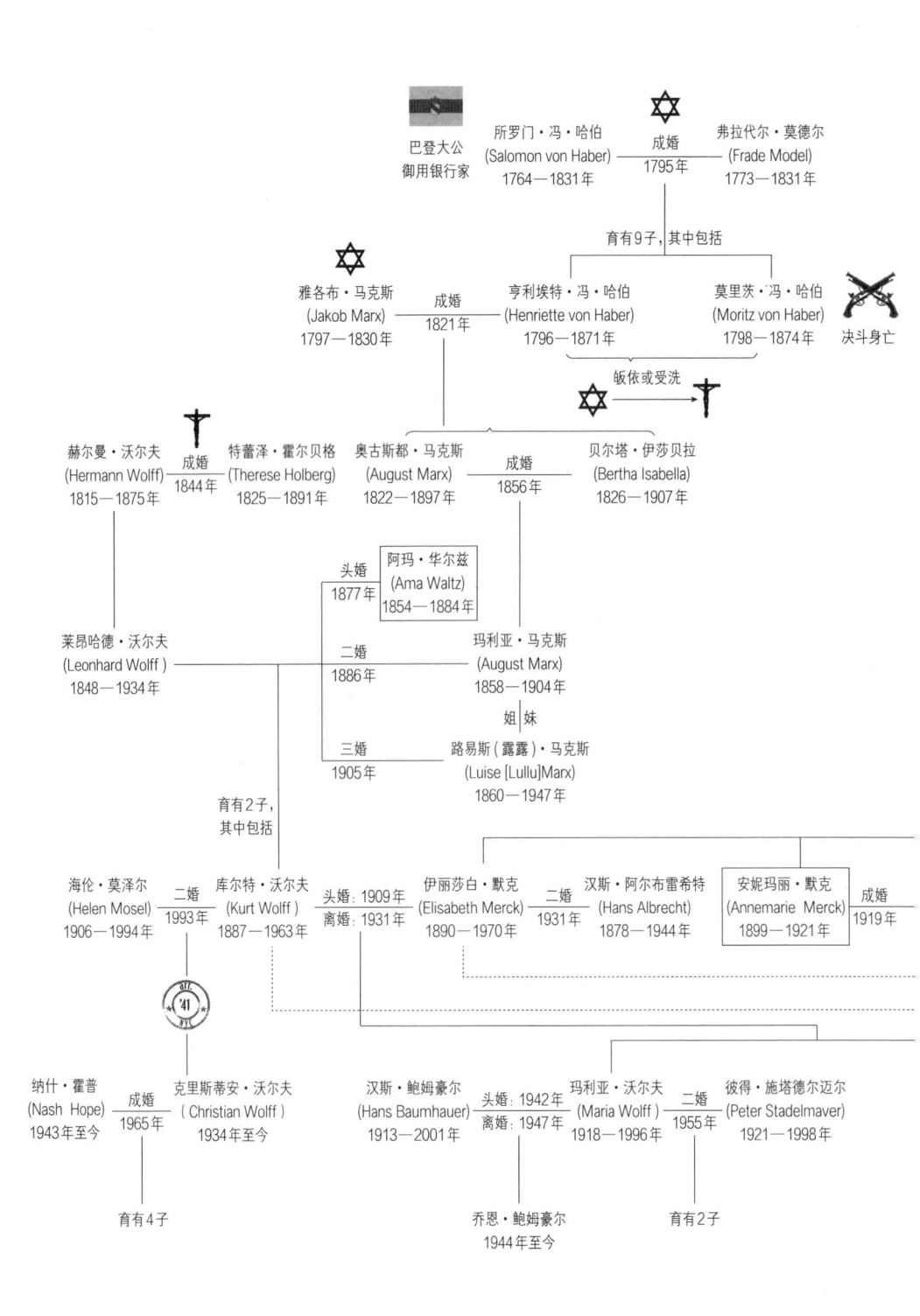

巴登大公御用银行家

- 所罗门·冯·哈伯 (Salomon von Haber) 1764—1831年
- 成婚 1795年
- 弗拉代尔·莫德尔 (Frade Model) 1773—1831年

育有9子，其中包括：

- 亨利埃特·冯·哈伯 (Henriette von Haber) 1796—1871年
- 莫里茨·冯·哈伯 (Moritz von Haber) 1798—1874年（决斗身亡）

皈依或受洗

- 雅各布·马克斯 (Jakob Marx) 1797—1830年
- 成婚 1821年
- 亨利埃特·冯·哈伯

子女：
- 奥古斯都·马克斯 (August Marx) 1822—1897年
- 成婚 1856年
- 贝尔塔·伊莎贝拉 (Bertha Isabella) 1826—1907年

- 赫尔曼·沃尔夫 (Hermann Wolff) 1815—1875年
- 成婚 1844年
- 特蕾泽·霍尔贝格 (Therese Holberg) 1825—1891年

奥古斯都·马克斯的婚姻：
- 头婚 1877年：阿玛·华尔兹 (Ama Waltz) 1854—1884年
- 二婚 1886年：玛利亚·马克斯 (August Marx) 1858—1904年（姐妹）
- 三婚 1905年：路易斯（露露）·马克斯 (Luise [Lullu] Marx) 1860—1947年

- 莱昂哈德·沃尔夫 (Leonhard Wolff) 1848—1934年

育有2子，其中包括：

- 海伦·莫泽尔 (Helen Mosel) 1906—1994年
- 二婚 1993年
- 库尔特·沃尔夫 (Kurt Wolff) 1887—1963年
- 头婚：1909年 / 离婚：1931年
- 伊丽莎白·默克 (Elisabeth Merck) 1890—1970年
- 二婚 1931年
- 汉斯·阿尔布雷希特 (Hans Albrecht) 1878—1944年
- 安妮玛丽·默克 (Annemarie Merck) 1899—1921年
- 成婚 1919年

- 纳什·霍普 (Nash Hope) 1943年至今
- 成婚 1965年
- 克里斯蒂安·沃尔夫 (Christian Wolff) 1934年至今

- 汉斯·鲍姆豪尔 (Hans Baumhauer) 1913—2001年
- 头婚：1942年 / 离婚：1947年
- 玛利亚·沃尔夫 (Maria Wolff) 1918—1996年
- 二婚 1955年
- 彼得·施塔德尔迈尔 (Peter Stadelmaver) 1921—1998年

育有4子

乔恩·鲍姆豪尔 1944年至今

育有2子

德裔美国家族家谱 图例

□ 自杀　　　　　　———— 正常婚姻

___ 兄弟姐妹　　兄弟姐妹关系　　········ 婚外情

于1891年创立
默克美国子公司

乔格·默克 (Georg[e]Merck) 1867—1926年　兄弟　卡尔·伊曼纽尔·默克 (Carl Emanuel Merck) 1862—1909年　成婚 1898年　克拉拉·布兰卡茨 (Clara Blanckarts) 1862—1929年

育有5子，其中包括：

杰斯科·冯·普特卡莫 (Jesko von Puttkamer) 1889—1970年　兄妹　安妮玛丽·冯·普特卡莫 (Annemaire von Puttkamer) 1891—1969年　成婚：1925年 离婚：1930年　弗里茨·克罗默 (Fritz Crome) 1879—1948年　威廉·默克（威廉叔叔）(Wilhelm Merck) 1893—1952年　成婚 1918年　埃内斯塔·罗嘉拉 (Ernesta Rogalla von Bieberstein) 1898—1927年

育有2子，其中包括

尼古拉斯·沃尔夫 (Nikolaus Wolff) 1921—2007年　成婚 1954年　玛丽·尼夫 (Mary NEAVE) 1930—2011年　依诺克·克罗默 (Enoch Grome) 1926—2018年　成婚　凯伦·阿伦岑 (Karen Arentzen)　伊曼纽尔·默克 (Emanuel Merck) 1920—1969年　成婚 1949年　乌苏拉·朗格 (Ursula Lange) 1922—2003年

育有2子，其中包括

亚历山大·沃尔夫 (Alexander Wolff) 1957年至今

育有2子，其中包括

安妮玛丽·克罗默 (Annemaire Crome) 1952年至今

育有3子，其中包括

尼克·默克 1957年至今

目　录

序　　　　　　　　　　　　　　　　　　　　　　　　　　　1

导言　　　　　　　　　　　　　　　　　　　　　　　　　　1
第 一 章　传承家风，初耕书田　　　　　　　　　　　　　　13
第 二 章　投身行伍　　　　　　　　　　　　　　　　　　　38
第 三 章　从痴迷技术的男孩，到被时代抛弃的"废君"　　　64
第 四 章　避难地中海　　　　　　　　　　　　　　　　　　93
第 五 章　无条件引渡　　　　　　　　　　　　　　　　　109
第 六 章　摸进黑屋　　　　　　　　　　　　　　　　　　136
第 七 章　救命之恩　　　　　　　　　　　　　　　　　　155
第 八 章　在恐惧中死去　　　　　　　　　　　　　　　　166
第 九 章　血与耻　　　　　　　　　　　　　　　　　　　181
第 十 章　连锁式迁移　　　　　　　　　　　　　　　　　214
第十一章　人生暮年　　　　　　　　　　　　　　　　　　222
第十二章　第二次流亡　　　　　　　　　　　　　　　　　245
第十三章　猪窝　　　　　　　　　　　　　　　　　　　　258

第十四章	海龟湾	276
第十五章	"别和我说话"先生	286
第十六章	浅水码头	300
第十七章	在死人堆上嬉戏	322
第十八章	结局,自会到来	351
后记		361
致谢与资料来源		367
参考文献		379
图片来源		400
注释		402
译后记		483

序

父亲用肘尖戳了戳我，说道："这事好像只有盖世太保才能干出来！"

20世纪70年代，我在纽约州罗切斯特（Rochester）市郊度过了自己的年少时光。那时，父亲把电视机蔑称为"会发声的木匣"（Glotzofon），严格控制我看电视的时间：我只能在周末晚上看上一集情景喜剧，在周六或周日看一场比赛，而且周一到周五晚上放学绝对不可以坐到电视机前。不过，在1973年的一段时间里，父亲竟破例允许我在平日晚上看电视，观看公共电视台在黄金时段重播的参议院水门事件特别调查委员会（Senate Select Committee on Watergate）听证会。

在那之前，我一直不理解父亲的兴趣爱好。16岁的我，根本不想和他喜爱的东西有半点交集，比如室内乐、无线电设备和汽车引擎盖下的各种物件。他对我的两大爱好——英式摇滚和纽约尼克斯球队——也从没有兴趣主动过问。不过，我俩都被华盛顿血雨腥风的政治斗争深深吸引，持续关注着各自支持的一方，追踪他们的动态，对一个个带有字母 R 和 D 的政治人物姓名如数家珍。我俩一致认为，上帝在为水门事件选角时，肯定特意选择了双下巴的参议员山姆·欧文（Sam Ervin）、约翰·迪安（John Dean）以及一位名叫安东尼·乌拉谢维奇（Anthony Ulasewicz）的证人。在美国观众眼中，乌拉谢维奇类似鲁恩尼笔下调剂剧情的角色①，但在我父亲看来，此人是一位尚有良知的警察，换作他年轻时所在的德国，根本没有足够的条件培养出这样的人物。

渐渐地，我也开始逐渐理解为什么每天晚上父亲会被电视里的内容吸引。家父出生于魏玛共和国②。他还不满12岁时，希特勒就已掌权。而现在，他已经是另一个国家的公民，所以格外珍惜重新参与民主政治的机会。正因如此，每晚放学后，我才可以先把家庭作业扔在一旁，坐在沙发上紧挨着父亲，和他一起关注把我们父子俩联系在一起的头等大事。

有一次，我们平日关注的政治闹剧一直持续到周末，当天发生了日后为人熟知的"周六夜间屠杀"（Saturday Night Massacre）。在那起事件中，两名司法部官员因拒不服从尼克松总统要求解雇特别检察官的命令，先后被开除职务。如此践踏法治的行为，迫使国会通过弹劾法案，最终引发尼克松辞职。

在我父亲看来，电视中发生的这一切晚来了三十多年。不过，他仍然为此激动不已——他亲眼看到，在他现在所归属的国家里，国家公职人员能够坚持原则，拒绝服从违背原则的命令。

---

① 鲁恩尼（Runyon）是一位美国作家兼新闻记者，他所写的关于纽约黑社会人物的短篇小说使用了大量丰富多彩的俚语，具有浓厚的个人风格。——译者注（若无特殊说明，本书脚注均为译者注）
② 魏玛共和国（Weimar Republic），即1918年至1933年采用共和宪政政体的德国。——编者注

《诗画年鉴》(*Almanac of Art and Poetry*)封面,由库尔特·沃尔夫出版社出版,1927年,慕尼黑。封面木版画出自法朗士·麦绥莱勒(Frans Masereel)的漫画小说《太阳》(*Le Soleil*,国内也译作《光明的追求》)。1920年,《太阳》德文版(*Die Sonne*)由库尔特·沃尔夫出版社出版

1936年8月，吕贝克（Lübeck）街头的景象
摄影：尼古拉斯·沃尔夫（时年15岁）

导 言

追寻库尔特与尼科的足迹

这本书中的故事跨越了整整两代德国人，记述了两名土生土长的德国人如何成为美国公民。他们便是我的爷爷和父亲，前者背井离乡流亡至美洲新大陆，后者则是通过移民手段来到美国。本作分别回顾了二人的人生，记述了他们各自的命运起伏。此书成书于右翼民粹主义在大西洋两岸有所抬头之际。其间，我以旅居柏林一年的所见所闻为背景，融入自己对家族与历史的回顾与反思，最终完成了这部作品。

我的爷爷名叫库尔特·沃尔夫（Kurt Wolff），是一名书商，在"一战"爆发前曾叱咤整个德国文学界。他遗传了母亲的犹太血统。彼时阿道夫·希特勒及其邪恶政权的势力日渐壮大，但并非这血统使我爷爷不容于时代，而是他对新鲜事物的敏锐感知力使他与时代格格不入。脆弱的和平、恶性的通胀，加之动荡的时局，在种种因素的冲击之下，库尔特举步维艰，无奈于1930年关闭了亲手创立的库尔特·沃尔夫出版社（Kurt Wolff Verlag）。三年后，他逃离了纳粹德国，一路辗转来到纽约，于1941年在此创立了万神殿出版社（Pantheon Books）。与此同时，被他留在大洋彼岸的家父尼古拉斯·沃尔夫（Nikolaus Wolff）先被征召进德国国防军（Wehrmacht，第三帝国的军队）服役，后在战斗中成为俘虏，被投进美军战俘营，1948年他移民美国。

从我出生（1957年）到家父去世的整整五十年间，美国社会盛行着种族融合之风。受此影响，父亲保持着"一切向前看"的生活态度，我也因此跟着安享盛世太平，坐看河清海晏。"二战"结束后，怀旧思潮在美国方兴未艾，但父亲却无动于衷。他不愿意回首往事，我也只好闭口不谈过去，随他一同积极活在当下，用努力工作治愈过往的心灵创伤，这就是德国人所说的投入到忙碌的"工作疗法"（Arbeitskur）中去。

但是，在我父亲去世十年后，年过六旬的我渐渐地发现，自己对家族的往事愈发感兴趣，内心渴望深挖先人们在欧洲的生活经历，探寻他们未曾详述的黑暗岁月。像我这一代的德国人，常常会缠着长辈问关于纳粹的各种问题，会催着父母和祖父母讲他们知道和做过的事情。相比之下，我对家族历史的了解很不充分，内心的愧疚感油然而生。回想起20世纪60年代与70年代之交，"西德经济奇迹"的浪潮裹挟着毒品、摇滚与内乱，席卷了德国社会。当时的人们认为，德国经济能够复苏，归功于一种保留了纳粹残余的政企体制。因此，年轻一代的德国人对长辈们淡忘历史和逃避历史责任的做法感到不满，指责他们堂而皇之地用忙碌的"工作疗法"麻瘠自我。自那以后，德国民众普遍愿意正视"反省、悔罪与承担历史责任"问题，即愿意"克服过去"（working off the past，德语为Vergangenheitsaufarbeitung）。此思潮愈演愈烈，现已成为现代德国的一大特质。

有一位与我年纪相仿的德国表弟，是我父亲的教子。他从事的也是记者职业，并且与我父亲同名。有一次，他向我提出了一个尖锐的问题："你们为什么决定去柏林？"我回答说："你们很早就开始'克服过去'，而作为美国人的我，却迟迟没开始这么做。"听我这一说，尼古拉斯表弟豁然开朗，因为他年轻时就致力于宣扬自己的反主流文化主张，甚至参加过"洗涤父辈罪孽仪式"。可以确定的是，我虽然很晚才开始"克服过去"，但应该可以得到谅解，原因有以下三点。首先，我的亲戚，也就是沃尔夫家族的成员们，如今散居在特拉华州威尔明顿市、新泽西州普林斯顿市和纽约州罗切斯特市（Rochester），几乎和德国不再有任何瓜葛。其次，我所盘点的过去主要是美国人的罪行，如奴隶制与吉姆·克劳法案，它们牵涉到的是母亲那边的祖先。最后，家父来到美国时只有21岁，只会说一些简单的英语。但在这个包容的国家里，他很快就被接纳为纯正的美国人，地位丝毫不输自己的妻子（土生土长的康涅狄格州欧裔白人）。

有了想法后，我便着手为柏林之行做准备。为此，已在《体育画报》（Sports Illustrated）工作了36年的我，毅然选择买断工龄，然后将买断金存入德国的一家银行。我的妻子瓦妮莎（Vanessa）也向工作单位递交了辞职信，辞去了访视护士的工作。我们还找

3

到了一对夫妇,让他们搬进位于佛蒙特州的旧农舍,替我们照顾小猫小狗。为了安顿两个只有十几岁的孩子[弗兰克(Frank)和克拉拉(Clara)],我们把他们送进了柏林城郊的国际学校读书。在克罗伊茨贝格区(Kreuzberg),瓦妮莎和我租下了一整年的公寓,与来自190多个国家的居民为邻。这片区域仍未受到"中产阶级化"浪潮的冲击,尚存有一丝古朴的东地中海风情。另外,得益于柏林有大量共享工作空间,我很快便在家门口的AHA众创空间(AHA Factory)找到了一张办公桌。从这座工作空间的命名不难看出,创始人期望里面的租户每隔几分钟就能迸发出令人欣喜的灵感。

*

2017年8月的一个下午,我们乘坐的航班降落在泰格尔机场(Tegel Airport)。当时,我对爷爷和父亲在欧洲的生活轨迹,仍然只存有模糊的印象,只知道爷爷库尔特·沃尔夫在1933年2月28日那晚永远地离开了德国。他飞离柏林时,德国国会大厦的大火虽然已被扑灭,但余烬仍在闷燃。在接下来的六年半时间里,他为了续签即将到期的德国护照,在瑞士、法国和意大利之间辗转奔走。而在1931年,他就已经与奶奶正式离婚,将我的父亲(当时只有11岁)和他的姐姐玛利亚(Maria,当时只有14岁)留在慕尼黑同我奶奶一起生活,奶奶的家族拥有默克(Merck)制药帝国。与三人同住在一个屋檐下的,还有奶奶的第二任丈夫,此人和我奶奶都是非犹太血统。

在库尔特签下的作家中,有不少是犹太人[如弗兰茨·卡夫卡(Franz Kafka)]、表现主义者、和平主义者或"反动"文人。相比库尔特母亲的犹太血统,纳粹似乎对这些作家更深恶痛绝,将他们的作品全部丢进火堆焚毁。卡尔·克劳斯(Karl Kraus)、沃尔特·梅林(Walter Mehring)、亨利希·曼(Heinrich Mann)、约瑟夫·罗特(Joseph Roth)、卡尔·施特恩海姆(Carl Sternheim)、格奥尔格·特拉克尔(Georg Trakl)和弗朗茨·韦尔弗(Franz Werfel)均未能幸免于难。德军攻占法国后,库尔特和他的第二任妻子海伦(Helen),在美国记者瓦里安·弗莱(Varian Fry)及其所属紧急救援委员会(Emergency Rescue Committee)的出手相助下,携他们的儿子(即我同父异母的小叔克里斯蒂安)逃离尼斯,后于1941年3月从里斯本启航前往纽约。到了第二年年初,库尔特和海伦便在曼哈顿租住的公寓内创立了"万神殿出版社"。

接下来,库尔特的公共影响力越来越大,他的名字至今仍然能够引发部分文学界人士的好奇。相比之下,我父亲的生活却从未走进公众的视野,因此给我的写作带来了一些难题,致使我对我的父亲尼科(Niko)[①]·沃尔夫的许多经历心存疑惑。比如,他是犹太人,却为何能被征召进德国国防军服役?当他的父亲逃离德国时,为何没有带上他,而是把他留在原地,让他亲身遭受纳粹统治的蹂躏?尼科把怎样的罪孽背负到了新大陆,以至于要用余生偿还?他能逃过战后的审判,难道是因为有人暗中干预,或是被豁免了罪行,还

---

① 尼古拉斯的昵称。——编者注

是享有什么特权？那我能来到这世上又因为什么呢？我需要悔过哪些事情呢？

与库尔特不同，我父亲尼科在讲述自己的经历时，我从中听不出半点"信仰流亡者"（Gesinnungsemigrant，指因坚持信仰而流亡海外的德国人）的孤傲。刚刚来到柏林那会儿，我对尼科的了解与他告诉我的内容相差无几：他在巴伐利亚的寄宿制学校读书期间曾加入"希特勒青年团"；他在19岁的时候，曾被征召进准军事组织国家劳役团（the Reich Labor Service，德语为 Reichsarbeitsdienst）；德国入侵苏联期间，他曾驾驶卡车，为德国空军的某支飞行中队运送后勤补给。当我问起他是否杀过人时，得到的回答是：从未故意杀人。战争结束后，他为了争取进入慕尼黑理工学院化学系读书的名额，按要求花了整整三年时间在慕尼黑的废墟一块块地捡拾瓦砾。本科毕业后，库尔特帮助尼科拿到了学生签证，得以前往美国攻读硕士学位。从那以后，除了偶尔几次回家探亲外，我父亲再也没有回过德国。

库尔特成为一名"连字符美国人"[①]时，已是60岁。在他看来，这样一种先断后连的符号是走上重塑自我之路的通行证，曾两次在其人生之路上发挥作用。第一次是在走下逃难客轮后的几年内，他用英语出版了多本畅销书，而这种语言他自己还没掌握；第二次是

[①] 原文为"hyphenated American"。在美国，描述一个人的族群属性时，常会使用连字符来连接个人的祖籍和"美国人"一词，如 German-American（德裔美国人）。特别是对德裔美国人而言，他们将民族认同感摆在了国家认同感前面，先认可自己是德国人，再认可自己是美国人。

在二十年后，当他因种种原因被迫再度逃亡，流落欧洲时，正是把他驱逐出公司的那类美国经理人拉了他一把，让他在逝世前的短短几年时间里，以赎清罪孽的德裔美国人身份，享受了不期而遇的职业巅峰。

库尔特以自己的工作热情为豪，总是带着愉悦心情，孜孜不倦地开展工作，然后强迫别人以他的眼光欣赏事物，偶尔遭到对方拒绝后，便会极力掩饰自己的尴尬，但事后还会一如既往地向身边的同事、宾客、读者或者合作伙伴热情推荐自己的兴趣爱好，比如一本好书，但更多的是一幅好画或一首佳曲、一道美食或一瓶美酒。在20世纪的前六十多年里，毁灭与恐惧成了那个时代的特征，库尔特却一直在找寻能认同自己品位的高雅之士。我想，身为这样一个人的儿子，我的父亲必定过得很不容易，特别是从兴趣和人生经历来看，他和他父亲简直南辕北辙。当我的爷爷身处曼哈顿，不再担心性命之虞，一心想着如何发掘下一篇论述普遍主义的文章或奢华的对开本书籍，以取悦大众之时，我的父亲却正在慕尼黑的废墟中艰难地扒开一条小道。

我在出发前往柏林前，就已从祖辈传下来的故事中，以及少许二手资料中，或多或少地了解到一些事情。事实上，在了解家族历史的全貌后，我倍感惊叹，感慨自己发掘出如此多的家族往事，并在此基础上推导出大量的结论。相比之下，我父亲以前告诉我的东西实在太少。幸运的是，我爷爷库尔特的文章被收藏在德国与美国的档案馆，并且其中大部分已经出版，比如下面这封信：

亲爱的卡夫卡博士：

您新创作的中篇小说是叫《虫子》吗？弗朗茨·韦尔弗（Franz Werfel）和我提过很多次，所以我想亲自拜读一下，不知道您是否可以寄给我？

此外，我还从库尔特的日程本、日记和笔记中，得知了两件事情的细节：第一件事发生在1919年9月的一天，他以业余大提琴手的身份，与瑞士表现主义画家兼小提琴手保罗·克利（Paul Klee）同台演奏三重奏。第二件事发生在20世纪50年代的一天，他在格林威治村（Greenwich Village）的大提契诺餐馆（Grand Ticino）花了75美分请T. S. 艾略特（T. S. Eliot）吃了顿午饭。尼科在晚年的时候，将库尔特几十年积攒的日记整理成册，按照人物、时间、地点和杂项的分类，编制出一个电子索引表格。通过这件事，我不仅感受到了库尔特的社交魅力，而且还给我父亲取了个绰号——"人形制表机"（Human Flowchart）。

库尔特曾经发誓，自己永远不会写"任何类似《我的生活与爱情》①的东西"。在他看来，写回忆录是件出力不讨好的傻事，"能写出来的东西没啥意思，有意思的东西又没法写到纸面上"。另外，在编写这本书的过程中，我除了回忆我爷爷的一生，还满足了评论家唐纳德·杰罗姆·拉斐尔·布鲁克纳（D. J. R. Bruckner）在1992年为库尔特的文章与书信辑录撰写评论时许下的愿望——

---

① 即弗兰克·哈里斯（Frank Harris）创作的五卷本自传《我的生活与爱情》（*My Life and Loves*），该书因内容过于色情在欧美被封禁多年。

"他是一个很难相处的人,但从其文字便可以清晰地看出,此人热切追求好作品,做事热情,温文尔雅,忠于事业。即使是不熟悉他的读者,也会受不了他的自恃清高、固执死板和处事孤傲。但这些特质放在一起,却是那么地鼓舞人心……造就了魅力满满的沃尔夫。要是能有幸和这样的人聊上几句,一定倍感振奋。"希望这句话能够解释清楚库尔特·沃尔夫在我这本书中为何表现得如此不和谐。

*

初到柏林时,我还带来了成堆的家族信件,以便能够从中读出有用的信息。开始翻阅它们时,我便知道,我手中的这些仅仅是沧海一粟,肯定还有成千上万封家信不知被收藏在何处。沉浸在一个半世纪前的书信往来中,我对先人们的写信习惯熟稔于心:只保存邮递员送来的信件还远远不够,寄出的信件也必须留一份底稿存档。多年来,我常常听到爷爷叨唠他的观点:既然有办法把自己的情感和灵感吐露给别人,那还有什么必要把这些东西憋在心里,然后写到日记中只给自己看呢? 如果说出版的本质是分享文字,那么写一封信也是做出一份出版物,只不过是极致限量版。

库尔特在书信中尽情地宣泄着他对于出版事业的热情。"在为其他作家工作时,我是他们的商业代理,偶尔犯一些小错误,我只会感到有些恼火,"他在写给亨利希·曼的信中说道,"但到了你这里,我只要出了一点差错,就感觉自己像在犯罪。"另外,在给赫尔曼·黑塞(不是库尔特的签约作家,而是他的朋友)的回信中,他这样写道:"就像中了魔法一样,我躲藏在法国南部一个安静的角落里,突然听到有人呼唤我的名字……衷心感谢你,你就是那个施法的魔术师。"

库尔特对待自己的书信措辞,就像珍视自己出版的书籍一样,就连信中骂人的话,也经过了精心的雕琢。在他看来,糟糕的文笔不仅仅是在制造"废话"或"文字垃圾",而是"糟践了印刷这些文字的纸张"。1917年,时年30岁的库尔特在写给赖内·马利亚·里尔克(Rainer Maria Rilke)的信中,这样描述自己的职业:

> 我们出版人的职业生命其实只能活跃短短数年,而且是在我们真的用心活过的前提下……所以,我们的使命是,保持机敏,常怀一颗年轻的心,这样那镜子才不会过快地失去光泽。我还年轻,这些年是这么过来的:热衷于把自己的精力投入到想要做的事情中,在一次次付出努力和克服困难的过程中,欣喜地看到自己的能力得到了大幅提升。工作中的合作与让步,抓住机会对世界产生些影响,这些总令我乐此不疲。虽然我可能会出错,但我觉得,凭自己能力做成的那点好事,足以弥补我弄出的差错。

库尔特非常清楚,在写信这件事上,最重要的是什么。我在埋首故纸堆时,也会常常想起他的话。"谁会对收信人感兴趣呢?"他曾留心观察,"人们热衷读信,是因为他们对写信人感兴趣。"

于是,他就此总结道:"通常来说,人们写信,其实是写给他们自己。"

*

论文笔，我父亲肯定写不出库尔特·沃尔夫式的风格，但在写信方面他也从未松懈过。"二战"期间，他一直坚持给留在慕尼黑的母亲，也即我的奶奶伊丽莎白·默克·沃尔夫·阿尔布雷希特（Elisabeth Merck Wolff Albrecht）写信。这些内容翔实的信件得以保存至今，里面还有家父随信件附上的一些照片，以及部分证件，其中有一份纳粹颁发的"'雅利安人'血统证明表"（Nachweis der arischen Abstammung），能够证明他是受洗犹太人的外孙和曾外孙。在我看来，它们都是有用的边角史料。

过去这些年里，我曾听说，我奶奶为尼科和他姐姐修改了族谱，即用同姓的非犹太裔先人替换掉犹太裔祖先。据传言，她能想出这一招，是受到了第二任丈夫的影响，此人是一名产科医生，认识不少地位显赫的人物，可能是他们怂恿奶奶走出了这一步。比如，在这名医生收治的病人中，有一人竟是纳粹副元首鲁道夫·赫斯（Rudolf Hess）的妻子，而鲁道夫·赫斯深得希特勒信任，曾根据后者的口述，撰成《我的奋斗》一书。这则传闻如今已无从考证，却深深地影响着如今的后人。2012年，在伦敦报道奥运会期间，我曾用一上午时间携妻儿参观了内阁战时办公室，那是丘吉尔指挥英国军队对抗德军闪电战的地方。等到我们在咖啡馆找到位置坐下，准备享用午餐时，我九岁的女儿已经弄清楚，在她刚了解的这些历史人物中，哪些是好人，哪些是坏人，并且知道她爷爷当时站在哪一边。

但她想不明白的是:"既然爷爷的出身如此复杂,当初为什么不想办法当间谍呢?"

面对女儿的提问,我念叨了一些大道理,比如我们肩负着履行公民义务的神圣使命,我们每个人都有责任监督政府不会打着公民的旗号做出不义之举。但我总觉得,那天没能很好地回答清楚女儿的问题。并且我一直在怀疑,自己怎样寻找问题的答案,才能不辜负女儿的提问。所以,撰写这本书的初衷,就是着手探寻正确的答案。

我将柏林定为找寻答案之路的起点,因为它是一座现代化的欧洲城市,在气质上更接近库尔特与海伦在20世纪40年代登陆的曼哈顿。德意志联邦共和国总统里夏德·冯·魏茨泽克(Richard von Weizsäcker)曾在1983年发表演说,其中有一句话让我注意到了柏林:"在善恶两方,柏林都承载着德国的历史,而历史在此地留下了独一无二的伤痕。"正因如此,我才来到这里,用手指抚摸这些伤痕,测量每道伤口的长度,感受它们究竟有多么刻骨铭心。

第一章

传承家风，初耕书田

库尔特：1887 至 1913 年

自呱呱坠地起，我便与大提琴结下了不解之缘：本人的双亲分别是钢琴家和小提琴手，加上年幼的我，刚好能凑成三重奏组合。于是，我从二分之一尺寸大提琴开始练习，到了中学毕业时，已能熟练地演奏四分之三尺寸大提琴。从那时起，我盼望能够早日驾驭爷爷库尔特·沃尔夫留下的传家宝——那把成品于1779年的大提琴，琴身选用枫木和粗壮宽木纹云杉，琴面采用了精美的清漆工艺，由蒂罗尔州（Tyrol）的琴匠精心打造而成。

沃尔夫家族的音乐家学渊源，你不用追溯多久就能看到。曾祖父莱昂哈德·沃尔夫（Leonhard Wolff）曾在波恩（Bonn）当地的大学教授音乐，身兼乐队指挥、弦乐手、管风琴手和唱诗班指挥，平日里将各项工作安排得满满当当，每逢周日还要前往凯萨广场（Kaiserplatz）的路德宗教堂，为布道辞《布雷伯特瑞神甫》（*Pfarrer Bleibtreu*，字面意思是"牧师常怀虔敬之心"）穿插多段管风琴乐曲和唱诗班合唱。作为一名研究巴赫的学者，莱昂哈德不仅与勃拉姆斯（Brahms）交好，自己本身也是个作曲家，是沃尔夫家族中第三位继承了克雷菲尔德地区［Krefeld，位于莱茵兰（Rhineland）］部分音乐传统的专业音乐家。19世纪50年代，克拉拉·舒曼（Clara Schumann）途经波恩去参加其父举办的冬季演奏会时，年轻的莱昂哈德被派往克拉拉下榻的旅店敬献鲜花与水果。

莱昂哈德共经历了两段婚姻。他的第一任妻子安娜跳入莱茵河，结束了自己的生命。20个月后（1886年），莱昂哈德迎娶玛利亚·马克斯（Maria Max）作为第二任妻子。马克斯的父母均是当地犹太人，家族历史悠久。但为了照顾好莱昂哈德与前妻的两个孩子，玛利亚毅然放弃了女子中学教师的工作。1887年3月晚，玛利亚生下了我的爷爷库尔特，此时曾祖父莱昂哈德正在老旧的贝多芬厅指挥乐队演奏亨德尔（Handel）的《弥赛亚》（*Messiah*）。借用《弥赛亚》中的那句话"有一婴孩为我们而诞生（Unto us a son is given）"，沃尔夫家族的逸事由此开始。

和自己的父母一样，玛利亚受洗后成为一名基督徒，操持着一个更青睐世俗的德国知识分子家庭。她将自己的教师经验运用到了育儿过程中，常与继子、亲生儿子库尔特以及比库尔特小三岁的妹妹埃尔斯（Else）分享诗歌。她引导库尔特学习大提琴课程，帮助他做好了日后就读文理中学（Gymnasium）[①] 的人生规划。1904年，玛

---

① 德国的文理中学课程对于学生的学习能力要求较高，学生顺利毕业之后可以入读德国所有的大学；与之对应的是实科中学，对学生学习能力要求较低，学生毕业后可以入读德国的应用技术大学。

14

利亚去世，殁年四十六岁，当时库尔特仅有十六岁。可以说，玛利亚对库尔特的成长产生了深刻的影响。

　　相比妻子，莱昂哈德更加内敛深沉，长途漫步成了他的爱好之一。库尔特年少时，也总愿意一路跟随父亲，在途中缠着父亲给他讲作曲家、演奏家以及家族两位先人的逸闻趣事。其中一位先人名叫约翰·尼古拉斯（Johann Nikolaus），出生于1770年（贝多芬也在这一年出生），是弗兰肯（Franconian）地区一位磨坊主的儿子，曾担任克雷菲尔德地区的乐队指挥。另一位先人便是曾祖父的父亲赫尔曼（Hermann），他接替了约翰·尼古拉斯在乐队中的职务，与克拉拉·舒曼及其作曲家丈夫罗伯特·舒曼私交甚好。赫尔曼很早就开始追随勃拉姆斯，曾在1870年演奏了勃拉姆斯的《德意志安魂曲》。然而，对于他所在的小镇来说，这首曲子的思想内涵在当时过于前卫。最终，赫尔曼忍受不了当地人的非议，黯然离开了克雷菲尔德地区。曾祖父莱昂哈德敬仰其父超前的音乐品位，于是欣然接受了勃拉姆斯的音乐风格。在来到波恩前，他曾与这位音乐大师同台共奏室内乐。1884年，曾祖父在波恩就职，此后不久便成功地使这座城市接纳了《德意志安魂曲》。

　　1896年春的一日清晨，就在莱昂哈德准备前往克拉拉·舒曼葬礼指挥合唱的前几个小时，勃拉姆斯居然亲临位于邦纳路（Bonnerthalweg）的沃尔夫家族府邸。我爷爷当时只有九岁，半个多世纪后回忆起见到勃拉姆斯的那一幕，仍然记忆犹新："我至今仍然记得，那是早上五点钟，当我看到勃拉姆斯竟然出现在自家门口时，是多么惊讶、兴奋，甚至慌张到不知所措，"爷爷回忆说，"那顿早餐就像'最后的晚餐',葬礼过后,我父亲此生就再也没有见到过勃拉姆斯。"在葬礼第二天的一章合影中,照片中央留着白色胡须、神情漠然的人物便是勃拉姆斯。我的"人形制表机"父亲为照片蒙上了一层透写纸,在纸上标注出了人物的信息。得益于此,我才知道曾祖父母也在这张照片中,他们站在勃拉姆斯身后头戴圆檐帽留着黑胡须男子的两侧。

库尔特一家与勃拉姆斯的合照

沃尔夫家族在德国社会阶层中所占据的地位,被称为"教化中产阶层"(Bildungsbürgertum),即专注于礼仪教化、终身教育和文化遗产(书、画与音乐)的高雅阶层。到了十岁时,库尔特便迷上了特奥多尔·冯塔内(Theodor Fontane)的小说。随着年龄的增长,对文学的热爱促使他着手准备文理中学毕业考试（Abitur），通过这门考试便意味着修完了高中阶段的文科课程。在波恩这样的大学城，很多人都会像爷爷这样注重自身人文修养。"如果一个教员的儿子不愿学习，而是选择了从商，那么他将会被家族除名，"爷爷告诉我，"这将会成为家族的奇耻大辱，整个家族都会为此蒙羞，从此绝口不谈此人。"

根据库尔特的回忆，波恩城虽小，但不乏"附庸风雅"之辈。受此影响，城内的年轻人渴望用音乐与诗歌表达内心的情感。曾祖父莱昂哈德十分欣赏钢琴天才埃利·奈伊（Elly Ney，其父是当地的一名议员，"二战"后，埃利曾因纳粹党徒身份被禁止在波恩城内演出）。当时，她的住所与库尔特所在学校的体育馆仅一街之隔。那时候，库尔特尚未成年，奈伊也只有十六岁。所以，库尔特常常趁着上体育课的时候，溜出学校，一路跑到奈伊的客厅，求奈伊为他演奏几曲。对于库尔特的要求，奈伊照单全收，仿佛成了他的私人点唱机。库尔特回忆说："无论我想听什么，她都不厌其烦地满足我，一弹就是好几个小时：从巴赫到莫扎特，从贝多芬到舒伯特再到肖邦，再加上勃拉姆斯的《C大调钢琴奏鸣曲》和《F小调钢琴奏鸣曲》。可以说，我对钢琴名曲的了解，完全源于和奈伊共处的那些时光……她就像一头精力充沛的小狮子，令我如痴如醉。"

除了音乐，库尔特还对文学产生了兴趣。十九岁时，他认识了文学巨匠弗里德里希·贡多尔夫（Friedrich Gundolf，日后前往海德堡大学任教），此人的密友斯特凡·格奥尔格（Stefan George）才华横溢，吸引了一批追随者，其中就有德国贵族军官施陶芬贝格兄弟，他们组织了刺杀希特勒未遂的"女武神行动"。所以，贡多尔夫打算将库尔特当面引荐给格奥尔格。在此之前，他致信格奥尔格，在文中这样介绍库尔特："这个孩子举止文雅，知书达理，为人谦和，有一股勤学好问和刻苦钻研的朝气，是一个可塑之材。"

结识贡多尔夫后不久，库尔特便乘船前往巴西圣保罗，在那里接受为期六个月的培训。这个培训项目受到了德国银行界的资助，所授内容更偏市侩，与波恩城的书香底蕴相去甚远。但所幸他没有受到影响，他在结业回国后，便又立刻扎进故纸堆，用他母亲去世时留下的十万金马克（总价值相当于今天的一百万美元）购买祖本与摇篮本（incunabula）古籍①，也就是15世纪印刷术发明后不久出版的书。算下来，爷爷收藏的古籍累计达到了约一万二千册。上文提到，曾祖父酷爱音乐，无论旧曲新调，都深得他心，他与父亲一样，对书籍的喜爱同样如此。他饱览群书，既有传世经典，也有当下打破威廉时代②陈旧观念的新作。和当时很多学者一样，库尔特辗转各地大学学习德国文学，在玛堡、慕尼黑和波恩等地留下了求学的足迹。或许是命中注定与图书有缘，他还曾在莱比锡（Leipzig）驻留，那是当时德国图书印刷业的中心。时间来到1908年，21岁的

---

① 15世纪末到16世纪初是欧洲印刷业的摇篮时期，这一时期所印的图书被称为"摇篮本"。

② 威廉时代（Wilhelmine era）指的是1890年至1918年的德国历史时期，这段时间由德皇威廉二世统治德意志帝国，该时期始于总理奥托·冯·俾斯麦就职，终于第一次世界大战结束以及威廉在十一月革命期间的退位。这段时期对德国的社会、政治、文化、艺术和建筑产生了显著的影响，与西欧的美好年代大致吻合。

库尔特做出了一项重大的决定：放弃攻读文学博士学位，留在莱比锡的岛屿出版社（Insel Verlag）担任编辑。对于这一抉择，他曾在回忆往事时解释道："我喜欢书籍，特别是装帧精美的书籍。我那时还是个年轻的学生，藏书于我来说是一个无底洞的投入。但冷静想想，我终究得在图书这块做出一番事业来，才无愧我对书籍的这份热爱。那做什么呢？当然是从事出版业了。"

投身出版业后，库尔特出版了他的第一本书，这本书完全取材于我们家族的档案。事情还要从他年少时说起。有一天，他帮自己的外婆贝尔塔（Bertha，也就是我的高外祖母）整理书架时，意外发现了两位名人留下的字迹与名片，其中一位是阿黛尔·叔本华（Adele Schopenhauer，哲学家叔本华的妹妹），另一位是奥蒂莉·冯·歌德（Ottilie von Goethe，作家歌德的侄女）。于是，库尔特向他的外婆追问这些老物件背后的故事。原来，贝尔塔的母亲珍妮塔（Jeanetta）同时与这两位名人交好。后来，贝尔塔发现了更多的信件。与此同时，库尔特也从他人的私家藏品中找到了一本奥蒂莉日记。于是，他把这些资料汇集成两卷内容，在1909年将它们交付岛屿出版社刊印。

接下来，库尔特开始着手准备另一部作品，它的作者是作家约翰·海因利希·默克（Johann Heinrich Merck），此人是约翰·沃尔夫冈·冯·歌德的友人，也是我的奶奶伊丽莎白·默克（Elisabeth Merck）的一位长辈。库尔特在达姆施塔特（Darmstadt）服兵役的时候，邂逅了当时只有17岁的伊丽莎白。于是，他向伊丽莎白展开了爱情的攻势，但开始并不顺利：伊丽莎白的家族经营的是跨国制药生意，起初看不上这个来自波恩小城的大学老师，觉得他书生气太重，缺少帮助家族打理生意的经验。但是，库尔特凭借经营图书出版的能力，最终打消了默克家族的顾虑。两人先于1907年底订婚，后于1909年完婚。

库尔特与伊丽莎白在结婚前不久拍摄了这组肖像

1910年，恩斯特·罗沃特（Ernst Rowohlt）刚创办一家出版社不久，库尔特成了罗沃特的幕后合伙人。这家出版社日后将发展成为德国最著名的出版社之一。两人性格迥异：库尔特身材消瘦，性格内敛，和妻子住在莱比锡，喜欢在家中接待来宾，有仆人打理家务；罗沃特性格张扬豪爽，为了生意混迹于小镇的各个旅店和酒吧，与客户推杯换盏，累了就直接回办公室睡上一觉。到了1912年6月，库尔特已经放弃攻读博士，能够将更多的时间投入到他的出版事业中。一日，他正坐在办公室内，来自布拉格的作家马克斯·布劳德

（Max Brod）偕密友弗兰茨·卡夫卡突然到访。多年后回想起那一幕时，他这样说道：

> 那天是我第一次见到卡夫卡，对他的印象十分深刻。引荐人正向我介绍他刚发现的这位文坛新星，这当然不是虚言。但我印象里场面一度十分尴尬，这应该是与卡夫卡的个性有关，他无法用随意的手势或是笑话来克服介绍时的尴尬。
>
> 会面期间，卡夫卡倍感煎熬。他沉默寡言，一副弱不禁风的样子，局促不安，就像要参加考试的小学生一样，仿佛担心自己达不到引荐人夸耀的样子。他或许觉得，他怎么会落到这般境地，怎么能任由别人像介绍商品一样推销自己！他真的希望别人把他自己写的没什么价值的东西印出来吗——不，不，绝不可能！会面结束后，我长舒了一口气，跟这个人说再见。他的眼睛长得倒是非常好看，神情也十分动人，叫人看不出年龄。他快到三十岁了，随着他的病情越来越重，他的相貌总是给我留下一种不老的印象，可以说他是一个从未迈入成年的年轻人。

那天，卡夫卡对库尔特说：“如果你不出版我的书稿，并且把它们还给我的话，我会感激不尽。”这下，爷爷更加确信，眼前这位作家是一个文质彬彬但缺乏自信的家伙。

仅几个月后，库尔特和恩斯特·罗沃特的合作便破裂了，原因是库尔特在没有与合伙人达成协议的情况下，擅自以优厚的条件聘用弗朗茨·韦尔弗（Franz Werfel，布拉格籍小说家、剧作家兼诗人）为审稿人。到了1913年2月，在继母和妻子两大家族的鼎力资助下，库尔特买断了罗沃特的股份，并将公司更名为库尔特·沃尔夫出版社（Kurt Wolff Verlag），并将布劳德与卡夫卡留在了新公司。为了筹措更多的流动资金，他甚至拍卖了自己的部分藏书，此举的象征意义是：在坚守传统的基础上迎接新的变革。对此，库尔特曾在写给维也纳评论家兼编辑卡尔·克劳斯（Karl Kraus）的信中这样解释："地震学家会准确地记录每一场地震。我觉得出版商也应如此。每当时代发生激荡时，我们都应及时地用图文把它们记录下来，一旦发现其中的价值，便将其呈现给普通大众。"

1912年，时年25岁的库尔特在韦尔弗的催促下，首次前往维也纳与克劳斯会面。到了目的地后，库尔特发现，38岁的克劳斯控制欲很强，言辞也极富煽动力，令他难以招架。无论是探讨文学还是游览城市，克劳斯总想主导库尔特的注意力。"如果他想陪你走回酒店，你可千万别认为这只是客套而拒绝，"韦尔弗曾在库尔特临行前再三嘱咐，"克劳斯之所以全程陪客人走回住处，是因为他接受不了客人与他交谈甚欢后转身便会见别人。如果你想脱身，只有一个有失礼节的借口能够让克劳斯接受。那就是在半夜十二点到一点之间，在他送你回去的路上停下来，委婉地告诉他你要去和某位女士幽会。记住，那是你唯一的机会。"

果然，库尔特第一次登门造访克劳斯时，两人的会面一直持续到第二天凌晨。但主人仍意犹未尽，紧接着从书架上拿出一本诗集，开始背诵自己最喜欢的诗句。"这首诗彻底地打消了我的困意，"库尔特回忆说，"令我着迷的不仅是诗句本身，还有眼前这位读诗人。于是，我竟然情不自禁地开始和他一起背诵《晚歌》[*Mondlied*，作者是马蒂亚斯·克劳狄乌斯（Matthias Claudius）]的最后几句。不过，读了几句后，我只听到了自己的声音，因为克劳斯在一旁陷入了沉思：

主啊，我们恳请你息怒；
让我们安稳入眠，甜蜜入梦；
还有生病的邻居，也求你好好保佑他。

"他惊讶地盯着我看，然后用难以置信的口吻问我：'你怎么知道这首诗？几乎没有人知道马蒂亚斯·克劳狄乌斯！'

"'可能奥地利不知道这位诗人，'我回答说，'但是在我老家，情况就不一样了。五岁到八岁的时候，我早就听腻了写给孩子们的睡前祷告词。于是，我的妈妈每天晚上都会带着我背诵这首《晚歌》。'

"他很高兴，终于找到

库尔特的母亲玛利亚·马克斯·沃尔夫

了能一同分享这首诗歌的人。当然,他也有一点失望,因为他不是第一位向我介绍这首诗的人。"

第一位向库尔特介绍《晚歌》的人,是母亲玛利亚·马克斯·沃尔夫(犹太裔莱茵兰人)。在19世纪末20世纪初的波恩小城,年少叛逆的库尔特对音乐与诗歌产生了兴趣。他对音乐的热爱源于自己的父亲,对文学的执着则继承自母亲。而正是这份执着,使库尔特蹚出一片天地,争得自己的名声,并在日后流亡异乡时重建自己的事业。

不过,故事才刚刚开始。这个心智已完全成熟的年轻人,将要投身于一个纷繁复杂的世界,这个世界不会善待知书达理、回避肮脏政治的"教化中产阶层"。对于那些沉迷于书本、绘画和音乐的德国人来说,世事经过历史的沉淀,往往只会将结果呈现出来,却把读懂事理的线索埋藏在故纸堆深处留待人们探寻。

*

19世纪上半期,德国南部巴登州(Baden)首府卡尔斯鲁厄(Karlsruhe)城内发生了一系列意义重大的奇闻逸事。想要彻底读懂我的家族史,就必须先弄清楚这些事件。

爷爷库尔特的高祖父所罗门·冯·哈伯(Salomon von Haber)曾效忠于三任巴登公爵。最初,哈伯仅仅是一位个体投资家,但从1811年起,他成了这个大公国的银行家。从19世纪初开始,巴登大公国对物质的需求激增,哈伯趁机掌握了利用金融杠杆刺激消费的秘诀。例如,国家急需采买战马所需的马具或者制作连衣裙所需的绸缎时，宫廷犹太人（court Jew）①便会号召遍布欧洲的犹太教徒向公国内输送黄金或放贷。此外，哈伯还活跃在卡尔斯鲁厄城内的犹太社群中，倡导宗教改革，主张将希伯来式的礼拜与祭祀仪式改为更加与时俱进的日耳曼式。随着路易一世大公仿效哈布斯堡家族的《宽容敕令》，哈伯这位御用银行家更是如鱼得水，安享双重身份——既是巴登当地的士绅，又是经营银行业务的德国犹太人。

然而，形势很快发生了变化。1819年，维尔茨堡城（Würzburg，居民以巴伐利亚人为主）爆发反犹太骚乱，参与者为城内的大学生。这场骚乱很快波及全德国，陆续有市民（多为受过教育的中产阶层）加入暴民的行列，一边反复叫嚷着"去死！去死！犹太人通通去死！（Hep, hep, Jude verreck!）"，一边打砸犹太人的商店和住所，将他们驱赶至郊区。巴登大公国也未能幸免，就连身为巴登大公御用银行家的哈伯也遭到了冲击。8月27日夜晚，一群暴徒聚集在哈伯公馆［哈伯的住所，与卡尔斯鲁厄城主教堂仅隔着马克特广场（Marktplatz）］四周，一边反复高喊反犹太口号，一边向公馆投掷石块。在这危急时刻，大公派来了扈从，将哈伯安全地护送至六十英里以外的施泰纳赫镇（Steinach）。

骚乱发生时，一位名叫路德维希·罗伯特（Ludwig Robert）的犹太裔柏林人（身份为剧作家，在骚乱发生前不久刚皈依基督教）正好在卡尔斯鲁厄城内与自己的未婚妻幽会。他亲历了整场骚乱，

---

① 宫廷犹太人是欧洲中世纪时期的犹太银行家，他们将钱或实物租借给欧洲各级皇室贵族并收取利息，以此换取政治特权和地位，从而成为犹太人中的特权阶级。

目睹了暴徒散去后给这个小城留下的一片狼藉：前来镇压骚乱的士兵骑着马，沿着碎石遍地的街道巡逻；城内到处贴有标语，上面写着"犹太人断子绝孙！"；城内的居民时而幸灾乐祸，时而抱怨官府为了平叛关闭了城内的所有旅店。这场骚动成了反犹太主义者的狂欢。其实，普鲁士早在七年前就已颁布赦令解放德意志邦联（German Confederation）境内的犹太人，但收效甚微。面对眼前的景象，罗伯特恼怒万分，他致信柏林城内的姐姐，在信中这样说："城里没有人为犹太人打抱不平，甚至连官方报纸都没有发出一句报道，由此可以看出，这些人是何等的冷漠。他们本就法律意识淡漠，而且缺少正义感，博爱之心更无从谈起！"

接下来，大公派人将大炮拉上了街头。这一招立竿见影，小城在几天内便恢复了往日的宁静。街头那些煽动性的标语也不见了，取而代之的是新的口号——"城内人人平等，我们对皇帝、国王、公爵、乞丐、天主教徒和犹太人一视同仁。"趁局势稳定，路易斯一世大公亲自乘坐六驾马车护送哈伯回城。回到城内后，大公为了号召城内居民团结，还象征性地临时住进了哈伯公馆。

路易斯一世念哈伯辅政有功，在逝世前一年（1829年）赐予哈伯家族尊贵的"冯"姓（von）。为了纪念这一荣誉，哈伯家族在巴登大公国内大兴土木，修建了三处大型工厂——一座制糖厂、一座玉米磨坊和一座生产火车头的机械加工厂。1831年，哈伯逝世，他的两个儿子（路易斯与卓丹）接管了这些企业。其中，路易斯还子承父业，也成了一名御用银行家。

路易斯的这两个儿子始终信仰犹太教，但是他们的兄长莫德尔（莫里茨）·冯·哈伯［Model（Moritz）von Haber］很早就已皈依天主教。1819年，22岁的莫里茨迎娶巴黎一位银行家的女儿，按照天主教仪式举办了婚礼。婚后的二十年时间里，莫里茨在伦敦与巴黎两地混得风生水起。他的业务经纪人遍布欧洲大陆，帮助他从各个领域获得收益，譬如在法国和葡萄牙开设矿厂。不仅如此，莫里茨还帮助法国国王查理十世（Charles X）以及西班牙波旁亲王唐·卡洛斯（Don Carlos）① 打理财政。

莫德尔（莫里茨）·冯·哈伯

1830年晚些时候，莫里茨陷入一场争端，此事引发了日后震动全欧洲的"哈伯事件"（Haber Affair）。当时，一位名叫乔治·霍金斯（George Hawkins）的英国军官，正准备将一批文件从西班牙运往英国，不料却被同情卡洛斯党的法国当局拘捕。乔治·霍金斯怀疑自己的牢狱之灾是莫里茨一手策划，于是提出要与莫里茨决斗。莫里茨一再坚称自己是英国人，缺少陷害霍金斯的动机，最终得以从此事中脱身。

---

① 唐·卡洛斯曾与裴迪南七世之女伊莎贝拉争夺西班牙王位继承权。

暂时摆脱霍金斯的纠缠后，混迹欧洲贵族圈二十年的莫里茨选择"衣锦还乡"，回到卡尔斯鲁厄城招摇过市。这时候，他的两个弟弟均已同罗斯柴尔德银行家族联姻。因此，莫里茨常常对外夸口"自己有的是来钱的手段"。这番说辞吸引了巴登大公夫人索菲亚（Sophie，出生于瑞典），后者倾慕莫里茨的圆滑世故与意气风发，常邀请他到府中做客。很快，关于两人的流言蜚语在城内传播开来：二人常在法沃利特堡（Schloss Favorite，位于卡尔斯鲁厄城南，是一处皇家狩猎行宫）私会。甚至还有传言说，索菲亚的小女儿塞西莉公主（Princess Cäcilie）的亲生父亲就是莫里茨。对此流言，公爵府上下颇感不悦，索菲亚的丈夫（路易斯一世大公之子，继承巴登公爵之位）更是对这个插足自己婚姻的家伙感到十分恼怒。

就在这时，莫里茨的老对头乔治·霍金斯也来到了卡尔斯鲁厄城，想要找莫里茨继续算账，但直到逝世前也未能了结二人的恩怨。到了1843年，巴登大公国的一位军官朱利叶斯·戈勒·冯·拉文斯堡（Julius Göler von Ravensburg，曾经支持过莫里茨）决定继承霍金斯的遗志。他大骂莫里茨"无赖"（ein Hundsfott），试图以此激怒对方。但莫里茨并没有上当，更没有向拉文斯堡发出决斗挑战。然而，事态发展至此并未结束。不久后，温泉小镇巴登-巴登（Baden-Baden）迎来了社交旺季。在此期间，小镇将举办多场化装舞会，但其中一场却将莫里茨从宾客名单中剔除了。于是，莫里茨质询当地的乡老，却被告知自己"并非德高望重之人"，原因是未对盛传的流言做出回应。无奈之下，莫里茨只能选择同拉文斯堡过招。

在19世纪上半期的欧洲，位高权重之人如果长期遭遇不公，并不会向警察或法庭申冤。相反，他们会遵守习俗，谋求武力解决。在当时，如果遭遇了羞辱却没有提出决斗，便会失去结交德高望重之人的权利。对犹太人来说，事情要更复杂：当一名德国犹太大学生遭到冒犯时，掏出手枪"回敬"出言不逊者已是司空见惯的举动。为此，德国各大学的非犹太裔学生联谊会发起过一场运动，宣称犹太人"根本不配用决斗维护个人荣耀"。莫里茨在1843年向拉文斯堡提出决斗一事就是如此，名誉法庭起初做出了如下裁决：莫里茨声名狼藉，无权参与决斗。用德国人的话说，莫里茨不具备"可以提出或接受决斗的尊贵身份"（satisfaktionsfähig）。事实看来就是这样。

根据当时的决斗规则，决斗双方需各自任命一名副手。副手需要筹备决斗事宜和充当中间人。莫里茨任命的是俄国籍军官米哈伊尔·冯·韦里夫金（Mikhail von Werefkin），拉文斯堡则招募到了巴登公爵府的西班牙裔军官格奥尔格·冯·萨拉查加-乌里亚（Georg von Sarachaga-Uria）。但是，萨拉查加-乌里亚不仅向对方重申"拉文斯堡拒绝参加决斗"，而且伙同雇主在卡尔斯鲁厄城内当街袭击韦里夫金。

袭击事件发生后，韦里夫金与拉文斯堡匆忙相约在城南福希海姆（Forchheimer）森林内的一处打靶场决斗。9月2日，双方正式展开决斗。韦里夫金率先开枪，重伤拉文斯堡。拉文斯堡应声倒地，但很快找到对方破绽，迅速扣动扳机，一枪了结了韦里夫金的性命。两人在这场决斗中双双殒命，巴登大公国也因此陷入动荡。

三天后，拉文斯堡的葬礼在城内举行，出殡的队伍沿着卡尔斯鲁厄城的东西向主干道——长街（Langestrasse）行进。当队伍行至哈伯公馆时，整个城市已笼罩在暮色之中。这时，有人散布谣言称，莫里茨本人正躲在公馆的楼上向下窥视。

哈伯公馆

于是，20年前莫里茨父亲被赶出哈伯公馆的那一幕再次上演。原本整齐的送葬队伍瞬间解散，学生与士兵们领着150名暴徒冲进哈伯公馆并将其洗劫一空。"干掉犹太人！"这群乌合之众高声叫嚷，"今晚我们要把这里的犹太人赶尽杀绝！比20年前还要彻底！"于是暴民们袭击了附近的两间犹太人商店，将店主从商店窗户直接抛了出去。南阿拉巴马大学（University of South Alabama）犹太大屠杀研究项目负责人兼"哈伯事件"研究专家大卫·梅奥拉（David

Meola）告诉笔者，这场袭击持续了数个小时，其间参与暴动的士兵不断地煽动市民向犹太人施暴，甚至其中有人喊出"把犹太人溺死在血泊中！"这样的口号。这场暴乱造成了数万弗罗林的损失（相当于当今数百万美元以上的损失）。然而，和20年前那场暴动不同的是，现任巴登大公并没有为犹太人提供任何保护。在此后充满动荡的年岁里，就连卡尔斯鲁厄城内地位最显赫的犹太人也感到惶惶不可终日。

事实上，暴徒们四处撒野的时候，莫里茨早已不在家中。就在暴乱发生前半个小时，莫里茨已被警察押解至卡尔斯鲁厄城以南的拉施塔特市（Rastatt）听候审讯。很快，他便遭指控煽动韦里夫金与拉文斯堡决斗，因此被处以14天监禁。刑满释放后，巴登大公国立刻将莫里茨驱逐至黑森州（Hesse）。

在接下来的数周里，萨拉查加-乌里亚发誓要为他的战友报仇。他向莫里茨发出了一封宣战书，用白纸黑字将其蔑称为"纯种以色列人"（ein geborener Israelit）。在这封信中，乌里亚极尽煽动之词，扬言自己绝不惧怕与"纯种以色列人"决斗。莫里茨接受了挑战，两人将决斗的时间定在12月14日，地点设在卡尔斯鲁厄城以北很远的地方——黑森州的罗森海姆（Roggenheim）附近。决斗当天，莫里茨在射出第二枪时击毙了乌里亚。很快，他再次遭到逮捕，被黑森州军事法庭指控犯有非法决斗罪，获刑6个月，但因表现良好和参与社区内劳役而获得4个月减刑。刑满释放后，莫里茨立即以诽谤为名，起诉卡尔斯鲁厄城的一家报社和一名法兰克福籍记者。最终，莫里茨胜诉，他将获得的赔偿捐赠给了慈善机构。

"哈伯事件"持续发酵数月，在欧洲大陆引发巨大反响。一部分民众（特别是莱茵新闻界人士）十分同情哈伯的遭遇。许多德国人也被哈伯家族的公益精神以及哈伯个人的慈善举动所感动（尤其是1842年汉堡大火后，哈伯为重建城市捐献了巨款）。但是，在"哈伯事件"中，大部分不明就里的巴登人受到煽动，本能地感到愤怒，大量报道也在刻意迎合这种情绪。在这部分人看来，1843年末"哈伯事件"的结果清晰明了：基督徒这边有三人遇害，而犹太人那边，唯一的始作俑者仍然逍遥法外。

*

　　"哈伯事件"将巴登大公国的犹太人解放问题推上了风口浪尖。公国议会为此召开了十几场会议。相比之下，邻国莱茵普鲁士（Prussian Rhineland）议会早在几个月前就已投票决定授予犹太人完整公民权。所以，在巴登举国上下欢庆建国25周年时，犹太裔作家海因里西·海涅（Heinrich Heine）却在为推动犹太人的彻底解放而奔走呼号，高喊口号"解放犹太人是时代的召唤"。尽管从人口比例上看，截至1843年，巴登大公国的犹太人口数量仅占人口总数的1.5%。而在卡尔斯鲁厄城内，犹太人口所占比重仅为5%—6%，但犹太人解放问题仍令巴登大公国的基督徒忧心忡忡。

　　莫里茨出庭受审时，他的律师（一位开明的基督徒）痛陈了莫里茨遭遇的种种不公：不速之客闯入他的家中，将他的家产洗劫一空，他本人还因此被剥夺了自由。但受制于当时的新闻审查制度，这位律师的辩词并没有全部传到公众的耳中。所以，公民们在表决时并不知晓"哈伯事件"的全貌。因此，莫里茨获释后，便立即被驱逐出巴登大公国。回首整个"哈伯事件"，上述所有不公竟然全都落在了哈伯一人身上，而他可是一位大公国的公民，一位祖上曾获现任大公之父赐姓的贵族！更有讽刺意味的是，这一切仅发生在巴登大公国庆祝其获得"法治国"（Rechtsstaat）地位后的几天。①

在此后数年时间里，"哈伯事件"的影响仍在持续，导致巴登大公国内的反犹情绪愈演愈烈。上文提到，萨拉查加-乌里亚在向莫里茨发出决斗挑战前，曾撰写了一篇公开信。这位西班牙裔军官死后，该信被公之于众。负责出版此信的商人还为信中文字配上了一幅版画，将萨拉查加-乌里亚、拉文斯堡和韦里夫金三人画在了一起，并在画像下方附上标题"在决斗中杀身成仁的忠烈"（Duell-Opfern）。巴登民众亦将拉文斯堡称为"公国之子"（Landeskind），即"为祖国献身之人"。

然而，"哈伯事件"至此并没结束。一个世纪后，一本于1926年出版的历史小说《哈伯王》（*King Haber*）再次掀起波澜。该书作者直接套用了"哈伯事件"当事人的姓名，将故事主角设定为"银行家莫里茨·哈伯，或称刚刚受封的冯·哈伯男爵"。在这部小说中，莫里茨与公爵夫人私通，产下一名私生子。他的勾当很快遭到了报应——"拉文男爵"的葬礼结束后，送葬的人群发现哈伯正站在自家阳台上，于是纷纷向他投掷石块。最终，哈伯被其中一块石头击

---

① "法治国"系欧陆法系概念，源于德国法学。其核心理念是一个"宪政国家"在行使政府权力时必须受到法律的制约，以达到保护公民的权利。在法治国里，公民共同享有以法律为基础的公民自由。

中，当场毙命。这部小说混淆了真相与谣言，却令不少读者信以为真。为此，哈伯的一位后人威利·莫德尔（Willy Model）试图为先人平反，他撰写了一篇宣誓书，在文中详细地将传闻与真实事件区分开来。

"哈伯事件"仅仅是一个开端，更多的暴行接踵而至。《哈伯王》出版之时，正值纳粹政权如日中天。因此，此书激起的反犹情绪为希特勒及其宣传部长约瑟夫·戈培尔（Joseph Geobbels）所利用。电影《犹太人苏斯》（*Jud Süss*）也是如此，该影片拍摄于1940年，主人公的原型是18世纪的一名犹太宫廷银行家，纳粹进行反犹宣传时，常将此人塑造为反面典型。

在同莫里茨展开决斗前，萨拉查加－乌里亚曾向莫里茨发出宣战书。他在信中扬言，"我以基督教信仰和荣誉担保"，莫里茨绝不是"正直之人"。无论这场决斗的结果如何，都将是"上帝在善恶是非间做出的裁决"。

这场决斗以萨拉查加－乌里亚之死而告终，赢得胜利的莫里茨按捺不住内心的狂喜，决定以其人之道还治其人之身。1844年1月，刚刚刑满获释的莫里茨买下了德国各州报纸的版面，在上面刊登了自己的《宣言》（*Erklärungen*）。他这样写道："呦！人类命运的最高主宰真是圣明，果真在善恶是非间做出了裁决呢。"

大卫·米奥拉（David Meola）在其论文中这样评价"哈伯事件"："哈伯在决斗中获胜，表明上帝已辨明他是一个正直善良的人。此外，在大众看来，哈伯不仅在决斗中击毙了对手，而且还在对手死后以彼之道还施彼身，在舆论场上也占据了主导权。"

此番评论一语中的,倘若先人莫里茨在天有灵,定会感到欣慰吧。

*

先人们在"哈伯事件"的阴影下如何生活?关于这一点,我不得而知。哈伯的姐姐名叫亨丽埃特·冯·哈伯(Henriette von Haber),她的长子便是我爷爷库尔特的祖父奥古斯都·马克斯(August Marx)。马克斯负责打理哈伯留下的部分生意,所以我爷爷不可能没听说过哈伯的那些奇闻逸事。但我的父亲从未向我提起过莫里茨。我来到柏林后,偶尔读到婶婶霍利(Holly,库尔特的小儿媳)撰写的一篇家谱论文,发现里面有这样一句一带而过的描述——"一位世人皆知的浪子,擅长决斗,爱好冒险"。于是,我刨根问底,才得知莫里茨的存在,也终于完整地了解到他的传奇经历。根据霍利的描述,莫里茨见多识广,待人慷慨大方,具有敏锐的商业头脑,而且擅长闻香识女人。所以,我推测,这些个性很可能触动了库尔特,令他萌生了效仿先人莫里茨的想法。

此外,库尔特和先人莫里茨还有一个共同点:二人都渴望以宪政国家公民的身份享受法定的所有权利,但最终发现这只是幻想。

*

无论是我流亡的爷爷,还是移居的父亲,都在身体力行地控诉美国国内泛滥的反移民情绪。曾几何时,这个国家曾敞开怀抱接纳他们。但如今,怒斥新纳粹主义,为流离失所的人提供庇护所的,却不是美国总统,而是为全球一体化和自由民主进程摇旗呐喊的德国总理。而在柏林,这座堪称世界上最热情好客的城市,上述反差表现得更为鲜明:从近处说,安格拉·默克尔(Angela Merkel)在这几年里向百万难民(大部分来自叙利亚)敞开了国门;往远处说,普鲁士公爵曾在三十年战争结束后,邀请五十个来自维也纳的犹太家庭定居柏林。

但是,并非所有德国人都会向难民伸出橄榄枝。例如,德国选择党(Alternative für Deutschland,缩写为 AfD)的立场就是反对接纳移民,该党在柏林周围的原东德乡村地区尤为受欢迎,其拥趸始终未能被默克尔感化。反观柏林市区,特别是我们落脚的克罗伊茨贝格区(Kreuzberg,又译作"十字山区"),处处是一片兼容并包的气象,每一个角落都在同狭隘的民族主义公然叫板——墙壁上绘有涂鸦字样"纳粹滚出去"(NAZIS RAUS),SO 36等酒吧每月都会为穆斯林同性恋者举办午夜舞会。在街角的教堂外墙上挂有横幅,上面写着"伊斯兰恐惧症侵蚀灵魂!"(ISLAMOPHOBIA DAMAGES THE SOUL),在那儿,我们可能会听到路德教的礼拜,也有机会聆听世界各地的民族音乐。社会活动家曾在这里发起过"占领废弃房屋"的运动,甚至在柏林墙被推倒前不久宣告建立"克罗伊茨贝格自由共和国"(the Free Republic of Kreuzberg)。为了这个"新建的国家",他们不仅签发"护照",而且还使用混凝纸板搭建"海关检查站"。如今,他们的精神犹存,在这片土地上闪烁着光芒。以上种种,印证了流亡记者赛巴斯提安·哈夫纳(Sebastian Haffner)于"二战"前夕在英格兰安全区内对柏林做出的描述:"借用普鲁士式的严谨说法，柏林是名副其实的国际大都市。可以说，兼容并包的氛围已浸透这座城市的每一处角落。它维持蓬勃生命力的秘诀，不在于就近从周边国家获取养分……而是汲取世界各大城市的精华。"

华盛顿特区与柏林之间存在6个小时的时差，所以我们每天早上醒来时，便能读到积攒了一整宿的美国新闻报道。抵达柏林三天后，我们便看到了一则新闻：种族民族主义者在弗吉尼亚州夏洛茨维尔市（Charlottesville）举行集会，鼓吹"白人至上主义"，但遭到了另一群人的抗议。在此期间，反对集会者希瑟·海耶（Heather Heyer）被一名参与集会的新纳粹主义分子殴打致死，他的汽车也被砸毁。但是，唐纳德·特朗普并未对这场新纳粹主义集会做出谴责，而是这样描述当天的情况："双方都很有修养。"

与这则新闻相比，德国也存在类似现象。德国选择党一直鼓吹纳粹主义的核心信条——"血统与祖国"（blood and soil）。2015年，默克尔不顾德国选择党的反对，做出了接纳难民的决定。接下来，德国民众将就此决议进行投票，决定德国的命运走向。在一生大部分时间中，我一直警惕类似情况的出现，害怕它们会将德国置于危险的境地。如今，我担心的事情就发生在眼前，而大洋彼岸的美国也处在同样的十字路口。

第二章

投身行伍

库尔特：1913至1924年

1913年，爷爷库尔特刚满25岁，他的出版事业开始蒸蒸日上。这一年，他做了三件大事。首先，他的出版社有两名内部审稿人，一位是上文提到的弗朗茨·韦尔弗，另一位是表现主义诗人兼剧作家沃尔特·哈森克勒弗尔（Walter Hasenclever），二人的作品在这一年经由爷爷整理出版。其次，库尔特出版了奥地利画家奥斯卡·柯克西卡（Oskar Kokoschka）的画作，此举标志着他开始对视觉艺术的长期投入。最后，他还在这一年创办了表现艺术主义文学杂志《审判日》（Der jüngste Tag），并借助这本杂志阐明了自己对待写作的理念，即"既要扎根当下，从现实中汲取力量，也要放眼未来，关注生命的持续成长"。我在导言中提到，库尔特曾致信卡夫卡，询问卡夫卡能否将新创作的小说寄给他。后来，库尔特收到卡夫卡的这部作品后，便将其收录在1916年发行的《审判日》中。这部被爷爷称为"虫子"的小说，就是我们今日熟知的《变形记》（Die

Verwandlung）。

1913年，孟加拉诗人拉宾德拉纳特·泰戈尔（Rabindranath Tagore）成为第一位获得诺贝尔文学奖的非欧洲裔作家。得益于此，库尔特·沃尔夫出版社制作的泰戈尔作品集精装本最终售出一百多万册，成了德国圣诞节的送礼必备佳品。库尔特掌管着出版社的一切事务，该社的奥地利作家罗伯特·穆齐尔（Robert Musil）曾在1914年1月的一篇日记中这样评价他："身材修长苗条，爱穿英国灰咖色衣服，举止优雅，面容干净不留胡须。长着一张娃娃脸，蓝灰色的眼睛有时会透出严厉的目光。"

收录了《变形记》的《审判日》杂志

库尔特·沃尔夫出版社之所以能够成功，归功于爷爷的执着追求。继韦尔弗与哈森克勒弗尔之后，威利·哈斯（Willy Haas）也在1914年成了该出版社的内部审稿人。据他回忆："多数情况下，这家出版社的运作方式，更像是对艺术创作的赞助，而不是追逐商业利益。"威利·哈斯还曾这样评价爷爷："库尔特可不是那种'市场需要什么，我就出版什么'的出版商。他会细细斟酌，什么样的内容会让读者潸然泪下或血脉偾张，什么样的内容能让运动员都会心跳加速，什么样的内容能让人毛骨悚然。只有满足这类条件的作品，才会引起他的兴趣。"此外,爷爷还坚持着另一个原则,这在当时十分难能可贵,但也为他日后的工作增加了不小的难度。他说:"我只出版让我在临终前都问心无愧的书籍。所以,我要么选择自己信任的已故作者,要么敢于和在世的作者直言不讳。根据我这一生的经验,出版商会不可避免地面临两种极为糟糕的情况:一是不敢和作者说真话,二是不懂装懂……我们可能会出错,这是不可避免的,但我们出版每一本书的前提,都是无条件地追求一种信念:必须做到每个字都问心无愧,必须坚守自己倡导的价值观。"

1914年,库尔特终于签下了作家卡尔·克劳斯。这位作家虽然是维也纳人,但在性格方面简直就是孟肯(Mencken)的翻版,也十分介意与他人受聘于同一家出版社。为此,库尔特与他单独达成了一项协议:为他的作品专门成立一个子公司。此外,库尔特还接手了和平主义兼反民族主义杂志《白皮书》(*Die weissen Blätter*)的出版工作。"一战"爆发后,他将该杂志的印刷地改为瑞士,以躲避德国的文化审查。这一时期,库尔特声名远扬,甚至在卡夫卡的家乡布拉格都有很大的影响力。在写给未婚妻费里斯·鲍尔(Felice Bauer)的一封信中,卡夫卡这样描述他:"库尔特年方二十五岁,长相俊美。上天眷顾他,赐予他娇妻和万贯家财。他虽然对出版事业有着一腔热情,但在出版生意上天资平平。"

卡夫卡的这番话有几分道理,因为在风格独特的作者面前,出版商使用再多的商业技巧,也很难打动他们。对此,库尔特也许会这么回应:"太初有言,而非营销数据"(In the beginning was the word, not the number),这是多年后他改编《约翰福音》(*Gospel of*

John）里的句子说的话。不管怎么说，《审判日》还是给库尔特·沃尔夫出版社提供了一片小天地，以供先锋作品发表，这是很有价值的。我爷爷从小就被教育要尊重经典，但是他深谙灵活变通之道——如果20世纪的营销法则能够更好地适应新情况，他就会为此做出让步。凭借此理念，他的出版生意蒸蒸日上。那段时间也是德国图书业发展的黄金期：仅1913年一年（库尔特独立创业的第一年），德国就出版了约31000种新书，位居世界第一。

1914年7月，第一次世界大战爆发，整个德国出版业遭受了巨大的冲击。库尔特·沃尔夫社出版也未能幸免，旗下13名雇员只剩2人，其余11人均被征召入伍，库尔特也在其中。他被编入西线的一个炮兵团，成了"沃尔夫中尉"。服役期间，库尔特一直坚持撰写日记，他在早期的一篇日记中这样写道："我自诩对炮兵的业务略知一二，因为我非常喜爱自己的武器。"

然而，这种新鲜感很快便消失了。这场"终结一切战争的战争"给当时的社会带来了前所未有的灾难。参战仅仅几周，库尔特就已感受到了这场战争的残酷。这一年，阿登战役（Battle of the Ardennes）爆发。战役结束后，他所在的作战单位被派往比利时纳沙托村（Neufchâteau）以南的一处森林评估伤亡情况。"仅仅一片非常狭小的区域，就挤满了堆积如山的尸体，"他写道，"每一寸焦土上都留下了双方激烈争夺的痕迹。由此推断，当时的战斗是何等惨烈！"

幸运的是，库尔特与战友们在数百具尸体中居然发现了18名幸存者，其中15人是法国士兵，另外3人是德国士兵：

41

自战斗爆发以来,这些人被腐尸的恶臭包围,他们浑身赤裸,白天被烈日炙烤,夜晚被寒冷的湿气侵袭,几天几夜都没吃一口饭,没喝一口水,就这样挺了过来……这十八个人本就在口粮耗尽的情况下坚持了数天乃至数周的战斗,早已筋疲力尽,再加上伤口未及时得到处理而引发高烧,能活下来简直就是奇迹。每个人的伤势都极为严重,根本动弹不得,只能躺在原地慢慢等死,其中的多数人只能在痛苦呻吟时挤出只言片语,费力地告诉其他人自己已弹尽粮绝。只有一名德国士兵,害怕自己在援军到来前就会被慢慢饿死,但认为自己只要再多撑一会,就会有获救的希望。最终,他在强烈求生欲的支撑下,找到了一种活命的方式:从口粮袋中翻出了仅剩的一块浓缩豆汤,用尿将它冲开,然后一点点喝下。

服役期间,库尔特还打通关系,将哈森克勒弗尔安排进他所在的部队。两人随部队南征北战,曾一同被调往法国、加西利亚东部和巴尔干半岛。在战争的间隙,他们常会探讨战后德国文学的发展方向。另外,库尔特从马其顿乘"东方快车"[①]返回德国休假时,还会中途在维也纳下车,前去拜访老熟人克劳斯。"一战"爆发以来,克劳斯对这场战争的猛烈批判从未间断,这在当时的德语知识分子中非常罕见。

---

① 东方快车(Orient Express)是由伦敦发出的著名豪华列车,途经巴黎、苏黎世、圣安东和因斯布鲁克,最终抵达威尼斯。

"一战"爆发前,德国人对发动战争的热情空前高涨,国内所有政治派别都陷入了巨大的幻想之中,希望能用这场战争弥合威廉二世统治期间的派系分歧。但是,战争僵局持续之久,厮杀的程度之惨烈,远远超出了人们的想象。"一战"结束时,库尔特出版社旗下的一位作家约瑟夫·罗斯(Joseph Roth)立刻对战争作出了这样的评价:"巨大的毁灭性的虚无。"

在当时,库尔特·沃尔夫出版社是德国唯一一家拒绝出版好战文学作品的大型出版社。但作为一名德国人,库尔特也曾在战争初期支持"以战止战"。每当内心存有疑虑时,他都会尝试说服自己。下文是他在比利时根特(Ghent)服役时写下的文字:

> 我驾车驶入黑夜,点燃手中的烟斗。这一刻,我回想起自己与军方的对话,想起了女侦察员早上汇报的战况,于是开始审视这场战争,思考如何在法国全境赢得胜利。刹那间,我认识到,在过去几个月里,同我争论不休的那些人似乎言之有理:我们必须在敌人的废墟上继续推进,必须将敌占区化作焦土,必须让敌人陷入水深火热的境地。敌人只有被这场惨烈的战争持久地蹂躏后,才会强烈地渴望终止战争。放眼欧洲,从列日(Liège)到兰斯(Reims),从那慕尔(Namur)到里尔(Lille),从布鲁塞尔到加来(Calais),再到东线战场,饿殍满地,哀鸿遍野,与之相随的,还有疲惫的前线士兵在战壕中的痛苦呻吟。这些声音不停地在敌人耳畔回响,然后汇聚成暴风骤雨,持续地蹂躏波尔多(Bordeaux)、勒阿弗尔(Le Havre)和圣彼得堡

（Petersburg），令敌人闻风丧胆，最后不得不缴械投降。

那段时间，作为一名年轻军官，库尔特似乎一直在给我奶奶以外的人写信。他会先将信件寄给我奶奶［此时她已搬到达姆施塔特（Darmstadt）与自己的母亲同住］，由她转交给收信人。1914年11月，一起突发事件引起了他的关注：一枚英国鱼雷突然从海面蹿出，呼啸地飞向佛兰德斯（Flanders）① 的奥斯坦德海滩（Ostend），将宏伟宫殿酒店（the Majestic Palace，在当时被征用为德国军官的临时营舍）的餐厅炸出一个大洞，两名正在享用早餐的德国军官当场毙命。库尔特还注意到，这座宏伟宫殿酒店是由英国人投资建造。因此，他总结出两条经验："第一，德国军官的奢侈尽人皆知，所以英国人一下子就能猜到他们会在豪华酒店享用早餐；第二，德国军官的血不能白流，此事留下的教训远比德军夺下英国首都更有价值。"

年轻军官库尔特

---

① 佛兰德斯为荷兰、比利时和卢森堡三个低地国家的西南部一地区，现分属比利时（构成该国东佛兰德和西佛兰德两省）、法国和荷兰，中世纪时期曾是一个强大的公国，第一次世界大战期间此地战火连绵不绝。

但是，随着战事愈演愈烈，库尔特对"以战止战"的幻想逐渐破灭，这在他的日记中也有所体现。其实，他还在比利时的时候，思想就已经有些动摇。在当时的日记中，库尔特这样写道："不知道是否受到了天气的影响，我有些郁郁寡欢。当我审视这个国家和她的历史时，便突然陷入阴郁的情绪无法自拔。历史经验表明，国家的长足发展，离不开这片肥沃国土的滋养；财富的日积月累，离不开人们在这片土地上的耕耘，他们或饲养牛马，或种植花卉，或生产饰带，或从事海陆贸易。但是，这片土地以及这里的人民，却一次次遭受战争的蹂躏。如今，这场德国人给自己国家带来的战争，更是让这里的一切雪上加霜。"

这一年12月，他一直在阅读《战争与和平》，并在日记中记录下自己的感受：

插句题外话，我想在此援引一段曾读过许多遍的文字。在我看来，无论当前还是日后出版的书籍，都应当将它用作序言，因为它必能引发如潮水般的评论。这段文字这样写道："亲历奥斯特利茨与埃劳两场战役后，罗斯托夫发现，人们在讲述战绩的时候，往往会夸大其词，更何况他自己也曾这样。此外，他久经沙场，十分清楚战场上发生的一切，知道那和我们平常的想象与讲述存在天壤之别……但他没有把自己的想法说出来，因为他在此类事情上也有了经验：他懂得，这类故事可以为我军增光添彩，因此就得装作深信不疑的样子。"

库尔特接着写道:"我想使自己得到解脱,所以必须在这里把一个故事讲出来。这件事发生在1915年1月17日,只是众多事情中的一件。这类事件虽不激烈,却在一点点摧毁我的神经,它们累加在一起,对我产生的影响远比战争带来的其他恐惧要持久。"

事件的详细经过如下:在一位德国法官主持的军事法庭内,一位比利时地方长官诉称,一个马童看见一名士兵偷盗了一位农夫的马,这名士兵穿着土灰色的军装,肩章上绣有团番号"207"。

"先生,我严肃地警告你,不可以用'偷盗'描述任何一名德军士兵。"这名军事法官说道。

"在德国,或许可以用其他词描述这种行为,"这位比利时官员用镇定的语气反驳道,"但在比利时,我们就把它叫作'偷'。"

结果,德国法官被比利时官员的回应激怒,下令将他关进监狱。对此判决,库尔特在日记中给出了这样的评论:

> 把这类孤立的事件串联起来思考时,我便想到,还有那么多彬彬有礼的比利时人生活在这群蛮族当中。面对德国人的蛮横无理,他们会怎么说?又会怎样做?大多数人都会选择忍气吞声……这令我很难接受……所以,我第二天走在大街上时,对这类人十分不齿,他们居然认为这种事情是合乎常规的行事程序,他们以征服者自居,带着一股种族优越感在街头昂首阔步,认为已发生的一切理所当然。

七周之后,库尔特与三位好友相约出门,到根特城内庆祝他的

28岁生日。四人跑遍了根特的街巷与广场，最后来到佛兰德斯的伯爵城堡——格拉文斯丁城堡（Gravensteen）门前。他们叫醒了守卫，请求他开门放行。四人最终获准进入城堡。

  我们爬上城墙，俯瞰这座正在沉睡的美丽城市。这些年，城中的父亲与城外的儿子隔着伊瑟河相望。河的对岸，参战的儿子们杳无音信，生死未卜；河的这边，留守家中的老人终日以泪洗面……但不管怎样，这座巍峨的城市，连同它引以为豪的城堡，仍然屹立不倒……这里没有硝烟，没有战火，没有尸臭，只有历经风霜的石头和小桥流水人家，尚存在些许的生机，

库尔特在加利西亚

预示着春天即将到来。

那么，春天会带来什么？会终结诸国之战吗？会带来太平盛世吗？这个时代竟然处处都是问号——为什么？什么时候？还要多久？什么动机？

曾有人这样描述第一次世界大战："就像盆中被来回搅动的浑水，先是东方发力，然后是西方推波助澜，最后损失尤为惨重的还是东方。"1915年，库尔特所在部队被调回加利西亚省（Galicia），准备在那里向俄军发动春季攻势。

部队行至克拉科夫市（Krakow）东南方向的戈尔利采市（Gorlice）时，爷爷发出了一封题为"战中一日"的电报，内容如下：

> 步兵部队、补给车队和被俘俄军艰难行军，扬起一团团尘土，人声嘈杂，波兰人、俄国人、奥地利人、德国人与匈牙利人混杂其间；部队继续行军，尘土飞扬；部队中途休整；行伍混乱：有人驾车，有人推车，车辆扬起沙尘；炮兵部队行进：车辆抛锚，营地被废弃；战场添新坟，有的插着十字架，有的没有；牛被宰杀，内脏被抛得遍地都是……
>
> 马车被掀翻，马被炸死，沙尘漫天，让人仿佛嗅到了八月的干热气息。补给部队行进，工兵修路，俄国人暴尸荒野；看到两枚迫击炮弹壳，还有一只幸存的白猫正趴在炸毁房屋的窗台上；加利西亚人正在填埋奥地利人、德国人和俄国人的尸体，堆积如山的空锡罐被太阳照得闪闪发光……

傍晚，尸横遍野，马疲人倦，数千俘虏排成长队继续前进，恶臭扑鼻。不断能看到汽车、步兵队伍、扬起的沙尘、俘虏、步兵队伍、扬起的沙尘、俘虏、步兵队伍、扬起的沙尘；黄昏时分，漆黑一片，精疲力竭。远处传来枪声，能看到微弱的灯光。无论德国人、俄国人还是波兰人，全都气弱声嘶……沙尘中夹杂着尸臭，步兵和俘虏继续行进；天气越来越冷，天色越来越暗，士兵点燃篝火。

夜幕降临，透过沙尘与雾霾，依稀能够看到星星……

可以看出，上述记录混乱而零碎，难以成句，库尔特也对此感到抱歉。"但我能怎么办呢？"他这样写道，"我看到的东西太多了。任何人面对如此混乱的场景，都会语无伦次，都无法（也没有必要）从疯狂的景象中梳理出有价值的内容。"

到了这一年夏天，他身陷战争已将近两年，被厌战情绪包围。6月，他从加利西亚寄出了一封信，在信中这样写道：

战争已持续太久，久到没有人能够记得清楚。前一晚，你在颠簸的车中只睡了几个小时；第二晚，你已来到加利西亚骗子们逃走时留下的村舍。仅仅几周之前，俄国军官也住在这里。陪伴你过夜的，是床头柜上俄国军官留下的报纸，以及被拍死在墙上的臭虫。第二天清晨，太阳升起，睡眼惺忪的你连牙都没有刷（因为干净的饮用水已被用尽，你不想把带有霍乱病菌的脏水倒入口中），就直接跨上自己心爱的战马。这匹马虽然跟着你没少遭罪——从来没吃过一顿饱饭,马屁股上还有多处弹片留下的伤痕,但仍然每天忠心耿耿地等待你上路。你打马启程,却不知道将前往何处。此时的你仍在同困意斗争,不太想理会周围的世界,直到胯下的马儿猛地一颠,又或是因为耀眼的阳光刺痛了眼睛,才彻底地清醒过来,于是开始环顾周围,发现自己正置身于一个完全陌生的世界,一个充满异域之美但自己从未曾计划到此一游的世界……在过去十个月里,你仿佛大梦一场,觉得自己目睹的残酷画面是那么不真实,根本想不到原本平静的生活会被战争打破。故乡的岁月静好,早已一去不复返,幻化为遥不可及的美好回忆。你不想面对现实,却再也回不到过去……这样看来,我身在战争中,心早已在战事之外,便也是人之常情了。

1916年9月,黑森-达姆施塔特(Hesse-Darmstadt)大公恩斯特·路德维希(Ernst Ludwig)亲自出面豁免了库尔特的兵役。此人爱好文学,本身就是一位诗人兼剧作家,想要出版自己的作品。于是,库尔特投桃报李,非常乐意帮助大公实现愿望。库尔特还在比利时服役的时候,替他经营公司的市场总监乔治·海因里希·迈耶(Georg Heinrich Meyer)经常前往西线,与他讨论公司事务。后来,库尔特被调往东线,只留下迈耶孤军奋战。但是,此人卖书的功力并没有受到战争的影响。库尔特重回公司时,出版社的库存书目已囊括400余种书籍,其中包括畅销书作家古斯塔夫·梅灵克(Gustav Meyrink)的小说《泥人哥连》(*The Golem*)。"在你远去的日子里,公司一切如常，"卡夫卡在1916年10月致信库尔特时这样写道，"但你此次能够回到我们身边，我仍然万分激动，欢迎回家！"

1918年，"一战"结束，库尔特找出了部分因反对战争狂热而被禁止出版的书籍底稿，其中最引人注目的是亨利希·曼（Heinrich Mann）的小说《臣仆》（*Der Unterran*），该书反对战争和君主制，因此遭到了封禁。库尔特在西线服役时，曾读到该书的手稿，读后立即给迈耶写信："我简直被这本书迷住了。战争结束后，我们就要立刻出版它，用它庆祝停战⋯⋯愈是军方宣传机构向我们大力施压的时刻，《臣仆》的出版就显得愈发迫切与必要！""一战"后，虽然德皇威廉二世被迫退位逃往荷兰，但德国社会早已被政治阴谋与派系斗争撕裂。所以，《臣仆》经由库尔特·沃尔夫出版社出版后，大受欢迎，仅仅在六周内便售出十万册，亨利希·曼本人却也因此收到了"死亡威胁"。

一年后，库尔特出版了卡夫卡的短篇小说《在流放地》（*In the Penal Colony*）。在战争期间，库尔特坚决反对出版此书，给出的理由是：故事的主题过于恐怖，担心读者内心过于"痛苦"，承受不了。其实，他心里清楚，这本书根本无法通过审查。"我完全同意你对'痛苦'内容的批评意见，但我感觉我写的东西向来如此，"卡夫卡回应道，"你注意到了吗，当下还能找到不含这些恐怖元素的文章吗？"

库尔特还真的注意到了。战争结束后，随着德皇出逃，民主曙光在德国初现，预示着库尔特·沃尔夫出版社的春天即将到来。在1918年的出版目录中，该出版社宣布摒弃一切"文学、政治与种族偏见"，发誓"只关注书籍自身质量的好坏"。然而，此时的社会环境并不乐观。首先,德国社会遭受了战争带来的重创,背负着巨额的战争赔款,整个国民经济陷入萧条,图书行业自然也无法幸免。其次,虽然帝制已不复存在,但德国的官僚制度依旧根深蒂固,仍有官僚鼓吹集权体制。最后,在德国文化之都魏玛(Weimar),德国历史上的首个民主政权命运曲折,左派与右派分子各自为政,持续发生激烈的冲突,没有人能够静下心来践行《魏玛宪法》的崇高理念,"一战"前构成德国文学特质的两大基石——理想主义与文化自信也因此遭受池鱼之殃。对此,卡尔·克劳斯的总结一语中的:"很快,(德国人)就将忘记自己输掉了这场战争,忘记是自己引发了这场战争,忘记是自己挑起了这场战争。就此而言,战争永远不会结束。"

这时候,库尔特夫妇的女儿刚诞生不久,也就是我的姑姑玛利亚。1919年10月,库尔特从莱比锡搬至慕尼黑。尽管此时出版社的经营状况不容乐观——供应链中断,员工宿舍紧缺,但他仍然在路易斯街(Luisenstrasse)上的一间新巴洛克风格的别墅内开设了一家书店。库尔特用它来存放数目庞大的藏书,并且在这里定期举办读书会、音乐会和展览,迅速地将这家书店打造成为一处文化殿堂。书店的经营日见起色,他却忧心忡忡。"我整天都被库尔特·沃尔夫出版社的事务缠身,根本无法放手,之前可从没有这样过。"他在1920年11月给哈森克勒弗尔写信时这样抱怨道。9个月后,他又向韦尔弗发出了同样的悲叹,嗟悔他们这代人没有培养出"具有创造力的接班人"。

在图书选题方面,库尔特开始选择更为迎合中产阶级品位的作品,不再强调作品内容的先锋性。此外,他还停办了《审判日》杂志,同时向包括德国作家在内的全欧洲作家征稿。一切都在有条不紊地进行,但偶尔也会节外生枝。1920年,一个自称"詹姆斯·乔伊斯教授(Professor James Joyce)"的人寄来信件,声称要将一部小说[很可能是《一个青年艺术家的肖像》(*A Portrait of the Artist as a Young Man*)]的德语版权授权给库尔特。他当时很纳闷,想知道这位在的里雅斯特(Trieste)用蹩脚德语写信给他的傻瓜"教授"到底是谁。最终,他并没有理会这个家伙。40年后,我爷爷回想起此事时懊悔不已:"唉,当初我们出版社要是出版了乔伊斯的任何一部早期作品,日后肯定能够获得《尤利西斯》(*Ulysses*)的版权,那可是本世纪最具影响力的一部英文小说。"

在慕尼黑,库尔特将更多的精力投入到艺术作品中,尤为关注蓝骑士画派(Der Blaue Reiter)。早在"一战"爆发前,他就开始资助这个画派的两位艺术家保罗·克利(Paul Klee)和瓦西里·康定斯基(Wassily Kandinsky)。后来,库尔特流落他乡时,靠着典当这两位画家的作品养活了自己和家人。

1923年,库尔特·沃尔夫出版社实在担负不了一百名职工的薪资,于是开始定期裁员。同年6月,库尔特给他的岳母克拉拉·默克(Clara Merck)写信时说道:"世事艰难,出版生意也跟着吃瘪。"为了减少经营的风险,爷爷做了两手准备。一方面,他不再出版新书,而是选择那些经历了时间考验的作品,有些作家来自刚跟德国打完仗的国家,如法国的爱弥尔·左拉(Émile Zola)与居伊·德·莫泊桑(Guy de Maupassant)、俄国的马克西姆·高尔基

（Maxim Gorky）与安东·契诃夫（Anton Chekhov），以及美国的辛克莱·刘易斯（Sinclair Lewis）。另一方面，爷爷想方设法摆脱德国萧条的经济环境，在意大利的佛罗伦萨创立了首个专注于艺术书籍的跨欧洲公司——万神殿出版社（Pantheon Casa Editrice）。此外，他还会使用五国语言将书籍分成多卷出版，以便能够和外国出版社达成合作，达到分摊出版成本的目的。但是，由于时局动荡，昔日出手阔绰的买家不愿再购入精装书籍。与此同时，日益高涨的民族主义情绪也开始瓦解跨国合作出版业务的根基——世界主义。"一战"前，先锋派剧作家、诗人和小说家纷纷把万神殿出版社当作避风港，使得该公司颇具声誉。战后，随着这些作家销声匿迹，万神殿出版社也淡出了人们的视野。

到了通货膨胀最为严重的时候，库尔特改为按日给员工结算工资。他在日记中这样解释道："这样的话，他们就可以赶在第二天物价暴涨前抓紧把钱花出去。"就在这个多事之秋，我的父亲出生了（他的生日是1921年7月）。家父尼科两岁的时候，爷爷在一篇日记中这样写道："今天，我们出版社一本小说的定价居然达到了500万马克。"这在今天看来简直不可思议。

*

从空中俯瞰柏林，这座城市的轮廓线杂乱无章，缺少统一的规划，似乎是因为历任城市规划者都遵从了卡尔·舍夫勒（Karl Scheffler）在1910年发表的言论："柏林永远受到命运的诅咒，总是趋近成型，但又差点儿火候。"如此杂乱的天际线便是对柏林历史最好的诠释。纵观爷爷与父亲的一生,这座城市经历了帝制、自由民主、贫困、法西斯主义与兵燹,甚至在战后被分区占领,直至最后才实现统一,成为欧洲一体化计划(the European project)的中坚力量。

但是,修缮后的德国国会大厦是唯一一处乱中有序的景观。这座建筑的顶部是一个独特的玻璃穹顶。在穹顶内部,一条坡道紧贴玻璃墙幕螺旋上升。游客可以沿着坡道走到最高处,然后向下俯瞰议会大厅中的国会议员座位。这样的建筑设计表达了两层含意:一是政府的运作应当公开透明;二是用最为直观的方式提醒议会——选民正在上方时刻监督议会的一举一动。

德国人十分尊重历史。在修缮德国国会大厦的过程中,工程项目经理特意保留了苏联红军当年攻入柏林时留下的西里尔文涂鸦,如"去他妈的希特勒(I FUCK HITLER IN THE ASS)"。朝国会大厦的南面望去,那里矗立着欧洲被害犹太人纪念碑(Memorial to the Murdered Jews of Europe),它的非官方名称叫作"大屠杀纪念碑"。一座小小的纪念碑,有着表述如此明确、直接的官方名称,并且还建在每位游客都必经的城市中心位置,这绝非巧合,而是充分彰显了德国人对历史的珍视。这种务实的品质被传承至今,对当代的德国政治生活产生了极大的影响,时刻告诫人们勿忘历史,甚至将极右的德国选择党逼到丧心病狂。德国选择党议员比约恩·霍克(Björn Höcke)曾抱怨说:"德国是世界上唯一一个将国耻纪念碑建在首都中心位置的国家。"如果真是如此,我想,德国人一定是敏锐地觉察到这样做的必要性,毕竟比约恩·霍克这样的政客尚有许多追随者。

库尔特与第二任妻子海伦曾在纽约与许多作者达成过合作,君特·格拉斯(Günter Grass)便是其中之一,此人被推崇为战后西德的"道德指南针"(moral compass)[1],但他本人对此角色颇有微词。"你不可以把自己的良知寄托在别的作家身上,"格拉斯曾在2000年发表过这样的言论,"我只是一名作家,四处呼号演说不是我的本分,但我还是一位公民,所以我才选择发声。我认为,魏玛政权之所以垮台,纳粹之所以能在1933年窃国,是因为当时的公民数目尚未成气候。这是我从历史中汲取的教训。所以,公民应亲自参与政治,而不是把政治全都甩给政客。"

1944年底,年仅17岁的格拉斯被强征入伍,加入了党卫军(Waffen-SS,又称武装党卫队)。对于这段经历,他一直讳莫如深,但为了指正纳粹的罪行,以便让德国人正视历史,他最终还是松了口。格拉斯的做法虽不足取,但他汲取的教训却值得铭记:公民数目尚未成气候。

*

德国工业革命期间,大量工人涌入柏林,但只能蜗居在人满为患的集体住宅(Mietskaserne)[2]内。如今,我所在的AHA众创空间租下了昔日一处集体住宅上层的大部分房间。在这处共享办公场所

---

[1] "道德指南针"出自美国作家约翰·欧文写给格拉斯的信件:"对我来说,你仍然是一个英雄,既是一位作家,又是一枚道德指南针。"

[2] 一种简陋的多层集体住宅,提供共用的浴室和厨房,卫生条件非常差。住宅中大小相等的多个房间沿走廊排列,围绕在多个连续的方形小庭院周围。

内，我周围的人从事的都是创意工作：莫里茨是一名爵士吉他手兼艺术总监。他上周末钓到了大鱼，所以今天满面红光，就连出入共享办公室都是昂首阔步；艾丹是爱尔兰人，嫁给了一名土耳其裔德国人，最近正在帮助舞蹈演员们做动作分解；来自荷兰的电脑程序员艾德正忙着为学龄前儿童的父母编写一款应用程序，而来自意大利的电影制作人弗朗西斯科则在为企业客户和 AHA 众创空间内的其他创业者制作视频。得益于每位创业者的努力，柏林的创业氛围远比其他任何一座欧洲城市浓郁。在这里，生活成本足够低廉，艺术家们没有衣食之虞，每天都能保持旺盛的精力，每天都能够邂逅逃避世俗束缚与生活压力的同道中人。这里所有的一切，都会让你使出乘风破浪的闯劲。

但是，往往在你最为踌躇满志之时，这里的一砖一瓦会猛地将你从现实拽回历史之中。每天早晨，孩子们都会乘坐城市快铁（S-Bahn）前往万塞（Wannsee）上学。正是在万塞这个地方，纳粹于 1942 年 1 月签署了臭名昭著的《最终解决方案》（*Final Solution*）[1]。到了下午放学时间，孩子们又会乘坐列车回家。这趟列车的终点站是奥拉宁堡（Oranienburg），那里在历史上建有萨克森豪森集中营，此营不仅是整个纳粹集中营系统的行政中心，同时也是党卫队[2]

---

[1] 第二次世界大战期间，纳粹德国针对欧洲犹太人系统化实施种族灭绝的计划，主导了犹太人大屠杀，纳粹德国元首阿道夫·希特勒将该方案称为"犹太人问题的最终解决方案"。

[2] 党卫队（Schutzstaffel，缩写为 SS）最初作为希特勒的私人保镖队伍从冲锋队中独立出来。"长刀之夜"后，希姆莱抓住机会乘机扩充党卫队，先是成立了党卫队特别机动部队，"二战"爆发后又在特别机动部队的基础上建立武装党卫队，即上文的党卫军（Waffen-SS）。

的训练营。就连我们购买肉食的农贸市场，也会勾起惨痛的回忆：1933年春季的一天，克罗伊茨贝格区的犹太裔区长卡尔·赫茨（Carl Herz）先是被纳粹"褐衫党"①驱逐出市政厅，随即又被拖行了多条街道，最后在这个市场惨遭毒打。当我们在克罗伊茨贝格区内漫步时，会发现人行道的路面上嵌有略突于周围石块的正方形铜板。这些铜板被称作"绊脚石"（Stolpersteine），总数有五千余块，每一块对应一位遭纳粹迫害的柏林市民，被安置在逝者生前居住过的最后一处住所外。每块铜板的上方刻有逝者的姓名，下方用扼要的文字记录了逝者被捕和遇害的日期。"绊脚石"略凸于地面，这正是其设计的精妙之处：在这座不设垣墙的城市里，游客无须刻意前往墓地找寻阴森单调的石碑——"绊脚石"散布在城市各处，仿佛坚固河床上的金块，主动地冲着游客闪闪发光。游客被光亮吸引，想要看清"绊脚石"上的文字，只得俯身弯腰，不经意间便摆出了哀悼逝者的姿势。随着各类纪念活动的声势愈发壮大，"绊脚石"项目始终处于扩建状态，被赋予了鼓舞人心的力量，因为尚有成千上万名亡故柏林市民的冤魂有待后人追忆。

历史学家蒂莫·斯奈德（Timothy Snyder）道明了这样一个发人深省的事实：整理集体的记忆时，我们常常以整十年为单位；但在缅怀个体时，保留具体的年份会令记忆更为鲜活，也更加震撼人心。街区内的每块"绊脚石"都对应一个具体的年份，它们已经融

---

① 即纳粹冲锋队（Sturmabteilung，缩写为SA），其队员身穿褐色制服，所以冲锋队又被称为"褐衫党"。

入我们的衣食住行，静静地躺在日常活动的必经之路上，随时将某个遇难者一生中的某个特定时刻鲜活地呈现在我们面前：当你穿过街巷来到冷饮摊前，纠结到底要来几勺冰淇淋时，眼前的"绊脚石"立刻令你牢牢记住这样一位人物：鳏夫威廉·伯切尔（Wilhelm Böttcher），其中一条腿是木制义肢。此人被警察关进监狱，因不愿意告发其他柏林市民，两周后在亚历山大广场监狱内自杀，逝世时间：1936年9月。当你在街角的银行填写转账单时，脚下台阶上镶嵌的"绊脚石"提醒你：1943年初，犹太兄妹露特·格斯特尔（Ruth Gerstel）与欧文·罗内丝（Erwin Rones）相继被捕，时间仅相隔一个月。二人被驱逐出境后，下落不明（德语原文为"Schicksal???"）。当你来到离家最近的连锁商店，准备买些杂货时，门口的"绊脚石"又会让往事浮现在眼前：裁缝兼邮局职员马丁·雅费（Martin Jaffé）被纳粹强制在滕伯尔霍夫（Tempelhof）附近一家化工厂做工长达六年时间。他当时就住在此处的一间三层公寓楼内。后来，纳粹改用从东线抓来的斯拉夫俘虏代替犹太人从事强制劳动，于是在1943年2月直接逮捕了正在工作的马丁，并将他遣送至特莱西恩施塔特（Theresienstadt）的犹太隔都（ghetto），在那里将他迫害致死。

下图是离我们住所最近的一块"绊脚石"，上面以大写字母刻写着：厄娜·沃尔夫（ERNA WOLFF），于1942年12月14日遭驱逐出境，后在奥斯威辛（Auschwitz）遇害。据我所知，此人没有亲人。除此之外，其余信息不详。

作者住所附近的一块"绊脚石"

*

作为一名记者，我不仅负责报道各项体育运动，还常常需要透过表象洞悉本质。例如，一些运动项目深受百姓追捧，它们如何风靡全世界？长此以往，我便养成了敏锐的职业思维，可以轻松地将定在同一天举行的两场活动（柏林马拉松比赛和德国大选，其中马拉松比赛的路线与我们的公寓仅隔一个街区）联系在一起，找出内在的关联，并解读出背后蕴含的深意。

参加马拉松比赛的队伍由警车开道，跑在最前面的是最有望赢得比赛的非洲裔选手，随后是落在后面的一大群人，五颜六色的参赛服装混杂在一起，与阴沉沉的天色形成了鲜明的对比。因为这里是社会风气兼容并包的克罗伊茨贝格，所以手踏车选手们（handcyclists）和一位独臂参赛者赢得了最热烈的喝彩。但在历史上，他们曾被纳粹列为"种族净化"的对象。观察任何一名选手的跑步动作，我们便会发现，这项"腿的事业"在多大程度上是取决于摆动你的手臂，而不论你的双臂是否健全。

此次投票的候选人与政党众多，但在大多数德国人看来，留给他们的其实只有两个选项。如果选择支持默克尔，便是同意向数百万难民敞开国门。默克尔领导的是"基督教民主联盟"（the Christian Democratic Union，简称基民盟，缩写为 CDU），她十分推崇该党恪守至今的基督精神，因此援引了《圣经》中关于接纳"局外人"①的教谕。不仅如此，默克尔还在某次演讲的结尾抛出了口号"我们做得到！"（Wir schaffen das!），以此动员德国人在思想和行动上做好应对挑战的准备。"我生在柏林墙下，"默克尔常说，"我不想重蹈历史的覆辙。"总而言之，默克尔的难民政策虽然存在巨大的政治风险，却是一项勇敢且正义的决定。结合德国历史来看，一旦大量难民聚集在边境地带，做出这项决定也只能是唯一的选择。

德国人的另一个选项是支持德国选择党，该党靠组织反对欧洲一体化抗议运动起家。默克尔推动欧盟为希腊提供紧急财政援助后，德国选择党便获得了反默克尔势力的支持，迅速发展成为右翼民粹主义分子的大本营。壮大后的"德国选择党"不仅反对接纳移民与伊斯兰教，而且还对"纳粹主义是否应被视为德国国耻"这一板上钉钉的问题提出疑问。部分党徒甚至不再掩饰自己对纳粹的同情。例如，该党的地方官员亚历山大·高兰德（Alexander Gauland）

---

① 出自《圣经》（《以弗所书》2:12），原文为"那时你们与基督无关，在以色列国民以外，在所应许的诸约上是局外人，并且活在世上没有指望，没有神"。

曾扬言:"既然法国人以其皇帝为豪,英国人敬重纳尔逊与丘吉尔,那么德国人也就有权利推崇德国士兵在两次世界大战中的丰功伟绩。"此外,萨克森州(Saxony)法官延斯·迈尔(Jens Maier)声称,种族融合"实在令人难以忍受"。在他看来,挪威的极端右翼恐怖分子安德斯·布雷维克(Anders Breivik)①正是因为忍无可忍才大开杀戒。

作为一名体育记者,我还敏感地捕捉到了与运动相关的信息:高兰德曾说,国家足球队后卫杰罗姆·博阿滕(Jérôme Boateng)的祖籍是非洲加纳。如果单论比赛,他支持杰罗姆·博阿滕,但真要与杰罗姆做邻居的话,那就另当别论了。

德国选择党最终获得了13%的选票,首次有资格在联邦议院中获得代表席位。与此同时,默克尔也轻而易举地再次当选为德国总理。民意调查显示,德国已建立起一道防范极端主义的高墙——大约有80%的德国人认同政治中间派,这一比例比法国多出了将近30%。历史学家康拉德·雅劳施(Konrad Jarausch)将德意志联邦共和国的稳定政治环境归功于老一辈和平主义者、中间派和无党派民主人士(small-*d* democrat)②,他们中的许多人亲历了纳粹时代的磨难,他们的先辈共同擘画了德国民主政治的蓝图。回顾德国历史,一个直至近代才拥抱民主的国家,一个到了20世纪中期还对民主漠不关心的国家,如今却将民主视同拱璧,无疑是"对历史的极大讽

---

① 此人制造了挪威2011年7月22日的爆炸枪击案,共杀害77人,令近百人受伤。
② 又译作"小民主主义者",指支持民主但未必加入民主党派的人士。

刺"。虽然纳粹留给德意志民族的创伤尚未愈合［紧随纳粹之后，东德（德意志民主共和国）人民遭受的是东德秘密警察斯塔西（Stasi）的迫害］，但我对德国的前景仍充满信心——就像马拉松比赛中身残志坚的运动员一样，即使德国政体的部分肢体遭到戕害，她也能凭借其他身体部位踽踽前行。

第三章

从痴迷技术的男孩，
到被时代抛弃的"废君"

尼科：1921 至 1939 年

库尔特：1924 至 1933 年

在德国逐渐站稳脚跟后，我爷爷库尔特把家安在了慕尼黑的皇后大街。他在楼上为孩子们精心准备了一间儿童房：屋内的浅棕色地毯与焦油皂散发出独特的香味，房门特意采用了皮革软包设计，门板上点缀有黄铜门钉。但是，库尔特对孩子们的要求十分严格，我的父亲尼科和姑姑玛利亚只能在儿童房内活动，不可以跑出保姆的看护范围。文学家登门拜访时，遇见孩子们的机会也不多。泰戈尔就是其中一位，但他那次顺道留在爷爷家吃午饭时，我的爸爸还没有出生。"泰戈尔留着灰白色的长须，举止沉稳，令人敬畏，"库尔特在四十年后回忆道，"所以我三岁的女儿完全把他当成了上帝下凡，乖巧地坐在他的大腿上，露出心满意足的笑容。"

除周末的午餐外，沃尔夫家的孩子平常不与父母一同吃饭，他们的每日餐食都是固定的菜谱——午餐是奥地利清炖牛肉（Tafelspitz）配菠菜。所以，每次吃饭的时候，尼科都会像仓鼠一样把食物塞满两腮，等到午睡时再悄悄地吐出来。保姆梅勒妮·齐特琴（Melanie Zieher）严格执行库尔特制定的家规，因此被孩子们称为"警察"：她不仅禁止孩子们在吃饭时喝水（因为喝水胀肚，孩子们吃不下饭就会营养不良），而且还刻板地遵守弗莱彻法则（Fletcherism），要求孩子们吃东西细嚼慢咽，直到食物在口中变成液体。此外，由于餐食中盐分很少，嘴馋的玛利亚和尼科便会趁大人不注意偷偷地舔墙。

保姆梅勒妮一生未婚，曾诞下一名私生子，但因无力抚养，最终只能将孩子送人。因此，梅勒妮将未得到满足的母性全部投入到了本职工作中。当库尔特家的孩子们因吃饭问题同家长斗智斗勇时，梅勒妮总会站在孩子们这边，悄悄地把自己的工餐分给他们。"'警察'、玛利亚和我是一伙儿的，"家父曾跟我说，"我母亲自己一伙儿。这里不算我父亲，因为我们平常根本见不着他。"当时我父亲已有三岁。有趣的是，奶奶的一位好友——意大利驻慕尼黑领事曾送给爸爸一只名叫佐施（Zoschl）的毛绒熊作为礼物，梅勒妮也把这

梅勒妮与"小战友"们的合照

个毛绒熊当成孩子一样照顾。

1925年的一天，库尔特携全家前往瑞士旅游，但在途经恩加丁（Engadine）的贝尔格尔山谷时，他驾驶的别克车突然发生故障，抛锚在通往索里奥村（Soglio）的上坡。这条土路又陡又窄，全家人进退两难。见此情况，尼科非常着急，于是跳下车，气急败坏地用拳头捶打车身。库尔特却淡定地坐在驾驶室内，甚至都没有弄脏自己的白手套。作为一个技术白痴，他坚信一定能等到某个手艺高超的好心人出现，因为自己总有这样的好运气。

与我的技术白痴爷爷不同，爸爸总是好奇各种物件的工作原理。例如，在家里听唱片机播放音乐时，尼科认为唱片机里一定藏着会唱歌的小人儿。再比如，照相师在按下相机附带的气压灯泡时，常对孩子们说："看，小鸟飞来啦！"（Watch for the birdie!）[①] 但尼科是个头脑清晰的男孩儿，他发现从来没有什么小鸟出现，于是逐渐意识到，这句听烦了的话只不过是摄影师用来骗小孩的招数。不过，尼科天生乐观，像这样"上当受骗"后，也不会撒泼打滚。相比之下，姑姑玛利亚的性格则有些泼辣。有一次，年仅十岁的她穿着漂亮的衣服去逛慕尼黑的英国公园。两位举止优雅的妇人看到如此可爱的小女孩，便忍不住拿她逗乐，不时发出惊叹声。玛利亚听到后非常生气，索性一下子跳入泥坑，一边打滚，一边大声尖叫："两个丑女人，胖得像猪！（Schweine Dame!）"面对女儿当众撒泼，库尔特与伊丽莎白的反应大相径庭：伊丽莎白站在一旁尴尬不已，库

---

① 此句后来衍生为俚语，意为："看镜头！"

尔特却乐得哈哈大笑。就这样，两人因育儿观念产生了分歧，他们的婚姻最终走到了尽头。玛利亚性格强势，人高马大，所以总能争得爷爷的偏爱，而作为家中老二的尼科却不行。玛利亚还常常带弟弟玩一种名叫"库尔特·沃尔夫出版社"的过家家。在游戏中，玛利亚自称是"库尔特·沃尔夫"，强迫尼科扮演赫特莱恩夫人（Frau Hertlein），对他呼来喝去。尼科一开始很不情愿，但想到玛利亚比他大整整三岁，而且还高出他一头，只得乖乖从命。

这种"妈不在爹不爱"的成长环境，对我父亲也有益处。父母总是不在身边，他不再奢求他们的关注，不像他总会引人注意的姐姐玛利亚，她常常悄悄溜进母亲的衣帽间，然后关上房门，找出丝巾，紧紧贴在自己的脸颊，享受它的质地和香气。就这样，尼科一天天长大，有一副好脾气，也练就了自得其乐的本领，沉醉于研究各种工艺，令家庭其他成员羡慕不已。但是，出生在一个四体不勤的文人世家，想要成为一名巧匠，就得抓住一切机会勤加练习。于是，爸爸拆开了家中的各个钟表，弄明白它们的工作原理后，又把它们重新组装好。有一次，他甚至拆掉了他母亲的缝纫机，然后又把它恢复原样。在多出一个零件的情况下，这台缝纫机居然还能正常工作。"你早晚能得诺贝尔奖，"玛利亚见状，在一旁揶揄道，"我老了就指望你了！"随着时间的推移，尼科的兴趣会转向书籍、绘画和音乐，但那会儿没有什么能与机械小玩意儿、汽车和飞机竞争。他总是要去德意志博物馆（Deutsches Museum）看火车头和飞行器，"警察"实在是受够了，家里只得雇了其他人来做。

1925年春，我的祖父母租住在佛罗伦萨市郊费埃索（Fiesole）的坎塔加利别墅（Villa Cantagalli）内。这座别墅建在托斯卡纳区的山坡上，费利斯·卡索拉蒂（Felice Casorati）创作了我祖父母的肖像画。尼科和玛利亚当时并没有意识到，那个春天将是他们童年最后的美好时光。在伊丽莎白常倚坐的别墅花园的院墙之外，在托斯卡纳的山丘之外，一场暴风骤雨即将来袭。

库尔特与伊丽莎白夫妇的肖像，费利斯·卡索拉蒂绘

第二年，库尔特又拍卖掉一批手中的祖本与摇篮本藏书，总售价约37.5万帝国马克（价值约等同于现在的126万美元）。在库尔特再次获得稳定收入前，这笔巨款支撑他度过了将近二十年的时光。那时候，德国的通货膨胀极其严重，用我小叔克里斯蒂安的话说，那就是"眼睁睁地看着财富在面前消失"。库尔特虽然是一个追求享乐的人，但在这样的通货膨胀面前，也学会了精打细算。即便如此，到了1929年，席卷全球的经济大危机还是使爷爷的公司陷入了财务

困境。然而，麻绳专挑细处断，夫妻感情也在这期间走到了尽头。

"我有喜事儿要和你分享，"1928年圣诞节刚过，伊丽莎白写信给她已寡居的母亲克拉拉·默克说，"我俩早就想给家里添个新丁，玛利亚和尼科也一直想要个弟弟。这个夏天，这个小家伙就要降临啦。这些年，我俩一直想要再生个孩子，所以我现在就特别期盼他从我肚子里出来那一刻。当然，为了要这个孩子，我们也是克服了种种顾虑，这些等咱们见面时再细说。"

这些顾虑可能和生意有关，因为到伊丽莎白写信前，库尔特已经暂停了大部分出版活动。当然，他们也可能是担心伊丽莎白是否还有能力再生一个孩子：一是因为她已经38岁了，二是因为她在七年前生下我父亲后，便罹患肾盂炎住院。除此之外，还有一个她在信中没有言明的事实——她和库尔特的婚姻已经出现了裂痕。

在结婚后不久，库尔特便养成了给岳母写信的习惯。两人保持了长达二十余年的书信往来，他也十分尊重克拉拉的建议。1929年2月末，库尔特在一封信中详细地向岳母汇报了她女儿怀孕的情况。"在过去几周里，伊丽莎白总感觉不舒服。从这周一开始，她还得了重度流感，一直高烧不退，无法下床。"一周后，库尔特在信中继续写道，"事情的发展并不如我们所愿，伊丽莎白的病情正在恶化。"又过了两周，库尔特的文字更加沉重："伊丽莎白有出血状况，考虑到她的身体，情况可能不妙。以防万一，产科医生把她送到了医院。"

仅仅两天后，也就是3月21日，这场磨难终于结束。"今天这封信里，我告诉您的全是坏消息，"库尔特在信中这样写道，"伊丽莎白经过四十多个小时的分娩，在今早生出的却是死胎。阿尔布雷希特医生（Dr. Albrecht）告诉我，那是个男孩。"

我根本不知道自己还有个夭折的叔叔，因为我父亲从未跟我提起。在知道这件事后，我也没有追问更多的内容。

经历这次难产，我的奶奶患上了败血病，卧床两个多月才病愈出院。

*

多年后，库尔特这样描述刚结婚时的感受："婚姻如牢笼。特别是有一天晚上，我从办公室回家，看到伊丽莎白就在门口等我时，这种感觉尤为强烈。"对于此事，我的奶奶在更晚的时候跟玛利亚解释说："我那时候太年轻，不理解他的想法。"

家人不太清楚库尔特什么时候开始和其他女人有染。更重要的是，他们弄不懂库尔特风流成性的动机——是想一直脚踏几条船？还是想追求新鲜感，随时准备抽身？前一种猜测源于家中一位表亲。据他所说，库尔特会定期召集情妇到慕尼黑的一家酒店，在大厅内边喝咖啡边聊天。他不仅擅于操纵聊天的话题，还能在打情骂俏间不时地关心每位情妇的近况。[用这种咖啡茶话会（Kaffeeklatsch）的形式，是避免误会，表明每位女士都地位平等，没有哪一个是被包养的。]另一位表亲则支持后一种猜测。他说："库尔特总坐长途列车出行，常在夜间出手猎艳，江湖人称'夜车老司机（Night Train）'。"

实际上，库尔特可能是两种情况通吃。他认为自己在情场中更善于迎合，而不是榨取。他常把歌德（Goethe）的一句名言挂在嘴边：

"如果一个人的品行远在我之上，那我别无选择，唯有以爱示之。"这句话的本意是形容管理者尊贤爱才，但是经过曲解，便为滥交行为披上了冠冕堂皇的外衣。有一次，姑姑玛利亚告诉我，库尔特在晚年时曾向她坦白，年轻时沉迷女色浪费了他太多时间，不然他可能会成为更优秀的出版商。"说起你爷爷年轻时做的风流事，重点压根不是做爱，而是勾引。他就是个耐不住寂寞的人。"

库尔特的风流最终结出了野果。据我所知，他在外面只有一名私生子。这个孩子名叫依诺克（Enoch），出生于1926年7月7日，比我的父亲小五岁，孩子的母亲安妮玛丽·冯·普特卡莫（Annemarie von Puttkamer）不仅是爷爷公司的翻译，而且还是库尔特老战友杰斯科·冯·普特卡莫（Jesko von Puttkamer）的女儿。得知丈夫老战友的女儿喜得千金，我奶奶比任何人都高兴，亲手做了一整套婴儿装给安妮玛丽，完全不知道这个孩子就是自己丈夫与情妇诞下的。不过，纸终究包不住火，真相很快暴露了。

安妮玛丽·冯·普特卡莫

1929年暮春，就在伊丽莎白难产出院后不久，库尔特便告诉她"不想再维持这段婚姻"。这一年6月，我的曾外祖母克拉拉·默克（即爷爷的岳母）前来慕尼黑看望夫妻俩，却得知了两口子即将分手的消息，感到非常难过。6月15日早上，库尔特驾车送他的岳母前往慕尼黑车站乘坐返回达姆施塔特的列车，并且专门进入车厢将她安顿妥当，但万万没想到的是，列车还没驶出站台，默克就因悲伤过度突发中风逝世。

但是，"不想再维持这段婚姻"并不意味着"必须要离婚"。在分手前，一家四口仍如往常一样维持家庭生活，甚至共同前往恩加丁度假，这已经是1930年圣诞节的事情了。这段时间里，伊丽莎白也和生产住院期间精心照顾她的产科医生阿尔布雷希特确立了关系。库尔特的日记记录了他们分手前的生活乱状——2月5日：E（伊丽莎白）、阿尔布雷希特和AvP（安妮玛丽·冯·普特卡莫）……E同阿尔布雷希特在一起；3月13日：伊丽莎白陪阿尔布雷希特过夜；5月3日：AvP把依诺克带来了。

1930年5月16日，伊丽莎白在日记中写道："今天是库尔特最后一次与我共进早餐。到了8点钟，他就驾车离开了。"对她来说，这无疑是"最糟糕的一天"。为了缓和心情，她来到慕尼黑的植物园，聆听一位心理分析师讲述如何调节情绪，在那里挨过了一下午的时间。这位医师来自达姆施塔特，此前曾帮助伊丽莎白治疗神经紧张综合征。

不久之后，汉斯·阿尔布雷希特明确表示想要与伊丽莎白结婚。于是，她主动向库尔特提出了离婚，并在第二年初得到了肯定的答复。当时的德国法国规定，夫妻想要解除婚姻关系，必须有一方承认自己是过错方，并且过错方需公布自己的婚内出轨对象。库尔特按照规定履行了手续，但在指认出轨对象时，他考虑到自己的情人都是社会地位显赫的贵妇,不能因此影响到她们的名誉,于是找来了一名女工顶包。所以,我不是很清楚,这位女工到底真是他交往的其中一名女友,还只是被骗来或雇来当庭做伪证。但从离婚协议书上来看,库尔特承认:"从1930年春开始,与面包师的妻子艾达·波林杰一直保持着不正当关系……两人常常在私会时接吻和爱抚对方身体。"

尼科和玛利亚并没有因为父母的离婚感到太多痛苦,因为这段婚姻并非全是怨恨,父母陪伴姐弟俩的时间也并没有那么多。相反,他们似乎都已做好了迎接新生活的准备。"你爸爸可不一般,他虽不爱说话,对父母的事很少发表意见,但心里什么都懂,"我的姑姑在1996年去世前不久告诉我,"依我看,父母离婚和再婚没对我们产生什么影响,我们觉得这很正常,而且他们把新欢带入我们的生活,反而让我们的经历比别人更丰富。我在小时候就有一个想法:长大后结两次婚,这样我就能有一个很不错的'扩充'家庭了。"

1931年3月,我奶奶与阿尔布雷希特医生完婚,定居在慕尼黑的宁芬堡区。他俩走到一起,全家没有任何人感到惊讶,因为他们清楚地记得,十年前阿尔布雷希特医生给我奶奶接生时,简直紧张到手足无措。现在想来,他那时大概就已被这个女人迷得神魂颠倒了。不久,尼科和玛利亚也搬来和他们同住,四人其乐融融地生活在一起。

阿尔布雷希特爱好演奏小提琴与中提琴,擅长水彩画,性格中自带巴伐利亚州农民的豪爽。不仅如此,他还是一名业余魔术师,加入了魔术师协会(Der Magische Zirkel),常进入私人住宅表演。

阿尔布雷希特正怀抱着当天接生的所有新生儿

出于以上原因,尼科和玛利亚很快便喜欢上了这位继父,常听他讲述产房里发生的故事,全不顾他们的母亲有多尴尬,其中有一件事令他们难忘:深更半夜,焦急万分的护士走出医院,正好在路边遇到了阿尔布雷希特,于是激动地喊出声来:"阿尔布雷希特医生,快来!她的宫颈口已经开到五马克硬币大小了!"

伊丽莎白觉得,阿尔布雷希特这样毫不避讳地与孩子们谈论生理问题有些不妥。所以,可能是为了让孩子们避开此类话题,奶奶加入了基督教科学会(Christian Science),强行让孩子们诵读玛丽·贝克·艾迪(Mary Baker Eddy)的文章,并且把他们拖去市内的音乐厅做礼拜。但这么做为时已晚,玛利亚早已在继父的影响下变得我行我素,最终因性格叛逆被寄宿学校开除。1931年的一天,玛利亚被赶出学校。那天，她早已各自成家的父母亲都沉浸在自己的新生活中，谁都不愿去慕尼黑车站接她。年仅13岁的玛利亚只好独自一人拖着行李箱走回家。

相比不成器的姐姐，尼科立志成为"教化中产阶层"的接班人，此时已经开始着手准备文理中学毕业考试。他选择在慕尼黑的马克西米利安文理中学（Maximilians-Gymnasium）就读。但是，尼科有些抵触这所学校的教学模式，所以他很少交作业，但天冷或下雨的时候除外——因为遇到这样的天气，他只能坐有轨电车上学，而坐车的时间正是补作业的好时机。

从那时起，德国政府已经开始走上法西斯道路。1933年2月，法西斯分子制造了嫁祸于德国共产党的国会纵火案。此后不久，德国议会于1933年3月通过了《授权法案》（*Enabling Act*），该法案对《魏玛宪法》做出了修正，授予希特勒不受议会限制的充分立法权。1934年8月，我父亲正和我奶奶在瑞士度假时，突然听到一则重大新闻：保罗·冯·兴登堡（Paul von Hindenburg）逝世，希特勒继任总统职位，并自封为"元首"（Führer）。第二年，纳粹党在每年一次的党代会上通过了《纽伦堡法案》（*Nuremberg Laws*），该法案正式褫夺了45万名德国犹太人的公民权，将他们的身份从"帝国公民"降至"国家臣民"。这样一来，还有5万名身份特殊的德国人在身份认定问题上陷入了两难的境地——他们的先辈是犹太人，但已皈依了基督教。在纳粹看来，犹太人是一个独立性很强的种族，如果某个德国犹太人只有母系祖辈接受过基督教洗礼（譬如库尔特这种情况：只有外祖父母受洗），那么此人不可以被认定为真正的基督徒。

因此，这部分德国犹太人获得基督徒身份的条件只有一个：必须有三代以内的父系祖辈皈依基督教。不过，如果你属于纳粹所说的"混血儿"（Mischling，共分为两等，父母中有一方具有雅利安人血统的，被称为"一等混血"，其后代被称为"二等混血"），便可以暂时保留公民身份，但在纳粹看来并不完全属于日耳曼民族。

就在这一年，在重读了相当于六年级的课程后，尼科与马克西米利安文理中学之间的矛盾日渐凸显。"该生毫无上进心，对每一门课程都漫不经心，"这所学校在1934—1935学年末的成绩单中给出了这样的评语，"在重修了本年级课程后，才勉强达到及格标准。"

不过，尼科与学校之间的不快并没有持续太久。1935年，年满14岁的尼科在这年秋天离开了马克西米利安文理中学，前往巴伐利亚州阿默湖畔的顺道府文理中学（Landheim Schondorf）。在这所寄宿制学校，尼科终于如鱼得水：他不仅可以参加帆船与摄影课程，还有机会设计和搭建戏剧布景，这些内容需要用到数学与拉丁语，所以他对这两门课的兴趣愈发浓厚。他甚至还参加了布鲁克曼出版社（Bruckmann）举办的商标设计征集评选，并获得一等奖，作品中，一座桥（Brücke）和一个人（Mann）的形象交叠在一起。"他在顺道府文理中学混得风生水起，可谓文体双全，"玛利亚曾告诉我，"最主要的是，他摆脱了我的阴影。但说实话，我以前只是吓唬他，并没有恶意。"

从1939年开始，尼科的母亲经常翻看他学校的学生名册，并在一部分学生的名字旁标出纳粹万字符。这些标记得以保存至今，所对应的学生的父母均是地位显赫的纳粹党徒，如纳粹宣传画师埃尔克·埃贝尔（Elk Eber）、基尔籍海军上将赫尔曼·伯姆（Hermann Boehm）、纳粹党卫队区队长（SS-Oberführer）恩斯特·波埃普列（Ernst Boepple）。波埃普列因在德军占领波兰后对犹太人实施大屠杀，于1950年在克拉科夫（Krakow）被处以绞刑。通过此名单，我们可以看出，纳粹势力已渗透进校园。但在尼科就读于顺道府文理中学期间，该校的校长致力于教化事业，接收了大量的"混血儿"学生，使这座校园成为暂未受到纳粹"一体化"政策（Gleichschaltung）① 过多染指的安息之所。

但是，在每周三的晚饭后，我父亲仍需要穿上棕色制服，戴上纳粹万字符臂章，在年长学生的带领下，与学校的希特勒青年团成员一同前去参加每周的俱乐部晚会（Heimabend）。"在晚会上，他们不仅向我们灌输假大空的废话，还歪曲'一战'的史实，大肆宣扬德国在'一战'中惨遭出卖和踩躏，"他曾告诉我，"会上还含沙射影地提到反犹主义的东西。我们只得假装欣然接受，不然就会给父母或者学校带来麻烦。"

尼科还提到，学校还有少数比他血统更纯正的犹太人，他们被纳粹禁止参加晚会。"说实话，我们非常羡慕他们。"

*

我爷爷虽然私生活混乱，但在企业经营困难时，仍能够严格地

---

① "一体化"指纳粹政权将个人生活与政治一体化，建立协调机制并加以绝对控制的进程，即所有德国人民的社会、政治和文化组织都要根据纳粹的意识形态和政策加以控制和管理，所有的反对意见都要被消除。

坚守自己的底线。1930年6月23日，他在写给韦尔弗的信中这样说道：

> 恕我无能，我不愿再继续维持库尔特·沃尔夫出版社的运转……公司的经营状况已让我身心俱疲。在过去六个月的时间里，我感觉自己慢慢地灯尽油枯。等到通胀结束和物价回稳那天，我恐怕兜里一分钱现金都没有了……不过，我还有大量的库存书，但他们都是用劣质纸张印刷而成。通胀刚发生时，图书的销量并没有受到影响，我和其他书商一样误判了形势，雇佣大量员工扩张业务。我觉得，这些在通胀期间与我共克时艰的员工，我务必尽最大努力把他们留下来……虽然公司的现金流断裂，虽然读者品位骤变导致大量的库存图书滞销，虽然宣布破产在现阶段看来并非什么丢脸的事情，我也不愿意走出这一步，更不愿意步这时期很多书商的后尘——因破产而沦为债权人、印刷商和装订商操纵的傀儡。我虽然身无分文……但我愿尽可能地抛售资产来偿还债务（事实上，我们已经这样做了。无论过去还是现在，我们都不会拖欠任何债务）。

"公司的业务为何停滞了一段时间？"库尔特日后曾在一篇笔记中扪心自问，"我什么新东西也没看到。没有任何新颖作品出现的迹象。"作为一名以标新立异为卖点的书商，库尔特以往出版的作品有表现主义、泰戈尔诗作和弗莱彻主义，这些作品一经出版便会被抢购一空。但仅仅五年后，他出版的800册卡夫卡首部单行本作品竟有半数滞销。除卡夫卡外，其他作家[如穆齐尔（Musil）、罗特（Roth）、罗伯特·瓦尔泽（Robert Walser）]也历经数年才找到拥趸。不过，库尔特还是在那段困难时期坚持出版了这些作家的作品，把它们当成是延期十年、二十年乃至五十年才到期兑付的债券。事后证明，他很有先见之明。"库尔特·沃尔夫看中的作品，如今很多都成了经典之作。"《泰晤士报文学副刊》（*Times Literary Supplement*）在1970年这样评价道，"所以他有资格对外宣称，当初虽凭借一腔热情做出了冲动的决定，但由此可能引发的任何后果已得到了弥补。"

库尔特并没有解释公众口味变化的具体原因。不过，据我猜测，这应该与纳粹不久后开始推行的"一体化"政策有关。此外，1929年，经济大危机等事件爆发，不仅加速了纳粹的崛起，而且对图书业造成了重创，库尔特的出版社更是首当其冲。正如另一位德国出版商在多年后所说，在种种不利因素的联合打击下，我的爷爷"被时代抛弃，宛如被大革命废黜的君主"。

他意志有些消沉，只能与远在莱比锡的老搭档在书信往来中互相宽慰对方。1930年3月，韦尔弗在信中嘱咐爷爷，即使再难，也一定要坚守他们曾经共同打造的事业。"库尔特·沃尔夫出版社是德国最后一场诗歌运动保留下来的文学火种，"他这样写道，"对于这场运动中涌现出的诗人，无论他们在今日的声名如何，我们必须明确，他们都是富有诗意之辈，都是甘愿在战争中献身的勇士，在他们身后，将再无来者。我们今日所目睹的世界，早已发生了翻天覆地的变化，我们只有站在未来的某个时刻回望过去，才能对我们都置身其中的这场运动做出公允的评价。"

出版业萧条的十年间，库尔特一直在裁员，但却在1925年雇佣了一名员工，此人将会改变爷爷的人生轨迹，并终将对美国的出版业产生重大影响。

我的继祖母名叫海伦·莫泽尔（Helen Mosel），于1906年出生在南塞尔维亚的温泉小镇弗拉涅斯卡巴尼亚（Vranjska Banja）。她的母亲约瑟芬·菲施霍夫（Josephine Fischhof）是一名维也纳裔记者，父亲路德维希（路易斯）·莫泽尔[Ludwig（Louis）Mosel]是一名工程师，出生于莱茵兰，曾被派往奥斯曼帝国的土耳其从事电气化工作。由于担心海伦和她的三个弟弟妹妹在公立学校里感染上霍乱，莫泽尔夫妇决定让孩子们在家学习，并为他们聘请了私人教师。海伦四岁时便开始读书。她出生时一条腿比另一条腿稍短，所以走路有点跛。但是海伦对此并不在意，反而以此为借口闭门不出，沉浸在书籍的世界中，以识字知书为乐。

1912年，巴尔干战争爆发。此后不久，海伦的父母便离婚了，海伦的父亲路易斯彻底地抛弃了这个家庭，所以海伦发誓再也不会提起他的名字。海伦母亲带着孩子们先去了维也纳，后又颠沛至柏林。1918年，"一战"仍在继续，柏林城内粮食短缺，海伦和孩子们再次流落到巴伐利亚乡村。海伦虽然在四处漂泊中度过了童年时光，也经历了父母婚姻破裂带来的伤痛，但在书籍的熏陶下，最终蜕变为一名早熟的少女。

1920年，海伦的母亲让她入学顺道府文理中学，成为一名走读生。我的父亲尼科日后在巴伐利亚州就读的正是这所学校。海伦是该校接收的首批女生之一。到了15岁时，海伦已经掌握了英语和法语，通读了许多经典名著，因此获得了跳级的资格。海伦17岁时，法兰克福附近几个富裕家庭通过学校了解到她的情况，决定通过勤工俭学的方式资助她，于是雇佣她担任保姆和家庭教师。其中一位雇主是海伦同学的母亲，此人也认识库尔特，于是帮助海伦在库尔特的公司谋得了一份为期三个月的无薪实习工作。实习期结束后，海伦继续担任库尔特的秘书。她还担任过飞马出版社（Pegasus Press）的编辑。这家总部设在巴黎的艺术类书籍出版社，在接收万神殿出版社剩余资产的基础上成立，但不久后也陷入了财务危机。海伦只好再次跳槽，在国际联盟（League of Nations，总部设在日内瓦）下辖的一家机构（性质类似今天的联合国教科文组织）担任翻译。

到了1928年秋，海伦的名字越来越频繁地出现在库尔特的日记中。仔细翻阅提及海伦名字的篇目，不难发现，它们在抬头记录的地点均为格勒诺布尔（Grenoble）、芒通（Menton）、尼斯（Nice）和巴黎。在这一年的大部分时间里，以及在1929年整整一年中，爷爷和海伦二人一同游历了法国、英国、西班牙、瑞士和北非。海伦也在给家人的多封书信中公开了这段已经拉开帷幕但前景不明的恋情。与海伦在一起的那段时间，爷爷本性难移，仍在多个女人间周旋。这些情妇个个非富即贵，与她们相比，海伦这个清贫的22岁实习生显得平平无奇。因此，海伦十分珍惜与库尔特在一起的每分每秒。1930年3月，她在给弟弟乔治写信时这样说道："跟他在一起时，我变得患得患失，却无处诉说。我沉醉在每一句甜言蜜语中，但心里却很清楚,他的车随时会在街角停下,片刻的温存瞬间就会化为泡影。"

不过,当海伦意识到库尔特在情感上是那么依赖她时,便坦然接受了这个男人周围莺燕环绕的事实,并找到了更好的方法与情妇们共处。"与其一整年都在与其他情妇争夺一个(库尔特)这样的男人,不如每年拿出一周的时间与这个男人独处,然后剩下的时间自己一个人度过。"她在这年9月再次给乔治写信时说道,"爱一个人,无须完全占有。爱必适度,方能彼此相知,并被情感的力量联结起来,地久天长。若爱至此,亦能跨越距离,消弭嫉妒,抚平怨恨。"到了1931年夏,海伦彻底俘获了库尔特的心,成了他的终身伴侣。

库尔特偕海伦旅居欧洲期间,刻意避开了德国,因为在他看来,"那里的氛围已经阴郁到令人作呕,"他在1931年11月致信沃尔特·哈森克勒弗尔时写道,"你只需要在那里待上五分钟……便可以感受到末世降临的绝望,这种情绪肆意蔓延,已将大多数人折磨到精神失常。"与此同时,他还在写给韦尔弗的信中提道:"这个秋天,我一直在养精蓄锐,每天睡觉,游泳,散步,等到

海伦,拍摄于法国南部,20世纪30年代初

状态彻底恢复时,或许会思忖下一步做什么。"

但实际上,库尔特并未能真正放松下来,对于未来的迷惘一直折磨着他。为缓解压力,他暴饮暴食,结果导致体重猛涨了近30磅①。不仅如此,"焦虑"与"疲惫不堪"等字眼也经常出现在他那段时间写给别人的书信中。"长期赋闲在家让我患得患失,简直要把我待废了……真不如让我从事目标明确的工作。"1931年3月,他向一位友人表达了内心的苦闷,"我不想浪费自己的才能,真心想找一份适合自己的工作。"

1933年1月初,库尔特偕海伦来到柏林,他此行的目的想在外交部的文化政策司[今德国歌德学院(Goethe Institute)的前身]谋得一份差事。两人住进了库达姆大街(Kurfürstendamm)②上的一家小旅店,在那里待了数周,度过了战前在德国的最后时光——等他们下一次再回到德国时,已是"二战"之后了。短居柏林期间,库尔特去看过几次牙医,有时也会带着海伦四处留意公寓出租信息。两人还结识了一些友人,这群人有一个共同的特点:都担心纳粹会找出各种借口扫除其夺权道路上的阻碍。曾与库尔特·沃尔夫出版社签约的作家罗特注意到,一批宣扬纳粹主张的报刊在当时如雨后春笋般出现在波茨坦广场(Potsdamer Platz)的报亭内:"刚刚冒出来的报刊有《民族观察报》(*Völkischer Ratgeber*)、《战斗联盟》(*Kampfbund*)、《德意志斗争报》(*Deutscher Ring*)、《德意志日报》

---

① 约13.6千克。——编者注
② 亦称"选帝侯大街",当地人简称为Ku'damm,故中文常译作库达姆大街。——编者注

(*Deutsches Tagblatt*),它们和当时其他所有新兴报刊一样,无一例外都被深深地打上了纳粹的思想烙印。"

其实,库尔特的犹太血统尚不足以引起纳粹的注意,其资助"反动"文学艺术的行为才是他被纳粹视为眼中钉的主要原因。1933年1月30日,希特勒就任德国总理,他想在外交部谋得文职的愿望便也因此成了泡影。计划落空后,库尔特带海伦搬出了库达姆大街上的小旅店,来到弗里德瑙镇(Friedenau)内一个文化氛围浓郁的社区,住进了一间家具齐全的公寓 —— 该公寓的原主人名叫哈森克勒费尔(Hasenclever),在不久前撇下这间屋子仓促地逃往了法国。公寓外门铃旁的门牌上写着另一个前房客的名字"西格丽德·恩格斯特伦"(Sigrid Engström),这个"雅利安式"的名字似乎令公寓躲过一劫,没有受到"褐衫党"暴徒的冲击。"我们此刻深陷法西斯主义的旋涡,"海伦在2月17日写给弟弟的信件中说道,"你在收音机上听到过'希特勒'这个名字吗?……光是听到这名字,就足以让人心惊胆寒……可我没法一直管着自己的嘴不说话,迟早我会忍不住发表关于'元首'的不当言论,并因此会被捕。与其这样,我不如期待这一天早点到来。"

九天后,海伦再次给弟弟写信。她在信中断言,奉行纳粹主义无异于"退化为蛮夷",如此一来,"文明之人将无法求得半点生存空间。"海伦还补充说道,"日耳曼民族的劣根性在于不满足于实在的东西。给他们的东西他们不满意,他们厌倦了平淡的生活,所以亲手打碎了它……他们不安于常态,所以唯恐天下不乱。"

就在写信的第二天,德国国会大厦被烧毁。当天,库尔特和海伦通过收音机听到了纳粹议员赫尔曼·戈林（Hermann Göring）嚣张的咆哮。"这帮人简直是疯子，"库尔特气得喊出了声，"收拾东西！咱们赶紧跑！"

两天后，他们离开柏林，途经巴黎，最后来到伦敦，并于3月27日在伦敦成婚。与此同时，赫尔曼·黑塞（Hermann Hesse）从瑞士寄来一封信。"报纸里都是令人难过的离谱消息，"黑塞在信中写道，"所以我把它们撇到一边，不想让自己受到影响。人们别无阵线可选，只得接受铁腕政策与恐怖专制。但幸运的是，'上帝之国（Kingdom of God）'、大学或'无形教会（invisible church）'总是向我们敞开大门。"

同年5月，一群学生获得了戈培尔（Goebbel，纳粹宣传部长）的支持，在"褐衫党"暴徒的怂恿下，聚集于柏林贝贝尔广场（Bebelplatz）上的歌剧院前，公然用书堆点燃篝火。被焚毁的书籍中，有不少出自库尔特·沃尔夫出版社。

库尔特当时怎么知道已经到了必须逃离德国的时候呢？这可是一项开弓没有回头箭的决定，需要当机立断的果敢与撇家舍业的勇气。"决定去留的随机应变是一门智慧，有这种智慧，你几十年前就能写出传世巨著了。"贝尔托·布莱希特（Bertolt Brecht）这样写道。库尔特能从德国逃出生天，是得益于自我保护型人格的天赋，还是出于求生的本能？不论如何，自逃离德国的那一刻起，他和海伦还将一次次凭借这种直觉躲过劫难。

此时，我父亲尼科仍在德国国内读书，还没有意识到自己的父亲已永远无法回国。他和姑姑玛利亚很快便接受了父亲的再婚妻子。

85

每逢学校放假,姐弟俩都会出国探亲,造访库尔特与海伦暂居的一个又一个地中海住所。在尼科看来,顺道府文理中学虽然被希特勒青年团玷污,但或多或少保留了德国的"礼仪教化",尚未完全被"蛮夷化"。在这所学校里,十几岁的青年学生仍然醉心于学习手工与艺术,对即将到来的厄运浑然不知。

*

"极权主义统治的理想主体,"库尔特与海伦共同的朋友汉娜·阿伦特(Hannah Arendt)写道,"并非对纳粹言听计从之徒,而是民众,对他们来说,事实与虚构之间的区别(即经验的真实),真与伪之间的区别(即思想的标准),已经不复存在。"

汉娜·阿伦特在1951年出版了著作《极权主义的起源》(*The Origins of Totalitarianism*)。在这本书中,汉娜忽略了一点——被极权蒙蔽者往往会自欺欺人。今天,德国和美国的公民基本都有机构来检查和整理出自"新闻自由"的内容。但在纳粹统治时期,许多德国人却甘愿受到宣传机构的蒙蔽与误导。这是个非常值得研究的现象,记者塞巴斯蒂安·哈夫纳在流亡海外期间为此倾注了大部分的精力。

我父亲刚刚记事的那几年,德国处于史学家所说的"施特雷泽曼时代"(Stresemann era,1924年至1929年),这是德国历史上一段短暂的平稳时期,得名于魏玛共和国外交部长古斯塔夫·施特雷泽曼(Gustav Stresemann),此人善于运用外交手段维护德国的国家利益。然而,出生于1900年后的那代德国人从小到大经历了各种大风大浪,似乎并不太习惯"施特雷泽曼时代"的平静。小时候,他们总是把来自前线的战报当成体育赛事的比分与彼此分享,长大后,他们亲历了《凡尔赛条约》的签订,在魏玛共和国通货膨胀最为严重的时期,常常目睹自己的母亲或年轻的妻子装满几大筐纸钞去市场购物。在哈夫纳看来,这代人经历过最为动荡的十年(1914—1924),可以说早已习惯于——

> 生活的全部内容都由公共领域免费供给,这种公共生活还为他们提供原料,制造了诸种深层情感,制造了爱与恨、欢乐与悲伤,这种生活还为他们提供了全部感知与兴奋——可能伴有物资短缺、饥饿、死亡、动荡与危机。如今,公共供给戛然而止,令这些人陷入无助、赤贫、被剥夺、对生活失去希望的境地。他们从未想过独自生活,不会享受和成就属于自己的人生,不知道如何将普通生活过得有声有色,更不懂得如何实现个人的价值。因此,当政局重归安宁,当个体重获自由时,这代人并不认为得到了新时代的馈赠,反而感到怅然若失。

我的父亲尼科出身"教化中产阶层",并没有上述感受,却十分仰慕经历过十年动荡的那代人。但那一代大多数德国人都对战后的时代剧变感到不知所措,因而在生活中屡屡碰壁,最终变得激进,哈夫纳继续写道:

> 只有某个受过文化熏陶的阶层能一如既往地从书籍、音

乐、独立思考和创造个人的"哲学"中找到精神寄托与生活乐趣。这个阶层的人数虽然不少,但从比例上看仍然属于小众阶层……除了这个阶层以外,其余德国人一直在空虚无聊中蹉跎光阴……

在德国东部与北部的广袤平原,单调乏味的氛围自古至今笼罩着色彩单调的城市,城里的政府机构与企业全都在玩命地运转。随之而来的,是一种令人窒息的空虚感,以及内心对"精神救赎"的渴望。于是,有人借酒消愁,有人听天由命。当然,还有一种最廉价、选择人数最多、最行之有效的逃避方式——集体催眠。

时至今日,德国一部分地区的面貌依然如此,没有改变,昔日庸碌之辈的后人,仍在重蹈前人的覆辙,过着单调乏味的生活。为了填补精神的空虚,同时也为了宣泄恐惧与憎恨的情绪,这些人把注意力转向了夹在他们当中的少数外来移民。

哈夫纳认为自己知道此现象的成因。"人猿相揖别,在于'教养',"他写道,"教养是坚硬的精神内核,不会被外力打破。有教养者,清高而刚毅,即使面对考验,也能够坚守气节,绝不屈尊。德国人恰恰缺少这一点。作为一个民族来看,日耳曼民族性格软弱、虚伪,缺少骨气。"

阿尔伯特·爱因斯坦也批判过德国人"骨子里的奴性"。早在纳粹掌权的30多年前,他就斥责自己的同胞"蒙受了'权威'(Autoritätsdusel)的蛊毒,愚忠于权威"。在爱因斯坦看来:"迷信权威是真理最大的敌人。"

对于德意志民族劣根性可能引发的灾难,爱因斯坦与汉娜不谋而合,两人均是流亡海外并最终加入美国国籍的德国人,前者以物理学家的身份提前敲响了警钟,后者则在灾难发生后从哲学角度进行了反思。归根结底,他们孜孜以求的都是对真理的坚持。

*

柏林艺术家君特·戴姆尼(Günter Demnig)亲自雕刻并安置了每一块黄铜"绊脚石"。通过此事,他了解到自己的父亲曾在"二战"期间执行过轰炸任务,因此在长达五年的时间内拒绝和父亲说话。

相比戴姆尼,我从未态度强硬地同父亲划清界限。其实我一直都在寻找为先人开脱的证据,以证明他们哪怕做过一件令子孙感到骄傲的事情。与此同时,我也在质疑每一段经过美化的光荣家史,因为它们的背后都存在这样一个问题:一段往事能流传下来,仅仅是因为它符合当下历史观的需要吗?

姑姑玛利亚告诉我,有一件事情让她开始意识到,周围局势的发展态势有些不妙。20世纪30年代末的一天,汉斯·阿尔布雷希特的姐夫(当时是慕尼黑一家医院的医生)焦急地来到伊丽莎白与阿尔布雷希特的住处。与他一同到来的,还有两名党卫队军官。这两人带来了几名病号,他们坚持要求阿尔布雷希特只能在家里的手术室内采取必要的抢救措施。因此,阿尔布雷希特的姐夫猜测,这些病号应该是达豪集中营内的囚犯,党卫队军官担心他们会在麻醉状态下胡言乱语。

玛利亚还告诉我另外一个故事，此事似乎是上面这件事的后续。1944年秋的一天，她开车送她的母亲前往慕尼黑南部的特根湖（Tegernsee）。由于天气晴朗炎热，两人收起了汽车的顶篷。突然，防空警报声响起，两人只好将车停在路边的树荫中避险。"就在那时，我们发现，灌木丛里有三名光头男子正在慌不择路地爬行。"玛利亚告诉我说，"我们先后用英语和法语冲他们喊：'别害怕。'这些人听到后告诉我们，他们刚从达豪集中营里逃出来。"

于是，她们赶紧把这几名逃犯藏入车内，然后驶离事发地，一路祈祷千万别被拦下。最终，她们来到了附近一位慕尼黑医生遗孀的家舍。刺杀希特勒计划流产后不久，两人曾拜访过这位名叫乌施（Uschi）的女士，她在当时表露了自己反纳粹主义的立场，因而得到了玛利亚和伊丽莎白的信任。乌施不仅给这几名逃犯喂饭喂水，还叮嘱他们洗净身体换下囚衣。最后，她送给三人一张地图，把他们送到了瑞士边境。

以上就是我听说的全部内容。"真正的英雄事迹不只发生在战场上，"1940年初，身在纽约的海伦给玛利亚写信时说道，"而是在于能够激荡那些仍坚信真理存在并为之付出的灵魂。"

海伦的这几句话令玛利亚感到醍醐灌顶。她和我的奶奶那天的确做出了正义勇敢的举动，但我仍不敢轻易对前辈们做出评判。这是因为，倘若我因寥寥几位前辈敢于反抗纳粹而沾沾自喜，那么，当得知其他前辈在纳粹暴行前毫无作为时，我又该作何感想呢？

君特·戴姆尼经常收到制作"绊脚石"的申请。有意思的是，这些申请多来自当初犯下罪行之人的后代，而非受害者的家人。在我看来，此现象寓意深刻。因为无论是"绊脚石"这样安放在路面的孤立纪念碑，还是规模宏伟的纪念馆（Gedenkstätte），它们所起的作用都是用过往唤醒人们的良知。我们从小接受的教育是"家丑不可外扬"，认为对待不光彩之事必须讳莫如深。但是，只要我们敢于直面"不光彩之事"，便可以用它来警醒世人。"撇开负罪感来看，'不光彩之事'主要能够唤醒良知尚存的人。"德国学者、政治活动家兼慈善家扬·菲利普·雷姆茨玛（Jan Philipp Reemtsma）曾写道，"所以说，修造纪念碑的意义在于，唤醒良知与羞耻心并付诸实践。"

家族过往的历史总有许多留待后人发掘的内容，我尝试搭建出一个思维框架去梳理它们，这个过程中我发现，思索一些准则很有必要，这样有益于我们总结纳粹兴亡的教训。作为当代德国人，我们要做的，不是一味地替父辈痛悔前非，而是共同肩负起历史赋予的责任。"克服过去"的意义也不仅是为了纪念过往，还要正视历史、参与其中、做出回应。正如政治哲学家苏珊·奈曼（Susan Neiman）在其著作《借鉴德国：直面种族与邪恶记忆》（*Learning from the Germans: Race and the Memory of Evil*）中所说："我们无法选择继承何种遗产，正如生来无法选择父母。我们能做的，是处理好同父辈遗产的关系。"

可惜的是，我们美国人反思自身历史的时候就没那么有原则，也没那么有想象力。要知道，揭开最令我们蒙羞的历史篇章，并不是自愿地或被迫地替亲手犯下罪恶的前人赎罪。如今，德国人制作"绊脚石"，在上面写下名字，纪念素不相识的遇难者，就是在身体力行地赎罪，是在修复历史留下的创伤，尽管这仍未表达我心中所思。在这里，我有必要挖掘德语单词"Erbsünde"的深层含义，以表明我的本意，该单词同时包含了"原罪"与"承继之罪"，它含有双重责任，强调一代人与另一代人之间的联系。或许，我们在这里能找到美国"悼念文化"（Erinnerungskultur）的基础，它赋予邦联纪念碑（Confederate monument）以当代的思考框架，把星杠旗（Stars and Bars）①视作招魂美利坚民粹主义的本土万字符。

自1993年起，一座大屠杀纪念馆便一直矗立在距离华盛顿商业街几步之遥的地方。据说，在马丁·路德·金纪念碑（Martin Luther King Jr. Memorial）于2011年落成前，作为一国之都的华盛顿居然没有一座像样的奴隶制与种族暴行纪念馆。

---

① 星杠旗是南北战争时期，南方美利坚邦联国于1861年设计的第一面邦联国国旗。

第四章

避难地中海

库尔特与尼科：1931 至 1938 年

从 1931 年开始，库尔特一直住在法国南部，其间换租过多处住所。那些年，尼科和玛利亚跟随库尔特接连度过了四个暑假，幸福地享受着动荡岁月里仅有的一段与自己父亲共处的时光。当载着沃尔夫家族孩子们的火车哐当哐当驶离慕尼黑时，寒冷和教条逐渐被阳光和慵懒驱散，这正是德国人长久以来向往南方的原因。淘气的姐弟俩总会用手指拨动车厢厕所的指示牌，把"无人"调成"有人"，然后幸灾乐祸地看着等待上厕所的队伍从车厢的一端排到另一端。火车每到一站，尼科便会溜出车厢，在站台上跑来跑去，直到火车开动的前几秒才不慌不忙地上车，这让姐弟俩的母亲委托负责看护他们的犹太裔友人伊丽莎白·克莱默（Elisabeth Krämer）很是无奈。

到达法国后，姐弟一行最初并没有直奔法国里维埃拉（French

Riviera）① 的繁荣地带，而是先去了略显荒凉的"滨海区"（Petit Littoral）下海游泳，这里是以尚未开发的圣特罗佩（Saint-Tropez）渔港为中心的沿海地带。犹太裔德国流亡作家西比尔·贝德福德（Sybille Bedford）在当时敏锐地捕捉到了这里的人文氛围，她这样记录道："这里季风常拂海岸，阳光温而不燥，常年显示出朴素的美，与法国人性格里的甜美、犀利、敏锐与睿智相得益彰，再加上随遇而安的法式'生活方式'（manière de vivre），滋生出一种兼具理性与感性的美好生活愿景。放眼欧洲乃至寰宇，唯有法国这片土地在

尼古拉斯、海伦、玛利亚与伊丽莎白·克莱默

① 又称"蔚蓝海岸"。

战火中让人产生了自由的幻觉。"

继祖母海伦对度假住所的要求很高，几经挑选后，才为家人选中了适合放松身心的休憩之所，如设在葡萄园内的卡巴侬度假小屋（Le Cabanon）与傍海而建的施伦贝格尔别墅（Villa Schlumberger）。这些地方完全融入自然，所以既没有自来水，也不通电。库尔特和海伦在入住时自带了好几盏油灯、一部手摇留声机和一台装有可充电铅酸电池的电子管收音机。在姐弟俩当中，库尔特更偏爱玛利亚。"我父亲觉得尼科肚里没有一点墨水，"玛利亚曾跟我说，"他和我在一起时可以讨论书籍和艺术。"那时候，玛利亚12岁，身高就已经将近五英尺十英寸（约1.78米），常陪同库尔特出入圣特罗佩的渔人舞会。在那里，常有人操着法语上前搭讪："先生，能允许我和你女儿跳一曲吗？"遇到这种情况，库尔特总是会把他们支开。

1931年，我父亲和他的姐姐，在库尔特的陪伴下于圣特罗佩度过了数日无忧无虑的时光。两人有时去采摘无花果，有时跑到塞内基耶甜品铺，把糖果罐里的点心挨个品尝一遍。两人还发现了附近特雷耶·马斯喀特别墅（La Treille Muscate）的小秘密——如果它的主人，作家科莱特（Colette）正在接待宾客，屋外的路灯就会发出绿光，如果没有客人，灯光便会变成红色。在此期间，还发生了另一件有趣的事：附近的裸体主义聚落住着一位名叫"巴龙·冯·沃尔夫"的德国贵族，他的姓与我爷爷一样。所以，原本写给巴龙的信件常会被误寄到爷爷这里。每次收到信件，他总会用无奈的口吻说："我又得去把信送给那些光着身子的家伙了。（Ich muss die Post wieder den Nudisten zustellen.）"对于这对姐弟俩来说，游走在破碎家庭间的日子虽然苦涩，却也别有一番滋味，至少能让他们暂时脱离被纳粹主义逐渐蚕食的德国。

在圣特罗佩的最后一个夏天，尼科突然向他父亲宣布，自己已经学会了开车。库尔特是个彻头彻尾的书生，对技术一窍不通，所以感到难以置信，于是让他把驾驶车辆的方法具体地写出来。尼科照做了，整理出一本图文并茂的汽车操作手册（Gebrauchsanweisung）。这本手册的内容非常详尽，爷爷大受震撼，甚至一度萌生了将它编辑出版的想法。库尔特最终决定让自己儿子试试身手，于是他俩坐上一辆1929年产的别克四门敞篷汽车，用备用轮胎轻压在油门、刹车与离合踏板上，他让儿子坐在自己腿上握住方向盘。就这样，父子俩开车沿着普罗旺斯的乡间小道一路向前，直到一名警官挥手示意他们停下。

尼科见状，慌忙挪到一旁的副驾驶座上。

"他个子太小，看不到挡风玻璃外面的景色，所以坐我腿上了。"没等警官询问，库尔特抢先开口。

尼科、玛利亚和库尔特的合照

"他不会是在开车吧?"

"不不,绝对不是。"

"请你出示驾照。"

库尔特不仅掏出了驾照,还故意亮出了自己的圣特罗佩警民联谊会会员卡。于是,警官摆摆手给他们放了行。

暂居圣特罗佩的田园牧歌生活虽然闲适,却并没有改变库尔特与海伦的"信仰流亡者"身份。到了1933年秋天,两人被迫沿着海岸线向东搬至山间的拉奇基塔别墅(La Chiquita),在那里可以俯瞰尼斯城。为了挣钱支付房租,两人将屋内的房间转租了出去。第二年3月,我父亲同父异母的弟弟克里斯蒂安在这里出生了。

流亡他乡期间,库尔特又拍卖了许多图书,同时也出售了一些画作。为了以防万一,他悄悄地把流动资金存放在瑞士和英格兰的银行。事实证明,此举很有先见之明,因为纳粹日后实施了外汇管制。那段时间,爷爷总是密切地关注着新闻,想方设法地为自己留一些后路,比如把现金兑换成黄金埋藏起来,或是加入圣特罗佩警民联谊会这类组织。

截至1934年末,意大利的法西斯政府尚未听命于希特勒政府,所以库尔特和海伦决定趁此机会赶紧搬到意大利,于是来到了佛罗伦萨城外的拉斯特拉阿锡尼亚(Lastra a Signa)。当年12月,他在尼斯给黑塞写了一封信,信中这样说:

> 虽然我们很喜欢这座房屋和这里的乡间生活,但经济条件已经无法支撑我们继续待下去了。在今年秋天前,一直都有源

源不断的房客入住这里，对外宣称是前来看望我们的德国老友。所以，我们挣到了足够的钱来支付房租。但是好景不长，自去年10月以来，德国颁布了新的货币管制政策，禁止德国公民出境消费德国马克。事已至此，我们便打算顺势而为，抓紧调用所有积蓄到意大利购置房产。我们相中了托斯卡纳的一处精致地产，那里不仅有一座房屋，还配备了几块面积不大的土地，不仅可供我们酿酒、榨油和种植水果蔬菜，还能够出产鸡肉、鸡蛋和牛奶等。只要墨索里尼先生和他的恶魔政治家们不变卦，我希望能在那里一直待下去。

库尔特说自己像个"回归土地运动者"（back-to-the-lander）[①]。事实也确实如此，他在1935年3月搬到伊尔摩洛别墅（villa Il Moro）后，便与一家农舍（意大利语:casa colonica）[②]为邻，其中的农户以帮忙打理别墅附带的田产为生，所抽地租足以养活一家老小。周围村子里的村民都知道，如果遇到急事，可以去找"那个住大房子的德国佬"借用汽车。作为感谢，这些当地的村民也会不定期地上门看望库尔特与海伦。库尔特和海伦现在身在意大利，得以重操旧业，继续干起了转租房间的生计。有一天，库尔特得意扬扬地向海伦夸口说："咱的生意真是蒸蒸日上（ein florierendes Geschäft）啊。"不

[①] 回归土地运动（Back-to-the-land movement）是号召房地产业主利用自有土地进行种植的运动，起源于美国，后传播到欧洲。
[②] 意大利的这种"农舍"是佃农的居所，在其中生活工作的家庭并不拥有房屋和土地，而是受与房主签订的佃农合同约束。——编者注

料,海伦立刻讽刺道:"我看是江河日下(ein deflorierendes Geschäft)吧。"

库尔特虽然流亡在外,但仍旧十分注重维护自己的儒雅庄园主形象,喜欢在周围村民面前转文弄词。早在莱比锡经营库尔特·沃尔夫出版社期间,库尔特为公司争取到了首批审稿人,威利·哈斯便是其中之一,此人回想起在1937年拜访爷爷另一处租住地〔位于流亡意大利的最佳登陆地之一厄尔巴岛(Elba)〕的经历。据他回忆,他乘坐火车途经多站,最终抵达意大利主岛的最后一站,计划与库尔特在那里碰面。两人一见面,库尔特便迫不及待地让这位老同事讲述途经佛罗伦萨时的见闻。

"我把佛罗伦萨看了个遍。"哈斯回答说。

"那你看到圣阿波罗尼亚修道院(Sant'Apollonia)里卡斯塔尼奥①的壁画了吗?"

"没有啊。"

"那你现在赶紧转身回佛罗伦萨,等看完壁画再回来找我,我今晚就在这儿等你。"

于是,哈斯遵照库尔特的嘱咐,立即原路返回佛罗伦萨。事后,他非常庆幸自己当初听了库尔特的话。

随着库尔特与海伦在意大利乡村逐渐站稳脚跟,他们的儿女尼科和玛利亚也开始期盼着趁学校放假去伊尔摩洛别墅度假。那段时间,库尔特正在为一家慕尼黑出版社筹划一本法语图书的翻译事宜。

---

① 全名为安德里亚·德尔·卡斯塔尼奥(Andrea del Castagno,1421—1457),意大利文艺复兴时期佛罗伦萨画家,创作了大量壁画。

为了避免因自己的身份与客户扯上麻烦，他特意使用了笔名。1935年，库尔特还用两周的时间接待了指挥家布鲁诺·瓦尔特（Bruno Walter）和他的妻子，还有作曲家阿尔玛·马勒·韦尔弗（Alma Mahler Werfel）和她的丈夫，并与他们共同商议创办一家流亡出版社（Exilverlag）。随着局势越来越紧张，库尔特愈发感到不安，因为他身在一个法西斯政权国家，却持有另一个法西斯国家的护照，这个护照是否能顺利得到续签，完全得看部分法西斯当权者的心情。

父亲尼科青少年时期的照片，拍摄于某次在伊尔摩洛别墅度假期间

《纽伦堡法案》颁布后，库尔特和尼科甚至考虑过如何获得"'雅利安人'血统证明表"，因为德国政府规定，任何人想要保留德国公民身份，就必须获得此证件。

尼科的"血统证明表"，内容系他父亲亲手填写，上面盖有"审核通过"的印章。这张表背面的紫色鹰徽万字符章清晰可见，仿佛在昨天才刚刚被盖上去。爷爷填写的内容显示，他的职业是农民（Landwirt），而不是为犹太作家或"反动"艺术家出书的出版商。此外，库尔特的母亲玛利亚（即尼科的祖母）的宗教信仰也被爷爷填尼科的"'雅利安人'血统证明表"

写成"新教教徒",理由是玛利亚不仅受洗成了基督徒,而且她的两个孩子在出生时也立即接受了洗礼。(注意,左侧表头第五行括号内注有"皈依前的信仰",意思是填表人须写清皈依前的宗教背景,倘若如实填写,就会暴露玛利亚·马克斯皈依前的身份,所以爷爷在填表时刻意忽略了此要求。)慕尼黑的一位公证员赫普勒(Justizrat Hippler)对此表进行了公证,证词为:"兹证明,表中所填信息与申请人提交给我的原始文档信息一致。"

我爷爷还用工整的字迹为自己填写了一张申请表(该表同样得以保存至今),但自始至终没有将它提交给相关部门审批。此外,爷爷的护照将于1938年11月到期。起初,库尔特为了续签护照四处奔走，填写了成堆的申请书与表格（大多数填写于1937年），甚至忍辱负重，在其中一封申请书的落款处违心地写下了"谨致以德国式的问候"（mit deutschem Gruß）——这是他所能容忍的最接近"希特勒万岁"的措辞。但最终，库尔特和海伦却选择申请并获得了法国旅行签证（法语：titres de voyage）。"之所以做出这个选择，"库尔特在1938年8月致信哈森克勒弗尔时说，"是因为我们俩都不再想要德国护照了。"他心里十分清楚，鉴于自己的复杂身份，向纳粹申请续签护照本就希望渺茫。除了"犹太血统"问题外，纳粹还能轻而易举从他身上挑出其他种种问题。七年后发生的事情证明了这一点：他的女儿玛利亚被慕尼黑的一家书店解雇，老板给出的理由竟是"你的父亲是一个'文化布尔什维克'（ein Kulturbolschewik）"。失去工作的玛利亚只好和新婚丈夫前往弗莱堡谋生。

而在我父亲就读的寄宿制学校，校长恩斯特·赖辛格（Ernst Reisinger）仍在尽其所能为"混血儿"学生提供保护，最大限度地抵制纳粹势力的影响。为了应对纳粹的审查，这位校长在学校于1938年发出的所有公函中，巧妙地使用了"谨致以德国式的问候"这类中性措辞，因此得以蒙混过关，我从家族老物件中发现的两封家长会邀请函便是如此。从1939年起，他才被迫开始改用："希特勒万岁！"据我父亲回忆，这位校长为了和当局周旋，不得不在用人策略上做出了妥协。例如，他曾聘用了一名钢琴教师，此人的丈夫是当地的一名纳粹高级军官。总而言之，为了保护学校中的"一等混血儿"，这位校长想尽了一切办法。在这些"一等混血儿"中，比我父亲年长一级的乌苏拉·朗格（Ursula Lange）在战后嫁给了父亲的

102

表哥伊曼纽尔·默克（Emanuel Merck）。

  我们在今天习以为常的"身份认定"，本应是个人选择，在历史上却是由一小撮人主导的"特权"。我找到的一张拍摄于20世纪30年代末顺道府中学的照片提醒我，在纳粹统治下的德国，"身份认证"不是个体能主动决定的，而是被迫要官方认定。这种"认定"如影随形，无人可以逃脱：纳粹当局想要弄清某个人的身份，会往上倒查几代人的家庭背景与宗教信仰文件，一旦产生任何怀疑，便会炮制出各种表格与标准坐实他们的判断。照片中站在后排中间的便是我的父亲尼科，他的黑色短卷发在清一色金发中显得格外醒目。父亲的老师与同学能完全接纳他吗？ 退一万步说，即使有了"'雅利安人'血统证明表"的认定，父亲真就能隐瞒住自己的身份吗？

拍摄于20世纪30年代末顺道府文理中学的照片

在这张照片中看到他是一个局外人，如此显著，不禁让我思考他、库尔特以及我自己的犹太根源。要么做，就不得不追溯远早于大屠杀的日子，这些日子里，德国犹太人已经处于危险境地。父亲的努力适得其反，他越是想融入日耳曼民族，就越发能够感受到自己犹太身份的格格不入。

*

我去造访了柏林犹太博物馆（Jewish Museum Berlin），其设计师丹尼尔·里伯斯金（Daniel Libeskind）使用蜿蜒的展廊将建筑内部扭曲的空间连接起来。从空中俯瞰该馆，可以看到一道曲折的线条，仿佛被割断的"大卫之星"（Star of David）。馆内设有永久的展览，全面地向世人展示着德国犹太人的悲惨历史。19世纪初，德国犹太人口仅有几十万，其中大多数都是没有接受过教育的穷人。后来，像库尔特的母亲玛利亚·马克斯那样的一部分犹太人先富了起来，这些人选择移居城市，渴望融入当地的文化。然而，现实是残酷的，德国犹太人虽然踌躇满志，却被无情地排斥在大学教授等工作之外，也不得在军队或政府中担任公职，只能从事律师、医生、商人、工程师或企业家等职业。为了自己和子女的前途，许多犹太人不得不改宗基督教。不过，这些人在皈依天主教或新教后，却没有礼拜上帝，而是崇尚人类理性的启明星——知识，将图书馆、博物馆与音乐厅奉为圣所，他们中很多人十分推崇歌德，对于这位哲人的文章信手拈来。歌德认为，宗教信仰易情随事迁，唯有"礼仪教化"之伟力旷日持久。他曾豪言："懂得艺术与科学之人，自有信仰；不懂之辈,方信宗教。"

在整个19世纪,约有22000名德国犹太人皈依基督教,我的祖辈便在其中。例如,爷爷库尔特的外祖父奥古斯都·卡尔·路德维希·马克斯(August Karl Ludwig Marx)便在1837年皈依基督,那时他才15岁。此人后来入行土木工程师,成了当地的煤矿与铁路大亨。他虽然改变了宗教信仰,却仍坚持将做生意积攒的大部分财富捐赠给犹太慈善团体。这位先人迎娶了同样皈依基督的表妹贝尔塔·伊莎贝拉(Bertha Isabella),也就是我的高外祖母,其父是一名医生兼书画收藏家,他不仅在波恩城的医疗机构担任官职,还坐拥连接波恩与科布伦茨(Koblenz)两地的部分铁路。他们与歌德和亚瑟·叔本华(Arthur Schopenhauer)两家人密切交往,前文已说到,少年时期的库尔特有次去看望他的祖母时,意外发现了外祖母和这两家人交往的证据。贝尔塔的父母同样是表兄妹结婚,两人的祖上几辈都是有头有脸的犹太裔莱茵人。

游走在犹太博物馆的各个展厅之间,我看到了许多发人深省的内容,其中之一便是"受洗的犹太人"这一话题。根据当今的世俗观点,如果一名犹太人选择皈依基督教,那么他将再也不会被视作犹太人。但在历史上,犹太教律和纳粹意识形态却出奇地达成了一致:一个人的生母若是犹太人,那么此人的犹太血统将伴随他从生至死,不会因此生中的任何抉择而发生改变。"受洗的犹太人"这一称呼之所以在19世纪的德国被频频提起,正是因为"皈依后的犹太人"根本没有被当时的社会接纳。作家海因里希·海涅(Heinrich Heine,原名Harry Heine)从小在莱茵兰长大,曾发誓决不会皈依基督,但为了拿到所谓"融入欧洲文化的入场券",最终还是违背了自己的誓言,于1825年选择"跪倒在基督十字架下"。不过,这个决定很快让他悔不当初,因为"他既为犹太人所不齿,又在基督徒面前低人一等",成了德国犹太人口中的"里外不是人"。德国裔历史学家弗里茨·斯特恩(Fritz Stern,在"二战"前逃往美国,他的母亲就是一位"受洗的犹太人")这样评价道:"这就像一个高不成低不就的暴发户,真正的精英瞧不上他,下层民众又在背后戳他脊梁骨。犹太人私下里唾骂他是一条向基督世界摇尾乞怜的狗……而在基督社会这边,人们怀疑他别有用心。19世纪70年代,反犹情绪日益高涨,他因此成了众矢之的。"

"受洗的犹太人"在私人生活中因双重身份饱受诟病,在公共文化领域却大放异彩。德国以文化扬名,其很大一部分文化成果便出自犹太裔德国人之手。截至20世纪中期,犹太裔德国人已在各个学科取得了令人瞩目的成就:科学界有阿尔伯特·爱因斯坦(Albert Einstein)、保罗·埃尔利希(Paul Ehrlich)、弗里茨·哈伯(Fritz Haber)、里夏德·维尔施泰特(Richard Willstätter)以及多位诺贝尔奖获得者;音乐界也是群英荟萃,如费利克斯·门德尔松-巴特霍尔迪(Felix Mendelssohn-Bartholdy)、阿诺尔德·勋伯格(Arnold Schoenberg)和库尔特·威尔(Kurt Weill);哲学界涌现出汉娜·阿伦特(Hannah Arendt)、特奥多尔·莱辛(Theodor Lessing)和摩西·门德尔松(Moses Mendelssohn,作曲家门德尔松的祖父);文学界同样名人辈出,作品曾由库尔特·沃尔夫出版社出版过的就有埃尔莎·拉斯克-许勒(Else Lasker-Schüler)、瓦尔特·默林(Walter

Mehring)、卡尔·施特恩海姆（Carl Sternheim）和阿诺尔德·茨威格（Arnold Zweig）。前文提到的卡夫卡、克劳斯、罗特与韦尔弗等人，虽出生于维也纳或布拉格，但也可被归入犹太裔德语作家之列。不幸的是，德国在民粹主义、军国主义与基督教民族主义三股势力的裹挟下，被拖入了战争的旋涡，接连发动三次侵略扩张。在此背景下，木秀于林的犹太裔德国人招来了嫉恨的目光，被妖魔化为与德国社会格格不入的"他者"，滋生反犹主义的温床就此形成。回望19世纪，无论犹太裔德国人曾做出过怎样的贡献，无论他们取得过怎样的成就，都会遭遇无端的打压与盲目的排挤。

在如此艰难的环境中，库尔特的母系祖辈，诸如所罗门·冯·哈伯与莫里茨·冯·哈伯等人，被迫自力更生，走上了一条布满荆棘的道路。最先定居德国的是来自波西米亚、加利西亚与意大利三地的拉比，其中有一位甚至成了特利尔城（Trier）的大拉比。此人还有另外一个身份——《共产党宣言》的起草者、伟大的社会思想家卡尔·马克思的先人。若继续往上追溯至18世纪，家族的一位犹太祖先名叫摩西·沃尔夫（Moses Wolff，注意：此人虽然也姓沃尔夫，但接受的是耶稣会的教育，与库尔特那些信奉新教的父系祖辈没有任何关联）曾担任私人医生，服务的对象是克雷门·奥古斯特（Clemens August）与马克西米利安·弗里德里希（Maximilian Friedrich），这两人是莱茵选侯行政圈内的两位选帝侯，拥有选举神圣罗马帝国皇帝的大权。家族中像摩西·沃尔夫这样的先人还有不少，他们多在当地各类犹太委员会与理事会中任职。总而言之，无论是从取得的成就来看，还是从书画收藏的数目上看，家族祖辈都为德国社会与文化的发展注入了巨大的心血。

但在反犹情绪面前,再多的贡献也无济于事。前文中所罗门与莫里茨的故事告诉我们,生在18世纪与19世纪,纵使是地位显赫的德国犹太人,也同样过着颠沛流离的生活。现在,同样的命运降临到了库尔特身上,轮到他重蹈先人的覆辙。

第五章

无条件引渡

库尔特：1938至1941年

到了1938年年中,"墨索里尼先生和他的恶魔政治家们"已开始酝酿迫害犹太人的计划。对犹太裔文化布尔什维克主义者来说,当时的意大利已沦为龙潭虎穴。事情要从那年春天说起。墨索里尼拜访希特勒归来后,便开始变本加厉地打压德国流亡者与犹太人。库尔特、海伦和克里斯蒂安提前一天听到了风声,于是只带了两手提箱的行李,便匆匆离开拉斯特拉-阿锡尼亚(Lastra a Signa)逃往法国。从库尔特当时的日记来看,逃难的气氛压抑到令人窒息:"报纸上的消息压得人喘不过气……窗外雨一直下,心情低落到极点,信件多到收拾不过来;下午:匆匆打包行李,去墓地哀悼葬在这里的亲朋……动身赶路,逃往尼斯。"他后来给身在美国处境无忧的德国友人写信时说:"当时最要命的是,我没有护照(我在六个月前就提交了续签申请,但迟迟没有得到批复)。你知道,想在意大利待下去,没有护照是不可能的,一旦被发现,就会被遣回原籍国。"

到了尼斯后,沃尔夫一家在马雷夏尔霞飞街(rue Maréchal Joffre)租下一处公寓落脚。不久,库尔特的继母路易斯·马克斯[家里人称她为"露露老太"(Oma Lullu),同时也是库尔特的小姨,即库尔特已故母亲玛利亚·马克斯的妹妹,并且也拥有犹太血统]前来投奔他们。据我父亲所说,我曾祖父莱昂哈德的发妻玛利亚于1904年离世。第二年,莱昂哈德便娶了路易斯·马克斯。莱昂哈德去世后,路易斯一直留在波恩为他守寡,直到1934年逝世。

到了初秋时节,库尔特也未能从阴郁的情绪中平复过来。以下是他那段时间的日记:

9月9日:担心战争爆发。

9月10日与11日:还是担心战争。

9月12日至18日:战争将至。

到了9月29日,库尔特看到一丝短暂的曙光,于是用法语记下"四方在慕尼黑达成协定(Les 4 à Munich—accord)①"。

可曙光却没有给现实带来任何改变,库尔特只需看一眼手中即将到期的护照,便会意识到,自己已经将命运的赌注押在了异国他乡。

在接下来的几个月里,库尔特的日记显示,他一直在为签证问题焦虑地四处奔走。比如,到了11月,他曾去了趟美国领事馆,但最终无功而返。这段时间,一起惨剧打断了库尔特的生活:曾经陪

---

① 1938年9月29日至30日,英国、法国、纳粹德国、意大利四国首脑在慕尼黑会议上签订条约。英、法两国为避免战争爆发,牺牲捷克斯洛伐克利益,将苏台德区割让给纳粹德国。

护尼科和玛利亚乘火车探亲的犹太裔友人伊丽莎白·克莱默与丈夫埃米尔（Emil，在当地的奥夫豪瑟银行担任法律顾问）在慕尼黑自杀身亡。事情发生在"水晶之夜"，得知盖世太保要来家中抓捕他们的消息后，这对夫妇各自吞下了一颗氰化物胶囊。埃米尔本身有胃病，没能忍住毒物的刺激，呕了一部分药丸，但毒物早已侵袭全身，令埃米尔生不如死。他四肢抽搐，痛苦地满地翻滚，最终选择从公寓楼上一跃而下，结束了自己的生命。

库尔特·沃尔夫的护照内页

事发第二天，我的奶奶赶到现场时，盖世太保们早已出现在克莱默家中并搬空了整个屋子。"我听说我的朋友死了。"她告诉盖世太保。他们听到后，也把她的名字记录下来。

1939年春，库尔特一家搬到了巴黎，住在巴黎圣母院（Notre-Dame）对面的一间能俯瞰塞纳河的公寓内。那段时间，海伦从一位英国书商那里谋得了一份差事，库尔特却只能接到一些零星的约稿。1939年12月，库尔特应一家德国流亡报社（总部设在法国）之邀，为托马斯·曼（Thomas Mann）的小说《绿蒂在魏玛》（*Lotte in Weimar*）撰写了一篇书评。这篇文章读起来更像是他在为自己的处境寻求出路：

Habent sua fata libelli（拉丁语，意为：书自有命）：此书的创作过程颇为曲折，作者曾在苏黎世湖畔写作，后来被迫转战法国南部，还曾在远洋货轮摇晃的船舱里笔耕不辍，最后流落至美国的大学城才完成本书。书中部分内容先是被瑞士的一本杂志登载，整本书的印刷地选在了荷兰，书籍的封面插图出自一位布拉格画师之手，全书最终交由斯德哥尔摩的贝尔曼－菲舍尔出版社（Bermann-Fischer）出版。恐怕没有哪本书的命运能如此"颠沛流离"了，这不正是当下德国犹太知识分子"大流散"处境的真实写照吗？本书堪称托马斯·曼最伟大的作品，无论是宏大的视野、稠密的写作，还是充满张力的情感，都不输其笔下的任何作品，令我们对这位德高望重的作者肃然起敬，钦佩他能够在动荡岁月里创作出精准把握时代脉搏的佳作。《绿蒂在魏玛》不仅充分彰显了这位德国作家的惊人才华，而且还向世人揭示了当今欧洲的奋斗目标，极具现实意义。

库尔特在1939年9月1日的日记中写道："5点45分，希特勒向波兰发动了袭击。"自从希特勒的铁骑踏入波兰后，法国国内的形势急转直下，法国当局无视沃尔夫夫妇持有的反法西斯立场证明，也不顾他的儿子出生在尼斯的事实，坚持将库尔特和海伦视作来自敌国的异族。9月16日，法国警察将库尔特抓走，把他关押在科隆布体育场（Stade de Colombes）。幸运的是，弗拉迪米尔·多麦颂（Wladimir d'Ormesson，库尔特一位友人的兄长）曾在法国驻慕尼黑的代办处任职，他在得知库尔特被捕的消息后，立刻出手相助，动

112

用私人关系四处活动，仅在三周后便将库尔特从狱中营救出来。自从库尔特被捕后，海伦便下定决心将年仅五岁的小儿子克里斯蒂安送走，让他跑得越远越好，直到能够逃离纳粹的魔掌。但考虑到亲自送儿子出巴黎城风险太大，她便委托邻居"布蒂太太"陪克里斯蒂安坐火车一路向西，前往西部滨海城市拉罗歇尔（La Rochelle，地处大西洋的入海口），留在那里的一所女修道会学校读书。

此时，英、法两国虽然已向德国宣战，但并没有与德国爆发实际的冲突，只是在为在德国终将发动的攻势积极备战，这就是历史上所说的"假战"（Sitzkrieg）。那段时间，库尔特与海伦经由法国剧作家兼前外交官让·吉罗杜（Jean Giraudoux）介绍，在法国情报部谋得了一份差事，负责制作用于对德心理战的空投宣传单。1940年4月末，库尔特给身在慕尼黑的女儿写了一封信，信中说道："我们唯独缺少旅行的自由，不然就可以与亲友们，特别是与你相聚。但现在是战争年代，我们不能奢求十全十美，只是由衷地期望能尽快地重享自由。"

没过多久，德国国防军轻而易举地绕过了马奇诺防线，"假战"由此升级为"实战"。5月10日，德军先后入侵比利时与荷兰，库尔特当天的日记这样记录道："比利时、荷兰相继陷落。"库尔特心里十分清楚，他和海伦都是德国人，却参与了前往德国领土散发敌国传单的行动，那么根据德意志第三帝国沿袭的中世纪"连坐"（Sippenhaft）制度，两人一旦被德军抓获，不仅自己将被判重罪，而且包括儿子与女儿在内的所有血亲也都会受到"株连"，甚至留在德国的海伦的妹妹莉斯尔（Liesl）一家也将在劫难逃。为了保护家人，两人恳求友人（两位在法国大学任教的德国教授）答应他们的要求："如果纳粹攻到了巴黎我们却还没逃走，请一定过来开枪打死我们，别让我们落入纳粹手中。"

与此同时，库尔特购置了两根金条，把它们全都交给了其中一位教授保管。这位友人的名字叫阿尔伯特·福克斯（Albert Fuchs），拥有法国公民权，当时在斯特拉斯堡大学（University of Strasbourg）任教。

1940年5月15日，德军攻破色当要塞。就在这时，法国当局再次拘捕了库尔特，先把他关在巴黎的科隆布体育场，后又将其转移至法国东南部的查姆巴兰（Chambaran）俘虏拘留营和勒谢拉德（Le Cheylard）俘虏拘留营。库尔特被捕后不久，海伦也难逃一劫。她先被关押至巴黎冬季赛车场（Vélodrome d'Hiver），后又随其他犹太人一同被驱逐至法国西南部的居尔（Gurs）俘虏拘留营。不过，库尔特与海伦虽再次被拘留，却因祸得福——纳粹军队于6月14日攻占巴黎时，两人早已被关押至别处。

海伦被押至居尔后的第十天，法国正式宣布投降，与德国签订停战协定。此时的海伦喜忧参半。一方面，新的协定令她重获自由；另一方面，根据此协定，刚刚建立的维希伪政权必须"无条件引渡"纳粹通缉的任何罪犯，而据她刚刚打听到的消息，自己的丈夫仍被关押在勒谢拉德俘虏拘留营，随时都有被引渡的危险。更令她揪心的是，年幼的儿子还滞留在拉罗歇尔的女修道会学校。接下来该怎么做，海伦束手无策。

不过，同样关押在居尔俘虏拘留营的德国画家安妮-玛丽·乌德（Anne-Marie Uhde）为海伦指明了一条出路。她告诉海伦，坊间传言，一位反纳粹义士（据说是哈布斯堡王室的一位伯爵夫人）在比利牛斯山脚下某地为纳粹通缉犯和流亡者开辟了一处避难栖身之所。听闻此消息，海伦立刻动身，朝着乌德所指的大致方向，踏上了找寻传说中避难圣所的道路。她沿着比利牛斯山脉的走向一路向东步行，中途搭上了一辆法国军车。后来，军车的燃油耗尽，她又换乘了一辆驶往圣拉里村（Saint-Lary）的大巴。到达圣拉里村后，她再次步行数公里，走过了一条蜿蜒曲折的上山小道，最后在一座石头垒成的古堡前停下了脚步。这座古堡建于中世纪，泛黄的石墙上爬满了青藤。在它的旁边，一位风姿绰约的女性正在同一群法国军官交谈。她身高6英尺（约1.83米）有余，看上去有50岁左右。

这是贝尔莎·科洛雷多-曼斯费尔德伯爵夫人（Countess Bertha Colloredo-Mansfeld），出嫁前原姓科劳瓦特-克拉科夫斯基（Kolowrat-Krakowsky）。多年后，海伦回想起初次见到她的情形，写下了如下文字："她看见我后，像亚马孙女战士一样迈着矫健的步伐朝我走来，上下打量我一番，冲我笑了笑，然后直入主题，'谢天谢地，你总算找到了这里。你看上去有点头脑，咱俩以后指定能聊得很投机，不过这都是后话，你现在急需的是饱餐一顿，洗个澡，然后好好睡上一觉。'"

说罢，伯爵夫人带着海伦走进了古堡。来到自己的房间后，海伦透过哥特式拱窗向外看去，被窗外的花园景象惊得目瞪口呆：

两棵树龄长达百年的古柏盘绕在一起，形成了一堵"树墙"，"墙"下灌木林立，百花争艳。古堡内外处处有惊喜，宛如一幅五彩缤纷的美丽画卷，令我完全忘却了一路逃亡的艰辛。我没有去睡觉，而是跟着伯爵夫人逛了一下午，在心中默默为这位古堡掌门人祈福。这是我第一次，也可能是唯一一次近距离观察旧时遗贵的机会。站在我面前的可是一位如假包换的进步贵族，此人气韵不减当年，仍能在整座古堡里呼风唤雨。

在古堡里那些天里，我感觉自己是一只被伯爵夫人收容在笼舍里的流浪猫，唯一的作用是像侍女一样全天守在她身边，帮忙驱散时不时凑上前撩拨她的法国军官。一次，一名军官深情地夸赞她的裙子，认为裙子的颜色和她眼睛的颜色简直是绝配。伯爵夫人直接驳斥："这颜色是我今早特意选的，那时候我刚读完法国提出的投降条件。"

伯爵夫人平易近人，同波兰马夫交谈时，会说波兰语，和庄园的农夫说话时，讲的是意大利语，吩咐仆人时，用的是捷克语，向工头交代任务时，便会改说俄语。当她得知我在来这里的路上弄丢了逃难的衣服时，便带我去了城堡庄园附近的一个小村庄，那里住着她收容的一位女裁缝。西班牙内战期间，这位名叫默西迪丝（Mercedes）的女裁缝历经千险逃难至此，一住就是四年，靠着为庄园上下缝补衣物谋生。伯爵夫人用西班牙语告诉她，抓紧为我做一套合身的衣服。

伯爵夫人的父母也都是传奇人物。她的母亲继承了家族的烟草产业，父亲是哈布斯堡王朝的一位伯爵，曾在奥匈帝国最后一场残酷内战中死里逃生。伯爵夫人少时读过《汤姆叔叔的小屋》，被书中追求种族平等的精神所感染，于是毅然摒弃了传统贵族教育中的糟粕。为了践行自己的理念，她选择了最为离经叛道的方式——腾出自己的古堡作为避难所。

20世纪20年代初，伯爵夫人成了非洲裔美国男高音家罗兰·海斯（Roland Hayes）的红颜知己。罗兰·海斯当时正在欧洲各地的音乐厅巡回演出，得到了伯爵夫人的鼎力资助。随着两人逐渐了解对方，伯爵夫人常与海斯分享渊博的文学艺术知识，海斯则会报之以桃，总是感谢伯爵夫人激发了他内心从未曾有过的情愫。在很长一段时间里，两人保持着书信往来。渐渐地，伯爵夫人完全陷入了这段跨越种族的恋情，赋予了它非同寻常的意义。她在一封信中向海斯提出："咱们一定要生个孩子，这样才能给人类带来新的希望。"这并不是一句空话，她后来真的和海斯悄悄走到了一起。1925年，伯爵夫人向丈夫希罗尼穆斯·科洛雷多－曼斯费尔德伯爵（Count Hieronymus Colloredo-Mansfeld）坦白，自己已经怀上了海斯的孩子。听闻此事，伯爵起初情绪激动，但最终还是压抑住心中的怒火。事已至此，两人的感情已无法弥合，为了不让妻子留在身边给自己招来闲言碎语，他买下了上文所说的古堡，把其修缮一新后赠予了她，同时每月定期给她和即将出生的孩子一笔生活费，让母女俩尽可能远离自己的生活。

伯爵夫人创办这处避难所的初衷不只是为了反对纳粹主义。她隐居山间，远离图卢兹，收容了形形色色的流浪者：一位奥地利人

伯爵夫人和罗兰·海斯

曾被关押在集中营里长达两年时间,在那里受尽折磨,不仅双腿被打断,牙齿也被敲碎;一位母亲拖着年仅四岁的孩子从布列塔尼一路逃难至此;一名来自罗马尼亚的占卜师总是一副神秘莫测的模样,常把自己的占卜杖藏在雪茄盒里;这里还有很多俄国难民,他们中大多数人是参加过西班牙内战的老兵,不惜翻越比利牛斯山逃到这里;还有一个难民的身份非常特殊,他原是苏联某位将军的勤务兵,最后迎娶了伯爵夫人与海斯的女儿玛雅。

"要是非得等万事俱备才行动,恐怕一切都晚了,"伯爵夫人曾向海伦分享自己的行事风格,"人总是畏难的话,就会优柔寡断。先别去想这么点儿钱怎么养活这些人,放手去做就对了。"

我们再说回到海伦。在有了临时的安身之所后,她便向住在瑞典的一位亲友——持非战主义立场的古典学者库尔德·冯·哈尔特男爵（Baron Kurd von Hardt）捎去了口信。与此同时，我爷爷库尔特也因法国维希政权同纳粹达成的协定重获自由，并且在出狱后也与库尔德取得了联系。库尔德将古堡的地址告诉了库尔特，同时也向海伦转达了库尔特的现状。据海伦回忆："得知他一切安好，我便像古堡里的公主一样，每日静坐在房间里，眺望着古堡唯一的入口。终于有一天，他会出现在道路的尽头，徐徐向我走来。"

"我本可以一直留在古堡里。"海伦事后回忆说。库尔特也是如此，他本已适应了古堡的庄园生活。但是，爷爷对时局的发展有着清醒的认识，深知维希政权的邪恶本质，担心纳粹的魔掌将会伸向法国全境，所以觉得留在古堡不过是权宜之计，必须尽快找到一条出路。正如海伦日后所说："我们必须搬到一个能随时脱身的地方……所以选择了美国领事馆附近。"到了8月的第二周，两人回到了位于尼斯的公寓，在那里与库尔特的继母（也是他的小姨）露露重逢。

这时候，他们的孩子克里斯蒂安还在拉罗歇尔，那里已被德军占领。为了营救儿子，库尔特与海伦联系上了巴黎友人蒂娜·维涅斯（Tina Vinès）。此人在卢浮宫工作，负责将宫内的珍宝秘密转运出首都巴黎，因此随身携带通行证，能够自由地往返于纳粹占领区与维希政权控制区之间。她神出鬼没，有时会把名画藏在某座古堡内，有时又能把古董花瓶悄悄运到另一处修道院，所以库尔特和海伦视为营救克里斯蒂安的最佳人选。最终，维涅斯同意将克里斯蒂安带出修道院，并把他送到尼斯。出逃途中，两人在卢瓦尔村的一座古堡内度过了一夜。据克里斯蒂安回忆，他当晚睡的床据说是拿破仑继子塔列朗（Talleyrand）的卧榻。第二天，两人匆匆溜进法国的非纳粹占领区，从一位正要去赶集的农夫手中借来一辆手推车，用它偷运克里斯蒂安的行李。不久之后，两人便出现在了马歇尔街的公寓里，时间是9月16日下午10点。

停战协定中的"无条件引渡"条款像一把"达摩克利斯之剑"悬在每一位身在法国的犹太难民头顶。为此，"紧急救援委员会"在纽约成立，并迅速向法国的非纳粹占领区派出了一名毕业于哈佛大学的理想主义记者——时年31岁的瓦里安·弗莱。弗莱在马赛（Marseille）几易其址，先后住过旅店、二层办公楼、城郊的破败别墅，最终营救出多达2000名犹太难民，其中多为受纳粹迫害的画家、作家、哲学家等文化名人。为了完成营救任务，他有时会从黑市购买签证，有时想方设法托人伪造证件。当时，反犹主义在各个政府机构根深蒂固，就连美国的国务院也是如此。弗莱坚持不懈地同它们斗智斗勇，好在得到了美国驻马赛领事海勒姆（哈里）·宾汉四世［Hiram（Harry）Bingham IV］的出手相助。宾汉常常违抗来自华盛顿的命令，悄悄地发布救命文件。"就像阴郁的清晨响起了第一声啼鸣，一则小道消息当时在马赛旧港（vieux port）和加纳比耶尔大街（Canebière）的各个咖啡馆内传开——有位美国人将揣着大笔钱来解救难民。"经弗莱之手获救的捷克籍记者汉斯·纳托耐克（Hans Natonek）写道，"传闻愈演愈烈，甚至还说这个美国人手里有一份营救名单……这份'名单'让我们激动不已。因为在此之前，难民想要逃出生天，只能从黑市老板手中购买走私黑船的床铺，不然没法混入港口。"

弗莱在火车月台上，图片拍摄于法国的边境小镇塞尔贝尔（Cerbère）

在美国，紧急救援委员会得到了许多人的支持，其中包括众多学者、慈善家、各行各业的劳工与反法西斯组织、第一夫人埃莉诺·罗斯福（Eleanor Roosevelt）以及已逃到美国但仍担忧滞留同胞的难民们。此时，法国伪政权为了向纳粹主子献媚，开始大肆搜捕弗莱。弗莱几度深陷险境，但又侥幸脱险，不过最终还是在潜入法国仅十三个月后被永久驱逐出境。弗莱执行任务期间，汉娜·阿伦特、马克·夏加尔（Marc Chagall）、马塞尔·杜尚（Marcel Duchamp）与马克斯·恩斯特（Max Ernst）等文化名人在紧急救援委员会的帮助下，逃出了维希政权的魔爪。1940年9月13日（星期五）下午一点，弗莱亲自护送库尔特出版社的老牌作家弗朗茨·韦尔弗及其妻阿尔玛（Alma）、海因里希·曼（Heinrich Mann，托马斯·曼之兄）及其妻奈利（Nelly）和其侄戈洛·曼（Golo，托马斯·曼之子）出逃，将一行人送至比利牛斯山一条小径的起点，同等在那里的向导会合，并嘱咐众人经此道翻山出境。当晚，弗莱便出现在西班牙境内，与偷渡成功的五人共进晚餐，同时把利用火车偷运出境的行李交给了他们。

接下来，等待弗莱营救的是库尔特和海伦。

*

对于难民们来说，逃出法国之路难关重重，仿佛陷入了卡夫卡小说中描写的困局。首先，他们必须通过维希政权的控制区，这需要持有"安全通行证"；接下来，他们还得持有法国离境签证才可以出境，但法国伪政权已投降纳粹，决不会给犹太人或被盖世太保追捕的疑犯开绿灯；费尽九牛二虎之力逃出法国后，他们在前往目的地的途中每经过一站，都必须获得所在主权国家的过境签证。然而，整个逃亡过程最难的一关还在最后，那就是要获得美国的入境签证。最要命的是，逃往之路的所有关卡环环相扣，任何一份证明文件出问题，都会导致前功尽弃。

所以，身在尼斯的爷爷心急如焚，他在8月27日，也就是弗莱刚到达马赛——弗莱的传记作者安迪·马里诺（Andy Marino）称之为"一座浪漫、肮脏、咄咄逼人的城市"——的时候，便匆忙给他去了一封信，在信中打听获取美国国务院"紧急来访"签证的最便捷方法。这封信似乎没有经过海伦的润色，所以措辞十分生硬，字里行间显露出他焦急的情绪：

很多美国同行都可以帮我做证，我这家出版社多年来一直都是德国文学界民主运动的主阵地。你可以去问问住在纽约的A.克诺普夫先生（Mr. A. Knopf），我在美国出版的许多书都是他亲手编辑的。要是不够的话，我还能列出一长串的作家名字，比如海因里希·曼、弗朗茨·韦尔弗、古斯塔夫·迈耶（Gustav Meyer）、勒内·席克勒（René Schickele）、卡尔·克劳斯、罗曼·罗兰（Romain Rolland）。对了，我还出版过一系列美国作家的图书，其中有辛克莱·刘易斯（Sinclair Lewis）的作品。我出版的图书中，有百分之八十都被纳粹烧毁了，我的出版社也被列入了黑名单。我现在随时有掉脑袋的危险，个中原因说来话长，不仅因为我以前出过书，还有一些我不敢在信中明说的情况。

库尔特提到的"不敢在信中明说的情况"是指他曾为法国情报部效力。一旦他落入盖世太保手中，此事将会决定他的生死。不仅如此，他还在德国流亡期刊上发文盛赞《绿蒂在魏玛》，此事同样不会逃过纳粹的目光。

库尔特此时有所不知，他和海伦其实早已被列入了紧急救援委员会的救助名单。8月初的时候，弗莱在登上飞往法国的"泛美飞剪号"（Pan Am Clipper）客机①前，把这份名单悄悄地贴在了一侧大腿

---

① 泛美航空公司把旗下大部分飞机都以"飞剪"（Clippers）命名，"飞剪"一词取自19世纪的高速帆船——飞剪船（clipper ship），这些飞机是当时唯一能进行洲际飞行的客机。

上，借助裤腿的遮挡蒙混过关。库尔特在寄出信件两周后，便收到了紧急救援委员会从曼哈顿发来的电报，电报要求他提供海伦与克里斯蒂安的具体信息。又过了一周，位于东四十二街的紧急救援委员会办公室收到了两封保荐信，其中一封提到了爷爷资助犹太难民的事迹，立书人是爷爷的旧情人西娅·迪斯佩克（Thea Dispeker），她出身犹太银行世家，继承了位于慕尼黑的家业，曾在柏林教授音乐，于1938年逃往纽约，此后一直担任古典音乐家的经纪人。1933年2月，库尔特与迪斯佩克在柏林分别。离别之际，他赠给心爱之人一副金手镯并叮嘱迪斯佩克，送镯子有两层用意：想念他的时候，可以睹物思人；遇到难处的时候，可以把镯子当了换钱。

另一封保荐信提到了库尔特为民主法国所做的贡献。这封保荐信来自迪斯佩克的友人罗伯特·维恩伯格（Robert Weinberg），此人是纽约的一名建筑师兼城市规划师，曾为许多难民做过担保，所以有些担心自己的背书是否会遭到质疑。在向紧急救援委员会做担保时，维恩伯格力陈库尔特与海伦为法国效力的事迹，用海伦的话说，这正是两人"随时有性命之虞"的主要原因。在这两封保荐信的推动下，库尔特求援之事有了新的进展。9月20日，紧急救援委员会执行秘书米尔德里德·亚当斯（Mildred Adams）致信"罗斯福总统难民咨询委员会"（Advisory Committee on Political Refugees），敦促其针对难民问题采取行动。

等待救援的时间里，库尔特一直躲在马歇尔街的住处，再也没听到任何新的消息。那段时间，他一次次写信给弗莱，向他推荐其他符合救援条件的对象，同时也借机不断提醒弗莱早点回应自己的

124

求援申请。与此同时,他还托人捎话给福克斯教授,让他把两根金条带到尼斯。拿到金条后,库尔特把它换成了现金。这样一来,他手中的钱足够一家三口横渡大西洋。到了11月,他参加了一场葬礼,葬礼的主人是沃尔特·哈森克勒弗尔(Walter Hasenclever),他曾被关押在普罗旺斯地区艾克斯市(Aix-en-Provence)附近的莱斯米勒斯(Les Milles)维希集中营,在5个月前吞服过量佛罗那(Veronal)①自杀。

经过几周的苦苦等待,在圣诞节与新年之间的某一天,美国签证终于到手了。紧接着,他们又在1月10日拿到了"安全通行证",获准前往西班牙边境。等到2月6日,他们进一步取得了最为关键的法国出境签证。早在1938年的时候,夫妇两人就已顺利通过了法国的身份认定,这得益于儿子克里斯蒂安的法国公民身份——1934年,克里斯蒂安在尼斯出生后不久,便被父母带到当地市政厅登记为法国公民。现在看来,库尔特和海伦当初颇有先见之明。海伦在多年后回忆起此事时,认为维希政权能放过他们,完全是年仅七岁的法国籍儿子激发了当权者的怜悯之心。"这背后的逻辑可能是,他们认为这个法国孩子需要父母的照顾,而我们此前为儿子注册法国国籍证明了自己对法国的忠诚。从这一点来说,儿子也许救了我们的命。"

出逃法国的那几周,"忐忑"(nervös)一词在爷爷日记中频频出现。就在他们出发前不久,爷爷把法国银行账户中仅剩的50000法郎(约合1000美元)全部汇给了弗莱。紧急救援委员会其实并不想

---

① 一种安眠药。

让本就身处绝境的被救助者再支付旅费,但最终还是收下了这笔钱。弗莱在回信中向爷爷表示了感谢:"还有很多求助者在等待我们的帮助,这笔钱真是雪中送炭。"

2月9日一早,沃尔夫一家离开尼斯动身上路,中途在马赛停留。弗莱也来到了马赛车站,目送他们继续前往图卢兹(Toulouse)。第二天,三人抵达西班牙边境坎夫兰克(Canfranc),从那里换乘火车入境西班牙。一路上,映入他们眼帘的,是西班牙内战留下的满目疮痍——遍地焦土,处处残垣断壁。一家人的铁路之旅并不顺利,他们先是遭遇了一场深冬的暴风雪,后来又因迟迟买不到马德里到里斯本的火车坐票而耽搁了几日行程,种种状况导致三人在西班牙境内滞留了长达一周的时间。

停留在马德里期间,海伦向远在慕尼黑的玛利亚寄去了一张明信片,卡片正面印有普拉多美术馆(Prado)收藏的一幅迭戈·委拉兹开斯(Diego Velázquez)画作,背面收信人写的是"玛利亚·沃尔夫小姐"(Señorita Maria Wolff)。卡片一路辗转寄到姑姑手中时,已被贴上了数张邮票,表明其已经过了多个法西斯政权的审查。更为过分的是,西班牙当局的邮戳甚至盖住了迭戈所画的受难基督身躯。这张卡片的文字虽然语焉不详,但卡片上的邮戳使姑姑确信,她的父亲和继母已安全抵达中立国西班牙并即将前往里斯本。

我从小到大集各项优势于一身——男性,非犹太裔白人,出身上层中产阶级,既是长子,也是家中唯一的男孩,从小在美国长大,毕业于常春藤名校。但如果在我出生前17年,我的爷爷没有被列入瓦里安·弗莱的救助名单,我便不会获得诸般好处。所以说,爷爷获救一事,才是我人生中最大的幸事。

*

埃里希·玛利亚·雷马克(Erich Maria Remarque)在《里斯本之夜》(The Night in Lisbon)中写到,每一艘驶离欧洲的船都是难民眼中的诺亚方舟,载着他们驶向远在彼岸的美洲,那里是他们心驰神往的亚拉拉特山(Ararat)①。

> 末世的洪水每天都在暴涨……葡萄牙海岸成了逃亡者最后的希望。对他们而言,家园与生计诚可贵,但正义、自由与包容价更高。这里是通往美国的大门,若无法到达此地,逃亡之路便会戛然而止,你将陷入官僚主义的困局,在领事馆、警局和官府间四处碰壁,先是签证被拒、工作被辞和居无定所,然后被打入集中营,需要用官方的公章证明自己的身份,最后在孤独与冷漠中客死他乡。

迷失在困局中的难民们还可能遭遇各种潜在的危险。比如,头戴软呢帽的盖世太保特工会在葡萄牙街头秘密搜捕目标。还有一些看似不起眼的差错也会导致逃亡功亏一篑。比如,库尔特与海伦发现,之前汇出去的50000法郎并没有订到房舱。更要命的是,与紧急救援委员会合作的移民援助组织在查账时发现,他们实际只收

---

① 亚拉拉特山是《圣经》中大洪水退去后,诺亚方舟最终停靠的地方。

到了625美元,远不够三个人的旅费。不仅如此,库尔特改订的船只还有好几个月才能启航,那时候他们的签证早已失效。无奈之下,库尔特只好四处发电报向朋友们借钱,又筹到了急需的1000美元,然后通过关系搞到了葡萄牙船只"塞尔帕平托"(Serpa Pinto)号上的铺位。他在3月13日的日记中写道:"从卡洛斯那里搞来了船票。"为了买到这张票,库尔特花了1594美元的高价,相当于今天的28000美元。

1941年3月15日,"塞尔帕平托"号载着包括库尔特一家三口在内的640名乘客驶离里斯本,船上的乘客数量远远超过了核载人数。库尔特和海伦担心儿子的百日咳招来麻烦,于是命他闭紧嘴巴,催促他赶紧从步桥登船,然后把他关进房舱,直到客船驶入公海才把他放出来。"塞尔帕平托"号航行期间,船员们会点亮烟囱与桅杆,发出表示中立的信号,以劝离正在封锁北大西洋的德国U型潜艇。

加上在百慕大区域停留的三天,这次横渡大西洋共花了两周的时间。1941年3月31日,"塞尔帕平托"号停靠在斯塔滕岛(Staten Island)的斯特普雷顿(Stapleton)港。"10点,我们终于下船了,"库尔特在当天的日记中写道,"这天风和日丽。"

几十年后,海伦认识的一位作家安伯托·埃柯(Umberto Eco)忆及沃尔夫一家的逃亡之旅,把它比作"一部《卡萨布兰卡》式结局的小说"。不过,剧作家笔下的剧情只会朝着设定好的方向发展,沃尔夫一家的命运却是一波三折,幸亏有一群人间天使出手相助。一路走来,曾向他们伸出援手的好人有:法国外交官弗拉迪米尔·多麦颂、最先护送克里斯蒂安乘坐火车的巴黎好邻居"布蒂太太"、法国剧作家兼前外交官让·吉罗杜、与海伦一同关押在俘虏拘留营的安妮-玛丽·乌德、深居古堡的科洛雷多-曼斯费尔德伯爵夫人、古典学者库尔德·冯·哈尔特男爵、另一位护送克里斯蒂安的友人——卢浮宫雇员蒂娜·维涅斯、阿尔伯特·福克斯教授、理想主义记者瓦里安·弗莱、库尔特的旧情人西娅·迪斯佩克（此人将在我的一生中扮演着一种存在主义的角色）及其好友罗伯特·维恩伯格（她与库尔特及海伦素不相识）、帮库尔特搞到船票的"卡洛斯"。

上面这些人中，有的是沃尔夫一家的故交，但多数人与他们素昧平生，仅仅出于本能的善意，便愿意冒死鼎力相助，用善意和勇气的接力把他们一家送到大洋彼岸的纽约。

*

在瓦里安·弗莱救助的难民中，有一位名叫安娜·西格斯（Anna Seghers）的德国作家。1941年，安娜夫妇携两名幼子逃难路过里斯本。到达墨西哥后不久，她便根据此前在马赛等待踏上流亡之路的两周经历，创作出小说《过境》（*Transit*）。故事围绕一段三角恋情和一场误会展开，重点刻画了一群无国籍流亡者的悲剧形象，讲述了他们被驱赶进法国港口的悲惨经历。在不需要去领事馆排队办理手续的日子里，难民们只能待在咖啡馆和比萨店里打发时间。看着人群不时从领事馆的旋转门涌入涌出，西格斯写道："这扇门就像磨盘，每天都在反复地碾压着他们的躯体与灵魂。"

德国导演克里斯蒂安·佩措尔德（Christian Petzold）将《过境》改编成了电影。该影片2018年在柏林国际电影节首映，导演忠实地还原了原著作者笔下的乱世众生相——人与人之间毫无真心可言，背叛随时可能发生。在表现百无聊赖与惶恐不安两种情绪时，导演采用了交错呈现的手法，在二者之间求得了近乎完美的平衡。与原作稍有不同的是，佩措尔德结合当今现状，对故事的结构稍作了调整，把西格斯笔下在战时发生的情节与相应人物迻置于当下的马赛。电影中的年代没有智能手机和电脑终端，护照和签证只能完全通过人工办理。所以，难民想要知道签证官什么时候能够审核证件，就只能身穿40年代风格的绺条布西装，头戴大圆帽，怀中紧紧抱着年代感十足的手提箱，在办事大厅里无聊地等待，目不转睛地盯着如今你能在银行里看到的那种叫号LED显示屏。他们一听到21世纪的警笛声，或是看到当代装扮的荷枪实弹的警察，便会紧张到浑身发僵，因为他们心里清楚，马上就会有人因证件不合规被强行拖走。还有人不愿就此让自己的命运任由他人摆布，所以毅然选择自行了断。

　　电影《过境》中的"境"有两层含义，表面上的含义指的是横亘在沦陷地法国与目的地美洲之间的必经空间，通往每位难民都心向往之的避难所。另一层含义则是经导演刻意压缩后的时间纵线，它贯穿了古今，是导演改编原著的深意所在。佩措尔德将当时与当下的马赛压缩进统一的视觉外观，然后以永恒的密史托拉风（mistral）[①]持续鞭挞这座城市，进行一种跨越时间的比较。这位导演不愿浪费时间在古今之间反复横跳，于是干脆把它们糅合在了一起。所以，每当我们看到电影中的流亡者因签证被拒而灰心丧气时，总会联想

[①] 法国南部主要出现于冬季的寒冷强风。

到当今被欧洲拒之门外的难民。

*

一日,我先坐上了一趟城市快铁,中途换乘了一辆巴士,最后来到了万塞湖畔的别墅。别墅一楼的房间可以俯瞰整个万塞湖,纳粹军官常坐在里面享用咖啡与面包卷。1942年1月上午,15名纳粹德国高级军官在此房间召开臭名昭著的"万塞会议"[①],讨论制定《最终解决方案》。如今,别墅变成了历史展览馆,当年这场会议的记录文件也被策展人陈列在玻璃展柜中警示后人,记载的内容字字冷血,句句残忍。

从记录的内容看,纳粹军官在会上讨论了"'混血儿'问题的最后解决办法",但并没有对此前《纽伦堡法案》的内容做出改动,祖父母中有一方具有雅利安人血统的德国人尚不会被采取最为严酷的措施,我的父亲也暂时得以逃过一劫。在会上,纳粹党卫队地区总队长(SS-Obergruppenführer)莱因哈德·海德里希(Reinhard Heydrich)提到了"德军在东线收获的新风景"。我曾经从家里翻出了一张父亲当年从大草原寄回家的泛黄老照片,上面是一片荒芜之景,与海德里希的描述完全一致。正如塞巴斯蒂安·哈夫纳所说,波兰、乌克兰和苏联西部到处是"令人窒息的荒郊野岭",特别适合肆无忌惮地做见不得人的勾当。

对于万塞会议的决议,纳粹高层秘而不宣。但是,想要抓捕、

---

① 也称"万湖会议"。

转移和清除数百万的人口，就必然要调动大批铁路员工参与运输工作；被没收的犹太人房屋和财产，也一定会经过房产经纪人与二手商人之手。此外，党卫军"特别行动队"（Einsatzgruppen，又译作"流动屠杀分队"）从前方发回柏林的"事件报告"（Ereignismeldungen）已被下发至中层官员。士兵在休假探亲时，也会对时局议论纷纷。所以，等到下一年末，许多德国民众已经从种种迹象中隐约猜到万塞会议的决议内容。

1943年2月，德国宣传部长戈培尔发表演说动员德国民众参与"全面战争"，在谈及对待犹太人的态度时，他想说"灭绝"（Ausrottung）一词，但在说出开头的单词音节后发觉不对，迅速改成了"排斥"（Ausschaltung）。但在我看来，戈培尔所谓的"口误"其实是别有用心，就是要把在场听众都卷入战争机器之中，这是纳粹政权的惯用伎俩之一，也是最为阴毒的手段：到了"二战"中期，纳粹领导人已向德国民众"无意"透露了足够多的信息，以使他们深信德国只能胜利不能投降，否则将会陷入万劫不复的境地。在纳粹的蛊惑下，民众们知道了太多"公开的秘密"。正如历史学家达维德·班基尔（David Bankier）所说："要知道：最好是不要知道太多。"如今，很多德国人并不会同情前辈的遭遇，也不情愿提及遭遇盟军轰炸和国际社会排挤的陈年往事，这是因为他们心里清楚，当时很多人其实知晓并默许了纳粹的暴行。德国人放弃同情，正是这段德国耻辱的结果。

来到万塞之前，我原以为负责执行《最终解决方案》的只有治安警察部队（Order Police，德语为 Ordnungspolizei）和党卫军。但当我看到别墅一楼陈列室的一块展板时，瞬间被惊出一身冷汗。展板上

132

有这样一段触目惊心的文字：

　　德国国防军也直接参与了迫害和屠杀苏联犹太人的行动。制定逮捕名单、强行认定犹太身份、建立集中营，这一切的幕后推手正是军方。国防军掌握生杀予夺的大权，频频逼迫被俘犹太人从事强制劳动。国防军不仅动用行政力量，为屠杀犹太人的行动提供后勤支持，有时也会亲自开枪射杀犹太人，只不过屠杀的人数不及党卫军和治安警察。

长期以来，德国人一直被灌输着这样的观点：只有党卫军和治安警察参与了纳粹的暴行。但到了1995年，这个精心编织的谎言终被戳穿，迫使德国人（包括我和父亲，他那时其实已完全被美国社会同化）不得不直面血淋淋的事实。事情要从汉堡社会研究所（Hamburg Institute for Social Research）举办的一场展览说起，展览的主题是"国防军军史展"（Wehrmachtsausstellung），展品为普通士兵寄回家乡的照片与信件。照片与信件中的蛛丝马迹显示，这些士兵同样参与了针对犹太人的大屠杀，并且手段之残忍，屠杀规模之大，远远超出了德国民众以往的历史认知，从而在社会上引发了不满情绪。在慕尼黑，5000名德国民众高举"德国士兵，英勇无畏"（DEUTSCHE SOLDATEN, HELDEN TATEN）的标语上街游行。与此同时，一万名力挺展览的民众站了出来，与示威者针锋相对。以这场展览为发端，当代德国开始在反思犹太大屠杀的同时正视"二战"历史，朝着扶正黜邪的目标按辔徐行。

德国入侵苏联时,我的父亲只是一名普通士兵,年仅21岁。我从他的口述和家信中得知,他那时负责驾驶卡车递送地图与照片。所以,我一次次在心中安慰自己,父亲当时从事的是边缘化的工作,既没有直接参与德军在东线的暴行,也没有机会接触到国内刚刚抬头的风气(即明知却故意纵容纳粹的罪行)。但是,他那段时间一直在乌克兰,是一名唯上级命令是从的驻地士兵。这些命令可能包含哪些内容,我现已心知肚明。

德语中有个单词,叫作"Lebenslüge",意为"为了生存下去而自欺",指的是"自我欺骗,允许在线索已经非常明显的情况下继续生活"。父亲的嘴很严,对于我提出的问题,他向来只是点到为止,从不多言。所以,我无法完全弄清楚他在何时知晓哪些内幕,更不知道战争是否完全侵蚀了他的良知。君特·格拉斯于2006年写成了自己的回忆录①,他在其中解答了我的困惑,但能否完全代表父亲内心真实的想法,我并不十分确定。"我嘴上说自己什么都不知道,心里却清楚自己早已被强征进某个体制,这个体制策划、组织和实施了针对数百万人的灭族行动,"君特写道,"所以,即使我不会被指控为纳粹的同谋,也应当承担连带责任。我将背负此罪度过余生。"

*

君特创作过一部小说《铁皮鼓》,故事的主人公奥斯卡·马策拉特(Oskar Matzerath)出生于1924年,是德国文学中的"可怕顽童"

---

① 书名为《剥洋葱》(*Beim Häuten der Zwiebel*)。

（enfant terrible）形象。三岁生日那天，他发誓永远不愿长大。不仅如此，在大人想要保持安静时，他总是尖声惊叫和拼命敲鼓。早在1959年，库尔特和海伦就为万神殿出版社买下了这部小说英译本的版权。前段时间，我们一家人曾去施普雷河（Spree）①岸边的老柏林剧团（Berliner Ensemble，创始人是德国剧作家布莱希特）观看由这部小说改编而成的舞台剧。在将近两个小时的时间里，饰演奥斯卡的那名演员会一直站在观众面前。

观众哪怕只看了这部剧的前25秒，也会觉得它值得27欧元的票价。戏剧开场时，帷幕紧闭，舞台一片昏暗，场内没有开启任何灯光，饰演奥斯卡的演员也只是从舞台一侧朝着中央迈了几步。突然，聚光灯亮起，打向这位演员。灯光越来越强，被照亮的演员死死地盯着在场的观众。场下观众不明所以，互相低声耳语，但台上演员始终不为所动。过了好一会儿，观众们逐渐安静下来，直至鸦雀无声。

开场的几分钟里，我坐在台下，面对充满控诉的眼神，感受到了直逼心灵的考问。在那瞬间，剧场内的每位观众仿佛都被带回到20世纪60年代，去当面回答年轻一代的质问。

几个小时后，我又重新变回了儿子的角色，在河畔散步时一路追着父亲问个不停。但在观看这部剧期间，一个三岁的孩子把我们都变成了长辈，不断地追问我们："我们都知道些什么？我们何时知道了这些？"

---

① 柏林母亲河，穿城而过。

第六章

摸进黑屋

尼科:1939至1941年

"希特勒向波兰发动了袭击"——如库尔特的日记所述,第二次世界大战由此爆发。当时,我的父亲刚刚开始在寄宿制学校最后一年的学习。1940年8月,父亲从这所学校毕业后,便被征召进国

图中左一是我父亲尼科

家劳役团（Reichsarbeitsdienst，为军队训练后备青年的组织）。接到动员通知后，他前往奥地利蒂罗尔州（Tyrol）的坦海姆（Tannheim）报到，被分配到一个体育场从事劳动。

劳役团为每位成员配发了制服帽。这种帽子的中间有一道褶缝，被团员们戏称为"带把儿的屁股"。除了在靶场执勤，从事刷漆和修路等杂务外，团员们每天必须高唱团歌（"我们的制服，棕如大地"），必须保持坐姿听完所有宣扬第三帝国光辉历史的讲座，必须用铁锹当武器，练习如何擦枪与扛枪。

1940年10月，我父亲尼科被正式征召入伍。他先前往巴伐利亚州的征兵中心，然后回到奥地利接受基础训练，其中包括为期三个月的步兵训练，外加三个月的驾驶培训。他的母亲曾嘱咐他随身携带一个手提箱装衣服，但被他拒绝了。对此，尼科曾跟我解释说："奥地利的亚麻布衣服质量太差，根本不是你平常穿的那种。"他左眼视力模糊，所以与开飞机无缘，最后被分到了汽车调配场，成为纳粹德国空军的一名汽车兵兼机械工。服役期间，尼科身穿的蓝色制服绣有调配场的袖章，袖章上的图案是一台汽车换热器，一对翅膀从换热器两侧伸展开来。

每隔一两周，尼科都会给他在慕尼黑家中的母亲写信，让母亲给他寄自己想要的各种小东西，比如巧克力、香烟、现金、鞋垫、雨衣、心爱的徕卡相机、家庭厨师库尼做的甜甜圈、小提琴，甚至还有从他叔叔汉纳那里借来的中音萨克斯（因为他还很喜欢爵士乐）。大战早已打响，但他和当时大多数德国人一样，并没有意识到战火可能会烧到自家门口。他当时刚满19岁，就像一个被送去夏令营却后悔忘带心爱之物的孩子。

那段时间尼科的日记如下:

1940年11月10日:"来到这里后,我感觉自己好像从没开过车一样。我们的车库里有一辆奔驰客车和一辆卡车。那个卡车跟普通卡车不一样,有7个挡位和3根传动轴,几乎能够在任何地形的路面上行驶。'乔伊大姐'(尼科给他姐姐起的绰号)肯定开不了这车,她懒得够呛,就连开3个挡位的车都费劲。"

1941年1月26日:"我通过了驾驶测试,现在已经有一级、二级和三级驾照了。等天气暖和点的时候,我们会参加一场拉力赛。比赛的规则是:根据指令驾车离开基地,依次通过各个检查点……每到达一个检查站,工作人员就会故意给我们的车弄出些机械故障,我们需要做的是快速排除故障然后继续赶路,整场赛事用时最少的人才能赢得比赛。"

2月2日:"我真是庆幸自己当初躲过一劫:前几天听别人说,总共有四名列兵要被调走去当伞兵,而且是明天就走。这些倒霉蛋……"

2月16日:"我们将在三月中旬完成训练。5日和6日,我们还会组成车队前往格拉茨(Graz),中间途经帕克山口(Packsattel)与穆尔河畔布鲁克(Bruck an der Mur)①。这趟行程肯定会很好玩,因为每个人都要轮流驾驶汽车、卡车和摩托车,而且每个人都要开上五六十公里。"

---

① 奥地利东南部城市。

等到实际拉练时,一名士兵在驾驶摩托车过弯道的过程中被甩了出去,导致头部受伤当场身亡,拉练也因此中断。整个部队前往死亡士兵的家乡为他送葬。令人惋惜的是,这名士兵才21岁,正值当年,原本是要在退役后继承家族的面粉厂。

那段时间,库尔特从西班牙寄出了一封明信片。这封信先被送到慕尼黑,再从那里被转寄至我父亲所在的克拉根福(Klagenfurt)基地。可能是知道库尔特无法收到回信,尼科将回信寄给了他能找到的最接近父亲角色的长辈——继父汉斯·阿尔布雷希特。"在这里做事,根本不需要动脑筋,只要按部就班地完成任务就行,"爸爸在信中这样写道,"这么看,所有的事情都不难。但要命的是,在这种环境下,人就彻底不愿动脑筋了,会一点点荒废掉以前掌握的东西。等我从部队退役的时候,恐怕一切都得从零开始。这地方真是能把人待废了。……"

"……每个人都在一天天混日子。"

1941年4月,尼科所在部队终于开拔。在维也纳停留数日后,他最终随部队抵达苏台德区的布尔诺(Brünn,今捷克共和国的布尔诺市)。那段时间,在遵守保密纪律的前提下,他仍然坚持写信向母亲汇报自己的动向。

我的奶奶可能曾在回信中打听父亲战友的"家庭出身",对此,尼科颇有些生气,他回信说:

> 我根本不关心这个,我们这儿也没人会打听别人的出身。大家并肩作战,没有高低贵贱、聪明愚蠢之分……更何况,谁

会真的在乎我们到底是"谁"?在这里,人与人之间的唯一交集就是日复一日的单调工作和无聊至极的部队生活。相信我,任何人来到这里半年后,就会开始想混日子,脑子根本不愿去想事情,完全变成了木头疙瘩。我就是这样,毫无心思看书,对需要动脑子的事情完全提不起兴趣。要想重新唤醒脑子,我就得多换换环境体验不同的生活,去多想和多做让自己感兴趣的事情,重拾自己的各种爱好,如音乐、手艺活和戏剧等。所以,请你理解我,哪怕能稍微体谅一点我的处境。

从尼科的回信可以看出,他之所以对自己的母亲感到不满,归根结底在于她总是很在意阶级出身,特权思想根深蒂固。尼科非常排斥这种观念,也导致他在"二战"结束后选择了移民国外。

他继续写信:"我们中一些人已被调到了罗马尼亚、保加利亚和希腊。他们分到了属于自己的汽车或卡车,已经能独当一面了。我们很快也会这样。"

6月初,部队为父亲配发了一辆装有V-8发动机的福特卡车。6月17日,父亲又给家里写了一封信,但没有具体交代自己的近况,只是说他已驾车到了几千公里外的一处空军基地。他还在信中加了一句:"你根本猜不到我都做了什么。"

实际上,尼科所做的一切,都是德军在为接下来的大动作做准备,那将是史上最重大的事件之一。"二战"前夕,德国与苏联签订了《苏德互不侵犯条约》,默许苏联吞并波罗的海三国并瓜分波兰更多土地。但就在此协定签订后不到两年,希特勒便一改此前犹豫不决的态度，撕毁条约，挥师入侵苏联，发动代号为"巴巴罗萨计划"（Operation Barbarossa）的军事行动。希特勒向军队鼓吹此次行动"志在必得"，对外扬言德军将会在秋收前兵临莫斯科城下，但私下里似乎对入侵苏联的决定心存顾虑。他曾坦言，入侵苏联就像"推开一扇门，摸进一间从未进入过的小黑屋，完全不知道房门背后等待他的是什么"。

父亲在执行任务间隙所绘水彩画

1941年6月22日，希特勒终究还是下达了命令，让手下部队踹开他口中的"房门"，发动了军事史上最大规模的进攻行动，我的父亲也随之成为三百万名参与此次行动的士兵之一。当时，他负责驾驶卡车运送作战地图和侦察照片，为一支绰号"雪绒花"（Edelweiss）

的飞行中队提供后勤支援。执行任务的间隙，他用水彩画记录下了该中队营地的一角。德军兵分三路直插苏联领土，尼科所在部队隶属其中的南方集团军，该军团一路攻入波兰、加利西亚（Galicia）和乌克兰，沿途夺下克拉科夫（Krakow）、里沃夫（Lvov）、日托米尔（Zhitomir）、文尼察（Vinnytsia）、白采尔克瓦（Belaya Tserkov）、波尔塔瓦（Poltava）与哈尔科夫（Kharkov）等城市。到了这年9月，天气已变得极其寒冷，部队曾数次停下休整。某次休整期间，尼科为了驱寒，在散兵坑的一侧坑壁挖出了一个洞口，然后在洞顶盖上一块防水布，最后往布上铺一层干草，搭出一个简易的壁炉①。"冬天来临的时候，我们恐怕要面临一场灾难。"他在10月1日的家信中这样写道。

圣诞节前夜，父亲抵达第聂伯河畔的第聂伯罗彼得罗夫斯克（Dnipropetrovsk）。就在这座城市的东侧，纳粹军队的攻势已迟滞不前，被苏军阻击在漫长的南北战线上。父亲的军队被迫窝在原地过冬，那是一个注定要被载入世界历史的冬天。

就在几个月前，库尔特的第二任妻子在纽约给他的前妻写了一封信，在信中提到了我的父亲。"我非常想念尼科，每天都在用尽全力为他祈祷，"海伦在这封寄往慕尼黑的信中写道，"你知道的，我特别偏爱这个安静的家伙，欣赏他'深邃的内心世界'。我多么希望

---

① 翻译过程中，译者针对此句与本书作者取得了联系，作者在邮件中解释说，他的父亲是在散兵坑的一侧坑壁向内沿水平方向再挖出一个小洞，形成一个类似烤箱的空间，然后在这个空间的底部放上点燃的木柴，这样一来，新挖的洞就能像壁炉一样温暖整个散兵坑。洞顶铺防水布和干草的目的是防止融化的雪水下渗。

他能成就自己的一番事业,这样他的身心都能获得解脱。"

*

前段时间,我曾多次走上几英里的距离,前往柏林舍讷贝格区(Schöneberg)冬原广场(Winterfeldtplatz)的露天市场。每次走在路上的时候,我就已经开始一边咽口水,一边思索到达目的地后可以品尝到哪些美食——来根香肠配越南河粉,再加个土耳其馅饼(gözleme);乡村面包撒上拉克利特干酪碎也不错;或许我还能买到来自勃兰登堡平原的新鲜蔬菜,菜根上甚至还带有采摘时留下的风干泥土。前往市场的途中会路过一栋高大的工人公寓楼,它与东西向的道路垂直,各层的阳台从公寓阳面伸出,上面密密麻麻地挂着锅盖天线与土耳其国旗。一次路过这栋建筑时,我突然发现了一块之前从未注意过的牌匾,于是停下来仔细阅读上面的内容。读完后,我陷入了沉思。原来,这栋建筑背后的历史,与我垂涎的食物之间,还存在某种鲜为人知的联系。

这栋公寓是重建的,此前这里其实是一座室内体育场,名叫"体育宫"(Sportpalast,在1944年初被盟军炸毁),曾举办过职业拳击赛和为期六天的自行车比赛,同时也是纳粹举行大规模室内集会并发表演说的场所。1942年10月,为了庆祝德国丰收节,纳粹在此发表了面向全体德国民众和所有被占领地区的广播演说。当晚,纳粹副元首赫尔曼·戈林向所有民众许诺,每名德国人都将获得更多的口粮配给,德国绝不会让民众在即将来临的冬季挨饿。

的确,德国那时刚刚取得了大丰收。但据我所知,戈林其实是在隐晦地提及纳粹已经开始实施的"饥饿计划"（the Hunger Plan）。据此计划，党卫队首领海因里希·希姆莱（Heinrich Himmler）与纳粹德国食品与农业部部长赫伯特·巴克（Herbert Backe）下令在波兰、俄国与乌克兰等地强征粮食。正因如此，戈林才有底气放出豪言，许诺每位"雅利安人"都能分到更多的食物。但他刻意隐瞒了令人触目惊心的真相——不计其数的犹太民众、波兰民众、乌克兰民众和俄国民众将为德国人的饱餐埋单，将会"按计划"被活活饿死。

自1941年6月起，戈林便一直向东线的纳粹军队下达命令，要求他们在驻地自力更生并将富余的粮食运回德国。对此命令可能造成的后果，当时的一份政府备忘录做出估测："如果我们从这个国家榨取所需的口粮，那么毫无疑问，将会有数百万人被饿死。"早在希特勒发动"巴巴罗萨计划"前，巴克就曾提到，为了配合德军的攻势，德国将会清除"过剩人口"。对此，希姆莱预测："将会有两千万至三千万斯拉夫人与犹太人被消灭。"希特勒在1942年夏做出一项决策时，还特意提到了乌克兰人口问题。他毫不掩饰地说："完全不用考虑乌克兰人的死活。"在纳粹看来，"清除过剩人口"并不是什么不可告人的罪行，而是德军东方行动方针中值得大书特书的创举，是在被征服的土地上逐步实现德意志帝国的"昭昭天命"——先清洗掉犹太人和零散的斯拉夫佃农，然后将德国农民迁移至此，最终将此地变为为德国服务的"去现代化"（de-modernized）殖民地。根据纳粹的这一计划，乌克兰将由"苏联的粮仓"彻底沦为血统纯正的"第三帝国辖地"。仅凭上文中尼科的有限叙述，我总感觉似乎还缺少些什么。于是，我又翻开历史学家蒂莫西·斯奈德（Timothy Snyder）所著的《血浸之地》(*Bloodlands*) 一书，从中找到了能够印证家族档案的材料。这些材料内容翔实，详细地记述了纳粹在1941—1942年占领乌克兰期间犯下的罪行——通过制造饥荒实施种族灭绝。关于这段历史，尼科竟从未向我提起，我因此一无所知，更不用说去主动打听了。所幸有斯奈德的记载，我才得以掌握纳粹罪行的完整证据。

纳粹的"饥饿计划"幻想将被占领地的食物转移至战争前线或德国本土，从而达到饿死三千万非德国裔人口的目的，不过最终计划成为泡影。纳粹军队不仅未能完成"巴巴罗萨计划"的战略目标——在9月底前抵达莫斯科，反而因为补给线过长受到拖累，在大雨之后深陷泥泞的土地动弹不得，眼睁睁地看着寒冬来临。这一幕历史上似曾相识，甚至让我怀疑纳粹的决策者有没有读过拿破仑战记。

根据斯奈德的定义，"血浸之地"指的是波兰走廊、俄罗斯西部边地、波罗的海三国、白俄罗斯、乌克兰、奥德河以东和顿河以西地区，这片区域内的居民同时被希特勒和斯大林视为劣等人口，在必要时可以被直接抹掉。1933至1945年间，在这两名独裁者控制的领地内，1400万人口成了任人宰割的羔羊。"终结他们生命的，不是战火，而是蓄谋已久的屠杀政策，"斯奈德写道，"他们中大部分是手无寸铁的妇孺老人，许多人的财物甚至衣物都被洗劫一空。"他在此基础上指出，德国入侵苏联预示着人类的厄运降临，"开启了一场无法用语言描述的灾难"，其意义堪比欧洲历史上任一历史事件。

接下来,斯奈德没有继续陈述,而是对比了一组数据。他指出,希特勒下令入侵苏联后,苏、德双方在战斗中当场阵亡的士兵数目为1000多万,因炮火、挨饿、受冻和疾病身亡的平民数目也有1000多万。然而,还有1000多万人虽没有殁于战火,却直接丧命在纳粹的屠刀下,其中包括600万犹太人和300万苏军战俘。"苏德战争爆发后不久,国防军就停止了苏联战俘的食物供给,"斯奈德写道,"与此同时,'特别行动队'也开始射杀政敌与犹太人。"可以说,当时任何一名国防军士兵,即使没有被征召进"特别行动队"(甚至都没有端起过枪),也难逃其咎。"他们早已被灌输这样的思想:德国士兵获取食物的唯一手段就是从周围人口中夺食,因为苏联人无德在先,他们咽下的每一口粮食都是从德国孩童手中抢走的。"

斯奈德的记述彻底颠覆了我的认知。在此之前,我一直认为,纳粹炮制的种族大屠杀大多集中在波兰森林内的死亡集中营。读罢这本书,我更加清楚,我父亲为之付出了整个青春的军旅生涯,的确为纳粹所利用,他本人在无形间成了助纣为虐的帮凶。

尼科并没有加入党卫军或治安警察队伍。他凭自己的经历告诉我:"千万不可以把军队与纳粹组织混为一谈。"但在参观完万塞别墅后,我了解到,纳粹在东线的每一项活动,背后其实都有国防军的支持,二者通过史无前例的方式秘密勾结在一起。时至今日,我也终于厘清了引发此现象的现实因素。"国防军之所以与纳粹政权沆瀣一气,直接原因是其在苏联境内久战不胜,"斯奈德在书中写道,

"1941年秋,国防军在苏联境内缺衣少粮,深陷道德困境,似乎只能从纳粹主义中谋求出路。"

1941年10月13日,特别行动队C队第5特别分队(Einsatzgruppe C, Einsatzkommando 5)用机枪将1200名犹太人驱赶至第聂伯罗彼得罗夫斯克州南部边境,强令他们站到刚刚挖好的万人坑内。此时,距离我父亲所在部队抵达该地尚有两个多月的时间。到了12月中旬,他的家信显示他已行军至哈尔科夫。当时,这座城市的一万余名犹太市民被集中关进城郊的一座拖拉机厂内。等到1月,第4特遣队a队(Sonderkommando 4a,特别行动队C队下辖的另一单位)将会伙同治安警察314营,分批射杀这些被俘平民。根据我的推测,纳粹搜捕犹太市民时,尼科还在为德国空军开车,所以不可能参与其中;等到纳粹射杀犹太俘虏时,他已到第聂伯罗彼得罗夫斯克州扎营。但是,我从小在父亲的餐桌旁长大,总是目睹他吃饭的样子:当饭食被直接摆到他面前时,这位平常温文尔雅的绅士,也会像动物进食那样狼吞虎咽。所以我在想,如果士兵们被强令必须优先喂饱自己,那么我的父亲也只会乖乖从命。

他在信中明确表示,他和战友们每天都吃得非常好。不过,信中的文字偶尔也会透露出,乌克兰农民与苏联战俘的伙食非常糟糕。"各种食物都非常充足。每天的饭菜不仅量大,而且可口,简直像在家里一样。比如,昨天我们吃到了带骨猪排和土豆球!"父亲在6月29日的日记中写道,此时距离德国发起入侵行动已过去一周。6月30日,父亲写道:"早餐里有现磨咖啡,晚餐配的是红茶,这也太奢侈了。"到了8月8日,父亲的日记里记录了这样一个细节:"有一次，我们驾车去乌克兰的一座村庄采购食物，只花了一点钱就买到了500枚鸡蛋、8加仑奶油、12磅黄油和40磅蜂蜜。具体单价如下：一枚鸡蛋3芬尼（pfennig）①，一夸脱奶油50芬尼，一磅黄油60芬尼，一公斤蜂蜜只要1马克。"

1941年夏，我的父亲在"巴巴罗萨计划"期间俘获了多名战俘，这些人都是"饥饿计划"的实施对象。大约在同一时期，他在给他母亲的信中提到了战俘被迫劳动的脏乱场景，字里行间透露出当时在德国民众中间盛行的反斯拉夫情绪："你能从他们身上刮下厚厚一层泥，这些人放着干净的水不喝，去喝水坑里的脏水。到了

尼科于1941年夏天"巴巴罗萨计划"期间拍摄的照片

① 德国旧时辅币单位，一马克的百分之一。

排队打饭的时候,他们常会厮打在一起,直到卫兵鸣枪示警才会停下来。"

"我饿不着,"他在1941年9月6日的信中告诉母亲,"不用担心我。"9月22日的日记记录如下:"昨天,我们要求炊事班采买制作炸肉排(Schnitzel)的猪肉。吃上了一顿真正的周末大餐……简直太好吃了!"9月22日的日记:"工兵班给我们搭了一个砖炉。现在炉子已经生得很旺了,我们每天晚上可以自己烤土豆吃。"

在11月19日日记的末尾,父亲用一句话描写了他目睹的场景:"屋外有一匹死马,半个身子都已经腐烂了,冻得硬邦邦的。一个乌克兰人正在用镐子把上面的烂肉一块块刨下来塞进嘴里。希望你读到这里有个好胃口,哈哈!"这句话字字透露着父亲的冷漠,令我读后眉头紧蹙。

父亲在12月13日的日记中继续写道:"午餐通常是炖菜,晚饭会有一截长面包、一点肥肉、一份汤、一点奶酪、德国肉肠或者鱼罐头。"父亲刚到第聂伯罗彼得罗夫斯克那天,正好是平安夜,所以他们吃上了"火鸡的替代品——土豆沙拉配烟熏香肠(Bockwurst)"。

这就像是我发出疑问:"爸爸,你在战争中都做过什么呢?"我没料到他的回答是:"我吃得很好。"

尼科在第聂伯罗彼得罗夫斯克市停留了一年半的时间。从小到大,我听父亲多次谈起他在这座城市的经历。据他所说,斯大林的政策使这里的乌克兰人遭受的饥荒持续整个30年代。因此,德国国防军刚来到这里时,被当地人视为救星,受到了热烈的欢迎。当时,他和战友们可以毫无戒备地在第聂伯河里游泳。无论是在第聂伯罗彼得罗夫斯克市、波尔塔瓦，还是在日托米尔，他们都可以把武器留在营房内，安心地在户外一直待到半夜。根据父亲的回忆，直到纳粹将乌克兰人强掳回国内充当劳工时，当地的抗德游击队才开始频繁地活动。

尼科曾提起一位名叫利迪娅（Lidiia）的女友，她教会了他几句俄语，常常和他一同在第聂伯河畔散步。尼科还提到过另一位女性，此人名叫塔妮娅（Tania），住在军营附近。她给他起了个绰号"普希金"，因为他在游完泳或者洗完澡后，如果不及时梳头，头发就会打结成绺。

在我父亲的一张照片中，在左侧露出半截身子的人物可能就是利迪娅。她身着白色连衣裙，紧紧贴着我的父亲，差不多快坐到他腿上。把这张照片翻过来，可以看到父亲留下的字迹——"亲如一

尼科与乌克兰人的合照，左下可能是利迪娅

家人"。据斯奈德记载,饥饿使乡下农民生活在水深火热之中,但城市里的亲德军居民,比如照片中这些年轻乌克兰女子及其家人,似乎还因为德军的到来过上了更好的生活。父亲告诉我,他曾送给利迪娅食物,让她带回去分给家人,甚至还随利迪娅一家外出野餐。以上往事都是父亲晚年在罹患癌症期间告诉我的,而我那时已经读完了《血浸大陆》,所以不由得在想,他难道是良心发现,才将这些事情告诉我? 他和利迪娅之间会不会只是互相利用的关系? 他后来加入"和平之桥"(Bridge for Peace)组织,积极投身美苏文化交流活动,是不是在为年轻时犯下的错赎罪?

尼科给家人写信时,很少向他们提及战争的残酷。但在1941年11月中旬的一封家信中,他罕见地描写了发生在哈尔科夫的一幕,令人读后毛骨悚然:10名当地居民被德军杀害,他们的尸体被整齐地吊在一栋建筑的阳台下,每具尸体上还挂着一块牌子,上面用西里尔文写着此人犯下的"罪行"。"我们一路向前看,看到了更多的尸体,"他写道,"城内仍然有反德游击队在活动,这些人炸毁建筑,杀害士兵,从事各种破坏活动,所以才会遭此酷刑。"我敢肯定,除此之外,我父亲还有很多目睹但故意没有告诉他母亲的事情,因为他知道,自己的母亲还在努力适应这个残忍的世界。此外,通过阅读父亲的家书以及他与亲友的书信往来,我可以断定,他还向我隐瞒了很多秘密。比如,玛利亚在战后给库尔特寄去了一封信,在信中提到,她弟弟的那些"亲眼所见"让她压抑得喘不过气;再如,尼科曾表示,不愿和我的表妹玛丽安·德杰(Marion Detjen,是一名历史学教授)谈及他在乌克兰的经历。

151

尼科为什么从来不与家人细说这些事情？起初，我坚定地认为他是不想让我们背上精神的包袱。但随着心中的质疑越聚越多，我开始反问自己：这些事情他又怎么能够说得出口呢？于是，我从此不再多问，但也还是会在心中埋怨自己：别怪他从不多说，要怪就怪自己从不多问。①

不过，我还是找到了他缄口不言的深层原因，因为我回想起他在"巴巴罗萨计划"实施前不久写给他母亲的那句话——"脑子根本不愿去想事情，完全变成了木头疙瘩……我要想重新唤醒脑子。"

这其实就是纳粹处心积虑想要达到的目的——让士兵永久丧失情感与自我思考能力，变得麻木冷漠。"从现在开始，你们属于元首！"德国青年刚被征召进希特勒青年团时，便会被灌输这样的思想。正如希特勒亲口所言："我不想让教育开启民智。年轻人懂得越多就越难成材。他们只需学习自我控制，只需克服对死亡的恐惧，这样才能成熟，才会收获真正的自由，发挥创造精神。"

希特勒的意图就是：把德国青年变成接收一切纳粹指令的机器。

*

整理父亲尼科留下的家信期间，我常常感到良心被刺痛。打开盛放书信的盒子时，我看到了一张从未见过的照片。有一张父亲穿

---

① 作者在给译者的电子邮件中对此做了进一步的解释："这里是想表达我与父亲的相处方式：每当我父亲没有告诉我关于战争的事情时，我都会感到内疚，因为我没有问他能够引出答案的问题。长此以往，我和父亲之间形成了一种心照不宣的相处方式：父亲从不多说，我自己也从未多问，我和父亲都认为关于战争的那些事情难以启齿。"

军装的照片,拍摄于他完成征兵报到并开始接受基础训练后不久,相片中的他身穿纳粹制服,胸前佩戴着纳粹万字符党徽。虽然尼科多次在信中暗示,他的信件会受到当局的审查,这必然影响了他分享给家人的内容。但我还是心存侥幸地一遍遍阅读每一封书信,希望能从中找到一些对时局不满或持保留意见的字句,以证明他的良心在做最后的挣扎,就像我九

穿军装的尼科

岁的女儿有一天在参观内阁战时办公室(the Cabinet War Rooms)时期待的那样——自己的爷爷的确站在正义盟军的一方。

但遗憾的是,我连一个字都没有找到。不过,我也没有找到什么令人毛骨悚然的内容。信中多是他那代人对德国人抱有的偏见,中间夹杂着一个十几岁的少年因吃不饱肚子发出的抱怨。

父亲还曾告诉我,他在战争期间路过奥斯威辛。他说自己只是因为过境而在那里暂住了一宿,根本不知道比克瑙营区(Birkenau)[①]

[①] 奥斯威辛集中营也称奥施维茨-比克瑙集中与灭绝营(Konzentrationslager Auschwitz-Birkenau),包括三个主要营区:奥斯威辛(Auschwitz,一号营区)、比克瑙(Birkenau,二号营区)和莫诺维茨(Monowitz,三号营区)。——编者注

父亲写于奥斯威辛镇的家信信封

的高墙内正在进行工业流水线般的大屠杀。有一封写于1944年末的家信，信封上贴着印有希特勒侧身像的邮票，邮票上盖着的正是奥斯威辛镇的邮戳。翻到这个信封时，我心里咯噔一下，完全不敢相信上面是我父亲的笔迹，但它的确出自父亲之手，就是他给我写生日祝福或者签大学假期生活费支票时的字迹。

第七章

救命之恩

库尔特：1941 至 1945 年

"一位欧洲人，初到美国，会有重获新生的感觉，"卡夫卡在其小说《美国》（*Amerika*，又称《失踪者》）中这样描述移民至美国的主人公，"人们应当牢记，第一印象往往存在偏差，所以千万不要让第一印象误导了自己对未来的判断，否则将会耽误终生。"

这可能是库尔特初入美国社会时得到的教训。1941年春，他与海伦带着克里斯蒂安踏上了美国的土地。初来乍到，有许多事情需要处理，难免会有些慌乱，库尔特当时的日记对此也有记录。来到美国第一天，第一位保荐人西娅·迪斯佩克安排他们住进了哥伦布大道（Columbus Avenue）上的科隆尼亚酒店（Hotel Colonial）。一周后，另一位保荐人罗伯特·维恩伯格与他们碰面，带他们前往紧急救援委员会办公室，打听消失的那部分汇款的下落。仅一个月内，库尔特便按要求完成了申请美国国籍的第一步——提交"初步申请书"。提交此申请书满五年后，他们就可以正式申请加入美国国籍。

忙完这些事情后，周围人对他们的密切关注很快便消失了。以往在欧洲，别人立马就会认出库尔特的名字，而在这里，人们还得问他这个名字的拼法。有一次，两人应邀前去长岛（Long Island）参加晚宴，在场的美国宾客竟无一人打听他们的过往经历，这让库尔特和海伦倍感惊讶，要知道，他们两口子可是亲眼见证了纳粹的崛起与法国的陷落。从这一方面看，沃尔夫一家已无人身安全之忧。但从另一方面看，新的环境容易使人"忘本"，因为母语与秉性紧密相连，灵活使用母语才能充分地展现人的秉性。爷爷知道，自己的英语有待提高。但在和儿子克里斯蒂安交谈时，他还是坚持说德语。对此，他向妻子解释说："蹩脚的英语无法让我和儿子深入交流，我可不想那样。"

对身在异乡的爷爷来说，出版图书是他唯一能想到的谋生手段。于是，在安顿下来后不久，爷爷便急忙筹集资金和请人出谋划策。他先会见了出版商阿尔弗雷德·A.克诺普夫（Alfred A. Knopf）和W.瓦德·诺顿（W. Warder Norton），然后联系到了前妻伊丽莎白的堂兄乔治·W.默克（George W. Merck）①，此人是美国默克集团（Merck & Co.）的CEO。该集团财力雄厚，前身是德国达姆施塔特的默克家族于1891年创办的美国子公司，总部设在新泽西州，但在"一战"期间被美国政府依据《对敌贸易法》（*Trading with the Enemy Act*）收归本国所有。由于担心美国很快会参战，害怕法国维希政权

---

① 根据作者的邮件回复，出现在本书扉页家谱中的乔格·默克［Georg(e) Merck］，是乔治·W.默克的父亲，乔格·默克的哥哥（即乔治·W.默克的伯伯）是作者的奶奶伊丽莎白的父亲。

集中关押犹太人的一幕重新在美国上演,库尔特与海伦提前准备好了在集中营内保命用的工装与工靴。不过,两人渐渐发现,这种恐慌似乎没有必要。自从来到美国,他们从没有报过警,甚至都不知道距离住处最近的警局在哪儿,这是之前在法国根本不敢想象的事情。"我们在这里与新朋相识,与故友重逢,并且打算继续结交更多热心肠的好人,"库尔特在到达美国两周后给女儿玛利亚写信说,"但万事开头难,当务之急是解决营生问题。"

当时,库尔特刚满54岁,已经脱离出版业长达20余年的时间。为了重拾旧业,他和海伦无论暑去秋至,几乎整日泡在纽约公共图书馆内,试图找到美国读者感兴趣的外国文学选题。不仅如此,两人还经常出入音乐会、演讲会与画廊等场所,手头稍微宽裕时便会招待各路宾客。"对方食不果腹,我们就请他吃饭,对方衣食无忧,我们就约他喝一杯。"他们还前往坎布里奇市(Cambridge),拜访一位来自慕尼黑的老友(当时正在哈佛大学发表演说),和他共同度过了在美国的第一个圣诞节。这位友人名叫科尔特·冯·法伯尔·杜·福莱(Curt von Faber du Faur),爱好收藏图书,曾于20世纪30年代在佛罗伦萨城郊过着闲适的田园生活。根据库尔特的日记内容,三人"讨论了创立出版社的事情"。这次会面后不久,科尔特·冯·法伯尔和其继子克里尔·夏伯特(Kyrill Schabert)许诺,只要库尔特和海伦先能够筹到7500美元,他们也会拿出相同金额的资金。紧接着,维恩伯格、乔治·默克和杰拉德·奈塞尔(Gerard Neisser,海伦弟弟的朋友)也纷纷出资。到了来年2月,所有创业资金全部到位,库尔特和海伦得以重回出版业,此时距离他们走下

"塞尔帕平托"号才过去不到一年的时间。库尔特此前在佛罗伦萨创立过专注艺术图书的"万神殿出版社",所以新公司的名称也沿用了"万神殿"之名。这一年9月,两人将公司搬至华盛顿南广场一间租金仅为75美元的脏乱出租屋内。屋内的客厅、餐厅和卧室分别被用作出版社的办公室、邮件收发室和会客间。"希望我们的努力能在不久的未来得到些许的物质回报(目前看来这是奢望),"爷爷在公司成立后不久写道,"我这么说不是想挣大钱,只是想改善下当前的工作条件,比如添一间屋子,再雇一些专业人士。"

美国向德国宣战后,库尔特和海伦便被视为"敌国异族"。对于他们来说,这个时候亲自出面管理公司并非明智之举。所以,他们在公司的创始文件中将夏伯特列为董事长。此外,投资协议还规定,在公司盈利前,沃尔夫夫妇将一直没有薪酬。为了得到美国文学界的认可与接纳,库尔特和海伦有时还把自己包装成移居美国的中产阶层。他们会在别人的公寓里摆拍照片,就连与他们合照的小狗也是朋友的宠物。到了1942年初,库尔特意外地从伦敦巴克莱银行的账户中顺利地取出了数千美元。但是,除开这个插曲外,库尔特初到美国的经历,恰好印证了在美流亡者当中流传的那句调侃——"美利坚,白干之地。"① 正如托马斯·曼在1946年写给库尔特的信中所说:"这个时代和这个国家多么操蛋,想必你已有切身体会。"

根据海伦日后的回忆,万神殿出版社的运营就像是"勒紧裤

---

① 原文为 America, Land of Unpaid Opportunity。这句话是对流行在美国的另一"正能量"名句"America: Land of Opportunity"(美利坚,机遇之地)的调侃。

腰带在刀尖上跳舞",公司"嘈杂到令人发疯的办公室"充斥着"各国语言"。在这里,夫妇俩和其中一名编辑雅克·希夫林(Jacques Schiffrin,此人是一名俄裔犹太难民)说的是法语,跟另一名编辑沃尔夫冈·索尔兰德尔〔Wolfgang Sauerländer,此人是巴伐利亚州反纳粹组织"新教紧急救援委员"(Protestant and Emergency Rescue Committee)的志愿者〕讲的则是德语。此外,公司的订单管理员是阿尔巴尼亚人,会计员是葡萄牙人。"说来好笑,"海伦在1946年写信给玛利亚时说道,"我是编辑部和生产部门里唯一懂点儿英语的人(至于你爸那蹩脚的英语,他还是少开口为妙)。"

沃尔夫一家摆拍的"中产阶级"照片

纵使公司创业维艰,库尔特也从不会降低自己的行事准则。有一次,公司员工提出,在制作书脊烫金字的时候,到底使用真金箔还是假金箔?库尔特坚持使用真金箔,而一名销售员却认为使用假金箔可以节省每册书的成本。库尔特并不同意,认为假金箔会褪色。这名销售员反驳说,等到假金箔褪色的时候,读者早已沉迷在书中无法自拔,没人会在意褪色的问题。库尔特最终不为所动,认定只有真金才能从根本上解决褪色问题。"造成这种分歧的根本原因是文化差异。我们要像学习一门新语言一样去了解这个国家,"海伦写信给远在巴伐利亚州的妹妹时说道,"这可不是一蹴而就的事情。消弭文化差异靠的不是与生俱来的血缘,而是后天的经验与智慧,我当初深深爱上法国也是如此。"

多年后,库尔特剖析了自己在流亡途中创业的矛盾心理:"这不是上天的恩赐,而是惩罚。"经历了生活的磨砺,库尔特与自己的初心渐行渐远,已不再像当初那样热烈拥抱新鲜事物。在一份未公开的文件中,库尔特为万神殿出版社规划了一项不同于以往的使命:不掺杂移民出版社的片面立场,不参与政治宣传,不以牺牲作品长远质量为代价追逐热点话题,而是"要向美国民众提供能够久经时间考验的作品,同时要密切关注产品质量。我们的编辑理念是:促使人们思考有关人生与文明的终极问题"。

库尔特和海伦的事业能有所起色,还得益于两人能在不利的大环境中把握住时代机遇。我的表妹玛丽安·德杰对此有详细的记述:

> 我们立志打造一家在文化领域大有作为的小出版社,但公司目前的发展资金尚不宽裕。不过,综合各种因素来看,形势并非对我们完全不利。首先,得益于政府的大力投入与重整军备,美国经济已经开始复苏。在罗斯福的领导下,民众摒弃了原先的孤立主义情绪,对欧洲文化的兴趣日渐浓厚,尤其偏爱非党派的、不涉足政治倾向、不夹带纳粹主义的内容。其次,近来陆续有移民抵达美国西海岸并在此定居,他们虽然人数不多,但显著地推动了文化的迁移,带来了新的思想、知识、学

术理论、艺术理念，大大地激发了公众的求知欲，让人们想对移民的异国文化一探究竟，因而创造出一个潜在的市场机遇。

多年后，海伦总结在曼哈顿度过的早年时光时说："当时，对岸欧洲大陆血雨腥风，美国这边风景独好：一来顺利落脚他乡，二来生意蒸蒸日上。"

失去德国国籍后，库尔特和我才意识到，心中对欧洲的归属感多么难以割舍，背后的原因很简单：过往的经历与接受的教育，由表及里，都植根于长达千年的传统。正因如此，我们才迫切地想把具有借鉴价值的东西从旧大陆带到新世界，以报答美国的救命之恩，并永远叹服这个国家理解、支持与回应的惊人能力。

1943年，万神殿出版社发行了斯特凡·格奥尔格的诗集译本。一年后，《格林童话全集》（*The Complete Grimm's Fairy Tales*）出人意料地成了节日期间的畅销读物。但是，这本书一经出版便引发了书评家们的不满，他们纷纷撰写长文谴责德国人内心的阴暗。为了捍卫万神殿出版社的声誉，W. H. 奥登（W. H. Auden）在《纽约时报书评》（*New York Times Book Review*）的头版发文声援此书，盛赞"书中故事的意义仅次于《圣经》"。当时的出版界认为，策划图书时，法国选题相比德国选题更容易引起读者共鸣。库尔特和海伦虽然即将加入美国国籍，但二人崇尚法国文化，所以也非常认同此观点。于是，借助雅克·希夫林的人脉与编辑才能，他们顺利地出版了安德烈·纪德（André Gide）、阿尔贝·加缪（Albert Camus）、保罗·克洛岱尔（Paul Claudel）和夏尔·佩吉（Charles Péguy）等法国作家的作品。其中，散文作家兼诗人夏尔·佩吉的双语版作品成为万神殿出版社发行的第一部叙事作品。

1941年12月，日本偷袭珍珠港，美国由此向日本宣战，加入了世界反法西斯阵营。几个月后，海伦感慨局势，想起了夏尔·佩吉的观点。"自从战争打响后，我便更加热爱这个国家，"她给远在圣拉里村的科洛雷多-曼斯费尔德伯爵夫人写信时说道，"凡事都必须要有所取舍，面对日本挑衅在先，我们就只能舍弃平民的利益决一死战。这让我想起了佩吉说过的话——做任何事都要有决心讲方法。当一国决定战斗时，就必须用自己的方式死战到底……切莫抱有止戈为武的幻想。"

美国不惜一切代价摧毁纳粹政权的决心令库尔特与海伦欢欣鼓舞，但在欢喜之余，两人却不得不面对战争带来的残酷现实：海伦发出以上感慨时，库尔特的前妻尚在慕尼黑，他的女儿远在弗莱堡，不久就会因轰炸逃出自己的公寓，而他的儿子，也就是我的父亲，正在苏德战场的前线。

*

到达柏林后，我才意识到这样一个问题：库尔特已经历过危难，但为何还是撇下一儿一女，导致他们身陷险境呢？他对此作何感想？

平心而论，我们不能苛责爷爷在20世纪30年代撇下一双儿女独自流亡，因为纳粹政权的邪恶在那时尚未完全显露。他无法带走两个孩子主要有以下几点原因：第一，到了1940年，库尔特和海伦带上一个孩子逃亡，一路已经注定凶险难料。第二，与库尔特不同的是，尼科和玛利亚各自都有"'雅利安人'血统证明表"，能证明他们的血统比自己父亲更"雅利安化"。第三，尼科和玛利亚的母亲出身默克家族，继父则是医生，这样的家庭背景可以暂时保证二人的安全。然而，事态最终朝着最坏的方向发展："二战"爆发后，尼科被强征入伍，玛利亚嫁作人妻，她的丈夫同样被调往前线。库尔特与海伦逃出法国维希政权的魔爪时，纳粹德国正如日中天，不可一世。

不过，库尔特也有过无法兑现自己承诺的时候。1917年夏，卡夫卡试探性地问他，如果自己打算一口气做出三项重大人生决定——辞去公务员主业，结婚，离开令人丧失斗志的布拉格去追寻"柏林的盛世气象"①，库尔特会给予他多少支持。"可以肯定，今后我不会完全依赖写作的收入（又或是说我仍有理由相信自己呢），"他写道，"不过话说回来，我早已深深习惯了按部就班的体制内生活，对未来多少还是有些惶恐。所以我想问一问，亲爱的沃尔夫先

---

① 此处原文为"the Berliner Luft"（直译：柏林的空气）。作者在此采用了双关的手法，《柏林的空气》是一首德国著名军乐，创作于1904年。彼时的德国正值威廉二世治下的鼎盛时期，德国经济、工业、军事、科技、社会、文化等方面高度发达、欣欣向荣，德国人民对未来怀有无限憧憬与期待。在这种时代背景下，德国音乐家保罗·林克（Paul Lincke）便创作了这首军乐，以歌颂美丽的德国首都柏林与柏林人民。

生，您不会完全抛下我不管吧。请您放心，我不会辜负您的期望。"

库尔特给卡夫卡写了一封回信，在信中宽慰他说："看到你对未来的规划，我发自心底地祝你一切顺利，并且敢拍胸脯向您保证，无论现在还是战争结束后，我们都将一如既往地在物质上支持你，这些小事都不是问题。"

事实上，库尔特只是在信口开河，因为他深知卡夫卡当时在文学界立足未稳。"一战"的爆发使一切都充满了变数。"别人都在担心即将到来的寒冬会不会引发饥民的骚乱，库尔特却利用卡夫卡这类作家急于成名的心理，空口许诺会为他的作品用上昂贵的毛边纸和半革装帧。"研究卡夫卡的学者拉伊纳·施塔赫（Reiner Stach）指出，"天真的卡夫卡信以为真，满心欢欣地等待这位出版商兑现承诺，殊不知这只是对方画的大饼。"

"会哭的孩子才有奶吃，"卡夫卡在1918年12月给一位朋友写信时说，"特别是你的东家还签了其他许多作家的时候。"

尼科和玛利亚大概有类似的看法：会哭的孩子才有奶吃，因为你的父亲白天不仅忙着与作家和同事打交道，还要在情妇之间周旋。

库尔特和儿子尼科性格迥异，导致二人隔阂渐深。用我小叔克里斯蒂安的话说，库尔特"可不是性格内敛，爱好深思的人。他注重外貌，擅于社交。"反观尼科，总会沉浸在海伦所说的"深邃的内心世界"，遇事不慌不忙。等到尼科搬到美国后，他和库尔特二人才有机会以平等的身份重新接纳对方，正如尼科曾对我说："来到纽约，我才开始试着去了解我父亲。"

到了美国后，尼科和他父亲的关系虽然有所缓和，但二人之间的隔阂并未完全消失。幸运的是，我和我父亲没有重蹈这样的覆辙。我俩之间虽偶有分歧，但不致见面就吵。我想，大概是因为尼科通过移民绝境逢生，他的人生经历和我鲜有交集，我俩没有什么共同话题，自然也就不会发生什么争执。不过，我还是觉得，我俩之间的关系有些过于平静，父亲好像成了我这本书中最沉默寡言的角色，仿佛他的使命就是置身事外，随时准备压制他姐姐玛利亚那种张扬的性格，好让她变得"谨言慎行"。对此，玛利亚曾向我抱怨："尼科从不说话，总是在感受。"

我与父亲沉默的关系促使我愈发想要深入了解父亲，渴望从他的繁芜经历中求得启发，以便用他从未与我详谈的人生经验点悟自己的儿女。在进行一些尝试后，我终于意识到，我真正开始了解父亲，是在他去世之后。

第八章

在恐惧中死去

尼科：1942至1945年

在1942年整整一年内，以及1943年的大部分时间里，尼科一直随军在第聂伯罗彼得罗夫斯克市扎营，营地院落内配有野战厨房。他负责打理营地周围的杂务，为整个乌克兰东部地区递送地图和照片，常常独自一人驾车驶过坑坑洼洼的泥泞路面。不久，他便被晋升为下士。据他亲口所说，那段时间的部队伙食依旧非常好。他在1942年12月写信给他母亲时说："早餐刚吃完蜂蜜、香肠和黄油，到10点的时候，我就已经饿得能吃下一大锅炸土豆了。午饭吃得更丰盛，所以等到晚饭时间，我们得就着啤酒才能咽下眼前的大餐。"到了次年8月，尼科在家信中写道："我们吃得可不输任何饭店。比如今天，我们能吃到豌豆汤、醋烩牛肉（Sauerbraten）配浇汁土豆、番茄沙拉，对了，还有香草冰淇淋！……晚餐还有正宗的葡萄牙沙丁鱼拌橄榄油、黄油和果酱。"

不久之后，他们的信件往来便透露出战争局势正在发生转折：

他的母亲在信中描写了慕尼黑遭遇空袭的场景，尼科则提到苏联战机飞越第聂伯罗彼得罗夫斯克市领空（他将此戏称为"伊万的来访"）的次数越来越频繁。到了1943年2月初，德军进攻斯大林格勒失利，被苏军击溃。那段时间，尼科听闻了家乡遭遇轰炸的消息，而通信也一度中断。尼科隐隐感到不安，他觉得这两件事情绝非巧合，一定存在必然的联系。

1943年春，尼科在营地内看到了慕尼黑理工学院化学系的招生告示。于是，他趁机向部队提出了休假进修的申请，并顺利地在年末的时候获得了批准。这一年11月，他回到了家乡，到家那天正好是他母亲的生日。这次休假虽不满五个月，但使尼科暂时摆脱了战火。从长远来看，这段阴错阳差的经历打乱了他的人生规划：他原本想成为一名建筑师，但在此之后便走上了从事科研的道路，并最终与德国撇清了关系。从近处来看，短暂的休假可能使他逃过一劫。到了1945年1月，尼科亲身领教了苏联的凶猛攻势，其规模之大，场面之惨烈，远超"巴巴罗萨计划"。在苏军的攻势面前，德国士兵只有两个选择——要么战死沙场，要么要被俘关入古拉格劳动营①。他在多年后告诉我："我这辈子九死一生，当年在那场战役中差点折掉一条命。"

由于战争形势发生了转折，尼科在1944年4月返回部队后便被调回德国本土，编入图林根州（Thuringia）的一支伞兵中队。"可别以为我的工作是从天上蹦下来，"他那时写信告诉他母亲，"只不过

---

① 1930至1955年间的苏联劳动改造营。

是我们原来的驾驶班解散了，新的班组正在组建，我们中会有六个人被抽去新班组。"两个月后，父亲的工作再次发生变动。他被调到符腾堡（Württemberg），成为88毫米高射炮炮手，跟随当地的高射炮连接受训练。那年8月，尼科所在部队被调至上西里西亚（Upper Silesia）的贝斯基德山（Beskid Mountains）。到了月底的时候，他被告知将有机会前往法国贝桑松（Besançon）接受军官培训，但他对此将信将疑，因为这已是他第三次收到类似的通知，而前两次到后来均因故取消。

虽然尼科能在信中说的内容有限，但我依旧能从中感受到他是一个热爱和平的人，能够感受到战争给他带来的惊恐。其实，早在库尔特参加"一战"的时候，尼科的母亲也一定通过库尔特的来信对前线的惨状略知一二。"那些我如数家珍的昔日沿途美景，如今正在被战火摧毁，目睹此景，心中的悲伤难以名状，"尼科在信中写道，"我今生有机会再看到这些美景吗？还有厄尔巴岛、圣特罗佩和佛罗伦萨，这些地方无一幸免于难。"

形势发展至此，那些肆意挥霍食物的日子也一去不复返了。"请给我寄些食物吧，比如培根这些，"1944年9月12日，尼科给他母亲写信时说道，"大多数时候我都吃不饱肚子。"就在他写信的前一天，美军从卢森堡出兵，突破乌尔河（River Our）防线，攻入德国本土。

从9月24日起，尼科开始接受为期五周的培训。按照计划，培训结束后他便可以晋升为中士。但仅仅两周后，培训课程便被迫中止，他随所在团先被派往达克斯［Dux，今捷克共和国的杜赫佐夫镇（Duchov）]，然后被调到荷兰沿海地区，之后被拉回达克斯，最后再次被调回荷兰。到了12月初，尼科再次出发，前往他在"二战"中的最后一处驻地。"我现在是半路抽空跟你打声招呼，"他在路过莱茵兰地区（Rhineland）明斯特市（Münster）附近时写信说，"鬼知道我们要去哪里。"

经过几日的行军，尼科逐渐弄清楚自己将要前往何方。当时，已是强弩之末的纳粹政权发动了"守护莱茵"攻势（Wacht am Rhein，盟军称之为"突出部之役"，其中"突出部"指的是德军在战斗初始时突入盟军防线后制造出来的"凸痕"）。在此过程中，尼科所在部队被部署至德国西部边境的埃菲尔荒山区（Eifel），在德国境内的盖希林根镇（Geichlingen）与菲安登镇（Vianden，隶属卢森堡）之间的山脊上搭建了一处高射炮掩体。尼科奉命蹲伏在掩体内，但这处工事已经暴露在了美军的火炮射程内。

圣诞节那天，尼科匆匆写了一封家信。"眼下的形势极度严峻，我们所有人都必须咬牙坚持，"他在信中写道，"我躺在防炮洞内，防水油布勉强能盖住我的身体。洞外寒气彻骨，只有一缕熹微的日光刺破漫漫长夜。现在周围一片漆黑，说明炮弹还没有飞过来。等到炮声轰鸣，那恐怕是这个圣诞节里唯一能听到的音乐。一旦炮声停下，周围便会静得可怕。我没料到今年又一次陷入这般绝境。求上帝发发慈悲，保佑我毫发无损地离开这里。"

尼科有所不知，西线的盟军此刻正在稳步地从纳粹手中夺回失地。诺曼底登陆成功后，盟军利用滩头阵地，在比利时与法国境内集结了近乎八倍于德军的兵力。加上东线的苏联牵制了希特勒大量的兵力与物力,战争的天平已明显倾向盟军一方。在那个冬天,每到晴空万里的时候,根据尼科的记载,"敌人的战斗机一整天都在我们头顶盘旋,时不时会猛地朝着我们俯冲下来,如同秃鹰捕食一般。"每遇此景,他便意识到,德国空军经过盟军的狂轰滥炸,早已形同摆设,他接着写道,"从黎明开始,我们就仰卧在防空炮位,等待敌机抵近时开炮自卫。有时,我们也会扮演普通炮兵的角色,朝前线方向打出炮弹。日子就这样一天天过去……"

在接下来的几周里,尼科和另一名士兵在另一处更有利的位置新挖了一个防炮洞。两人先往地面上铺了一层冷杉树枝,然后找来了一个小火炉,但到了最后才发现洞内跳蚤成灾——他在一天内就从自己的毛衣上揪出135只跳蚤。"我们已经山穷水尽了,有时甚至感到绝望。"他在1月26日写道。接下来,尼科的文字似乎又一次展现了他的处变不惊:"要是总想着如何活着出去,恐怕很容易失去信心。虽然周围一切都笼罩在恐怖之中,但我很庆幸能一次次受到幸运之神的庇佑。"

到了1月29日,尼科的部队已放弃山脊阵地,撤至附近村庄待命。"不知道接下来等待我的是什么,但可以确定只会比现在更糟。"尼科写道。

这些天我们一直在惶恐中度日。这个村子要比之前的山脊安静不少,但每隔一段时间就会遭到重炮的轰击。就在我提笔写信的时候,一枚炮弹径直砸中了隔壁的房屋。每每这样与死神擦肩而过,心中唯有庆幸,先前对生死的恐惧早被抛到九霄云外。你看,当生命朝不保夕的时候(就在刚刚,又有一枚炮弹爆炸了),我们都沦为了四处寻找安身之所的流浪汉。这时候,哪怕有一间配有火炉的陋室,哪怕能在里面找到干草躺下来休息,我们都会开心满足得像个孩子一样。

尼科的部队似乎在这个村子里继续驻留了一两周。在此期间,他发现,自己所在的地方距离特里尔近郊格吕豪斯(Grünhaus)仅有一小段路,冯·舒伯特(von Schubert)家族的酒厂便位于那里,酒厂老板的儿子安得利亚斯(Andreas)曾是自己在寄宿学校读书时的同窗。于是,他和另一名士兵从营地出发,步行几公里来到了那座酒厂。冯·舒伯特太太设宴款待了他们,并且和他们分享了儿子的近况 —— 安得利亚斯当时正在某个坦克师服役。据这位太太所说,德国军官征用了他们家族的房产,"在满是传家宝的房间里整日游手好闲。""很快,这座美丽的城堡也会遭受相似的命运。美国人离这儿不远了,不时地会有炮弹呼啸着飞来。"

父亲作为特里尔大拉比的直系后裔,受到了冯·舒伯特太太的款待,吃到了这几个月来最为美味的一餐。饱餐之后,他戴上国防军的纳粹袖章,返回了驻地。

在接下来的几周,美军步步进逼,尼科的部队一路都在设法摆脱美军的追击。他们扔下了88毫米高射炮,结果在丛林里迷了路。于是,大部队只能解散为小股的游击队继续作战。尼科在莱茵河中央的一个小岛上度过了一晚。3月29日,他刚刚穿过一片庄稼地来到威斯巴登(Wiesbaden)城郊的威汉(Wehen)村口,就被那里的美军俘虏,然后被押入吉普车内。

在被俘之前,我父亲还目睹了一件事情,但在生前从未向我提起,我是在他去世后才从我妹夫口中得知此事。妹夫与人交谈时总爱刨根问底,我父亲经不住他的软磨硬泡,所以向他透露过此事。

到了1945年初,人们清楚地认识到,他们只能在"在恐惧中死去"与"惶惶不可终日"之间做出选择。于是,越来越多的德国人选择了前者,成了失败主义者。对此,希特勒的私人秘书马丁·鲍曼(Martin Bormann)向"简易军事法庭"下令,要求从快处决德国国防军中的失败主义分子。"任何不想为人民而战,却在关键时刻背叛人民的人,都不配活在人间,必须被处死。"

在我父亲被俘前那段阴冷的日子,他和五六名战友断定战斗已经失败,所以开始计划如何投降保命,但其中一名士官对德国忠心耿耿,执意要打游击。众人的分歧引发了激烈的争吵。

其他人已经看出来,这位士官已下定决心拼死相搏。"我们该怎么做?"趁他转身说话之际,我父亲的另一名战友立刻开枪将他打死。

*

4月初,美国人将尼科往西押至法国勒芒城郊的一处营地,营地内四处都是帐篷,6万多名俘虏只能互相挤在地面的薄毯子上睡觉。他们的早餐是面包和代用咖啡,午餐是一品脱番茄汤或豌豆汤,晚餐则是两盎司奶酪或者猪肉罐头。盟军最终俘虏了25万余名战俘,这个庞大的数目令他们不堪重负,所以每天供给的850卡路里口粮仅仅是成年男性维持体重所需能量的三分之一，由此可见，这明显是在蓄意实施惩罚。另据尼科回忆，在这个美国人建立的营地里，许多卫兵都是法国人，所以对德国战俘格外有敌意。虽然《日内瓦公约》规定：战俘的口粮与待遇应与拘留国军队相同，但美国人为了绕开这项规定，在文字上耍了花招，将尼科这些俘虏称为"解除武装的敌国部队"而非"战俘"。我曾听父亲说，有一名德国俘虏因偷吃巧克力被抓，被勒令每天只能吃巧克力，直至最后死去。

我父亲总是跟我说，他特别感激第一个前来处置他的士兵。这名来自芝加哥的美国大兵没收了他的徕卡相机，但坚持给他几条香烟作为补偿。在接下来的几周，父亲把这些香烟小心翼翼地藏起来，在需要的时候用它们换取食物。解决了食物问题后，他很快又遇到了罕见的新情况——耳部感染导致高烧40摄氏度。不过，他也因此得到了被转送至美国陆军医院接受治疗的机会。到了医院后，医生先给他注射吗啡止痛，然后又为他的耳朵做了排脓处理。康复期间，父亲终于能够睡在铺有被单的床上，甚至还得到了一个枕头。到了用餐的时间，他还获准用餐盘吃饭。德国投降后，他被转移至一个又一个战俘营，一路向东辗转途经整个法国。到了夏天，他和其他战俘一同被塞进一节运输家畜的露天车厢。车厢里十分地拥挤，所有战俘只能一路保持站姿或蹲姿。

从"二战"末期以及战争结束后不久，盟军在德国采取了一系列非人道行动，如实施轰炸和制造大规模饥荒，使用运畜车厢运送战俘便是其中之一。在长达三天的时间里，尼科与同车的俘虏随车停停走走,有时还会被撇在岔线上等待下一趟列车到达。整个转运途中,他们一直被圈在没有遮蔽的车厢内动弹不得,任由风吹雨打,身旁堆满了垃圾,车厢内臭气熏人。一天,当他们被扔在斯特拉斯堡市内的一处岔线时,这群人发现,危险似乎正在降临。

当时,另一辆列车停在了运俘车的旁边,车上全是喝得醉醺醺的法国士兵。部分士兵认出对面车厢里运的是德国人后,便立刻举枪朝车厢射击。雨点般的子弹击中了车厢的各个部位。战俘们心里清楚,对方是有意为之,同样受到惊吓的,还有负责押送他们的美国卫兵。但是美国兵们既不会说法语,也来不及发动火车引擎,更不可能开门放走战俘。直到载着法国士兵的列车缓缓驶出车站时,这场危机才算解除。"我在那个车站险些又丢了一条命。"尼科回忆说。

8月13日,库尔特用英语给身在弗莱堡的玛利亚写信说:"尼科的遭遇一直是我们心头的一道坎。从2月开始(那时候他还在东线),伊丽莎白就再也没有收到过任何关于他的消息,在未来一段时间就更不可能听到他的音讯,甚至不久后都无法知道他究竟是死是活。"①

就在库尔特写完这封信的几天后,尼科被送到了位于海尔布隆(Heilbronn)的美国战俘处置中心。在那里,他得到了干净的衣服、

---

① 此信提及的时间及尼古拉斯·沃尔夫的行踪与前文不一致。为此,译者通过邮件向原作者求证,得到的回复是:库尔特写信时,因与家人的通信不畅,所以误认为1945年2月的时候尼古拉斯还在东线作战,但实际上尼古拉斯早在1944年12月就被调回德国西部边境。

一笔路费和几页释放证明。至此,在德国投降三个多月后,他终于可以回家了。

8月17日清晨,尼科抵达慕尼黑车站,想在那里转乘有轨电车前往宁芬堡(Nymphenburg)。当时,我的奶奶伊丽莎白仍然健在,就住在位于宁芬堡宫南环路(Südliche Schlossrondell,当时有两条环路通往宁芬堡宫,此路是其中的一条)的家中。伊丽莎白在日历卡片上记下了见到自己儿子的那一幕。"上午10:00:尼科回来了——整个人筋疲力尽,体重只有133磅!"

第二天,伊丽莎白继续写道:"尼科睡得很沉,但是得了痢疾。"

我的父亲在战争中得以幸存,除了耳部感染、痢疾和一块永久瘀紫的脚趾(450磅重的V-8发动机砸到脚上导致的)外,再无任何身心创伤。

然而,父亲与我分享了一个他回到慕尼黑家中的细节,我一直忘不掉。他回忆说,那是一个阳光明媚而温暖的清晨,他来到母亲的房子前,但没有直接推门进去。首先,他按了下门铃。

*

接下来,又是一个值得我们深思的真相。

在柏林市中心弗里德里希大街(Friedrichstrasse)的一处僻静角落里,坐落着一家书店,书店内收藏着诺曼·奥勒(Norman Ohler)的作品《闪电战:纳粹德国的毒品》(*Blitzed: Drugs in Nazi Germany*)。该书出版于2015年,以编年体形式记录了邪恶的纳粹政权如何利用毒品产生的幻觉控制军队,书中的观点引发了史学家们的争议。作者在书中指出，闪电战的成功要归功于一种名为"脱氧麻黄碱"（Pervitin）的甲基苯丙胺物质。士兵在服用这一药物后，可以连续三日不眠不休，德国国防军因此能够在1940年6月仅用三天时间突破法国和比利时边境，令对手猝不及防。到了战争末期，已成困兽的德军想要冲出泰晤士河口，竟然给缺乏训练的青少年发放注入可卡因的口香糖，然后命令他们驾驶携带鱼雷的小型潜艇突围。结果，很多人因长期缺少睡眠猝死在潜艇内。此外，书中还涉及与我的家族关联最为密切的内容：1943年7月，希特勒的私人医生特奥多尔·莫雷尔（Theodor Morell）开始给他日记中提到的"一号病人"服用毒品。在"二战"后期的大部分时间里，莫雷尔一直使希特勒处在毒品的作用之下。据他所说，如果不这样给元首打"强心剂"，"德国恐怕早就投降了"。

我奶奶伊丽莎白·默克所在的家族创立了世界上历史最为悠久的医药化工公司。希特勒大量服用的药物中，有两种便出自该公司之手，其中一种是世人皆知的可卡因，另一种则是名为"优可达"（Eukodal）的阿片类药物，该药物有着强烈的成瘾性。从1942年底开始，莫雷尔可能在长达800多天的时间里给希特勒注射了一千多剂"优可达"。1944年12月，美军派B-17轰炸机摧毁了位于达姆施塔特的默克制药厂，莫雷尔从此再也无处获得"优可达"，"一号病人"依赖的药物就此断货。

这一切与我有着千丝万缕的联系。

1826年，我的一位先人伊曼纽尔·默克，在自家的配药室内，成功地从罂粟籽中提取出活性成分，因而启动了罂粟碱的标准化量产。此后不久，默克公司因能生产高纯度的吗啡而"名扬天下"。到了19世纪80年代，该公司几乎垄断了全世界的合法可卡因贸易。截至20世纪初，默克公司的药物已经蜚声全球，甚至引来各国造假者争相伪造。造假者会给瓶身贴上伪造的标签，以此冒充正品"红胶囊"（Red Capsule）。

"红胶囊"广告

在两场世界大战之间的那些年里，德国经济动荡，但制药业却成为国内少数欣欣向荣的产业之一，其中一个原因便是"优可达"广受欢迎。其实，"优可达"与"奥施康定"（OxyContin）的化学成分大体相同，二者都是阿片类药物，但"奥施康定"如今在美国社会已是声名狼藉。1917年，默克公司正式推出"优可达"，宣称其有止咳和镇痛的功效。但是，该药物能带来强烈的快感，因此被追求享乐的青少年滥用，最终演变为毒品。事实上，"优可达"的镇痛效果是吗啡的两倍，产生的快感也强于后者，往往会得到医生的优先推荐，甚至部分医生自己也经常服用该药物。由此看来，"优可达"更像是吗啡的亲妹妹，而不是"表妹"，正如托马斯·曼之子克劳斯亲切地唤其为"优可达小妹妹"（Little Sister Euka），或是如葡萄酒陈酿品鉴家威廉·S. 巴勒斯（William S. Burroughs）在其小说《裸体午餐》（*Naked Lunch*）所说："这玩意

177

就像海洛因与可卡因的结合。不愧是德国人,他们总能搞出些狠角色。"

1943年7月,盟军已在西西里岛登陆,元首担心意大利脱离轴心国阵营,所以急于同墨索里尼举行会晤。两人会面前夕,莫雷尔给希特勒使用了"优可达"。在药物的作用下,希特勒在会谈中发挥出色:他侃侃而谈将近3个小时,直到墨索里尼一再重申自己的立场——即使盟军的轰炸机把罗马炸成筛子,意大利也会坚定地同德国站在一起。据诺曼·奥勒所述,等到10月,希特勒接受的药物剂量已然达到了标准药量的四倍。

1944年7月,东普鲁士"狼穴"内的军官克劳斯·冯·斯陶芬伯格(Claus von Stauffenberg)意图刺杀希特勒,发动了"女武神行动",将藏有炸弹的手提箱安放在会议室的桌面下方。但这场爆炸并未取得预期效果,仅仅导致希特勒鼓膜穿孔出血。为了给元首疗伤,纳粹一改往常将可卡因视作魏玛邪物的做法,再次将目光投向默克公司的药物。他们召来了另一名医生——耳鼻喉专家埃尔温·吉辛(Erwin Giesing)。吉辛这次开出的药方是:使用默克公司纯度最高的可卡因制作浓度为10%的局部用溶液。据说,希特勒对药液的疗效非常满意。

诺曼·奥勒在书中写道,面对德军在东线的损失愈发惨重,希特勒开始表现得狂妄自大,甚至提出要在西线发起反攻。那段时间,吉辛每天早晨都会用拭子蘸可卡因药液擦拭希特勒的鼻腔与咽喉。与此同时,莫雷尔也在继续给元首使用"优可达",并且将剂量加到了一年前的两倍。最终,阿片的镇静作用与可卡因的兴奋作用互相中和,产生了经典毒品"快速球"(speedball)①的效果。

到了1944年12月,默克制药厂已被盟军炸毁,奥勒笔下的希特勒因此变得心烦意乱,备受睡眠不足的折磨。此时,元首已患有严重的黄疸,颤抖的双臂从上到下扎满了一排针眼。

事实上,久居地堡之中的希特勒早已将"优可达"视为背水一战的理想药物。他之所以麻木不仁,之所以对世界存有刻板印象,之所以幻想吞并天下,极大地归功于他在1944年的最后一个月里极度频繁地使用阿片类药物。那段时间,盟军正从两面夹击德国,希特勒却在致幻毒品的作用下坚信德国必胜,因此对自己更狠,对待外界也愈发冷酷无情。

等到1945年1月,默克公司已无法继续生产"优可达",所以莫雷尔再也无法给元首使用该药物。两个月后,穷途末路的希特勒发布了所谓的《尼禄法令》(Nero Decree),要求摧毁德国所有的基础设施(包括公路、铁轨、桥梁、发电厂、工厂和银行),不给盟军留下一砖一瓦。

我本希望从书中看到的事件走向是:默克制药公司有意使希特勒滥用药物成瘾,以此误导他做出错误的决策,致使德国国防军一次次溃败,盟军趁机轰炸德国城市。没有了药物来源的希特勒被迫戒毒,脱瘾反应导致其身体状况急转直下,从而加速了战争的结束。

---

① 一种混合了可卡因和海洛因的毒品。——编者注

但实际情况恰恰相反,《闪电战:纳粹德国的毒品》指出,正是可卡因与"优可达"为希特勒提供了精神支撑,才使他能够一直保持亢奋状态。"优可达"突然断货后,元首从毒品的快感中坠入现实,内心最卑鄙的本性被激发出来。由此可见,默克公司的罂粟碱确保了希特勒能够长期狂热地投入到纳粹战争机器的部署当中,换作其他任何头脑冷静的正常领袖都无法做到。

正如奥勒所说,我的先人不仅直接促成了希特勒的疯癫与狂妄自大,而且还在此过程中谋得了利益,是名副其实的"狠角色"。

第九章

血与耻

库尔特与尼科：1945至1948年

美国在1941年末参战后，纽约与德国之间的信件往来便中断了。库尔特和海伦的书信再也无法寄到我父亲、姑姑或者我奶奶的手中，同时两人也无法收到家人的来信。就在珍珠港事件导致通信业务中止前，库尔特给他前妻寄出了最后几封信，其中一封信这样写道："请转告（尼科），我深深地爱着他，所以时常想念他。我希望他以后能实现自己的理想，能成为一个心慈好善的人。请务必告诉他，我想让他知道，我和海伦是多么想念他，他在我们心中无比珍贵。"

不久之后，姑姑玛利亚写信给库尔特说："你不要老担心尼科现在过得怎么样。他生性善良，自有上天保佑，肯定会安然无恙地回归原先熟悉的生活中。从他的信来看，我们可以感受到，他在心智上成熟了许多，已经懂得关注目前看起来似乎与他无关的，非物质的东西，比如意大利方饺和机器以外的东西。"

随着和平到来，通信得以恢复，库尔特接连寄出了好几封家信，在信中尽情与家人分享积攒了三年半的见闻，充分释放压在心底多年的思念之情。1945年秋，库尔特的书信终于寄到了伊丽莎白手中。这一次，爷爷特意选用了英语，似乎是在向家人宣告，有一种新的生活方式将会伴随他的余生：

> 最近，我们终于从（海伦的妹妹）莉斯尔的信中得知尼科已经回到了你身边。我都能想到，这对你来说意味着什么。儿子能活着回家，我打心里为咱俩感到无比高兴……一定替我轻轻地亲吻儿子。记得让他学英语。我可没有开玩笑，因为以后我可能有机会为他和他的前途做些什么。
>
> 回忆起过去，就不会抱怨现在有多苦，在生活中遇到任何美好的事物都会觉得分外甘甜。随着时间的推移，我感觉自己好像生活在过往与现实之间，往日的阴霾与历史的回响总是挥之不去，眼前的美好生活交织在一起……
>
> 我曾试着给不同的地址邮寄包裹，就是希望哪怕有一件能寄到你手上，但这无异于把面包直接扔进了水里。（每当我们能吃上一顿美餐时，我多么希望能把这顿饭寄到欧洲。）

库尔特写信时，玛利亚正和自己蹒跚学步的儿子乔恩（Jon）住在弗莱堡。这座城市是一座大学城，其市中心的历史可以追溯至中世纪，但整座城市并没有什么战略价值。所以，到了1944年11月，弗莱堡的市中心在一夜之间被夷为平地。1946年1月末，她给身在纽约的库尔特写信时提到了我的父亲：

182

我有一张尼科的照片，很漂亮，但我不敢把它寄出去，因为弟弟身穿纳粹制服，头戴一顶铁头盔，看起来像中世纪的骑士。他现在和你长得非常像，只不过要比你矮很多，甚至还没我高。实话告诉你，他现在身体非常虚弱，面色有时候看起来惨白，但眼睛依旧迷人，前额还是那么俊美。等再见到他时，你应该会发现他整个人变了很多，毕竟这些年经历了太多。他第一次从东线休假回家时，我已经有22个月没见过他了，所以又惊又喜，激动到差点哭出来。他到家的时候已经是晚上了，之前没和我们任何人打过招呼。当时，我推开门，看到一个满脸疲惫的陌生成年男子站在门口。而在我印象中，尼科离家参军时还只是一个刚从寄宿中学毕业的小男孩。战争的最后几个月对我来说，每一天都是煎熬。我不敢想象，如果他真的遭遇什么不测，我该怎么办。那段时间，我常会梦到他身死战场，然后从噩梦中惊醒。

就这些书信来说，写信人与读信人的人生经历可谓大相径庭，其中一方只经历过一种类型的战争，只能凭借想象去猜测其他家庭成员的经历。过去，无论是屡战屡胜的普法战争，还是惨遭失败的第一次世界大战，德国几乎都是把战场摆在国门之外。但现在，战火已经烧到了德国本土——仅在"二战"的最后10个月里，德国每月的战争伤亡人数就达到了40万，占整个"二战"期间德国总伤亡人数的二分之一。换作其他国家，面对如此大的伤亡，恐怕早已投降,但德意志第三帝国仍然负隅顽抗。在此情况下,盟军为取得最终的胜利,只能彻底摧毁希特勒保留下的最后一点家底——攻入德国本土,消灭残存的德军。

随着死亡集中营的证据浮出水面,世人开始更多地关注纳粹的暴行,却忽视了德国民众遭受的苦难。事实上,德国民众在"二战"中同样经历了水深火热:英美投下的炸弹将德国许多城市夷为平地,攻入德国本土的苏联红军打家劫舍,奸淫妇女。约有1200万德国民众被赶出世代居住的东欧,与西欧的同胞一同在异国他乡的废墟中艰难求生。鲜有世人同情他们的遭遇,因为他们中很多人早已选择为希特勒摇旗呐喊,可是元首并没有带领他们脱离苦海,流离失所的德国人约有2600万——他们或是家乡被毁,或是被驱逐出境,或是避难他乡。

只有少数人为德国人的苦难发声,其中便有小说家 W.G. 塞巴尔德(W. G. Sebald)。他在几十年后将盟军的行径斥为"可耻的缺陷"。"二战"期间,伦敦犹太出版商维克多·戈兰茨(Victor Gollancz)曾是最早一批在同盟国领土内极力渲染犹太大屠杀的媒体人。如今,他却告诫世人,盟军针对平民的无差别轰炸已然践踏了"西方的价值观"。瑞典作家斯蒂格·达格曼(Stig Dagerman)也支持戈兰茨的观点。"有些苦难是值得的,有些本可以避免,但一经发生,都是生命难以承受之重,"他在1945年末造访战败后的德国时写道,"它们压在我们的胸口,顶在我们的腹部,砸在我们的足尖,产生的钻心之痛刻骨铭心,战后德国秋天的凄风惨雨都无法将之扫去。"

不幸的是，我在德国的亲人也未能逃过那场不分昼夜的空袭（白天是美国人过来轰炸，晚上换成英国人）。盟军的不间断轰炸始于1943年，几乎一直持续到"二战"的最后一日，共袭击了131座德国城镇，造成60万德国平民遇难，这个数目是美军在欧洲伤亡人数的两倍之多！盟军原本想通过制造伤亡，让流离失所的民众意志消沉，转而反对自己的国家，但最终事与愿违——在轰炸中幸存下来的人们身心遭受重创，根本无法正常工作，更不用说煽动叛乱了。就在尼科返回慕尼黑度假期间，当地遭遇了空袭。他不得不与他的母亲和姐姐一起躲在地窖内。事后，他告诉玛利亚："我们就像'笼中困鼠'一样。我再也不想这样了，我宁愿死在前线。"

从前辈们的书信中，我能读到他们每个人截然不同的战争经历：库尔特与海伦一路逃亡，玛利亚与伊丽莎白像"笼中困鼠"一样东躲西藏，尼科疲于在两线作战。

玛利亚的丈夫汉斯·鲍姆豪尔（Hans Baumhauer）被关押在法国境内的一处战俘营内。等待丈夫释放期间，玛利亚在弗莱堡的法国占领当局内找到了一份秘书兼翻译的差事。1946年2月中旬，她在占领当局办公室内给库尔特写了一封信：

绝对的沉默才最让人煎熬。过去几年从没有像现在这般死气沉沉，不时弄出的小动静令人既紧张又期待，让那段相对沉寂的岁月比思想活跃的年代更具生机。而现在，我们偶尔表现出的沉默既陌生又可怕，就像暴风雨来临前的带电乌云——混沌一团，噼啪作响，裹挟着让人猜不透的东西向头顶压来，让人躁动不安，陷入一种微妙的抽离感。

仔细想想，我们之所以害怕与故友重逢，是因为关于我们所经历的一切，即使是对最亲近的人，我们也永远无法用语言向他们解释清楚，仿佛有一堵无法逾越的高墙，横亘在我们和未经苦难的人之间……

现在，外界正在指责我们，将冷战时期导致德国与世界其他各国脱轨的过错归到我们头上。对此我不敢苟同，只有铁幕时代的亲历者和知道真相的人才配这样评判我们。

只有彻头彻尾亲历了过去十二年苦难的人，只有挺到最后的人，才有资格断言谁有罪谁无辜。

此时的玛利亚早已不再是一个缺少安全感的少女。她之所以与父亲分享"笼中困鼠"般的经历，并不是想要得到她父亲的认同，而是想要博取他的同情：

无知者无畏，没有真正经历过大规模空袭的人，根本无法想象那种弱小无助。他们感受不到，从防空警报声响起，到"警报解除"信号发出，每一天如何在惶惶不可终日中度过。这种煎熬不是咬咬牙就忍过去了，而是日复一日、夜复一夜地折磨你……

你身心俱疲，却又毫无睡意，踩着石阶跌跌撞撞地摸进阴暗潮湿的地窖，幻想着能在那里保住一命。地窖里伸手不见五指，地上蜷缩着姿态怪诞的难民，只有一个酒瓶上插着一根蜡烛，微弱的烛光映照出一副副疲惫、呆滞的面孔，仿佛伦勃朗（Rembrandt）或戈雅（Goya）正在蚀刻的肖像。

伴随着轰炸机引擎的轰鸣，整个空气都在微微震颤，墙壁也跟着抖动。震感顺着墙壁一直传到地窖，带动蹲伏在地上的难民一同颤抖。这时，重炮连的防空炮开始发出嘶吼。透过地下室"逃生出口"的活板，可以看到天鹅绒般的长方形夜空被一道道探照灯光劈开。突然，轰炸机抛撒出漫天的照明弹，将整座城市标记为袭击目标，在城市上空栽下了仿佛挂满明灯的"圣诞树"①。与此同时，"逃生出口"砰的一声关闭，真正的灾难就此开始。

在德国各处的地窖里，无知者的无畏正一点点被恐惧吞噬：

为了不被爆炸造成的震荡掀翻，我们只好选择平躺的姿势，将脸颊紧贴在地窖的地面上。虽然每个人都穿着厚厚的外套，湿冷的寒气还是透过衣服慢慢渗入骨髓，把所有人冻得双脸发红发烫。

这时，一股不一样的震动如海浪般涌来，悄无声息，但杀气十足。你意识到，第一波"地毯式轰炸"开始了：爆炸掀起了猛烈的气浪，差点就要把耳膜撕裂。屋外，房屋在持续地晃动，好像空中有一只巨手在不停地向下挤压。屋内，石灰如雨点般

---

① 盟军夜袭德国期间，英国轰炸机投下的照明弹被德国军民称作"圣诞树"。

落下，玻璃碴里啪啦地裂成碎片，空气里充斥着碎石瓦砾被火焰炙烤的味道。周围再次安静下来，但仅过了几秒，刚才的一幕又再次重现。在几波震动的间隙，重炮从头顶呼啸而过，你别无他法，却只能蹲在原地，就像靶场上的标靶，等待着被一箭穿心的命运。

突然，所有声音都消失了。众人不知所措，却没有任何人敢动弹。过了一会儿，你才逐渐回过神来，可以一点点控制住战栗的身体，慢慢地调整已经僵硬了的姿势……火光将夜空映得通红，刺骨的寒风与刺鼻的硝烟从破窗涌入，填满了整个房间。墙壁在轰炸中被撕裂，石灰散落一地……

此刻的你，浑身颤抖，精疲力竭，回到卧室后便直直地倒到床上，在杂乱的梦境中辗转反侧。

玛利亚向她的父亲描述上述内容，主要是为了阐明自己的观点：我们再也不是你在1939年撇下的小孩子了……过去的我们早已被埋葬在瓦砾之下；托马斯·曼既没有理由"再朝我们泼脏水，也不会堂而皇之地将所有血与耻都揽到我们头上"。

玛利亚之所以指责托马斯·曼，是因为这位在普林斯顿（Princeton）和帕西菲克帕利塞兹（Pacific Palisades）熬过了整个"二战"的流亡小说家曾扬言："想彻底地把'纳粹分子'与德国民众区分开来？欧洲乃至全世界饱受摧残的国家根本不可能答应。"

库尔特给他的女儿回了一封字斟句酌的家书，本想以此安慰自己的女儿，不料却坐实了玛利亚的指责——二人之间确实出现了

"一堵无法逾越的高墙"。

2月17日来信收悉，信中所言让我十分感动，心情沉重至今。之所以迟迟没有给你回信，主要有两方面的顾虑。一方面，从过去到现在，你们经历了太多的磨难，内心已变得十分敏感。所以，我说每一句话时都必须小心翼翼，尽量避免刺激到你们脆弱的心灵；另一方面，我向来最讨厌扮演断案法官或法利赛人①之类的角色。不过，你我都是土生土长的德国人，真要在是非问题上较真倒也无妨。我们得拎清楚，是我们德国人成全了希特勒，而不是希特勒造就了德国人。你也知道，我早在30年代初就已断绝了同德国的联系，但故国犯下了罪行，我们都应该为此负责，不能仅仅因为远遁他国而逃避这份责任。毕竟我在德国生活了43年，有义务为我的祖辈和自己的过往赎罪，给这个国家做出交代。"你我皆是自家同胞的守护者。"

库尔特虽然在措辞时小心翼翼，但还是谈到了玛利亚所说的"过去十二年的苦难"。

哦，玛利亚，其实你应该弄清楚，不是过去十二年太苦，而是你和大多数德国人在1939年之前过得太好了……那段时间看似岁月静好，实则暗流涌动，德国后来遭遇的苦难、痛苦

---

① 严守律法的古犹太教派成员。引申义为自恃清高者、伪善者。

与恐怖,在当时早有迹象,只不过我们毫无察觉……另外,从1939年开始,你我看待事物的角度出现了分歧。换句话说,你那边的所有人(包括你在内)并不愿意看到事物的真相。

还在法国的时候,我遇到了许多纳粹集中营的受害者,他们当中有人病骨支离,有人被强制阉割,身心受到巨大的摧残……就在"亲爱的德国士兵"从巴黎为你寄去丝袜和巧克力时,法国民众正为躲避德国轰炸机的俯冲而在乡间小路上疲于奔命。而你的父亲我,当时也是衣衫褴褛,慌不择路,整日都在靠着两条腿拼命跑路,生怕落到那些"可爱的德国士兵"手中……

哦,玛利亚,你总是把1944到1945年这段时间描述为"人间炼狱",却又对1939至1943年间发生的事情熟视无睹。当华沙、考文垂、利迪策这些地方发生大屠杀时,当成千上万的波兰人、捷克人、犹太人和俄国人倒在德国人的屠刀下时,我也没见你为此夜不能寐……大概三年后,报应终于落到了德国人头上,昔日的施害者沦为受害者,从形而上学的角度来说,正所谓"自作孽,不可活"……

如今,人们站在废墟之上谈论谁是罪魁祸首。你看到的逝者也仿佛在开口向你痛陈往事。但孩子请记住,不要以为经历了苦难就可以为自己开脱,除非你是在主动选择用苦难赎罪。

接下来,库尔特谈到了他与玛利亚共有的德意志民族劣根性:

你口中的"罪"其实根深蒂固，早在这场战争之前就已存在。我们德国人啊，不亲身经历苦难和恐惧，就绝不会承认他国民众遭受的磨难，也不会甘心与自己和解，更不可能向这个世界低头。但是，他国民众承受的精神恐惧绝不比我们少，他们只会更敏感、更无助。往深处想想，给他们施加苦难的又是谁呢？正是所有德国人！你我都难逃其咎。

德国人骨子里胆小怕事。想证明这一点，我们不妨对比其他民族：意大利人和法国人藏匿和解救了本国的大批犹太人，保护他们不受国内秘密警察和盖世太保的迫害，其行为堪称英勇；此外，还有成千上万的他国民众，冒着生命危险，拯救和接济德裔犹太人、奥地利裔犹太人和波兰裔犹太人，在整个"二战"期间坚持为他们提供食物……反观国内的德国人，当周围有亲友自杀或被秘密关进集中营时，他们只会袖手旁观，完全不知道或者压根不想知道发生了什么。这里我还是要重提那句老话，"你我皆是自家同胞的守护者"。叔本华也曾说过："施暴者其实也是受害者，反之亦然，施暴者常自以为行为正当，受虐者总坚称自身无罪。"

需要强调的是，我并没有认为所有德国人都罪孽深重，也没觉得其他国家的人都善良无辜……不过，总的来说，无论哪国当下做出任何不义之举，德国人都难逃干系，因为是他们向全世界放出了地狱恶犬，将仇恨、恶毒、邪恶、残忍散布整个欧洲，到头来也自食恶果，饱受瘟疫的肆虐。

最终，库尔特站到了托马斯·曼那边：

德国人想要重新开始，唯一的办法是正视自己犯下的滔天大罪。托马斯·曼说得没错：我们每个人都沾满了血与耻，必须无条件地承认自己的罪行，绝不在认罪书中玩弄"如果""但是""并且"等字眼，这才是我们当下和未来的使命。上帝之所以放我们一条生路，就是想让我们处理好历史遗留问题。只有这类问题得到妥善解决，我们的后代才有望过上有意义的生活。无论是你这样的年轻人，还是我这样的耄耋老人，恐怕穷尽一生都难以完成此项任务，所以只能尽人事听天命。想要改变世界，不可寄希望于联合国等外力，而是取决于每个人的内心——你我必须从改变自身做起，直至开蒙心智。唯有如此，我们的孩子才会成长为更加优秀的人，才会具备更强的责任感。["能启迪孩子的，实非言传，而在身教"——荣格（C. G. Jung）]

我一直想告诉你的是，你我看待问题的立场不同，你是当局者迷，而我旁观者清。但现在，咱们现在要做的是撇开地域偏见，站到同一立场上思考问题。记住，我们承担着相同的使命，必须同呼吸共命运。

就这样，父女二人各执一词，都觉得自己从亲身经历中悟到的才是生活的真谛。在一次空袭期间，玛利亚又生下了一个孩子，而此时她的大儿子乔恩出生还不满十个月。没过多久，又有一场轰炸在夜间来袭，彻底地将他们赖以居住的房屋炸成了废墟。经历了这些后,玛利亚和数百万遭受炮轰的德国人一样,宁愿选择"在恐惧中死去"。与此同时,她也刚刚了解到克里斯蒂安随库尔特和海伦从法国出逃的细节。1940至1941年间,这个年仅七岁的孩子在两年的时间里先后经历了骨肉分离和死里逃生,内心产生了巨大的创伤。他告诉自己的父母:"我宁愿全家人在一场灾难中整整齐齐地死掉。"

玛利亚和库尔特都不愿继续在"血与耻"的问题上反复纠结,也不想再耗费笔墨检讨自我或博得对方同情。在给库尔特的回信中,玛利亚只是无力地辩驳了几句,她和库尔特一样,都觉得有些事情还是留着当面沟通比较好。海伦也是如此,她和回到巴伐利亚州的妹妹进行了几番类似的交流后,得出了同样的结论:这个话题容易揭开战争的伤疤,所以不适合刨根究底,也不适合隔空争论。

在收到库尔特上面那封信的第二天,玛利亚便寄出了一封回信,在信中提到了此前她分享的我父亲的一张照片,它的背面还有父亲的字迹,写着"饥饿的夏天"。信中言语饱含姐姐对弟弟的心疼,同时也暴露出她对纳粹暴行的无知:

这张照片可能就是玛利亚信中提及的照片

唉,这真的是尼科的照片。两年半的攻俄经历,以及所有人都经历过的生死疲劳,全部都刻在了他的脸上。东线酷寒的冬天、在战场上目睹的一切、挥之不去的饥饿感和身心的摧残交织在一起，将尼科笼罩在恐怖之中。那次休假结束时，我送他去车站乘坐返回前线的列车。车站被炸得只剩断壁残垣，站台上挤满了士兵。分别之际，他面色煞白，眼神中透着惶恐不安，身体很快被土灰色军装的海洋吞没，那一幕令我永生难忘。上一次，从这里拉往前线的，还是满车待宰的羔羊。当时，我和尼科相顾无言，彼此心里很清楚，此刻任何安慰的话语都会显得苍白无力。我还记得，尼科离别前和我说的最后一句话是："一切都完了，现在他们正把枪口抵在我们脑后，逼着我们去送死。"

德国文学中有一个子类，叫作"归乡者小说"（Heimkehrerroman），通常以从前线退伍还乡的士兵为主人公。我父亲的归乡经历要比其他士兵顺利得多。宁芬堡宫南环路上的住户仍然可以依靠火炉取暖，但为数不多的木材与煤炭已被盟军征用，屋内的厕所和水管因此上冻结冰。那段时间，政府当局急于为战后无家可归的难民寻找住所，于是将其中很多人安置到我奶奶伊丽莎白家中。很快，伊丽莎白的房子里便挤满了前来投宿的难民，他们当中有：一名在大学教斯拉夫语的女教授、一位来自巴伐利亚州乡下的绅士、一对已婚的心理分析学家夫妇，他们四岁的儿子被我的父亲叫作"实验品"（法语：le fils expérimental）。为了避免同这些不请自来的宾客打交道，尼科和伊丽莎白挤在自家的客厅中生活。在众人准备迎接战后第一个冬天之际，他们得到了美国主事军官卢修斯·克莱中将（Lieutenant

General Lucius Clay）的提醒："鉴于德国人引发了战争，我们得让他们尝尝寒冷与饥饿的味道，让他们亲身领会战争的恶果。"

尼科的生活受到了很大的影响，他因此感到十分反感。一天早上，他起身去餐厅吃早饭，脖子上挂着一块纸板，上面写着："别和我说话。"（BITTE NICHT ANSPRECHEN）。

到了1946年初，慕尼黑的德国民众每人每天可以获得1330卡路里的口粮配给。为了贴补家用，库尔特和海伦会定期往家中寄去爱心包裹（CARE package）①，有时也会单独邮寄些食物和衣物。与此同时，尼科也摸索出多种挣钱的方法。当时，慕尼黑 — 弗赖辛总教区（the Archdiocese of Munich-Freising）想要修缮市中心的市民会馆教堂（Bürgersaalkirche），因此聘请他从事测绘工作。此外，美国人西奥多·格塞尔［Theodor Geisel，在日后使用笔名"苏斯博士"（Dr. Seuss），此人的四位祖辈均是来自德国的移民］编剧并拍摄了教学影片《你在德国的职责》（*Your Job in Germany*）。该影片告诫驻德士兵，切勿和当地民众发生过多的接触。不过，这一规定明显脱离实际，所以很快便被废弃。尼科瞅准了机会，常常揣着相机在美军军人服务社门口晃荡，给有需要的美国士兵拍照，然后把照片洗出来方便他们寄回家。有时候，尼科不收现金，而是让对方用食物或香烟换取照片。

---

① 1945 年，亚瑟·林兰德（Arthur Ringland）和林肯·克拉克（Lincoln Clark）博士联合 22 家美国慈善机构，成立"美国向欧洲汇款合作社"（Cooperative for American Remittances to Europe，缩写为 CARE），发起向欧洲寄送救济粮的计划，号召美国民众给战后饱受饥饿之苦的欧洲亲友邮寄食品包裹，这些包裹成为当时欧洲家庭最重要的物资来源之一。

1946年3月，慕尼黑理工学院复校，尼科得以回到阔别已久的化学系，和同学在一座经过战火洗礼依旧屹立不倒的建筑里临时搭建起一间实验室。尼科曾问库尔特，如何才能提升英语水平，得到的答复是：最有效的方法是聆听美国军中广播（American Forces Network）的午间爵士乐节目——《慕尼黑午餐会》(Luncheon in Munchen)。有一天，美国占领当局的一位女职员驾驶吉普车途经宁芬堡宫环路，顺路捎来一些爱心包裹，尼科抓住机会与她攀谈起来。得知女职员想要一些相纸，他想方设法为她弄到了这些东西。作为回报，女职员帮他给远在曼哈顿的库尔特寄去了多封信件，其中一封写于1946年9月19日，信件的内容主要是向他的父亲描述他的生活现状：

　　　　我们现在经常需要填写各种调查问卷，但常常不知道别人会问什么，也不知道别人对什么感兴趣。标准的问卷设有132个条目，长约1米，主要作用是了解一个人的过往与政治立场等情况。虽说填写问卷的次数也不是特别频繁，但我们每隔两三周便会收到繁杂的填表指南，涉及各种事项，比如注册登记、办理身份证、向职业介绍所申领登记卡、办理食物配额……后来还有燃料配额表，你得把这种表交到煤炭商手中。哪怕只有四分之一立方的煤炭上架，你都得瞅准机会立刻把它们抢回家……与此同时，供货商会记录你的婚姻和职业状况。接下来是选举问卷……就在你觉得可以喘口气的时候，自称是房管局的人又会出现在你家门口。此人通常相貌和善，会用礼貌的口吻恳请你为流落街头或暂住收容所的可怜人提供一处安身之所。这时候，你只好带他看屋子里早已挤满了投宿者的各个房间，然后抱歉地告诉他自己无能为力⋯⋯只能多给些钱作为弥补。

天气晴朗的时候，每到早上7点，就会有一名勤杂工来到宁芬堡宫环路的房子前砍柴和耙枯叶。他名叫约瑟夫，当时已有84岁。"他命不好，有一只眼睛已经看不见东西，我不太放心让他照看菜园。"据尼科说，"有一次，他错将洋葱从地里拔起扔掉，把野草留在了田里。好在有我的帮助，我妈妈后来基本能够独立打理菜园⋯⋯过去几周一直冷飕飕的，所以我很担心即将到来的冬天——我们已经连续三年没有路子给这座房子搞到取暖燃料。不过，我们最终还是挺过了上一个难熬的冬天。"

我父亲在信中提到的第一份问卷，其实是在为"去纳粹化法庭"（Spruchkammern）实施的去纳粹化运动服务。根据所填内容，原纳粹分子会按照罪行轻重被划分为五个级别，分别是 V 级、IV 级、III 级、II 级和 I 级，依次对应"无罪或免于起诉""共犯或从犯""轻刑犯""激进或好战分子""主犯"。根据该划分标准，对于1919年后出生的普通士兵来说，若没有涉嫌参与重大犯罪，且没有其他确凿的罪证，都可以被推定为"免于起诉"。我父亲出生于1921年，比划定的时间线晚两年，正好满足赦免条件，因此躲过一劫。

*

1946年10月初，尼科又给库尔特寄去了一封信。这一次，他在信中描述了达姆施塔特之行的所见所闻，那是他自"二战"爆发以来第一次见到自己的小舅威廉（Wilhelm）。

威廉·默克是伊丽莎白的弟弟，时任默克达姆施塔特公司（Merck Darmstadt）的董事。此人挥金如土，品位一流，而且对赛车有着狂热的喜爱，自然成了尼科儿时崇拜的偶像。20世纪20年代，默克公司与梅赛德斯—奔驰公司达成一项协议，规定默克公司为本公司的车队只能采购奔驰汽车。作为回报，奔驰公司赠予威廉两辆奔驰汽车，一辆供其个人使用，另一辆可用于拉力赛（该车为SSK-300运动敞篷型，引擎罩两侧分别引出一排镀铬弯管，左右两边的翼子板上各立有一盏车头灯）。

威廉的妻子埃内斯塔（Ernesta）于1927年自杀身亡，在此之前一直是汽车圈内的名人，曾以"红衣女郎"的时髦形象登上过梅赛德

左图为威廉和他的妻子埃内斯塔，右图为"红衣女郎"海报

斯公司的宣传海报。威廉夫妇二人在汽车圈内都小有成就，达姆施塔特家中的客厅里陈列着的大大小小奖杯也证实了这一点。尼科每次去拜访威廉时，都会溜进那辆运动敞篷车的驾驶座，激动地用双手握住方向盘，目光四处打量喷涂黑色亮漆的底盘和红色的真皮内饰，幻想着自己在传奇般的纽博格林（Nürburgring）格林赛道上一举夺魁，赢得属于自己的奖杯。

可惜的是，这一切早已化作久远的记忆。尼科刚从达姆施塔特回来，就写信告诉他的父亲："那里的街道干净整洁，一点儿没有受损。但是……当你路过威廉海姆堡的商店时，会看到碎石破瓦缓缓塌下，"尼科写道，"就像浓稠的粥一样流淌到街面。"尼科来到威廉小舅的房前，发现那里变成了废墟。他走到房屋的后院，意外地看到昔日的偶像竟然蜗居在花园棚屋里，对方巨大的变化令他颇感震惊：

> 威廉小舅的状况糟糕透了，整个人鸟面鹄形，双臂骨瘦如柴，腰背因罹患脊柱炎彻底直不起来。他之所以变成这样，不是因为吃不饱饭，而是现实的种种挫折已将他击垮，让他精神彻底崩溃，完全找不到走出来的办法：一是发妻去世后，他娶了远方表亲利斯贝特（Lisbet）为妻，从罗文特（Löwentor）搬到了利斯贝特家中；二是犯愁如何重建已变成危房的老宅；三是担忧儿子伊曼纽尔（Emanuel，仍被关押在苏联）的安危，操心（默克）工厂的经营状况，等等。

尼科的回程并不顺利。他在信中写道:"我们回到慕尼黑时,已是精疲力竭,不得不在雨中等了一个小时的有轨电车。结果发现这趟车已经停运,所以我们又得继续步行半小时去找另一趟电车。这一切都拜我们的'元首'所赐。"

整个战争期间,尼科每起草一封信,都会小心翼翼地推敲措辞,以免信件无法通过审查。但是,在最后这封信中,他终于忍无可忍,狠狠地给了希特勒一记耳光。

*

正如尼科所担心的,1946至1947年的冬天格外寒冷。运送粮食的驳船被牢牢地冻在河面上,绝望的家庭主妇趁运煤列车缓缓行驶之际,纷纷爬到车顶,匆匆地把煤块抛撒到地面,留到下车后再慢慢收拾。只要是立着的树木,无论高矮粗细,全都被急于获取木柴的德国人砍光。他们甚至还从冻得硬邦邦的地面里刨出树桩。

那段时间,玛利亚仍未能从苦难走出来。丈夫从前线归来后,她便选择了离婚,成了一位单身母亲。与此同时,她和她的母亲伊丽莎白的关系也变得十分微妙:伊丽莎白始终无法接受玛利亚放荡不羁的性格,也看不上她新找的艺术家丈夫。正因如此,即使宁芬堡宫环路的老宅还有空闲房间,伊丽莎白仍然拒绝和玛利亚一同搬回慕尼黑居住。加之不太确定远在纽约的父亲能否真正理解她的难处,玛利亚一度感到十分孤独。

对尼科来说,他最渴望的,就是随库尔特一同前往美国。事实证明,库尔特的确"能为他做点什么"。尼科很快就获得了学士学位。普林斯顿大学化学系主任，当时即将获封爵士的英国原子化学家休·斯托特·泰勒（Hugh Stott Taylor）告诉爷爷，他只需要看一眼成绩单，就可以为尼科提供研究生的入学名额，并为他安排生活补助。"泰勒教授也是一位移民，"我父亲曾告诉我，"他甚至愿意在没见过面的情况下就录取我。"在泰勒的担保下，尼科得以申请学生签证。与此同时，早在1946年12月就已成为美国公民的库尔特签署了一份宣誓书，保证自己的儿子绝不会成为公共负担。

空袭期间，伊丽莎白手举蜡烛，挺直身体缓步走下地下室的台阶，头上戴着的是阿尔布雷希特医生从前线给她带回来做纪念的"一战"法军头盔，"看上去就像刚从德拉克罗瓦（Delacroix）的画作中走出来一样。"玛利亚写道。当时，盟军的一枚炸弹落在伊丽莎白的院子里，炸出了一个大坑，另一枚炸弹砸穿了屋顶，落在卧室的梳妆台上，所幸没有爆炸。她心里清楚，儿子尼科只是暂时因生活所迫才留在自己身边，最终将会离自己而去。对此，她总是难以接受。但是到了1947年12月24日，她的态度发生了转变。她意识到，这一天可能是两人在一起度过的最后一个平安夜，于是作诗一首，借诗句含蓄地表达了自己已经接受儿子前往美国的理由。在这首诗中，她引用了"Heimat"一词，意思是"故乡""家乡"，同时也泛指一切让人产生归属感的环境，譬如熟悉的邻里街坊，以及生你养你的土地。此外，她还使用了"森林"（der Wald）这一意象。在德国文化中，"森林"被赋予"强大""神圣"等色彩，在此基础上衍生出数以千计的俗语，如"Waldumrauscht"，意思是"林中树叶沙沙作响"：

你总想为远方舍弃故乡，

新大陆总令你朝思暮想，

远处的枫叶林在沙沙作响……

欧罗巴日薄西山，黎民困苦不堪，唯愿就地长眠，

只为求得喘息，只求舔舐伤口

一切只因战神造孽人间

1947年，库尔特回到了阔别已久的欧洲，在经历了将近九年的骨肉分离后，与玛利亚和尼科重逢。为了这次见面，尼科先从慕尼黑出发，前往弗莱堡与姐姐会合。然后，两人乘坐"巴塞尔特快"（Basel Express）一路南下赶往莱茵河畔魏尔（Weil am Rhein），最后抵达瑞士边境，在那里与他们日夜念叨的"老头儿"碰面。

后来，玛利亚在回忆录《重逢与离别：与父亲的心灵对话》（*Wiedersehen und Abschied: Selbstgespräche mit dem Vater*，匿名出版于爷爷一家团聚的第二年）中记录了姐弟二人赴约途中的复杂心情：一方面，她和弟弟时常起身走出包厢，站在车厢的走廊眺望远方，盼望着列车快点到达目的地。另一方面，两人在踏上这趟旅程时，早已习惯于"命运的无常"，担心"这趟旅程随时可能因为意外而终止"。

到达目的地后，两人先在魏尔火车站下车，然后沿着一条蜿蜒的小路一直走到边境海关。在木栅栏后面，有个人正张开双臂朝他们招手。他们很快便认出那就是自己的父亲，于是立刻激动地跑上

前去。玛利亚记录下了三人重逢的那一幕：

> 马拉松般的九年等待终于结束了，终点就在咫尺之遥，我能感到身旁尼科的气息，好像我跟他成了一体，眼泪顺着脸颊流下，模糊了双眼。我什么都看不清，只好使出最后一股蛮劲向前冲，不料却被栅栏绊倒。我感到一只胳膊搂住了我的肩膀，尼科的脑袋紧挨着我。我感到有人把面颊贴了过来，粗糙的毛衣领子扎到了我被泪水打湿的脸庞。紧接着，我的耳畔响起了父亲熟悉的声音，言语中透着重逢的喜悦：
> "别太激动。你们的背包怎么了？"
> 这么多年过去了，父亲的声音一点儿没变，即使在几千人中我也能一下子听出来。

尼科从未向我提起过这次重逢，我也不想向他求证他姐姐提到的每一件事情。不过可以肯定的是，对于玛利亚在日记中对库尔特多重形象所做的描述，尼科是认可的，比如：他内心强大，认真严肃，但令人捉摸不透；他善于逃脱，虽说用尽手段逃出了纳粹魔爪，并最终逃离了欧洲，但从客观事实来看，他也在相当长的一段时间里逃避了作为父亲应当承担的责任。为了帮助尼科在新大陆开启新的生活，库尔特动用了各种关系，但还是未能使玛利亚和尼科摆脱纳粹德国。

库尔特开着租来的汽车把尼科和玛利亚送回弗莱堡。当车辆驶入城郊时，玛利亚第一次目睹了战争造成的巨大破坏，她这样描述道:"一栋建筑被炸得只剩下一半,从地面到阁楼,内部的构造一览无余,就像从中间打开的玩具小屋。地窖里填满了秽物与垃圾。人们在这里苟延残喘,直至死去,其间偶有欢笑,但更多的是哀愁。"

你向窗外望去,第一次看见一座德国城市的模样。刚才还在滔滔不绝的你,这时突然陷入了沉默。不一会儿,你缓过神说:"我决定了,不再看外面的废墟。"

这寥寥数语,伤我至深,令我心中升腾起一股复杂的情绪,夹杂着愤怒与恐惧。但我转念一想,你也确实不用往外看。因为只要稍等一会,悲怆的景象就会主动地送到你眼前,压到你喘不过气,让你猛然意识到,自己也曾经历过和我们一样的生活。

没有一条道路能够躲过战火的摧残。我们只能费力地驱车驶过杂乱的路面……我强忍着不去注意窗外的废墟,甚至有些怀疑自己是不是过于敏感。

到达了目的地后,我们原本想开车直接穿过花园的大门,这样可以把行李卸到房屋门口。但是大门太小了,车根本开不过去。

其实,何止是门太小,这里的一切都过于小气,过于逼仄,让人身心俱疲,甚至连语言都不够大气,难以抒发胸臆。

写到这里,玛利亚又回到了她在16个月前写给她父亲的那封信中所探讨的话题——她更偏向"彻头彻尾"亲历了苦难的人们。

其实，对于战争带来的破坏，库尔特也有切身体会。一年前，万神殿出版社出版了《失落的欧洲宝藏》(Lost Treasures of Europe)，该书收录了四百余张现已损毁或损坏的名作。"从考文垂到基辅，从卡西诺到鹿特丹，这部分欧洲文化遗产被战火吞噬，人类再也欣赏不到它们。"与子女重逢后的第二年，库尔特还将从华盛顿返回德国，随身带着美国国家美术馆和国会图书馆开具的介绍信，不惜花费四周的时间，疯狂地寻找传说中的"元首计划"(Führerprojekt)测绘成果——1943年盟军频繁轰炸柏林期间，希特勒下令使用专业的全彩摄影技术在全国范围内开展测绘工作，以便在"帝国"胜利后修缮或重建壁画、雕像等不可移动的受损艺术作品。

但在玛利亚看来，她的父亲向来只会在意战争永久地改变了哪些物件，而不是哪些人。

*

库尔特此次探亲结束时，玛利亚和尼科把他送上了从弗莱堡驶往巴黎的夜班火车。到达巴黎后，库尔特从那里继续前往勒阿弗尔(Le Havre)，最后在港口乘船返回纽约。离别之际，玛利亚站在月台上，回想起自己在30年代初经历的一场场告别，心头泛起一丝伤感，于是感叹道："火车站啊，伤感之地。"出于某种原因，"火车站"(Bahnhof)一词频频出现在玛利亚的记述中。"二战"刚刚结束时，火车站汇聚了众生百态，"一度成为人们凄惨生活的焦点：1945年春，德国铁路运输陷入瘫痪，但难民们还是涌入车站，张贴便条寻找失踪的亲人，黑市也因此兴盛起来，"历史学家理查德·贝塞尔

（Richard Bessel）写道,"全国民众似乎都在等待列车进站：期待列车带来合家团圆，企盼列车载着他们重返故乡。"

但对沃尔夫一家来说，天下没有不散的筵席。

透过车窗，我看到你在和卧铺售票员讨价还价。你的嘴唇在动，但我隔着窗户听不见声音，就像在看一部默片。不过，即使听不到你在说什么，我也能看出你正在打点售票员，以便能够包下整个卧铺包厢。此刻，你浑身上下的每一处细节我都看得格外清楚：灰色的外套、苍白的面庞、黑色的帽子……在这一瞬间，千言万语涌上心头，但我知道，我再也没有机会说出口了。

你拉下窗户，朝我探出身子，茫然地看了我一眼。我感觉你我离得很近，你和我一样说不出话……事实上，你的心早已飞到了巴黎，早已随轮船远航，大洋彼岸的花花世界吸引着你，你我终将被广阔的海面隔开，渐行渐远。

列车缓缓启动，将你我紧握的双手拉开。你惨白的面孔逐渐离我远去，远远望去，脸上刻满了倦意。此刻，你我都已身心俱疲。我突然意识到，你是时候离开了，离开令你无法理解却又深感恐惧的一切。

终于，终于，列车驶出了车站，我转过身，再也忍不住自己的情绪，任由眼泪夺眶而出：往事随风，过去的一切都结束了……

其实，在分别的最后一刻，有句话已到嘴边，我却强忍着没有说出来。现在，这句话再次在我脑海里响起：带我们走吧，带我们离开这里，立刻马上……只有在大洋彼岸，在新的国家，我们才会再次找到共同语言！

*

我从菲尔斯滕贝格（Fürstenberg an der Havel，位于柏林与波罗的海诸国之间）车站下车，循着75年前囚犯们走过的小道一路向前。如今，这条小道已为游客设置了路标，在人行道的路面上喷涂了各式示意图标——我在脚下发现了代表集中营的纹饰，不远处还有带刺的铁丝网的图案。不过，从车站到集中营仅有一公里左右的路程，即使没有这些标记我也能找到目的地：沿着拉文斯布鲁克乡道（Ravensbrücker Dorfstrasse）走到最后一个岔口右转，便可以看到盛开的紫丁香花漫出栅栏，在人行道的路面上投下阴影。在这个地方，我曾和父母度过了一整个秋冬。我还记得，春天来临时，微风拂面，空气中满满的都是母亲的气息。

2016年，历史小说《紫丁香少女》（Lilac Girls）意外地登上了美国畅销书排行榜，故事的主人公是三位年轻的女孩：第一位女孩是德国人，以纳粹医疗小组成员的身份被遣往拉文斯布鲁克集中营开展惨绝人寰的医学实验；第二位女孩是波兰人，被关押在集中营内，正是上述医疗实验的受害者；第三位女孩出身名门，曾经是一名演员，后来成了慈善家。她在战后了解到集中营受难者的悲惨处境，于是决定伸出援手，将他们带到美国接受治疗。

书中的德国医生是历史上真实存在的人物，曾在纽伦堡审判中被定罪；波兰女孩是作者虚构的形象；美国人卡洛琳·伍尔西·费里迪（Caroline Woolsey Ferriday）在现实生活中也确有其人——她就是我外公的表姐，曾利用慈善活动的间隙，在康涅狄格州伯利恒（Bethlehem）的乡间庄园里种下了小说标题提到的紫丁香。

卡洛琳和圣拉里村的伯爵夫人一样，虽然出身名门，处尊居显，但骨子里有一种不安于现状的精神。"一战"爆发之初，年仅12岁的她就已被时局触动，在写给亲戚的信件中大骂德皇"彻底疯了"。在父亲亨利·麦基恩·费里迪（Henry McKeen Ferriday）与姨妈伊丽莎白·费里迪·尼夫（Elizabeth Ferriday Neave，即亨利的妹妹，同时也是我的外曾祖母）的陪伴下，卡洛琳在法国度过了成长阶段的数年时光。作为亨利唯一的孩子，她深受父亲亲法立场的影响，从家庭教师那里学会了法语。纳粹入侵法国期间，她正在法国驻曼哈顿领事馆担任志愿者。"二战"结束后，她开始四处奔走，为自由法国的烈士家属募集善款。

卡洛琳终身未婚，膝下无儿无女，却从我母亲玛丽（卡洛琳表弟亚历克斯的女儿）身上发现了自己的影子。在玛丽还是少女的时候，她想把一位犹太朋友带到家族的乡村俱乐部游泳，却遭到了欧裔白人父母的拒绝。但她没有就此屈服，而是用实际行动告诉双亲，"家规里没有先例"这个理由是多么牵强。成年后，玛丽更是过上了"离经叛道"的隐居生活，认为人的名字一辈子只能出现在纸上三次，分别是出生时、结婚时和去世时。不过，玛丽的归隐是大隐隐于市，她总会用实际行动亮出底线并表明立场，比如，她会为卧病在床的病人弹奏钢琴，会招募和训练志愿者，教会他们如何传授成人阅读技巧,甚至还会在马金·路德·金遇刺后拖着我们去做礼拜(怀里抱着一个孩子,身后还有一个孩子紧紧拽着她的裙角)。随着年岁的增长,她继承了卡洛琳的遗志,其中的原因有很多,不仅是因为这位耕种紫丁香的远房表亲给她留下了从事慈善事业的资金。我的母亲反复向我们强调,她的先人来路易斯安那州、田纳西州、北卡罗来纳州以及最靠北的南方城镇辛辛那提(Cincinnati),这些地方本就历史底蕴深厚,它们以家族先人的轨迹为纽带,共同孕育出代代相传的精神财富。

我来到拉文斯布鲁克集中营(Ravensbrück,唯一一座专门关押女性囚犯的纳粹集中营)所在地,首先映入眼帘的是散落在松林中的斜顶乡间别墅,那些都是党卫队的营房。营区的旁边是后建的游客中心,在那里可以看到波光粼粼的施韦特湖(Schwedtsee)。"二战"期间,纳粹曾将焚尸间烧出的骨灰倒入湖中。湖畔周围原本是一片田园风光,但随着纳粹军事指挥部大楼(Kommandantur)拔地而起,这里的宁静被打破。大楼身后是集中营的高墙,中间的大门正对点名广场(Appellplatz)——囚犯们在这里立正站好,等待点名,被点到的人轻则遭受打骂,重则会被派去服劳役,甚至会被折磨致死。

就在点名广场的不远处,有一间由废弃病房改成的酷刑室,纳粹会将特意挑选出的年轻健康囚犯送到这里。在此等候的医生先故意弄伤囚犯们的下肢,然后往暴露的伤口上敷抹脓液、泥土、玻璃碴和尖刺,诱发感染后再使用磺胺类药物进行治疗。还有一部分囚犯会被划入对照组,根本接受不到任何治疗。75名女性实验对象(除1人外,其余均是波兰人)中,至少有5人死于实验操作,另有6人在实验结束时被杀害，其余侥幸存活者只能靠仅剩的一条腿在集中营内艰难蹦走。因为德语"Versuchskaninchen"一词的意思是"实验兔"，所以幸存者们以此自嘲，称自己为"小白兔"。

但纳粹们没有料到，囚犯中的一部分人当初是因为从事反抗活动入狱，这些人深谙间谍之道：从华沙转运来的一名囚犯将一台相机偷偷带进了集中营，其他囚犯便利用这台相机记录下"小白兔"们的伤口与残肢，然后把胶卷藏起来，等到有人被释放时再将胶卷悄悄带出去；还有人会用尿液制作隐形墨水，用它在家书的信封上详细地记录下纳粹的暴行。家人收到信件后，只需用热熨斗轻轻熨烫信封，密文的内容便会逐条显现出来，最后经由"波兰抵抗运动"（the Polish Resistance）公之于世。1943年8月，一份波兰地下报纸在头版头条刊登了题为《拉文斯布鲁克集中营内令人发指的暴行》（HORRIFIC ATROCITIES IN RAVENSBRÜCK）的新闻，详细地披露了纳粹医学实验的细节，甚至对参与实验的医生指名道姓，其中一位便是《紫丁香少女》中的人物赫莎·奥伯霍伊泽（Hertha Oberheuser）。直到1945年4月，经由瑞典红十字会及丹麦政府居间斡旋，纳粹才同意用"白色巴士"车队将幸存的"小白兔"运往中立国瑞典①。

战争结束后，曾被关押在拉文斯布鲁克集中营的部分女囚犯成了卡洛琳的好友。正是从她们口中，卡洛琳得知了"小白兔"的遭

---

① "白色巴士"是一项由中立国瑞典和丹麦政府组织的人道主义营救行动。该行动通过秘密协商的方式，设法将纳粹集中营里的部分"囚犯"安全转移。

遇。多年来，她和其他人一直在努力向西德政府索要赔偿。但是，当初解放拉文斯布鲁克集中营的是苏联红军，而非盟军，所以西方社会对"小白兔"的遭遇知之甚少。波恩方面宣称，由于西德同波兰尚未建立外交关系，且波兰目前隶属苏联阵营，所以西德政府无法干预此事。自"二战"结束以来，全世界一直关注的是犹太大屠杀问题，而一个以非犹太裔女性为主的集中营似乎不太吻合这一话题。

到了1958年，卡洛琳的声索终于取得了重大进展。《星期六评论》(*Saturday Review*)的编辑诺曼·库辛斯（Norman Cousins）被她打动，撰文讲述了"小白兔"的遭遇。该文章一经发出，便在读者当中引起了极大的反响。同年12月，在读者的倾囊相助之下，35名受害者被接往美国接受外科手术或药物治疗。圣诞节当天，卡洛琳还在伯利恒的家中亲自招待了其中4名受害者。此外，她还聘请本杰明·费伦茨（Benjamin Ferencz）向联邦德国政府不断施压，此人曾在纽伦堡审判中指控党卫军"特别行动队"的罪行。与此同时，"小白兔"们还前往美国各地，向世人讲述他们的遭遇。迫于压力，西德政府最终同意承担"小白兔"的治疗费用，并在五年后向所有受害者支付了赔偿金。上文提到的奥伯霍伊泽医生被判处20年监禁，但仅被关押五年便获释出狱，在德国北部继续担任儿科医生。卡洛琳听闻此事，立即发起抗议运动，迫使当局吊销了此人的行医执照。

*

在我母亲与卡洛琳共同的祖先中，有一位名叫威廉·卡尔文·费里迪（William Calvin Ferriday）的奴隶主。1826年，他的妻子海伦·凯瑟琳·史密斯（Helen Catherine Smith）从密西西比州纳奇兹镇（Natchez）嫁过来时，带来了娘家陪嫁的4000英亩位于路易斯安那州康考迪亚教区（Concordia Parish）的海琳娜种植园（Helena Plantation）。两人有个儿子名叫J.C.，此人于1894年去世，在临终前将海琳娜种植园的通行权授予了多条铁路线路。得益于此，一座火车站在费里迪家族的种植园内逐渐成型，并以该家族的姓氏"费里迪"命名。

根据J.C.本人在美国内战前夕所做的调查，费里迪家族在当时拥有149名奴隶。J.C.有一个弟弟，小威廉·卡尔文（即卡洛琳的祖父，我母亲的曾祖父），此人曾前往北方的拉斐特学院（Lafayette College）与普林斯顿神学院（Princeton Theological Seminary）深造。J.C.去世两年后，小威廉·卡尔文不顾家族几代人对"南方生活方式"的投资，自愿加入了宾夕法尼亚第121步兵团，在军中担任牧师。

卡洛琳对先祖的蓄奴行径感到不齿，所以只选择继承祖父小威廉·卡尔文的遗志，同时兼收母亲家族伍尔西家族一脉相承的废奴主张。事实上，她也是在用实际行动替先祖的行为赎罪，积攒了一件又一件功德。例如，在她的帮助下，哈莱姆区（Harlem）建立起美国第一家非裔美国人所有的银行；又如，她还为民权组织和传统黑人大学提供资金支持；再如，在以自己家族姓氏命名的路易斯安那州小镇内宣扬种族平等。细数卡洛琳为黑人自由的斗争所做的贡献，我总能想起库尔特曾经劝勉玛利亚的话语：无论是你这样的年轻人，还是我这样的耄耋老人，恐怕穷尽一生都难以完成此项任务，所以只能尽人事听天命。

《紫丁香少女》的读者接触到的是虚构的卡洛琳形象。在这部小说中,卡洛琳与一位已婚的法国男性发生了婚外情。战争结束后,她在一家孤儿院找到了情夫失散多年的女儿。她纠结了许久,才极不情愿地帮孩子找到了自己的亲生父母。小说家之所以加入这样的情节,可能是为了避免将人物角色塑造成没有任何缺点的圣贤。但在现实生活中,卡洛琳远比小说塑造的虚构形象高尚得多:她每天都坚持在早餐前做祷告;她恰好出生在7月3日12点前,并且每年都会在7月4日这天庆祝美国独立日,仿佛整个人就是为爱国而生。

如果非要找出卡洛琳的性格缺点,其实也能列出很多,比如执拗,还有"急于求成"——这个评价出自一位名叫斯坦尼斯瓦夫·斯莱杰尤斯卡-奥希奇科(Stanisława Sledziejowska-Osiczko)的"小白兔"之口。对此,他解释说:"她想在一天内就改变整个世界。"但从另一个角度看,"如果我们真的穷尽一生都难以完成此项任务",那就必须得像卡洛琳这样每天拼尽全力。

卡洛琳和我母亲的所作所为,其实就是个体走向成熟必须经历的过程。正如苏珊·奈曼所说:"成长的过程,就是在面对前辈留下的宝贵精神遗产时,需要学会分辨哪些东西可以直接据为己有,哪些东西需要批判地接受。"

这么看来,没有什么地方比柏林更适合实践苏珊·奈曼的理论。此刻,我也正要乘车返回那里。苏珊·奈曼补充说:"在柏林,道德无处不在,无时不在;任何混凝土石板、任何弹孔,都在时刻提醒你思考道德问题。"

第十章

连锁式迁移

尼科：1948至1952年

1948年8月5日，由货轮改装而来的"厄尼·派尔"（Ernie Pyle）号客船从南安普敦启航，驶往纽约，船上的乘客包括数百名访英归来的美国人和少数说意第绪语的犹太大屠杀幸存者，我的父亲尼科也在其中。他之所以踏上这艘船，是因为西德刚刚在一周前推行了货币改革，曾外祖母克拉拉·默克在尼科8岁那年给他留下的1万马克（原价值约1000美元）因此变得一文不值。尼科上船时，口袋里只剩下10美元。更要命的是，当时的德国处于被分区占领的状态，尚未成立正式的政府，父亲无处申请国籍，被划入了"无国籍"一列。

尼科被分到下甲板的房舱，睡在一位年轻牧师的下铺。这名牧师来自新泽西，德国之行的目的是探亲，他常拿尼科练习德语，尼科也借机和他说几句英语。一天晚上，神父乔伊（Father Joe）向尼科介绍了美国天主教的入门"仪式"——宾果（bingo），这也是船上唯一的消遣活动。于是，尼科用自己仅有的那点钱下注，参与了赌注最低的赌局——每张牌25美分。最终，他竟以1美元的代价搏得了10美元。"那是我的第一笔投资。"他在日后回忆说。

清晨5点，天还没有亮，在经过了八天的航行后，"厄尼·派尔"号驶入纽约港。尼科站在前甲板上，沐浴在夏日清晨的湿润空气中，拍下了一张照片。不远处，曼哈顿下城的尖岬若隐若现，仿佛另一艘大船的船舷。父亲向身体右侧望去，模模糊糊地看到了一排灯光，那是拥堵在布鲁克林大桥（Brooklyn Bridge）上的车辆。紧接着，在曼哈顿城郊①的上空，一个硕大的橙色光球缓缓升起，照亮了地平线，天边渐渐露出白色的曙光，新的一天就这样开始了。这一天是8月13日，星期五。此刻，尼科既兴奋又紧张，脸颊滚烫，像发烧了一样。

盟军占领德国后，德国开始去纳粹化，彻底告别过去，彻底从零开始，这一阶段被德国民众称为

尼科在船驶入纽约港时拍摄的照片

---

① 原文为"outer boroughs"。纽约最繁华的行政区是曼哈顿，曼哈顿的精英阶级常常用"outer boroughs"来指曼哈顿以外的行政区，即皇后区、布鲁克林区、布朗克斯区和斯塔滕岛。

215

"零时"（Stunde Null）①。对一个月前刚满27岁的尼科来说，8月13日这天清晨就是他个人的"零时"。而他的父亲库尔特是一个匆忙的人：21岁时涉足出版业，5年后，他便创办了自己的公司，在此期间还结了婚。但尼科的童年处在父母离异的阴影中；进入青春期后，纳粹主义使他的学生时代黯然失色；成年后，他的事业又因战争受阻。但他还是幸运的，与他同时期（在"一战"结束后不久）出生的德国男孩，有一半人都没有活过20岁，或死于战争，或殁于疾病，或命丧集中营。1773年，政治哲学家约翰·格奥尔格·施洛瑟（Johann Georg Schlosser）给我的一位先人——作家约翰·海因里希·默克（Johann Heinrich Merck）写了一封信，信中只有寥寥数语，但在日后常被库尔特引用："在悲、喜与冷漠之间，尚有一种说不清道不明的东西，有点类似静谧的童年时光。不管是什么，我都会苦苦求索。"施洛瑟提到的，只不过是一种平平淡淡的日子，在我看来再寻常不过，而库尔特曾经追求过，对尼科来说是期盼已久。从"零时"起，尼科想要的生活终于要开始了。

许多犹太大屠杀的幸存者刚走下"厄尼·派尔"号，就被在第四十七街从事珠宝生意的家人接走。尼科在心头盘算了下，自己口袋里还有19美元，美国本地的家人也一定会来码头接他。接下来，他将开启所谓的"连锁式迁移"（chain migration）之旅，未来的生活也将因此发生改观。

库尔特和克里斯蒂安将尼科接至位于华盛顿广场的公寓内。一

---

① 又译作"时空归零"或"决定时刻"。

周后，在海伦的帮助下，他们三人乘火车北上奥尔巴尼（Albany），在那里同库尔特的难民朋友理查德和伊蒂莎·斯特巴（Richard and Editha Sterba）见面，这两人均来自维也纳，是弗洛伊德的学生。众人会合后，理查德和伊蒂莎·斯特巴开车将沃尔夫一家人送到了他们位于佛蒙特州（Vermont）格拉斯顿伯里（Glastenbury）的消夏寓所。随着海拔逐渐升高，空气的湿度在一点点下降，天空越来越蓝，窗外的景色也变得郁郁葱葱。尼科感到十分惊讶，他没想到美国竟有如此像巴伐利亚州的地方。

一年中的大部分时间里，斯特巴一家都住在密歇根州的格罗斯波因特（Grosse Pointe）。在那里，他们将客厅的空间租给医生、儿童和汽车公司主管等沙发客，靠着租金过上了富足的生活。不过，每到夏天，斯特巴夫妇就会带着两个女儿、一名厨师、一名管家和几匹马迁往佛蒙特州，住进自带泳池的木顶别墅。别墅的院子内常常宾朋满座，基本上以难民为主，其中很多人是音乐家，比如钢琴家克劳德·弗兰克（Claude Frank），他常会在饭后与业余小提琴手理查德合奏几曲。有音乐与自然美景相伴，有每日三餐可以饱腹，还有说德语的友人谈笑风生，我父亲一度将初来乍到美国的迷惘抛之脑后。

那年夏末，在离开斯特巴的寓所前，尼科搭车前往十英里以外的佛蒙特州车辆管理局本宁顿（Bennington）分所，凭借在德国空军服役期间练就的一身过硬驾驶本领，顺利地通过了州级驾驶证考试。此后不久，他利用劳工节（美国和加拿大的节日，时间为九月的第一个星期一）加上周末的三天假期，驾驶库尔特的"1948年款"福特汽车，将库尔特、海伦和克里斯蒂安送回了华盛顿广场。以往冬季，这辆汽车通常会被停放在斯特巴兄弟的住所附近。但现在，尼科已经取得了驾照，可以在周末驾驶它往返于普林斯顿与曼彻斯特之间。

库尔特不仅帮助他的儿子取得了研究生学位，而且还利用自己在流亡期间积攒的人脉，为尼科找到了一处容身之所——德国裔犹太文化史学家埃里希·卡勒尔（Erich Kahler，于1938年来到美国）位于拿骚街（Nassau Street）路边的陋舍。卡勒尔曾在普林斯顿高等研究院（Princeton's Institute for Advanced Study）任职，其间与艾伯特·爱因斯坦交好，甚至将自己的房屋抵押在他那里。在这几层陋室内，卡勒尔频频会见宾客，安顿来投奔他的难民，重建了战前布拉格的学术氛围，形成了所谓的"卡勒尔圈子"（Kahler Circle），一度吸纳了逻辑学家库尔特·哥德尔（Kurt Gödel）、画家本·沙恩（Ben Shahn）和历史学家欧文·潘诺夫斯基（Erwin Panofsky）。卡勒尔兴趣广泛，热衷于同他人交流，常利用就餐时间主持会谈，他的妻子莉莉则为住所内的所有人准备早餐和晚餐。但哥德尔有洁癖，会在用餐时自备餐具。

就这样，尼科闯进了旧大陆的生物圈子，分到了顶楼搭配浴室与卧室的小套间。这个房间的原主人赫尔曼·布洛赫（Hermann Broch）曾在屋内完成鸿篇巨制《维吉尔之死》（*The Death of Virgil*），该书最早创作于集中营内，在尼科搬进房间之前，刚由万神殿出版社出版了双语版本。在这本书中，布洛赫给出了一种前后矛盾的表述——"尚未就绪，但又刚好"（noch nicht und doch schon），恰好可以用来形容父亲那段时间的心态。每天早上，尼科先沿着拿骚街向下走，然后左转进入华盛顿路，顺着那条路一直走到弗里克化学实验室（Frick Chemistry Lab）。不过，想要听懂实验室里的讲座，他需要用两条腿走路：首先，学好化学是必需的；其次，他还得熟练区分各式英语口音，因为有的教授是典型的东北大嗓门，操着一口新英格兰方言，有的来自南方，说话带有很重的鼻音，还有的说话脏字连篇，比如"神神道道的福尔曼博士"（the Delphic Dr. Furman）。尼科整日手不释卷，每到午饭时间，同班好友总会硬把他从书堆里拽出来，拖着他穿过拿骚街，去享用猪肉卷三明治和香草奶昔。吃完饭，他便会立刻回到实验室勤工俭学——每周教两次课，学校为他减免学费以作报酬。没过多久，他就厌倦了这项工作，因为自己教授的预科生只想得过且过混个及格分数。

读书的尼科

1949年2月的一天晚上，父亲开着那辆福特车送卡勒尔去高等研究院听丹麦物理学家尼尔斯·波尔（Niels Bohr）的讲座。主持人物理学家罗伯特·奥本海默（Oppenheimer）介绍了到场的来宾，当时爱因斯坦就坐在听众席内。当晚，波尔围绕量子力学和认知论问题，发表了长达40分钟的演说，台下的尼科听得云里雾里。所以，当他得知要把爱因斯坦顺路捎回家时，感到十分惶恐，生怕这位大教授让他谈谈对今晚讲座的看法。不过，他很快想到了唯一的应对方法，那就是先让爱因斯坦发表他的意见。从我父亲的记录来看，他没有漏掉爱因斯坦说的任何一个词——爱因斯坦回答道："波尔只要一开口，说出来的全都是废话。他还是继续埋头写东西吧。"

来到美国的第一年过去了，尼科终于在实验室谋得了年薪3500美元的讲师职位，从此实现了经济独立，不再依赖他父亲的资助。紧接着，他搬进了研究生院的教师宿舍，购买了人生中的第一辆汽车——这是一辆1938年产的二手黄色道奇，他先为整车支付了40美元，然后又花25美元购置座椅套和一台崭新的蓄电池，最后还从特伦顿（Trenton）的废品站淘得一块灰色挡泥板，将这个脏兮兮的东西整体喷成了绿色。每次前往华盛顿广场时，尼科都会驾车经普拉斯基高架路（Pulaski Skyway）横穿北新泽西州的荒地，那里矗立着一座为纪念波兰裔流亡军官卡齐米日·普瓦斯基（Casimir Pulaski）而修建的纪念碑。普瓦斯基将军也是一位移民，因在独立战争期间救过乔治·华盛顿的性命而被授予"荣誉公民"称号。

不久之后，我父亲又多了一个前往华盛顿广场的理由。前文提到，库尔特和海伦来到美国前，紧急救援委员会曾要求提供两份书面担保。得知此事,库尔特的旧情人西娅·迪斯佩克不仅亲自为二人出具了其中一封保荐信,而且还说服自己的友人罗伯特·维恩伯格出面写下了另一封。如今,迪斯佩克现在已经是纽约城内的音乐家经纪人,事业如日中天,她的丈夫罗洛·格雷格(Lolo Greig)是一位银行家,认识在当地从事法律工作的亚历克斯·尼夫(Alex Neave),尼夫的女儿就是我的母亲玛丽,当时在曼哈顿的曼尼斯音乐学院(Mannes School of Music)学习钢琴。迪斯佩克与库尔特商量之后,决定让玛丽和我父亲见上一面。

结合个人经历来看,两人似乎门不当户不对。我母亲从小在康涅狄格州(Connecticut)新迦南市(New Canaan)长大,对我父亲效忠的纳粹军队恨之入骨,巴不得他们被消灭殆尽。但因为是熟人做媒,加上两人都爱好音乐,所以他俩倒也没有什么隔阂,一直不温不火地维持着关系。有一次,西娅夫妇邀请他们参加节日聚会。当时,我母亲盘着一头褐色卷发,修长的手指在钢琴上奏出动人的音乐,迷人的背影散发着吉布森女郎(Gibson Girl)①的气韵,引得父亲目不转睛。母亲演奏完一曲,正要起身时,不小心将一盘饭前点心打翻,餐盘正好扣在了曼尼斯学院院长菲利克斯·萨尔泽(Felix Salzer)妻子的身上。这下可闯了大祸,因为母亲即将参加期末考试,考试的评分人正是这位院长。我父亲见状,立刻冲到她身边,帮助她打了圆场。从此,两人的关系开始迅速升温。

---

① "吉布森女郎"是著名插画家查尔斯·吉布森(Charles Gibson)在19世纪末20世纪初创造的时髦女郎形象,是当时美国女性理想体态和气质魅力的化身。——编者注

第十一章

人生暮年

库尔特：1947 至 1960 年

在库尔特和海伦的苦心经营下，万神殿出版社成果斐然，很快得到了纽约文学界的认可。当时，圈内的插画师与译者纷至沓来，不惜降低身价与该社合作，只为蹭上万神殿日渐响亮的名气。随着生意蒸蒸日上，库尔特和海伦的薪资也水涨船高，甚至能达到500美元和400美元。到了1949年，公司不惜斥重金租下了第六大道上的一处高档写字间。员工站在办公室内，哈得孙河景可以尽收眼底。在公司业务上，沃尔夫夫妇各自发挥所长：库尔特擅长公关，商业头脑敏锐，酷爱指点江山，所以负责主导公司发展的大方向；海伦善解人意，心思缜密，既负责与各方的书信沟通，同时也负责手稿和译文的审校工作。"我父亲虽然很有教养，但他对外还是吹过牛，"姑姑玛利亚曾告诉我，"他根本没有校对过卡尔·雅斯贝尔斯（Karl Jaspers）的四卷本。"事实上，苦心钻研雅斯贝尔斯作品的人正是海伦。

公司虽然取得了不错的成绩,但在资金上仍有很大的缺口。为了筹措资金,库尔特绞尽脑汁,想尽了各种办法。1947年,他将原库尔特·沃尔夫出版社留下的纸张卖给了耶鲁大学,靠所得的收入养活一家人。每次去欧洲出差,库尔特都会寻找急于用手中珍宝换取食物的欧洲人(其实他自己也很着急),从他们手中购进便于运输的小件艺术品,然后将它们带回美国,以仅仅几百美元的价格卖给曼哈顿的艺术品经销商(如今,这些艺术品已价值成千上万美元)。但这些收入仍不足以填补资金的缺口。最后,库尔特不得已变卖了自己多年来的收藏,忍痛出手了保罗·克利、凯特·柯勒惠支(Käthe Kollwitz)、恩斯特·路德维希·基尔希纳(Ernst Ludwig Kirchner)和巴勃罗·毕加索(Pablo Picasso)的作品,甚至一次性拍卖了将近2000张奥诺雷·杜米埃(Honoré Daumier)的石版画,然后立刻将收入投入到出版社的运转中。"我记得父亲曾对我说,'我带你看样东西。'"克里斯蒂安回忆道,"他把我喊到一个房间里,我看见地上摆着一幅巨大的雷诺阿(Renoir)粉彩裸体人像。但到了第二天,这幅画就不见了。"

库尔特和海伦出版的小说《豹》(The Leopard)广受好评,该书的作者是朱塞佩·托马西·迪·兰佩杜萨(Giuseppe Tomasi di Lampedusa),书中的一句话恰好可以形容万神殿出版社在四五十年代之交遇到的困境:"越不想求变,变化就越有可能发生。"战后的和平并没有给出版社带来预期的繁荣。库尔特审视了万神殿在1949至1951年间出版的50余种图书,发现其中将近一半的结局都是"销量惨淡"。图书的生产与运输成本在不断上涨,但公众却不愿为此多付一分钱。海伦回忆说："有一天，库尔特走进卧室。我记得很清楚，他当时倚在门口，神情优雅但透着悲伤。他对我说：'海伦，你知道我们离破产有多远吗？'"

有两件事情帮助万神殿出版社渡过了难关，但它们都与该社的日常收购与销售策略无关。第一件事是"每月读书会"（Book-of-the-Month Club，美国一个推销书籍的组织，在"二战"结束时已拥有将近90万名会员）偶然将万神殿的一本书选入推广名单；另一件事发生在1943年，万神殿出版社与非营利性组织柏林根基金会（Bollingen Foundation）及其资助人、慈善家保罗·梅隆（Paul Mellon）的妻子玛丽·梅隆（Mary Mellon）达成协议，双方约定出版一系列精装本图书，内容涉及荣格学派著作、艺术、考古、文学、神话、心理学和宗教。根据本协议，对方每月应向万神殿出版社支付250美元的定金。这笔钱成为公司创立初期沃尔夫两口子每月唯一的"薪水"。四十年后，海伦回首过往的岁月，一语中的："万神殿能活下来，得亏有柏林根基金会的合作，那笔钱来得正是时候。"

万神殿出版社虽然艰难地存活下来，但公司董事会还是嗅到了其中的危机。"有一年，出版社特别不景气，业绩跌到了谷底。面对这种情况，会计代表所有大股东告诫管理层，也就是我和库尔特，务必要想尽办法开辟更大的市场，"海伦在临终前几年回忆说，"'大旱之年'是1954年，在那之后，'雨水'就来了。"

1955年，万神殿出版社出版了《来自大海的礼物》（*Gift from the Sea*）一书，作者是著名飞行员查尔斯·林德伯格（Charles Lindbergh）之妻安妮·莫罗·林德伯格（Anne Morrow Lindbergh）。

这本书讲述的是作者生活在公众监督下的所思所得，虽然只是一本薄薄的小册子，似乎没有什么经得起时间考验的文学价值，但对库尔特与海伦来说，却是万神殿出版社融入美国本土的开始——这位出身美国名门的作家，能够如此放心地将美国人的故事交给一个由移民创立的出版社出版。在得知预订货量后，库尔特难掩心中的感激之情，在出版前夕提笔给林德伯格写了下面这封信：

> 我正抱着万分虔敬的态度掂量您和您这份礼物在我心中的分量，思索它对于我的意义……感到仿佛天降奇迹。一直以来，我不得不在这个国家打着夏尔·佩吉的招牌做事，犹如逆水行舟，不仅要顶住压力，还常常感到精疲力竭，但付出和回报总是不成正比。以往我们从作家、代理公司、国外出版社手中拿到的书籍，无一不是"硬骨头"，因为有望大卖的书籍早就被老牌的美国本土大公司挑走了……这大概就是躲不掉的市场法则。所以，一想到您同意授权我们出版《来自大海的礼物》，我的脑子里就蹦出了"奇迹"这个词，因为这部作品对我来说，本就是一份饱含信任的礼物，是您给予我的慷慨馈赠。

最终，《来自大海的礼物》共售出60万册精装本和200万册平装本，一举奠定了万神殿出版社在美国文坛的地位。不过，此次突破并没有影响到该社的另一项声誉——引进文学作品的避风港。俄国作家鲍里斯·帕斯捷尔纳克（Boris Pasternak）曾将其作品《日瓦戈医生》（*Doctor Zhivago*）的全球版权授予意大利出版商吉安贾科莫·弗尔特里奈利（Giangiacomo Feltrinelli）。该社拿到授权后，转而通过一家英国中间商找到万神殿出版社，表示愿意提供此作品美国版本的授权，但是希望库尔特和海伦侧重其文学性，不要把这本书定位成含有政治意味的小说来出版。当时恰逢冷战形势最为严峻的时刻，这么做的目的有两点：一是便于书籍的推广；二是保护作者的人身安全——该书作者身在苏联，是一名持不同政见者，出版社若在营销手段上稍有差池，作者便可能会有性命之虞。

可惜的是，库尔特无缘见到这位俄国诺贝尔奖得主。《日瓦戈医生》畅销全球后，苏联将帕斯捷尔纳克的人身自由严格限制在莫斯科城郊的宅邸内，同时禁止他接受诺贝尔文学奖。直接见面不成，我爷爷退而求其次，用自己最擅长的书信沟通与帕斯捷尔纳克建立起书面联系。帕斯捷尔纳克和库尔特都曾在德国玛堡求学，那里的许多教授是二人共同的老师，如康德与柏拉图研究学者赫尔曼·科恩（Hermann Cohen）。趁着克里姆林宫方面还未采取更为严厉的措施，库尔特给帕斯捷尔纳克写了一封信，并在信中表示，希望两人能有机会见上一面，能坐在一起追忆在玛堡读书的岁月，怀念科恩的教诲。"或许，"库尔特建议道，"我们可以把时间定在1958年末，地点约在斯德哥尔摩。"此外，库尔特还将《日瓦戈医生》在美国大受欢迎的情况告诉了帕斯捷尔纳克。当时，芝加哥电视台的某位评论家一再强调，美国人深受《日瓦戈医生》鼓舞，已敢于起身反抗本国制度固有的种种压迫："面对老板的威逼利诱，面临一夜成名或者暴富的机遇时，我们很快就会乖乖就范。我们总是小心行事，却不敢放手一搏，这是为什么？无论是生活还是生意，我们美国人总会为'不愿打破现状'找到各种借口,比如'想活得轻松些''做人得守规矩''别太离群'等等。"

为了给《日瓦戈医生》寻求背书,库尔特给威廉·福克纳(William Faulkner)和欧内斯特·海明威(Ernest Hemingway)寄去了样书。不过,对于这两位作家能否为此书题写荐语,库尔特并没有抱太大希望。"没错,两位都是大作家,"他告诉帕斯捷尔纳克,"但两人都不太靠谱,几乎很少动笔写信。对了,他俩还都嗜酒如命。"

*

前文提到,1942年万神殿出版社创立之初,克里尔·夏伯特被登记为公司的董事长,因为相比"敌国异族"库尔特,此人能代表公司展现给世人一种睿智的形象。到了20世纪50年代末,库尔特与夏伯特之间嫌隙渐深。特别是在《日瓦戈医生》出版前夕,库尔特与海伦更是目睹夏伯特与销售经理(此人坚称俄国小说不会有市场)勾结在一起。但当《日瓦戈医生》在仅仅数周内就卖出一百多万册,成为全球畅销书时,夏伯特却又以公司精神领袖的身份招摇过市,堂而皇之地享有鲜花与掌声。对于这样虚伪的做派,库尔特和海伦感到怒火中烧。

几年前的一天,库尔特从办公室回到家。用海伦的话说,他进门时"浑身战栗,面色煞白"。他之所以被气成这样,是因为刚刚被告知自己不是万神殿的出版人,而只是一名编辑。"这是我生平第一次被别人告知自己不是出版人。"他告诉妻子。事实上,早在1941年公司创立之初,夏伯特的继父科尔特·冯·法伯尔·杜·福莱就已在招股意向书中写明,万神殿出版社将由库尔特·沃尔夫"领导"。

1958年11月29日,库尔特给万神殿的董事会主席约翰·路易斯(John Lewis)写了一封信,在信中详细地阐述了编辑与出版人的区别。显然,这封信的措辞经过了海伦的润色:

什么是出版人,谁可以成为出版人?在这一问题上,目前可能存在一些歧义。

首先,出版人需要有一定的文学品位,通晓当代各国文学,能够品鉴作品的质量与风格,可以凭直觉判断哪些内容能够吸引广大读者。出版既是生意,同时也是一门艺术,需要从业者倾注毕生的精力,是一项极具挑战又令人乐此不疲的事业。其次,根据我对"出版人"的定义,"出版人"必须对创作过程感同身受,能够体谅艺术家从事艺术创作的艰辛,同情这个生活最为艰辛的神经质群体。但这些还远远不够,出版人还须对图书生产过程及各种工艺了如指掌,具备一流的图书设计品位。最后,出版人需要与知识分子意见领袖、评论家及学者保持联系,融入他们的圈子,善于听取建议。

综上所述,出版人与编辑最大的区别在于,前者需要涉猎各个领域的知识,后者通常不参与出版政策的制定,对图书生产过程知之甚少,无须承担与他人合作的压力。出版业事务繁杂,从业者承受着一个又一个截止日期带来的压力,最后需要对所有环节拍板负责的正是出版人,这就要求出版人拥有丰富的经验，能够和形形色色的作者、艺术家、印刷商以及设计师维持合作。特别是在万神殿这样的出版社，出版人还需要深谙欧洲出版业的内幕，对业界名人了如指掌。

最后，库尔特总结道，关于自己作为一名出版人是否成功，他想留给旁观者评说。

  我曾努力做到自己对"出版人"的定义，用实际行动为万神殿树立威信，始终坚持自己的出版原则，绝对不会触碰填字游戏、悬疑小说、情色故事等低俗出版物。
  对我来说，克里尔与我之间的职责划分……一直以来似乎合情合理：他负责联络图书业各方人士，同美国国内各个出版机构和管理部门打交道，我则全身心地投入到核心出版业务当中。我们工作的圈子不同，但这并不能证明克里尔就是出版人，而我只是编辑。要知道，最终对万神殿形象负责任的人是我。
  我与克里尔之间虽有分歧，但不影响我和他在一个团队内共事。相反，我们从一开始就精诚合作，并且收效良好。但是，情况慢慢发生了变化，我渐渐意识到，克里尔不再将万神殿当作我们三人共同创建的公司，而是把这里视作自己一个人的秀场，开始自封为"领导"，甚至把我和海伦当成"他的职工"，对我俩颐指气使。至此，我再也按捺不住替公司主持正义的冲动，压抑已久的情绪终于爆发了。

库尔特给董事会主席写信时,常常先恭维对方几句,然后便冒出一句对夏伯特的声泪控诉。就在同一个月里,他也给夏伯特写了一封信,在信中采用了同样的手法,其中一段控诉如下:"你压根就不是什么出版人,而且永远配不上这个称呼。你在文学上就是个文盲,根本分辨不出好书与烂书……甚至不知道什么样的书才能卖出去……以我现在这个年龄,本不需要抛头露面,但你总是一副高高在上的样子,总渴望得到别人的认可,还时不时把我奚落一番,让我忍无可忍。"

库尔特当时年事已高,身体状况堪忧,并且还没有明确指定继承人,万神殿董事会的成员对此感到担忧,也是在情理之中。反观夏伯特,他在同爷爷的竞争中握有很多筹码:他先自掏腰包,贷给公司15000美元,然后又以公司名义抵押了自己的部分资产,在公司最为困难的时候出手相助。不过,随着《日瓦戈医生》大获成功,另一个更为严峻的问题开始显现:公司内部在经营理念上产生了分歧。作为一个长期以"品位独特"自居(这是海伦给万神殿出版社的定位)的公司,万神殿此时坐拥《日瓦戈医生》带来的巨大财富,终于有底气谋划公司的发展前景。当时正值战后婴儿潮,美国的出版社都想在日后的入学高峰中分得一杯羹,于是纷纷争夺各学区教材的经销权,从而引起了华尔街投资者的关注。在后者的推动下,图书界出现了并购浪潮,大批出版社最终被并入庞大的出版集团,背负起创造更大利润的使命。面对时代的大浪淘沙,库尔特和海伦不顾公司内部的争议,仍然坚持走"理想化路线",认为公司只有坚持高文学水准,才能获得长远的丰厚收益。但是,夏伯特和另外两名董事则想向现实低头，计划带领公司走上一条更为商业化的道路。最终，夏伯特一派掌握了公司的主导权。回想事件的整个过程，库尔特和海伦因慧眼识"书"而名声在外，所以才有人将畅销书送上门来，但夫妻二人却因此深陷公司内斗，并最终输给了夏伯特一方，这是何等的讽刺。不过，历史总是惊人的相似。文化历史学家安东尼·海尔布特（Anthony Heilbut）曾将身居美国的德国流亡知识分子比作旧时的欧洲宫廷犹太人（如库尔特的先人所罗门·冯·哈伯）。"他们在某些领域能呼风唤雨，但在其他地方却任人摆布。"海尔布特写道。他们虽然生活在大洋两岸，但结局却殊途同归——不仅整日担惊受怕，而且还会遭遇他人的背叛。

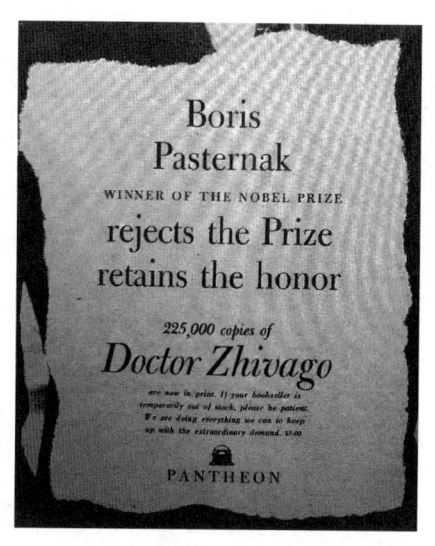

万神殿出版社《日瓦戈医生》的广告，刊登在《纽约时报》上，文案出自海伦之手

早在十年前，库尔特就被诊断出患有心脏病。经历了《日瓦戈医生》引发的这场公司内讧后，他旧病复发，身体状况急转直下。翻看他的遗物时，我发现了一本螺旋线圈笔记本，里面有几句被铅笔画掉的语句。这些句子虽然没有注明时间，但从内容上很容易推断出写于1958或1959年。"我已身处人生暮年，是时候告别为之奋斗整整十七年的事业了。我为它倾注了太多的时间、精力与激情，

远远超过我在欧洲时的付出，"库尔特写道，"现在，我病倒了，虽不能完全怪克里尔，但他也是诱因之一。"

纽约尔虞我诈的工作氛围令库尔特和海伦感到厌倦，两人决定另起炉灶，前往瑞士建立万神殿欧洲分社。为了筹建新社，夫妻俩拿出了此前销售帕斯捷尔纳克和林德伯格书籍所得的利润分成，不惜变现二人在公司的股份，甚至主动提出大幅削减到手的工资。需要明确的是，库尔特和海伦此举可不是落魄还乡。"我父亲是个健谈的人，但说起英语来总感觉放不开。"克里斯蒂安曾告诉我，"在纽约的时候，他总觉得自己施展不开拳脚。"回到欧洲后，库尔特终于如鱼得水，重新找回了八面玲珑的感觉。1959年4月，爷爷兴冲冲地给赫尔曼·黑塞寄去了一封信。在这封信中，库尔特兴奋地告诉黑塞，他终于和海伦一起回来和他做邻居了。这个擅长在纸上侃侃而谈的家伙说，他非常渴望再次拜读黑塞一篇宽慰老年人的文章。那年春天，库尔特和海伦搬到了提契诺州（Ticino，该地居民说意大利语）的洛迦诺（Locarno），在当地滨湖大道酒店（Hotel Esplanade）租下了一间可以俯瞰马焦雷湖（Lake Maggiore）的公寓。大约过了一年，两人正式离开了万神殿出版社。

1970年，海伦的一位朋友提议，能否将她已故丈夫的生活与工作经历写成一本书，以启发当代美国人。对此，海伦写信回应道："我敢肯定，库尔特一定不会同意这件事，因为在美国做出版人的经历，让他不堪回首。"在给友人的回信中，海伦详细地讲述了二人下决心离开纽约的原委：

库尔特离开美国时，真的是身心俱疲，整个人都被伤透了。（这句话没有半点夸张的成分。当时，他拖着疲惫的脚步登上即将载我们飞往苏黎世的飞机。尼科和克里斯蒂安望着他的背影，都觉得他们的父亲可能再也不会回来了。）……别看他举止温文尔雅，其实内心已经被伤得千疮百孔。1960年7月，库尔特从公司辞职后，在一本札记上抄满了名人语录，其中最后一句是"人老了，都会成为李尔王"。十年过去了，每每想到这句，我都心如刀割，不忍读出声来，更不愿付诸笔端。

流亡美国期间，我的爷爷曾一直幻想，有朝一日在某个地方，他可以不用再在"只有使用真金箔的书脊烫金字才不会褪色"这类问题上和别人较真。对此，玛丽安·德杰曾一语道明：库尔特骨子里流淌着欧洲大陆的血脉，他在美国的胜败沉浮皆取决于此。所以，尽管是被迫以自己熟悉的业务谋生，库尔特仍然凭借极高的天赋，克服了种种困难。不过，具有讽刺意味的是，早在"一战"之前，库尔特曾用"美国式"的图书销售策略击败了欧洲业界同行——使用色彩鲜艳的封面，制定亲民的价格，在报纸宣传和报亭海报中采用大胆的广告设计。但在来到美国后，内心深处的旧大陆情结使得他与新世界的商业文化格格不入。东德的《新德意志报》(*Neues Deutschland*)曾将库尔特描述为"被自己所在阶层背叛的人"，以此暗示万神殿出版社的结局。果然，在美国发生的一切伤透了他的心。

爷爷别无选择，只能再次逃离伤心之地，回到大洋彼岸，到与世无争的中立国瑞士独自舔舐伤口。在那里,他再次回首往事,总结成败得失。

*

我之所以能来到这里,能来到平平无奇的柏林利希特费尔德区(Lichterfelde)目睹德国联邦档案馆(Bundesarchiv)的资料,是拜一个名叫汉斯·胡贝尔(Hanns Huber)的巴伐利亚工头所赐。

1945年4月15日,一名纳粹军官乘坐一辆黑色轿车来到慕尼黑城郊弗莱曼(Freimann)的约瑟夫·维尔特(Josef Wirth)造纸厂。他一下车,便向工厂宣读命令:在接下来的几天,陆续会有成卡车的废纸被运到这里,工厂在收到货后,需立即将废纸销毁成纸浆。考虑到此前工厂一直苦于缺少生产原材料,汉斯·胡贝尔欣然接受了这项任务。很快,卡车源源不断地开来,将一捆捆纸张运进工厂,平均每天运送20捆,在9天时间里共计运送了50吨纸张。工头对这批货物感到好奇,忍不住翻看其中刚送来的几捆纸张一探究竟,结果发现了惊天的秘密:这些竟是纳粹党员名册——数百万希特勒追随者的姓名、照片,甚至忠诚度都被登记在不计其数的卡片上。美军从西侧攻入慕尼黑时,这些名册便被纳粹匆忙地从城内的纳粹财务办公室转移至此。

就这样,纳粹的罪证被阴错阳差地交到了这位反对纳粹主义的工头手上。汉斯·胡贝尔将纳粹运来的成捆纸张原封不动地藏在工厂的某处角落。几天后,另一名纳粹军官来到工厂,责问为什么还有那么多纸张没被销毁。胡贝尔搪塞道:你说的是那几捆吗? 那是别的客户送来的货。你们纳粹党的活儿太急了,那些客户的货都没来得及销毁。靠着这个理由,这位工头迟迟没有替纳粹干活,直到两周之后慕尼黑被盟军解放。

在"二战"结束后的几十年里,美国政府一直将汉斯抢救下来的纳粹名册妥善地保管在西柏林的美国占领区内。直到两德统一后,上述档案才被转交给德意志联邦共和国,继而被公之于众。正因如此,我才有幸在这家档案馆的阅览室内读到这些弥足珍贵的史料。

德国联邦档案馆保管的纳粹档案内容丰富,不仅包含详尽的纳粹党徒名单,还涉及德国社会纳粹化过程中各类组织(从依附于纳粹党的专业组织,到向男女老少灌输纳粹思想的附属机构)在运转期间产生的所有文字记录。该馆负责接待我的研究员是格里森斯夫人(Frau Gresens),她根据我提交的姓名与出生日期,找到了对应的人员信息,最后交给我整整一摞文件。我接过文件,找个地方坐下来,深吸一口气,开始一页页地仔细翻看这份资料。

很快,我便有了重要发现:海伦与尼科就读顺道府文理中学期间的校长恩斯特·赖辛格(曾竭力保护学校内的"一等混血儿")先于1933年加入了"纳粹教师联盟"(National Socialist Teachers' Bund),在四年后又申请加入纳粹党,但似乎遭到了拒绝,原因之一可能是申请入党时间过晚,有投机政治之嫌,在当时被戏称为"三月紫罗兰"(Märzgefallene)[①]。此外,我还从档案中找到了一封写于1933年

[①] 纳粹党执政后,一些见风使舵者开始投靠纳粹党,尤其是在1933年3月5日的国会选举中,涌入纳粹党的人数激增,这些投机分子被民众戏称为"三月紫罗兰"。

4月的信件,这封信件出自一名柏林妇女之手,信中内容可能揭示了恩斯特被拒的另一个原因:她向"纳粹教师联盟"中的一位党卫队总部军官告发了恩斯特·赖辛格,并且抱怨自己年少的弟弟(当时在顺道府文理中学就读)"居然不知道《霍斯特·威塞尔之歌》(*Horst Wessel Song*)①。"你看,把恩斯特-格奥尔格(Ernst-Georg)交到赖辛格博士手上接受教育,就等于剥夺了他感知这个伟大时代的权利,对此我们深感痛心,"这位妇女继续写道,"据说,在顺道府文理中学,有人想把政治和学校教育分开。"

姑姑玛利亚曾告诉我,汉斯·阿尔布雷希特(即奶奶的第二任丈夫,玛利亚和尼科的继父,擅长演奏小提琴和表演魔术)"很有可能同时与纳粹分子及'7月20日密谋案'(即前文提到的'女武神行动')参与者交往甚密",并且已有证据证实,他是夹在两方之间的双面线人。此人从未加入纳粹党,却是"帝国医师协会"(Reichsärztekammer,被纳粹化的国家医学协会)的一员,并且出现在"帝国科学、教育与国民教育部"(Reichsministerium für Wissenschaft, Erziehung und Volksbildung)的成员名单中。此外,阿尔布雷希特还曾在1933年成为"党卫队赞助会员"(förderndes Mitglied der SS,缩写为FMSS),需要定期为党卫队捐款,但不领取党卫队的饷金,也不穿戴党卫队制服。翻看档案的过程中,我意外地发现了两名慕尼黑纳粹官员议论阿尔布雷希特的对话:"他的政治立场毋庸置疑。""通过这笔钱,我们可以断定此人出手大方,有

---

① 该歌曲由霍斯特·韦塞尔作词,此人是希特勒冲锋队的成员,死于政敌手中,被视为纳粹党烈士。

望长期为党和国家的事业效力。省党部（Gauleitung，纳粹地方行政组织）不会对此人的忠诚度产生怀疑。"这两段对话出自一份备忘录，且备忘录的密级被标注为"高度机密"。通过对话可知，阿尔布雷希特的捐赠相当于交给纳粹的"保护费"，很大程度上确保了他的事业免受纳粹的干扰。事实上，如果一点不参与纳粹党的政治活动，阿尔布雷希特也不可能成为纳粹副元首鲁道夫·赫斯妻子的产科医生。

我有一位远房表亲，名叫玛蒂尔德·默克（Mathilde Merck），家族人都喊她"蒂娜婶婶"（Tante Tilla）。与她相关的档案证实，此人是纳粹党的狂热拥趸，曾一直坚持书写日记长达80年，直至于1958年逝世。特别是在20世纪30年代期间，她所写日记的字里行间已然充斥着对纳粹主义的笃信。不仅如此，"蒂娜婶婶"还借着慷慨资助祖先遗产学会（Ahnenerbe，党卫队附属组织，致力于研究"雅利安"种族伪科学与历史）的机会，经常写信给党卫队全国领袖海因里希·希姆莱和祖先遗产学会秘书长沃尔夫拉姆·西弗斯（Wolfram Sievers），前者是所犯罪行仅次于希特勒的二号战犯，后者在1948年的纽伦堡"医生审判案"（Doctors' Trial）①中被指控参与谋杀112名犹太人：祖先遗产学会痴迷于所谓的人类学"研究"，从奥斯威辛集中营中挑选出112名犹太俘虏并将他们杀害，把受害者

---

① 原著给出的时间有误，经译者多处查证，纽伦堡"医生大审判"的开庭时间为1946年12月9日，终审时间为1947年8月20日，是"二战"结束后的第一场关于德国战犯的附加审判，又译作"医生审判案"。与原作者沟通后，确认西弗斯是在1947年被宣判有罪，在1948年被处死。

的头骨和遗体用于炮制研究成果。另外，德国联邦档案馆还收录了"蒂娜婶婶"写给希姆莱的一封信。在这封信中，她向希姆莱坦言，自己可以把达姆施塔特的家宅腾出来献给祖先遗产学会，供该学会将此宅改造成陈列比较艺术（comparative art）的博物馆。除日记外，"蒂娜婶婶"的手迹主要包含其私下印刷出来同家人分享的个人专著及打油诗。但是到了1941年，她在希姆莱的催促下，申请加入"帝国作家协会"（Reichsschrifttumskammer），以便能够公开出版和展演其专门为希姆莱创作的戏剧《人民最后的母亲》（*Die Letzte Volksmutter*）。

截至目前，我找到的最厚实的档案袋，里面的一份文件记录了我奶奶的弟弟威廉的生平。其实前文也有提到，此人不仅是公司的董事，同时还是梅赛德斯公司赞助的赛车手，一度令我的父亲尼科崇拜不已。威廉舅公与卡尔·默克（Karl Merck，威廉的表兄，同时也是公司的另一位董事）在同一天加入纳粹党。这天是1933年5月1日，距离希特勒刚刚夺取德国政权不到半年的时间。也就在二人入党后不久，纳粹开始缩紧入党条件。档案资料证明，除获得纳粹党徒身份外，威廉还在同一年内加入了党卫队。要知道，纳粹政权犯下的每一件暴行，上至操控盖世太保，下到运作死亡集中营，党卫队都逃脱不了干系。

希姆莱曾下达党卫队成员结婚禁令，只有结婚双方能够自己证明祖上（上至1800年）均拥有纯正的雅利安血统，才可以不受此禁令限制。我又翻出整整一摞书信资料，其厚度能有一英寸，全是威廉与"党卫队人种与移居部"（SS Race and Settlement Main Office,

负责维护党卫队成员"种族纯洁性"的子部门）之间的通信记录。威廉的党卫队编号是73089，他于1936年升为党卫队下级小队领袖（Unterscharführer，相当于下士军衔）。正是在这一年，威廉开始向党卫队人种与移居部源源不断地提供一系列出生、死亡和洗礼证明。据我推测，此举动背后的原因可能是他在妻子埃内斯塔（Ernesta）自杀后想要续弦，也可能是想为两个儿子伊曼纽尔（Emanuel）和彼得（Peter）的政治前途铺路，以便两人日后能够顺利穿上党卫队的黑色制服。威廉出示的证明文件内容详尽，撰写的申请书文辞谄媚，令人作呕。党卫队人种与移居部的那群败类在收到他的来信后，便会以打字稿的形式做出回复，并且在每封回信中都打入了一个令人不寒而栗的字符——使用如尼文（runic）表示的党卫队符号，其具体键入方法为：先按住"shift"键不放，再按下数字键5。

纵观这些档案，我终于明白，威廉舅公最后的悲惨结局完全是自作孽不可活。正是因为他所做的这一切，尼科才在1946年造访达姆施塔特期间看到了前文提到的那一幕——风烛残年的威廉独自住在后院的棚屋内，四肢残废动弹不得，而他的房子早已被炸毁。

置身利希特费尔德区，我逐渐意识到，自己和卡洛琳·费里迪一样，也需要为先人的行径付出代价，只不过这里的埋单对象变成了我的舅公。档案馆内的资料将我带回到20世纪70年代末，当时我父亲惊讶地发现，作为默克达姆施塔特公司的家族股东，他竟然需要根据自己所持股份的账面收益向美国政府补缴一笔税款，然而自己却从未获得过一芬尼的实际收益。于是，他聘请了一名税务律师与美国国税局协商解决方案。最终，父亲找到了远在德国的一位亲戚，此人愿意出钱买断他的股份。面对此结果，他如释重负，表现出前所未有的轻松，令我至今记忆犹新。拿到亲戚的买断金后，我父亲把那笔钱投入到股市中，恰好赶上美国股市持续走高，因此在长达几十年的时间里幸运地获得了总体平稳的收益。

正是有了这笔投资带来的可观收入（这还要归功于西德经济奇迹），父亲后来才有能力送我参加夏令营和进入大学读书。"二战"期间，默克公司一直以良好的企业公民形象示人，但其大部分的智力资产和品牌定位则可以追溯至19世纪和"二战"前的几十年，后者正是纳粹肇兴的时代。正因如此，我们才必须正视默克公司如何在纳粹掌权期间苟且偷生的问题，去反思这家公司为什么可以在第三帝国的统治下存活下来：除了使用来自东方的强制劳工，除了向希特勒提供他已无法摆脱的毒品，默克公司（或者说我的家族）在纳粹统治时期还做了什么？还参与了纳粹的哪些勾当？还为这个史上最无耻、最扭曲的政权卖了哪些力？

"研究表明，您的父亲，尼古拉斯·E.沃尔夫，没有参与纳粹罪行。"格里森斯夫人向我证明了父亲的清白。埋首档案馆的故纸堆期间，我明白了一个道理——评价一个人时，要综合考虑其各项行为之间的内在关联，不可片面地作出定论。若以当下的是非标准去评判过往，那么没有一个人可以做到完全清白。如此一来，我便陷入了尴尬的境地。比如，假使我贸然就对继祖父阿尔布雷希特成为"党卫队赞助会员"之事横加指责，那我便没有资格埋怨他本可利用身份之便隐瞒我父亲的犹太血统。

*

一天后，我在所住的街区内见到了舅公威廉·默克之孙尼科·默克（Niko Merck，即我的表弟），并与他一家人共进晚餐。尼科·默克原先是一名剧作家，目前在自己参与创立的一家戏剧网站担任编辑，其妻子尤特·弗林斯－默克（Ute Frings-Merck）早在"占领废弃房屋"运动时期就已生活在克罗伊茨贝格区。夫妻二人收养了两个越南裔孩子——养子出生在南越，将要前往美国上大学；养女来自北越，和我儿子就读于同一所国际学校，两人还是同班同学。

尼科表弟说话直截了当，喜欢刨根问底，提问方式颇有几分苏格拉底"精神助产术"的味道。如今，默克达姆施塔特公司家族董事会（Familienrat）掌握着公司70%的股份，在公司决策中仍有一定的话语权，尼科与尤特夫妇则属于家族董事中的激进派，此派思想进步且富有创意，自认为能够压制公司决策层内部的守旧派。不久前，总理安格拉·默克尔造访达姆施塔特，庆祝默克公司创立350周年。其间，她特意谈到了该公司使用强制劳工的问题，令尼科夫妇所属的激进派倍感振奋。

尼科表弟对"蒂娜婶婶"的所作所为了如指掌，同时也知道她与希姆莱交好。事实上，"蒂娜婶婶"的那些事儿在家族内部尽人皆知。此人外向的性格放大了她追捧纳粹主义的政治信仰，并以此引来旁人的关注，填补自己自1932年守寡以来的空虚时光。在尼科表弟看来，其他家族成员都会把"蒂娜婶婶"当成反面典型，类似被关在阁楼上的疯婆娘。他告诉我："正因为她是家族败类，性格又如此强势，所以家里其他人看到她时都会在背后指指点点,'看,那是蒂娜,那家伙是个纳粹。'"

为了证明"蒂娜婶婶"既傲慢又固执,尼科表弟和我分享了一件关于她的往事:随着"二战"战事吃紧,咖啡成了稀有之物。出于朋友情谊,希姆莱将自己享有的特供咖啡寄给了"蒂娜婶婶"一些。不料,这份好意却被她退了回去,里面还夹了张纸条,上面写着:"我这人喝茶。"

然而,在我告诉他真相之前,尼科表弟一直不知道自己的爷爷曾加入过纳粹党卫队。

表弟听后,过了好一会儿才接受这一事实。他告诉我,自己的爷爷其实在"二战"前从来没有服过兵役,因为他享有纳粹授予的免服兵役的特权(unabkömmlich,缩写为 uk.)——纳粹觉得,此人留在默克工厂从事本职工作便是对战争最大的贡献。这个细节让威廉·默克对纳粹主义的信仰显得有些虚假。此外,上文提到,威廉·默克刻意讨好党卫队人种与移居部,目的是想证明两个儿子"血统纯正",从而为他们的前途铺路。然而,他的这番努力并没有什么意义:儿子伊曼纽尔(即表弟的父亲)从东线的战俘营获释回家后,迎娶了乌苏拉·朗格。我在第四章中提到过这个女孩,她是顺道府文理中学校长恩斯特·赖辛格尽其所能想要保护的"一等混血儿"在校生中的一员。

我有些担心,如果告诉表弟太多关于他爷爷的真相,可能会给他的心灵造成过大的打击,于是话锋一转,谈到德国联邦档案馆如何帮助我考证家父忆及的往事。在家父印象中,恩斯特·赖辛格用尽了一切办法阻止邪恶的纳粹势力渗透进校园（经档案馆资料证实，这也是表弟母亲对赖辛格的印象）。但表弟有些心不在焉，没听进去我的话。他沉默了几秒，然后用犀利的语言自嘲道："我奶奶是犹太人。我爷爷加入党卫队。同是一家人，一个作孽，一个受害。'人民共同体'非我家莫属。"在这里，表弟故意曲解了纳粹提出的"人民共同体"（Volksgemeinschaft）[①]一词，讽刺意味十足。

这里我再说说尼科表弟的外祖母凯绥·希伯尔松（Käthe Silbersohn）。她于1891年出生在东普鲁士柯尼斯堡（Königsberg）的一个犹太商人家庭。"一战"爆发时，希伯尔松刚刚成为一名内科医生，并在不久之后嫁给了一位名叫约翰内斯·朗格（Johannes Lange）的非犹太裔精神科医生。遗憾的是，两人的婚姻仅维持到1934年。离婚三年后，希伯尔松被《纽伦堡法案》认定为"纯种犹太人"，进而被禁止行医。她忍受不了这般屈辱，在慕尼黑的公寓内结束了自己的生命。一年后，希伯尔松的前夫也撒手人寰，撇下了一双儿女——长女乌苏拉·朗格和幼子恩斯特·朗格（Ernst Lange）。这对孤儿只能寄人篱下，由寄宿学校、多名神父与亲友轮番抚养长大。

[①] "人民共同体"是纳粹为蛊惑民众而炮制出的政治名词，宣扬德意志民族通过消灭不属于德意志文化的"西方"议会民主体制，通过消灭政治上与自己意见相左的政敌，通过领土扩张与剪除社会中的少数族群，便可以超越现代社会冲突的异质性，建立起一个将种族、文化与政治意志融为一体的"人民共同体"。"人民共同体"内部不会再有阶级的对立，不会有混乱的政党竞争，每个"人民共同体"的成员拥有一致的政治意志与共同利益，"人民"可以和谐地相融成一体。

1939年，乌苏拉·朗格从顺道府文理中学毕业后，搬到了柏林，在其父前同事——精神病理学家雨果·施帕茨（Hugo Spatz）的保护下熬过了战乱岁月。但在几十年后，施帕茨的纳粹党员身份被曝光，昔日犯下的罪行也随之浮出水面：他曾在德皇威廉学院利用集中营遇害者遗骸的脑部开展医学研究。

　　听闻此消息，乌苏拉·朗格感到十分震惊，于是写信追问曝光此事的记者：他真做了那样的事吗？

　　"他确实那么做了。"记者在回信中遗憾地告诉她。

　　雨果·施帕茨的纳粹大脑研究员身份确凿无疑。但如果没有他的好心相助，乌苏拉·朗格·默克可能无法熬过第三帝国的统治。正因为有了这样的成长经历，成年之后的朗格最害怕的就是精神疾病。但造化弄人，朗格于2003年离开人世，恰恰殁于失智症。

第十二章

第二次流亡

库尔特：1960至1963年

"我不知道，在咽下最后一口气前，这辈子还能不能成为一个小有成就的人。不过，从手头这些微不足道的工作来看，感觉还有点希望。"

从这段话可以看出，库尔特年事已高，对死亡的恐惧已然成为他的心头重担。为此，他在搬往瑞士前夕，给老友科尔特·冯·法伯尔·杜·福莱写了一封信。信件内容如下：

我终于欣然接受自己已经变老的事实（你呢？），所以时常感慨，人原来不是一点点慢慢变老，而是在大病缠身时才发现自己一下子就老了。（今年年初，我就大病了一场。）如果你仔细看看周围，便会发现一个有趣的现象：曾经在意的东西，已经变得不那么重要了，整个人也释然了。就拿"做个好人"来说。既然一辈子都没有真正成为"无懈可击的好人"，那何必苛责自己,只要朝着这个方向尽力到最后一刻就好。我特别喜欢佩吉的那句话:"我知将死,但心有不甘。"

库尔特年过七旬后,整日饱受心脏病和周身疼痛的折磨,常常会说: abbröckeln. Man bröckelt ab,意思是"我整个人疼得都要散架了"。但过了一段时间,他好像突然找到了消弭病痛的方法,整个人又重新振作起来。"我的晚年出现了奇迹,"他在几年后写信给法伯尔·杜·福莱时说道,"一个素未谋面的年轻人突然出现在我和海伦面前,极力劝说我们老两口与他合作(我俩现在已经74岁了!),开出的条件很是诱人……据我观察,这个孩子比我儿子尼科还要小,但聪慧过人,心胸宽广,待人热情而有活力,品行正直高尚……'美国奇迹'终于轮到了我身上!"

事情是这样的,1960年年底,一封看似平平无奇的信件被邮寄至滨湖大道酒店,收件人是库尔特和海伦,信中只有寄信人威廉·约万诺维奇(William Jovanovich)用潦草字迹写下的一句简短问话:"二位愿意和我一起出书吗?"显然,作为"哈考特、布莱斯与寰球出版公司"(Harcourt, Brace & World)的总裁,约万诺维奇深知,再没有任何词语能比这寥寥几字更能燃起老两口的热血。新年过后,约万诺维奇亲自前往洛迦诺登门拜访,向库尔特和海伦介绍了更多合作的细节:他想让库尔特和海伦加入自己的出版公司,并使用夫妻二人自己的出版品牌,两人可继续留在瑞士开展工作,且只需对他本人负责。他负责幕后工作并承担所有风险,出版内容完全由沃尔夫夫妇自行掌握,二人可以从每一本"海伦与库尔特·沃尔夫图书"（Helen and Kurt Wolff Book）品牌的出品中获得分成，且无须考虑这部分图书在哈考特公司内部的业绩表现。按照这个条件，沃尔夫夫妇可以在哈考特的公司里独立行事不受干涉。回想起自己长期受制于万神殿董事会，再忆及与克里尔·夏伯特的冲突，库尔特和海伦不敢相信竟能遇到这等好事，但转念一想，约万诺维奇本身就是个"美国奇迹"——此人出生在一家煤矿的工舍里，父亲是一位普通的矿工，来自黑山共和国，妻子则是波兰裔移民。

1962年秋的一天清晨，库尔特和海伦在洛桑市（Lausanne）比乌里瓦格酒店（Hotel Beau Rivage）的入住房间醒来，此时距离二人同约万诺维奇达成合作已过去一年多。

"我做了个奇怪的梦。"库尔特告诉海伦。

"我也是。"海伦回答说。

"我梦到自己写了一部小说。"爷爷说。

"我也一样。"

"我还记得小说开头的第一句。"

"我也记得呢。"

"常言说，人总有悒悒不乐之时。"

"有时候，我们的心情会格外糟糕。"

库尔特逝世后，海伦常会和我提到上面这件事。一直以来，我不太理解的是，她为何能够原谅库尔特年轻时的花心。"你总不能指望艺术大师只为一位观众演奏吧。"她总是这么说。不过，通过上面可以看出，她和库尔特在一起不仅仅是肌肤之亲，更是灵魂的契合。作为常伴库尔特枕边的忠实读者，海伦细心地找出了两人小说开场白的细微差别。"我觉得，库尔特的句子，就像出自歌德之手，或者说至少有歌德的风格，"她写信给君特·格拉斯时回忆起此事，"而我的句子是英式的表达，太直白了。我经常在梦里说英语，特别是我（在梦里）想讲清楚某件事的时候。"

从这件往事的细节中也能看出，搬到美国这二十年来，海伦早已适应了新大陆的生活，但库尔特仍然固守着早在欧洲旧世界就已定型的思维。事实上，在人生的最后几年里，库尔特的性格变得有些古怪：有时知足常乐，有时又变得焦躁不安。他和海伦共同生活了大半辈子，一路走来颠沛流离，但在不同国家住过的每一个酒店都留下了独特的回忆。入住滨湖大道酒店期间，二人获准用私人物品布置一个三居室的套房。于是，他们在墙上挂起了一幅马蒂斯（Matisse）和一幅瓜尔迪（Guardi）。我甚至可以想象，伴随着棕榈树叶在轻风的吹拂下沙沙作响，这对爱人躺在露台上，听着四周语调轻柔的意大利语，看着眼前的湖景，内心是何等的惬意。库尔特去世后，他的一位友人在洛迦诺给玛利亚寄去了一封信，信中写道："我发现了库尔特此前从未展现给我的一面，他不仅一如既往地魅力四射，而且变得乐观随和，浑身上下憋着一股不同寻常的干劲，非常地有活力。"库尔特与哈考特出版社的合作圆满结束后，我表弟尼科的父亲为他拍摄了一张肖像，他显得志得意满，一如友人信中描写的模样。

然而，对于不是专程前来旅游的外国人来说，瑞士并非宜居之地。因此，库尔特和海伦的落脚地几乎没有家的样子。"我常感困惑，库尔特临终前为何一直住在酒店里？"沃尔弗拉姆·戈佩尔（Wolfram Göbel）在1987年发表纪念库尔特诞辰一百周年演说时自

作者的表弟尼科的父亲为库尔特拍摄的照片

问自答,"是因为他早已享受够了荣华富贵,已经厌倦了与书为伴吗？不,依我所见,他是在经历了坎坷而充实的一生后,深刻地认识到,想要创造真正的文学价值,不能只守着家底坐等其成,而是要不断从现有的财富中挖掘新的价值。"

库尔特四海为家,自带独特气场,正如海伦在1962年写给玛利亚的信中所说:"他根本不需要做什么,仅仅凭借在举手投足间流露出的自信,以及与生俱来的贵族气质,就轻而易举地获得了他人的尊重。"

当然,库尔特的成功离不开海伦的支持。"你有忠于自己的母狮,这就很棒,"万神殿出版社的初始投资人、夏伯特的继父法伯尔·杜·福莱写道,言辞中带有一丝钦佩,"即使有一群大象想要伤害你，她也敢扑上前去。"

库尔特通常会在秋天前往德国参加法兰克福书展。观展期间，他喜欢将自己介绍为"一个出生在波恩的美国人（ein Amerikaner aus Bonn）"。事实上，德国文坛的新生代也正在重新审视和认识他的身份。1960年，在接受德国书商协会（Börsenverein des Deutschen Buchhandels）授予的荣誉后，爷爷态度坚决地表示，将会继续"开辟新的道路，哪怕最终走了弯路或闯进死胡同"，同时告诫自己："不能只关注销量和生产成本。"

1963年10月，库尔特在巴黎与君特·格拉斯碰面，两人共同探讨了《狗年月》（Dog Years）英译本中的段落——不久之后，"哈考特、布莱斯与寰球出版公司"将会以"海伦与库尔特·沃尔夫图"的品牌出版此书。就在几天前，库尔特刚刚参加了法兰克福书展，在

库尔特和君特·格拉斯的合影

法兰克福霍夫酒店举办的一场奢华晚宴上隆重介绍了君特和他即将问世的小说。在拍摄于晚宴现场的一张照片中，库尔特和君特并肩站在一起，这可能是他这辈子留下的最后一张相片。

四七社（Gruppe 47）是一家成立于战后的德国作家团体，君特在该组织内部十分活跃。为了纪念库尔特发声支持德国新生代作家，该团体在10月末邀请他参加在德国西南部温泉小镇巴特绍尔高（Bad Saulgau）举办的会议。10月21日，爷爷和海伦从洛迦诺出发前往路德维希堡（Ludwigsburg）。根据二人的计划，他们打算在第二天继续前行数英里到达马尔巴赫（Marbach am Neckar），去参观建在那里的席勒国家博物馆（Schiller National Museum）和德国文学档案馆（German Literary Archive），然后再原路返回巴特绍尔高。在路德维希堡酒店办理完入住后，库尔特决定先出门溜达一圈。

几年之后，伦敦《独立报》（*Independent*）披露了库尔特不幸遇难的细节，声称"他被一辆有轨电车撞飞到法兰克福市内一座大桥的栏杆上"。但事实上，这篇报道的内容几乎都是错误的。爷爷去世的地点根本不在法兰克福市，遇难的过程也没有那么夸张。当时，一辆油罐车正要倒进两栋房子之间的狭窄车道，在人行道散步的库尔特见状，加快了步伐，以为这样就能快速地通过车尾和墙面之间的间隙。但他没有算准油罐车的速度，竟被硬生生地挤到路边的一根门柱上动弹不得。这是一场由失误引发的悲剧，如果换作君特·格拉斯记录此事，他一定能写出来千言万语。

库尔特被送往附近的一所儿童疗养院急救，还在酒店的海伦接到通知匆匆赶往医院，陪自己的爱人度过了人生的最后几个小时。

最终，库尔特因内伤过重不治身亡。他以前就说过，"我的粗心将会害死我"，没想到这句话竟一语成谶。

第二天一早，库尔特去世的消息传到了普林斯顿（四年前，我们一家从特拉华州搬到了那里）。电话铃响起时，我父亲正躺在床上。他拿起话筒，听到了噩耗，整个人僵在那里。在我记忆中，那是我第一次看到父亲落泪。

消息进一步传开，人们纷纷表示哀悼。"库尔特有着难能可贵的品质，"伦敦《泰晤士报》在悼词中写道，"他睿智、乐观、知书达理，毫无保留地教他人做人做事。和他在一起，你会感到自己也变得和他一样快乐，一样优秀。待人接物方面，他特别善解人意，总是设身处地为他人着想。"

1914至1945年间，德国饱受战火的摧残，弗里茨·斯特恩称之为"第二次三十年战争"，"其惨烈程度甚至远超第一次三十年战争"。但对库尔特个人来说，那段时间却是他人生的黄金时期。出于种种原因，如岁月流逝，各国刻意粉饰"二战"历史，西德执意将"零时"为新起点告别过去等等，外界对库尔特早年职业生涯的记忆已变得十分模糊。因此，他逝世后第二天，当地的《路德维希堡县报》（*Ludwigsburger Kreiszeitung*）在讣告中误将他的身份写成了"美国"出版人库尔特·沃尔夫。虽然从后期档案上看，这么写也没错，但该报纸还是在接下来一期的报道中做出了补充，声明库尔特与"德国表现主义发展史密切相关"。

海伦将库尔特葬在马尔巴赫，那里距离爷爷早年签约作者的手稿不远，都收藏在此地的德国文学档案馆中。汉娜·阿伦特敏锐地注意到这处安息之所的特殊象征意义。"你给他选了个好地方,我对此感到欣慰,"她在芝加哥写信给海伦时说道,"库尔特得以魂归故里,不用像我们这些人一样一生无所归依。在我看来,他回到故土是幸福轮回中的最后一环,就好像幸运女神对他的生活又微笑了一次,只不过这次有些吓人。他一生起起伏伏,却总能受到眷顾,还能把这眷顾散播出去。"

席勒国家博物馆馆长伯恩哈德·泽勒(Bernhard Zeller)在葬礼上发表了悼词。"库尔特知人善任,敢言之人、最躁动的灵魂、怀才不遇者,皆被其收入麾下,当中不乏在后世才大放异彩之辈。"泽勒写道,"再大的困难与挫折,也夺不走他从头再来的力量与勇气。他理想远大,他的成就声名远播,他恪守原则,敢想敢干,兼具艺术家的想象力。"

葬礼结束后不久,海伦给泽勒留下了一封信,感谢其所作挽词。"突显了库尔特毕生的追求 —— 对出版事业的执着,对书籍内容与设计的热爱,"海伦在信中还写道,"感谢您在21号出事那天出手相助。在我提出将库尔特葬在马尔巴赫后,您立即做出了答复,我对此深表感谢。库尔特胸怀天下,但只有马尔巴赫才是他心目中的灵魂归宿。"

库尔特的葬礼惊动了整个文学界。但对我父亲尼科来说,马尔巴赫之行可不止为他父亲送行那么简单。他在日后告诉我,他发现到场哀悼者中女性众多,于是忍不住喃喃自语:"一群老相好。"正是在这场葬礼上,他成年后第一次见到自己同父异母的弟弟依诺克·克罗默(Enoch Crome)。

克罗默出生于1926年,那一天正好是尼科的生日,比尼科整整小了五岁。我从库尔特的日记中得知,尼科年少时曾和克罗默一起玩耍过,只是他从来没向我提起这个人。据我姑姑玛利亚回忆,我父亲在葬礼上发现这个人和自己长得很像,便意识到此人可能是他父亲在外的私生子,面色因此变得十分难堪。此外,我母亲在一次长途漫步期间(时间是20世纪90年代)也提到,我父亲从马尔巴赫回来时"面色阴沉"。

相比库尔特,海伦这辈子更善于应对突如其来的变故,因为她的身体更好,也精通英语。库尔特去世后,海伦决定返回美国。那段时间,海伦家里陆续添丁进口,可谓人丁兴旺,程度不输她在欧洲的家族——当时,我父亲和他妻子刚刚生下了第三个孩子。我叔叔克里斯蒂安打算在新英格兰成家立业生子,以学者和作曲家的身份养家糊口。在接下来的三十年里,海伦继续与哈考特、布莱斯与寰球出版公司[后更名为哈考特·布莱斯·约万诺维奇出版社(Harcourt Brace Jovanovich)]合作,以"海伦与库尔特·沃尔夫图书"的品牌出书。"那些'老相好'几乎没怎么打扰我,"库尔特下葬三周后,海伦在洛迦诺给我父亲写了一封信,并在信中借用了我父亲给这些女士取的绰号,"只有妮农(赫尔曼·黑塞的妻子,同时也是爷爷两口子在瑞士的邻居)说要在20日的时候来看我。我虽然不想回避,但也会感到心累。①她寄给我一首她丈夫写的诗,以此鼓

---

① 作者在此处采用了隐晦的笔法。根据作者给译者的回信,沃尔夫一家人只听说赫尔曼·黑塞妻子与他爷爷传有绯闻,但并不确定二人是否曾是情人关系。

励我在纽约开启新生活。这首诗只有下面短短两行:

> 每次重新开始,都为人生注入魔力
> 既是庇佑,又是磨砺

几周之后,我爷爷的两位妻子彼此给对方寄去了信件。其中一封信写于平安夜前夕,由海伦寄给身在慕尼黑的伊丽莎白。

> 您的来信文笔细腻柔美,我读后常感念于心,为您的大度所折服。但在我看来,您其实还没有真正认识到自己在库尔特的生活中扮演着怎样的角色。事实上,您陪他度过了大部分青春韶华,见证了他出版事业的巅峰……那是他最意气风发的时候,也是一个百废待兴的年代,人人都充满着朝气。从很多方面来看,您比我和他更亲昵:品位相近,门当户对,道同契合。在你的帮助之下,他学会了认真与专注,养成了美好的品格。而我从乱世中来,生来就没有你这样的能力,亦没有榜样可供学习。总而言之,在你那里,他度过了人生最美好的年华。
>
> 我第一次见到库尔特的时候,他受大环境影响,整个人意志消沉。那些年压抑得让人窒息,以致他对当下和未来都不再抱有希望,摆出一副逆来顺受的态度,日子过得浑浑噩噩。或许,他就想找一个可以无条件依靠的人,一个能接受他全部的人,一个对他无所求无所取的人。而我,生逢乱世,家庭关系复杂,因此形成了这样一种人生态度:任何人与事都不可靠,

也没有哪种关系能地久天长。我爱库尔特胜过一切，但从未真正信任过他，他也确实没让我省心。我不像上帝或者为人母一样无条件地爱着他……而是像爱一个很有魅力，让人捉摸不透的可爱孩童那样爱着他。和他在一起，我感觉自己也是个孩子，但总为他担心，总想去保护他，尤其害怕他伤害自己。他处事偏激，总把我逼得无话可说，但这正是他性格的一部分。如果不是这样，他也不会这般不负责任，这般魅力四射……近些年，他总是埋怨我"拴住"了他，觉得我总是在唠叨和抱怨，说我每分每秒都在絮叨"别那么做！"。我俩性格迥异，我做事谨小慎微，这必然让他常常觉得心里很不舒服……

换作古代，寡妇都得进修道院。所以，我也打算开始修身养性，希望能改改自己的性格。

有一张照片会勾起我对爷爷库尔特的记忆。1963年夏天，他路过曼哈顿，来看过我们好几次。（那时候天很热，但即使和家人在一起，爷爷也坚持穿西装打领带，所以我只好配合他穿上正装。）另外，在普林斯顿期间的一天下午，爷爷坐在家中封闭式门廊的椅子里，做出的举动给当时只有六岁的我留下了深刻的记忆。

为帮助我养成节俭的品格，我父亲曾送给我一个类似存钱罐的锡制收银机。只要把硬币放入存钱口，再拉一下拉杆，这台机器就会记录下存钱的数额，并显示目前总共存了多少钱。根据设定，只要存到了10美元，收银机的抽屉就会自动打开。但几个月过去了，这台收银机记录的数额一点儿也没有变化，我手里那点零花钱都花在了买汽

作者和他的爷爷库尔特的合影

水儿、糖块和球星卡上。所以，我每次看到卧室梳妆台上的这台机器，就仿佛看到了父亲派来的红色哨兵：他高高举起自己的手臂，好像要用手背狠狠打我，提醒我学习父亲在战争期间养成的节俭品格。

那天，库尔特发现了这个存钱罐，在研究了它的构造后，便决心要亲手让它吐出钱来。于是，这个一辈子主张及时行乐的老人，终于撇开了平日里海伦要求他做到的"谨小慎微"，不断地往机器里投入零钱，直到抽屉弹出来，里面是整整十美元。我站在一旁，看得目瞪口呆，心中感慨万分，这个不可救药的社交达人，内心是多么渴望跟人建立起人际关系，结果却让我有了大麻烦。

那时正值七月，仅仅三个月后，我的爷爷库尔特便离开了人世。

第十三章

猪　窝

尼科：1952 至 1978 年

在我父亲尼科的成长环境中，每个人都清楚自身的境况。所以，他长大后，自然也知道自己当下该做什么，也为之付出了努力，并陆续得到了外界的肯定，收获了学业、事业与爱情：普林斯顿同意授予其博士学位，他父亲库尔特的人生遗憾由此得到了填补；杜邦公司决定录用他，派他到特拉华州（Delaware）威明顿市（Wilmington）实验室就任化学实验员；还有我的母亲，也答应了他的求婚。

在普林斯顿大学就读期间，尼科曾撰写了一篇关于受控条件下胆甾醇衍生物的论文。到了杜邦公司就职后，他曾与一位绰号"卡瓦诺先生"（Mr. Cavanaugh）的同事面对面交谈，此人一直与爆炸品打交道，走起路来一瘸一拐。尼科一见到他，便意识到，这样的身体情况一定和他的工作内容有直接关系。尼科还觉得那些四乙基物质的气味异常难闻，但"卡瓦诺先生"安慰他："你会慢慢习惯的。"

20世纪50年代，家长式作风在美国各个公司内部盛行一时，尼科对此深恶痛绝。不过，他只是在嘴上说说，实际在公司团队中的表现还不错，就像当年在马克西米利安文理中学时，虽然内心抵触学校的教学模式，但在学校成绩单里得到的评语却是"该生的表现总体值得称赞"。在杜邦工作期间，我父亲自称"尼克"（Nick）。出于自身的洁癖，他总是把实验室的工作环境收拾得整洁利落，因此还两次被公司授予杜邦安全奖，薪资也水涨船高。有了丰厚的收入后，尼科决定把之前花65美元买的二手车道奇卖了换辆新车，于是来到了威尔明顿市的一个售车处。

"你是想置换新车吗？"

"不太确定。"

"那你开什么车来的？"

父亲指了指自己的绿色座驾。

"我出250美元买你这辆车。"

他听后一惊，心里不由得感叹，这是多么神奇的国家啊。

当年，姑姑玛利亚也觉得我母亲很有魅力，称她为"交际花"（Schmetterlingaugen，直译为"蝴蝶眼睛"）。她弹得一手好钢琴，我父亲被迷住了，决心拿出攻读博士学位的劲头，使尽浑身解数也要俘获她的芳心。面对父亲的热情追求，母亲有些犹豫不决：她当时还是个单身少女，在曼哈顿和几个室友住在一起，而眼前这个男人要比自己大九岁，社会阅历也丰富得多，如果答应了他但两人最终没能走到一起，自己的青春恐怕就被耽误了。1953年秋，我父亲已经入职杜邦公司，但母亲仍然不愿同他见面。父亲并不气馁，继续坚持给母亲写信。

到了1954年6月末,母亲终于被父亲打动。两人陷入热恋,不仅将结婚日期定在了那年10月,还憧憬起婚后的生活。父亲发誓,自己绝对不会逃避抚养子女的义务。多年后,母亲告诉我:"我对他发誓的反应是:'对呀,本来就应该这样啊。'"

后来,母亲才逐渐明白,我父亲当初为何要那样下定决心发誓。

1957年12月,在母亲的帮助下,父亲通过了入籍测试,正式成为美国公民。在威明顿市联邦地方法院举行的入籍宣誓典礼上,他手持宪法宣誓,还得到了国际狮子会威明顿分会(the Wilmington Lions Club)和美国退伍军人协会(the American Legion)的认可。在

尼科驾驶着自己新买的汽车

一张照片里，尼科驾驶着自己新买的汽车，显示出一副典型的五十年代美国公民形象。

尼科在杜邦公司关系最好的朋友名叫卡尔·弗伦斯多夫（Karl Frensdorff），此人也是一名德国移民出身的化学实验员，曾与尼科同在普林斯顿大学研究生班读书。"二战"爆发前，卡尔的犹太家人将他送上了驶往英国的列车，车身上喷涂有"儿童撤离行动"字样（Kindertransport）①。不久之后，他的双亲也逃到了英国，一家人在那里重新相聚，然后共同乘船前往美国。

尼科和卡尔叔叔虽然发自内心地感激美国的收留之恩，但二人都对"权威""服从""强制爱国主义"嗤之以鼻。对一个人来说，当年在第三帝国的遭遇越是切肤入骨，对麦卡锡主义及其副产品就会越发警觉。很多像他们这样的人，年纪很大了还不得不学习第二语言，常会用好笑的方式来使用文字，尼科和卡尔叔叔也加入了其中。入籍宣誓典礼结束后，卡尔送给家父一本抄满"调侃之词"的笔记本，上面写着："堕落部——FBI（美国联邦调查局）；两面三刀部——CIA（美国中央情报局）；煽情爱国小组委员会——DAR（美国革命委员会）；标榜'美国优先，美国人靠边'委员会——美国退伍军人协会；冲你要钱委员会——共和党。"这些调侃之词揭示了初到美国需要遵守的一整套"规矩"，是为指引"新公民更顺利

---

① 儿童撤离行动是世界犹太人救济组织开展的犹太儿童救援行动，在第二次世界大战爆发的九个月之前，将近一万名犹太儿童被安置在英国的寄养家庭、旅馆、学校和农场。他们大多来自德国、奥地利、捷克斯洛伐克、波兰和但泽自由市，绝大多数的孩童是他们家族中唯一的幸存者。

地过渡到美国生活方式"而撰写的指南,颇有讽刺歌手汤姆·莱勒（Tom Lehrer）歌词的神韵,旨在提醒每一位初来乍到美国的人:

> 避开隐藏的陷阱与圈套
> 别涉足政治,要独善其身
> 别头脑发热
> 要疾恶如仇,敢于反对权威

这本笔记见证了尼科与卡尔的精神联结,我也从中窥见了父亲已初步具备的美国人精神特质——满腔改天换地的热情,敢于针砭时弊,只要有人呼吁当权者在其位谋其政,要求政府有更大的作为,他就为这些敢言者摇旗呐喊。譬如,他十分欣赏参议员威廉姆·普罗克斯迈尔（William Proxmire）的政治行为艺术。这位威斯康星州的共和党党员创立了金羊毛奖（Golden Fleece Award）①,将民众的呼声转变为敲打政府的舆论工具。另外,参与调查"水门事件"的政客也深得尼科喜爱,其中便有"大义灭亲"的威斯康星州参议员洛厄尔·韦克（Lowell Weicker）,他身为共和党成员,却第一个站出来要求尼克松辞职。在美期间,尼科虽几易其所,从新泽西州迁往纽约州再到佛蒙特州,但每到一处都会一如既往地支持当地政治立场居中、具有国际视野的共和党参议员,先后投票给了克利福德·凯斯（Clifford Case）、雅各布·贾维茨（Jacob Javits）和吉姆·杰福兹（Jim

---

① 从1975年到1988年,该奖项每年评选一次,颁发给当年最荒谬、最劳民伤财的政府工程或项目。

Jeffords）。巧合的是，这些人名词尾刚好押韵，读起来朗朗上口。

*

"故乡寄托着一个人的童年和青春，"抵抗运动（the Resistance）①战士、奥斯威辛集中营幸存者让·埃默里（Jean Améry）在1966年写道，"失去故乡的人，余生便失去了自我，即使不会真的像醉汉一样流落在异国他乡街头，但内心依旧彷徨。"

我的爷爷库尔特便是如此，但我的父亲已然摆脱了这种彷徨。父亲在新大陆谨言慎行，恪守新公民守则十二条，同时能够熟练使用英语与人交流。库尔特·冯内古特（Kurt Vonnegut）在《棕榈主日》（*Palm Sunday*）中塑造了一种德国移民形象——"做出一副漠然与身无所寄的样子，以此标榜自己的爱国。"父亲不属于这类，他总是对家乡的德国肉肠和美味啤酒念念不忘，玛利亚德国传统风格音乐磁带也会让他高兴上一阵。不过，无论是在我们这些儿女面前，还是在朋友和邻居（大多是犹太人，有人甚至也参加过"二战"）面前，他都不愿意详谈自己的过往经历。当然，他本身也很幸运，很少被问及自己的出身，这倒是与库尔特的经历很像——前文提到，库尔特于20世纪40年代初抵达美国，不久便和海伦一同受邀登陆长岛参加晚宴。当时，在场的宾客满座，但没有一人逼着他们去谈论"初到新世界的所见所闻如何颠覆了对欧洲旧大陆的认知"。渐渐地，尼科便认为，周围人是在以这种无声的姿态欢迎他。

---

① "二战"期间反抗德国占领军和维希伪政权的地下运动。

1959年，父亲被美国无线电公司（RCA）挖走，离开了杜邦公司，我们一家也随之迁往普林斯顿，住进了一座错层式房屋，那里距离父亲新公司的研究园（设在1号公路旁）很近。那时，父亲心里非常清楚，童年时期令他如痴如醉的科学技术正在改变这个世界，而他所在的新世界更是近水楼台。到了20世纪60年代，在一场会议上，他听到物理学家罗伯特·诺伊斯（Robert Noyce，此人是英特尔公司的创始人之一）说起自己发明了一种叫作"集成电路"的元件，于是在会后找到他并递上了一张名片——这么做并不是想从诺伊斯那里谋得一份差事，而是想告诉诺伊斯，如果他和合伙人以后想让自家公司上市，记得联系他。

回想起我们一家在普林斯顿市的生活，鲜明的60年代特征渗透进了日常的点点滴滴：无论是书房电视机播放的黑白画面，还是《生活》（Life）杂志刊印的彩色照片，内容无外乎登月、骚乱和暗杀。不过，总是会有一两件事情让我们注意到自己和周围人不同。比如，邻居们都是在圣诞节当天早晨互送礼物，而我们家却把时间定在平安夜：先把点燃的蜡烛夹到圣诞树的树枝上，然后在摇曳的烛光中用英语吟唱《平安夜》之歌，最后再送出礼物。以防万一，父亲总会提着盛满水的水桶守在圣诞树旁。在邻居们看来，我们家的过节习俗不仅粗鄙，而且还很不安全。我家隔壁的艾弗森先生（Mr. Iverson）在美国童子军（the Boy Scouts of America）[①]的总部"新不伦瑞克"（New Brunswick，位于新泽西州北不伦瑞克镇）工作，时

[①] 美国最大的青少年组织，成立于1910年，超过1亿的美国公民为该组织会员。

不时地会塞给我几份《童子军生活》(*Boys' Life*)杂志。翻阅这些杂志后，我对部队这类集体生活心驰神往，梦想着有朝一日能身着军装，佩戴闪闪发亮的臂章，高喊入伍誓词。但我父亲并不支持我的想法，我当时对此很不理解。

我从不认为自己是在战后创伤中长大的孩子，甚至没觉得自己的成长环境像其他德国家庭那么古板。父母亲自把我们抚养长大，没有雇佣任何保姆，所以我们和父母很亲近。父亲常会把我们喊到客厅的沙发上，互相贴在一起，举行被他称作"猪窝"（Schweinenest）的亲昵仪式，以证明我们一家（父亲、母亲、我、我的两个妹妹）是"同在一个槽里拱食的猪"。姑姑玛利亚曾和我聊起这件事："梵蒂冈有座尼罗河神雕像，河神侧卧在地，他的儿女①在身边爬来爬去，这就是尼科想要的样子。"

1968年末，父亲接到施乐公司（Xerox）抛来的橄榄枝。面对这家公司许下的丰厚待遇，他决定辞职前往新东家设在罗切斯特市城郊的研究室担任经理。于是，在那年圣诞节到来前，父母就带着我们搬到了犹太人聚居的布莱登郊区，因为他们觉得那里能够提供最优质的公立教育。可是，入乡就得随俗，所以我们一家以"教化中产阶层"的传统特质为参照，一步步地努力融入当地：先选修大提琴课，再努力学习获得高分，同时出入当地人的核心社交场所——犹太社区活动中心。但我觉得，自己根本不像个犹太人，也总是担心身上残存的德国人特质会让自己变得古板，从而交不到什么朋

---

① 代表尼罗河的16条支流。

友。不过，我很快结识了一群小伙伴，他们的父母都是罗切斯特大学的教授、斯特朗纪念医院（Strong Memorial）的医生、柯达公司（Kodak）或博士伦公司（Bausch & Lomb）的工程师。那次搬家正好发生在我12岁生日前[①]，所以搬来后不久，我便提前感受到了当地的成人礼文化：挨到祝祷仪式结束后，捡拾儿童餐盘里的残羹剩饭填饱肚子，然后在旱冰场上孤零零地充当"电灯泡"。

我真正感受到德国式的威权主义，并非源于做事一板一眼的父亲要我干什么，而是源自他和我母亲总是执拗于所谓正统文化。比如，当我们驾车将要路过某座城镇时，他俩便可能会漫不经心地问起对方，这个小镇有没有"好听的音乐电台"。显然，这里的电台指的是"古典音乐电台"。每当听到这样的对话，我就会被提醒，一个人可以容忍无知，但绝不会原谅没有品位。

除了觉得周围人没有文化外，父亲还不习惯当地人盲目乐观的生活态度。在施乐公司，父亲带领一个研究团队专门研发新型复印机墨粉，他曾遇到下面这个情况：

"听说你能赶上结项时间？"一名公司主管问他。

"五五开的把握吧。"父亲回答道。

"太好了，恭喜你！"

我父亲并不这么乐观。"你懂五五开的意思吧，"他后来告诉我，"就像过马路，往前迈一步，可能就过去了，但犹豫一下，也有可能被撞死。"

[①] 根据犹太律法，犹太人男孩长到13岁时，家人将为他们举行成人礼。

父亲作为"人形制表机",虽然嘴上经常吐槽,但内心还是非常感激新世界给了他站稳脚跟的机会,这是在欧洲旧大陆从来不敢想象的事情。我们的新家采用了都铎装饰风格,父亲回到家,总会去地下室,那里有个工作台,上面摆满了瓶瓶罐罐,专门用来盛放垫圈、角钉和梅花头螺丝钉等。他常会掏出标签枪(即卢格尔手枪样式的标签打印机),先把文字喷到塑料胶带上,再把胶带分别贴到对应的罐子上。此外,父亲还给杂志社的编辑写信投稿,在文中详细地列举出美国镰刀和巴伐利亚州镰刀(他小时候使用的那种)的区别。为了阐明自己的观点,他使用了一些我至今都没在别处见过的单音节英文单词,如 snath(大镰刀刀柄)、nib(刀尖)、bead(焊珠)等名词以及动词 peen(用锤头砸)。这篇稿件最终被采用,刊登在《乡村杂志》(*Country Journal*)上。我能够想象到,他之后在玩《纽约时报》的填字游戏,解出这些单词时的开心,这也是他后来越来越频繁地做填字游戏的原因,因为他可以从中找到灵感。不过,父亲常会抱怨,有些谜题的线索需要从流行文化与体育知识中寻找;遇到这种情况,我会先让他发完牢骚,然后再问他是否需要帮助,这样他就会欣然接受我的好意。

如果想要行使公民权利,凭借一己之力同政客和商业大亨抗衡,阻止他们以牺牲小人物为代价巩固自己的政治与经济地位,我们可以找到很多力所能及的方法,其中之一便是保持清醒的消费意识。为此,父亲每年都会购买《消费者报告与购买指南》(*Consumer Reports Buying Guide*),这套他眼中的"消费百科全书"占据了家里书架的大部分位置。所以,当他读到艾森豪威尔向军工复合体发出警告时，肯定会点头附和。不仅如此，我每次放学回家，都会在柜子上找到盖有华盛顿特区邮戳的信件，寄信人是"共同事业"（Common Cause）或"公共市民"［Public Citizen，由拉尔夫·纳德（Ralph Nader）创立］等倡导政治改革的公益组织，其名称颇有魏玛遗风，折射出它们追寻的正是乌托邦式政治理想。但父亲觉得，这类组织没有实权，仅凭一腔热血想要实现政治抱负，一定会遭到美国政府的打压。

父亲对德意志帝国崩溃的原因有着自己的理解，也总想找到更多的材料来支撑自己的观点，这一切都被我看在眼里。比如，威廉·夏伊勒（William Shirer）的《第三帝国的兴亡》（*The Rise and Fall of the Third Reich*）就被他摆放在卧室中最醒目的位置。另外，他还阅读了阿尔贝特·施佩尔（Albert Speer）[1]的回忆录，但不仅仅把这个人当作一名普通的建筑师来研究。不仅如此，君特·格拉斯的最新作品也经常出现在父亲的枕边，这些作品之所以令他手不释卷，原因有三：一是充满了天马行空的想象；二是将粗鄙角色的形象刻画得入木三分；三是体现了作者执着于反思过往。不过，父亲自己却没有像格拉斯那样正视历史——在和邻居或者同事聊天时，每当对方问起他的出身，他总是对自己的战后移民经历含糊其词。多年后，就连我问起那些常常被刻意隐去的往事，他也总是顾左右而言他。父亲这么做，很可能是不想让我们背上精神包袱，但也导致我难以开口向他提出心里的疑问。20世纪70年代的一个夏天，我们

---

[1] 阿尔贝特·施佩尔（1906—1981），德国建筑师，在纳粹德国时期成为装备部长以及帝国经济领导人。

回慕尼黑探亲，我的一位瑞士朋友从苏黎世赶来看我，提出打算一起去参观达豪集中营。没想到，父亲的脸色一下子变得很难看，他质问我："你们为什么要这么做？"

可见，父亲特别渴望同过去一刀两断，也不想让我们卷入其中。所以，当他卖掉手中的默克达姆施塔特公司股份时，感到如释重负，不仅是因为从此不用再缴纳巨额税款，更重要的是，这代表他断掉了自己同欧洲旧大陆的最后一丝联系。不过，父亲对流行文化完全不感兴趣，总是闹出笑话，令我尴尬不已。最尴尬的一次发生在某一年的春天——当时我们度假归来，刚刚到达坦帕机场，当地电视台的摄制组正在做街头采访，其中一名记者走到父亲跟前，问他对当前经济形势的看法。没想到，父亲竟激动地一把抢过话筒，将它拽到自己面前，把提问的记者吓得不轻。我想，即使再不拘礼节的美国潮人也不会像父亲这般失态。事后，我反思了父亲做出这样举动的原因：在一个大众媒体关心普通民众想法的国家，父亲终于可以毫无顾虑地发表自己的观点。

父亲虽然相信这片土地的法律是公正的，执行起来也是公平的，但我也看到，他对这些规则的忠诚，也会偶尔动摇。20世纪70年代初，我还是一个鲁莽少年，和狐朋狗友混在一起，整日在街头闲逛，美其名曰"划地盘"，甚至萌生了惹是生非的念头。一天晚上，罗切斯特市下了一场暴雪，路面都被冻住了，我们一伙人蹲在高地大道（Highland Avenue）路旁的灌木丛中，向来往的车辆扔雪球。

我还记得那晚，鹅毛般的雪花在汽车前灯的照射下狂舞。突然，"砰"的一声，我们的雪球砸中了一辆大车的侧面，汽车猛地刹住，发出微弱的打滑声。一个高大的男性身影打开车门，朝我们三人走来。我们吓得四散而逃，其他两人不见了踪影，只有倒霉的我被司机抓住。这名司机一身的酒气，一把抓住我的夹克，将我拽到了车上，然后开车带我回去找家长。回家的路并不长，我紧张得一句话都不敢说。到了家门口，父亲连连向抓我的司机赔礼道歉，并拍胸脯保证："一定会好好教育这小子。"

不过，等到司机关门离开，父亲居然长舒了一口气，转头对我咧嘴一笑，叮嘱我："下次机灵点，别再被抓住了。"

*

每到诺曼底登陆纪念日，我便会想起自己数年前第一次去诺曼底海滩实地考察的情景：当时，我站在悬崖边，放眼望去，英吉利海峡横亘在面前，灰色的海面连通天际；回望身后，可以看到当年"大西洋壁垒"（Atlantic Wall）[①] 的掩体与炮台遗迹；再往遗迹的不远处望去，一片精心修剪过的绿色草坪映入眼帘，掩映着一块块灰白色的墓碑，上面刻写着歌颂牺牲士兵的挽词。所有这些景象构成了一幅完整的画卷，令我不仅叹服于"霸王行动"（Operation Overlord）的用兵神勇，同时也为将士们"用生命换取自由"的气概所折服。为筹备此次登陆行动，盟军集结了300万兵力，规模与希特勒发动"巴巴罗萨计划"时相当。登陆当天（1994年6月6日），约有4400名盟

---

① 又称"大西洋长城"，是第二次世界大战期间纳粹德国用来防御西线的军事设施，该防线东起挪威沿海岸北部，西至法国和西班牙的边界，长达2700公里，主要用来防止盟军登陆欧洲大陆。

军士兵战死沙场，另有20万士兵在追击德军期间牺牲，没能看到德军被逐至莱茵河对岸的那一天。

我还是个孩子的时候，便已隐约感觉到诺曼底登陆对于我的家庭和我本人的意义。早在小学毕业前，我就从父母的书架中抽出了科尼利厄斯·瑞恩（Cornelius Ryan）的《最长的一天》（*The Longest Day*）仔细品读。到了高中，在法语课上读到保尔·魏尔伦（Paul Verlaine）的作品时，我便立刻想起，诺曼底登陆前夕，英国广播电台在电波中正是以这位诗人的诗句为暗语，将盟军即将登陆的消息传递给法国境内的"抵抗运动"组织。

1985年5月8日，恰逢纳粹德国战败40周年，德意志联邦共和国总统里夏德·冯·魏茨泽克（Richard von Weizsäcker）在联邦议院发表演说，阐述了一个并不复杂但会冒犯许多人的主张：对于德国人而言，战败纪念日的意义并不在于牢记国耻，而在于庆祝德国的解放。"我们必须找到属于自己的评判标准，"魏茨泽克在这一天说道，"如果我们放不下狭隘的私人情感，便无法完成背负的使命。我们需要正视真相的勇气——既不粉饰过往，也不歪曲历史。我相信，在座的各位都有这股魄力……那么，在今天这个日子，我就代表在场各位郑重宣告：5月8日……是所有德国人获得解放，摆脱纳粹暴政的日子。"

在演说中，魏茨泽克从1945年5月8日向前回溯，一直讲到1933年1月30日[①]，并大声宣布："我们不是在向过去妥协，也绝不

---

① 在这一天，希特勒被任命为德国总理。

可能妥协。历史绝不容许被篡改，更不能被抹去。对历史熟视无睹的人，必然不会关心当下。忘却前耻，后必遭殃。"

他还做出预测，在柏林墙倒塌后不久，"将会有人否认历史"，因此向世人发出了响亮的警告，"结合历史来看，我们已经了解到人类是什么德行，"他说，"因此，万万不可感觉良好，幻想自己与前人不同，甚至变得更好了。上至国家，下至个人，都不可能最终实现道德上的完美。所以，作为人类，我们既要知道，自己仍身处险境，但也要有信心，坚信可以凭借自身力量一次又一次地战胜这种危险。"

第一次站在悬崖边远眺时，我在脑海里回溯了从古至今的一系列历史事件，发现当今德国历史的走向正如这位总统所言。但在亚历山大·高兰德和比约恩·霍克代表的德国选择党党徒看来，魏茨泽克的演说"是在和本国人民作对"。

至此，德国在战后亟须解决的根本问题摆在了我们面前，此问题决定了当今德国政治生活的框架：人类非要分出个彼此吗？一个拥有八千万人口的现代社会，就容不下一百万难民？"德国人"这三个字里，到底是"德国"排在前面，还是"人"排在前面？

我的父亲曾为德国国防军效力，母亲曾在康涅狄格州的"胜利花园"里为国种菜。① 作为他们的儿子，上面这个问题的答案对我来

---

① "胜利花园"是战争期间在私人住宅院落和公园开辟的蔬菜种植地。"一战"和"二战"期间，美国、英国、加拿大和德国都推行过该运动以减轻战时的食品供给压力。除了间接地支援战争外，胜利花园也是鼓舞平民士气的手段之一，它使参与者感受到自身劳动为战时生活做出的贡献，亦是战时后方生活的一部分。

说意义重大，完全不亚于人生在世的意义。我能存活于世，恰如德国如今能欣欣向荣，二者背后的原因如出一辙：世人看不惯纳粹德国的行径，于是先教训了它，然后寄希望于德国人的后代，企望他们能够承担起历史的使命，恰如我的爷爷在写信给玛利亚时提出的期盼。

德国人的确没有辜负这一期望。1995年，距离魏茨泽克发表演讲刚刚过去十年，德国一半以上的人口便已将"盟军击败纳粹"视为"德国获得解放"，另还有28%的人口认为德国"既是获得了解放""也是被击败"，仅有13%的人口将"德国被武力征服"视为国耻（需要强调的是，这个比例恰恰是德国选择党在2017年9月大选中的得票率）。不仅如此，德国人的"改过自新"也得到了世界各国的赞许。譬如，德国在2006年举办世界杯时，便妥善地处理好了主客关系：本国球迷既为德国摇旗呐喊，也不失东道主的亲切。对此，有人开玩笑说，东道主德国太客气了，把决赛的名额拱手让给了法国和意大利。客场的球迷也表示，他们喜欢德国人，也愿意待在德国，这就在某种程度上肯定了德国在改过自新方面做出的努力。正如绿党（Green Party）政客策姆·约茨德米尔（Cem Özdemir）2018年2月在联邦议院发表演说抨击德国选择党时指出，正是因为德国文化具有多元性和"铭记过往的传统"，"这个国家才得到了全世界的尊重"。

右翼民粹主义在整个欧洲乃至全世界大行其道。事实上，德国人早就以身试祸，尝到了该主义的苦头。调查显示的13%已经是一个不小的比例，大到足以支持德国选择党成为第一大反对党，使得默克尔在大选出师不利后历经三个月才艰难地组建起政府。不过，即便是德国选择党，也不敢像美国夏洛茨维尔市的新纳粹分子那样在城市街头招摇过市，更不敢公开高呼"血统与祖国""犹太人不会取代我们"这类口号。所以，承认德国选择党的崛起，并不意味着放松对右翼势力的警惕。苏珊·奈曼指出："'克服过去'并不是对抗种族主义与反动势力的济世神药，毕竟还有那么多不明事理之人。"不过，苏珊欣喜地发现，许多德国人在得知她要将自己的书名定为《借鉴德国：直面种族与邪恶记忆》时，着实表现出诚惶诚恐的模样。

作家厄尼·派尔（Ernie Pyle，与我父亲前往美国时乘坐的货轮同名）原计划发表一篇关于德国投降的专栏文章，但在1945年4月18日便遭遇枪杀身亡，距离德国投降就差几周。他的手稿记录了长达五年多的战争，其间仅在欧洲丧生的人数约达到了4400万，其中包括2600万平民。人们从这份手稿中发现了这样一句话："逝者的本意是，向前看，别想让他们的死成为套在生者脖子上的精神枷锁。"①

通过派尔的言论，我们同样可以揣测出另一番积极含义：那些士兵，之所以甘愿为登陆作战，为解放法国，甚至为解放德国付出生命，是因为心怀同一份信念：一个国家的公民，不仅仅指的是出生在该国国境内的人们。无论流亡者还是移民，只要笃信同一种信

---

① 作者在回复译者的邮件中详细解释了这句话，意思是："人死了就成了过往，活着的人要向前看，不要在逝去的人身上纠结痛苦，给自己戴上精神枷锁。"

条，亦可成为公民。"美国人"身份从来不只是血统与土地之间的狭隘对应关系。反观今日的"德国人"身份，亦是如此。

受此启发，一位出生在美国的德国国防军之子，正站在柏林城内纪念诺曼底登陆日。

第十四章

海龟湾

亚历克斯①：1975至1994年

刚刚进入普林斯顿大学读书的那段时间，我在校园里的很多地方都能找到父亲尼科当年的生活痕迹。埃里希·卡勒尔的遗孀就住在离我家几步远的地方，她的房子就是父亲在1948年初到美国时的落脚地。此外，我还是当地晚报《特伦顿时报》(*Trenton Times*)的校园记者。每当我的稿件被采用，我就需要在中午的时候穿过拿骚街去取报纸。父亲当年正是沿着这条路去寻觅他钟爱的猪肉卷三明治。早在父亲读书的时候，有一位数学系研究生总是骑着自行车在研究生院的地下室里不停绕圈，嘴里哼着贝多芬《第九交响曲》的"欢乐颂"旋律，他便是患有精神分裂症的博弈理论家、《美丽心灵》(*A Beautiful Mind*)的男主角原型——约翰·纳什(John Nash)。几十年后，父亲来学校看我时，我俩仍能看到这位数学家在燧石图书

---

① 亚历克斯（Alex）是作者亚历山大（Alexander）的昵称。——编者注

馆四周转悠。

20世纪80年代初,我从普林斯顿大学毕业,踏入曼哈顿当地的杂志新闻界,在《体育画报》(Sports Illustrated)担任事实核查员,每年挣到手的工资加上加班费共有16000美元(并且加班的机会很多)。我能找到这样一份高薪的工作,令父亲感到自豪,但他和我爷爷库尔特一样,瞧不上这份工作的内容,认为只不过是"写一些让运动员血脉偾张的文字。"姑姑玛利亚后来也告诉我:"你这个体育记者呀,只是看上去像个社会专栏作家,但离你父母的期望可差远了。"

我在曼哈顿上西城(Upper West Side)租下了一间每月租金500美元的工作室,在那里和满屋的蟑螂打了整整一年的交道。后来,海伦邀请我搬到了她在海龟湾的公寓,这样她就能以家庭名义申请保留自己的临时住所,从而能继续住在小儿子克里斯蒂安一家附近。但是,根据纽约州法律的规定,孙辈并不能被视为房屋租赁合同项下规定的"直系亲属"。因此,海伦不久就从门缝里发现了抬头写有房东姓名的信件。这封官方信件措辞严厉,援引了各项法律条文,同时翻出陈年往事来证明我和海伦的关系。海伦为此头疼了好几个晚上,直至最后重新起草了租约并增加了租金,才算平息了此事。作为一名流亡者,除了被他人揭开记忆的伤疤外,身边的一些老物件也会时不时地戳中她内心的痛处,比如衣柜里那排令她触景生情的靴子。为此,她感慨道:"如果有必要,我随时可以把它们都卖掉。"玛利亚既对海伦决绝的生活态度表示钦佩,同时也不忘用调侃的口吻称她为"靴子"(Gestiefelte),这与德语中继母(Stiefmutter)

一词音近形似。

在接下来的十几年里,每当海伦出差路过曼哈顿,我俩便会在她的住所临时搭伙生活。她经常做些简单的晚餐——即使一碗扁豆配热那亚罗勒青酱,也能让我回想起在法国和意大利的清苦岁月。屋内的每一件家具,每一张照片,都承载着一段往事:海伦的桌子上摆放着爷爷库尔特的照片,照片中的爷爷衣着体面,跷腿而坐,手中夹着一根香烟(因为没有夹紧,所以烟头垂向地面)。此外,文学界的名流,比如格拉斯、乌韦·约翰森(Uwe Johnson)、马克斯·弗里施(Max Frisch)等编辑和评论家,经常出入海伦的住所,我偶尔也会遇到他们。但是,每到周日,我都要在公司加班到第二天凌晨,以尽职尽责地校对完每一个文字,避免出现低级错误,比如把纽约尼克斯队(New York Knick)队员米歇尔·雷·理查森(Micheal Ray Richardson)的名字拼错。等加完班拖着疲惫的身躯回到家时,便没有机会再遇见任何名人。

1994年春,我失去了自己的临时室友——海伦在新罕布什尔州汉诺威镇的自家厨房中逝世。根据《玫瑰之名》(*The Name of the Rose*)——这是海伦在库尔特去世后出版的最为畅销的书籍——作者翁贝托·埃科(Umberto Eco)的说法,"她是站着离开人世的"[①]。"突然之间,一切都成了过往烟云,"格拉斯在听闻海伦逝世的消息后写道,"失去了海伦,我们便失去了一处大本营。悲痛之余,

---

[①] 这里是为强调海伦不是躺在病床上离世。作者在回复译者的电子邮件中解释说,海伦在人生末年一直非常健康,从未卧病在床,直至有一次在厨房站着做饭时突发中风离世。

我们也会意识到,我们这代作家中,有太多的人受惠于德国移民。这些背井离乡之人,为我们做的,远比我们想要的多。"

就在去世前不久,海伦将库尔特那本名人语录的最后一页复印给了我,上面写有六行文字,可能出自斯蒂芬·格雷特(Stephen Grellet)与威廉·潘恩(William Penn)二人。海伦在随附的便笺中写道:"这就是他的追求。"可见,直到临终前,我的爷爷仍在坚持用手头"为数不多的资源"做"劝人从善的事业"。

> 我只来世间一回
> 所以,任何我能做的善事
> 任何我可以表达的善意
> 请容许我立刻就做,随时就表达
> 让我别有任何拖延,别把善意压在心底
> 因为,生命这条路只能走一趟

这就类似海伦在给小费时常说的那句话:"要给就多给点。"(即要做善事,那就多做点。)

*

旅居柏林期间的某个周六,几个人的名字映入了我们眼帘,他们是阿尔塔夫、希沙姆、韦达德、达约特和阿德默拉。这些远道而来的年轻人不仅带来了一场体育盛宴,还引发我们思考:生活如此幸福,是因为身在两个承平日久的繁荣国家。

我们得知海伦的外甥孙女玛丽安·德杰和她的丈夫斯蒂芬（Stephan）住在柏林韦斯滕德（Westend）区内一处历史悠久的老宅里，于是决定登门拜访。来到老宅的院子里，抬头便可以望见隔壁住宅二楼房间的窗户——反纳粹神学家迪特里希·潘霍华（Dietrich Bonhoeffer）正是在那个房间里被盖世太保抓走。而在德杰夫妇自家住宅外，我们还发现，窗户格栅上嵌有若干金属制品，其中包括一块奥运五环徽标。由此徽标可知，当初修建这栋房子的目的是纪念在此附近举办的1936年柏林奥运会。不仅如此，斯蒂芬还将杰西·欧文斯（Jesse Owens）从跳板上起跳的照片装裱进玻璃相框中，然后把相框挂在了一楼浴室的窗户上。如此一来，这位在1936年柏林奥运会上赢得4枚金牌，凭此举狠狠打脸希特勒的非洲裔美国人，便可以每日在阳光的照耀下享受洗尘之礼。

德杰夫妇怀有如此深厚的历史情怀，与二人从事的职业有着密不可分的关系：斯蒂芬是德国广播电台（Deutschland Radio）的政治新闻记者，玛丽安则是柏林巴德学院（Bard College Berlin）的历史教授，所教学生均是流离失所的难民，来自饱受战火蹂躏的阿富汗、伊拉克和叙利亚等地。此外，夫妻俩之所以同情难民，是因为两人的家族与纳粹德国存在一定的联系：在历史上，玛丽安的家族在巴伐利亚州经营着一家造纸厂，使用的正是纳粹从乌克兰强征来的劳工，这就迫使玛丽安在多年前就已开始直面"克服过去"的问题。如今，德杰夫妇在自己家中收容难民，既是为了促进不同文化之间的交流，也是为了满足自身对中东地区的好奇。两人心怀捍卫跨国主义（transnationalism）①的夙愿，想要纠正联邦德国自成立以来不愿接纳移民的错误做法。另外，玛丽安的母亲玛丽（Marie）出生在一个俄国移民家庭，这样的家族背景也对夫妻二人产生了影响。如今，玛丽安的父亲迈克尔（Michael）早已退休，不再过问造纸生意，而是和妻子一同住进了一个观念保守的村庄，自愿帮助难民融入当地，这令玛丽安倍感自豪。

在德杰夫妇家里，浓郁的包容文化（Willkommenskultur）一直被保留至今，改变了许多难民的命运。三年前，夫妻俩最先收留的是萨默尔。当时，这位叙利亚难民创办了一家名为"阿勒波晚餐俱乐部"（Aleppo Supper Club）的餐饮公司，让自己的母亲掌管公司厨房，从而养活了一大家人。时至今日，德杰夫妇又收留了两名来自也门的学生阿尔塔夫和希沙姆，这两个孩子共经历了两场逃亡才来到此地——他们的家乡遭遇沙特阿拉伯的轰炸，两人逃到土耳其后进入当地大学读书；到了2016年，土耳其发生未遂政变，遭到总统雷杰普·塔伊普·埃尔多安（Recep Tayyip Erdoğan）的镇压，阿尔塔夫和希沙姆所在的大学成为打击目标，二人不得不再次踏上逃亡之路。

在德杰夫妇家中，操各国语言的家庭成员需要轮流做饭。所以，阿尔塔夫和希沙姆为我们准备了一顿也门风味的午餐。吃完饭后，我们步行前往奥林匹克体育场，观看赫塔柏林人体育俱乐部（Hertha BSC，柏林当地的一家德甲俱乐部）在本赛季的决赛。比赛刚开始

---

① "跨国主义"是20世纪90年代以来西方学术界内盛行的一种研究理论，主要用于研究全球化背景下超越民族国家疆界的移民政治、移民经济与移民文化等活动。

没多久，达约特·于帕梅卡诺（Dayot Upamecano）就为客场球队莱比锡红牛（RB Leipzig）踢进一球。但仅仅几分钟后，主场球队的韦达德·伊比舍维奇（Vedad Ibisevic）便将比分扳平。没过多久，莱比锡红牛队的阿德默拉·卢克曼（Ademola Lookman）躲过对方门将的拦截，将球直接打入球门，为最终的6∶2大比分胜利献上了一记精彩的射门。以上三名球员分别来自几内亚比绍（Guinea-Bissau）、波斯尼亚（Bosnia）和尼日利亚（Nigeria），在场的铁杆球迷们高举"反对种族主义，渴求包容"（*GEGEN RASSISMUS, FÜR TOLERANZ*）的标语，由此可见，当代的柏林正以一种崭新的话语体系重塑纳粹时代的社会结构。

1936年，希特勒在柏林举办奥运会时，站在看台上观看开幕式的还有美国作家托马斯·沃尔夫（Thomas Wolfe），他将自己对那场奥运会的印象写进了自传体小说《你不能再回家》（*You Can't Go Home Again*）中：

> 德国人建成的这座高大宏伟的体育场，堪称有史以来最华丽、最完美的建筑，就连内部所有的配套设施，如游泳池、大厅和小型场馆，都在布局与实用性上与主体建筑保持一致，兼具美观与实用。这场奥运会的方方面面都折射出德国强大的组织动员能力：小到对每项赛事细节的把控（精准到每分每秒），大到对人群的调动（在此之前，没有任何城市接纳过数目如此庞大的四方来宾，换作是纽约，恐怕早就陷入了交通瘫痪的状态），德国都能从容镇静地将一切安排得井井有条，效率之高，

令人叹为观止。

正是在沃尔夫笔下的这一天，盛大的火炬传递仪式首次被纳粹引入奥运会，从此成为日后每届奥运会的组成部分：火炬手用取自希腊的神圣火焰点燃奥运圣火，标志着整场开幕式达到高潮。在1936年，完成这项光荣任务的是一名德国举重运动员。当时，他挥舞着一面旗帜，带领运动员宣读奥林匹克誓言。然而，他手中的那面旗帜并不是奥委会规定的奥运五环旗，而是纳粹十字旗。与此同时，在元首的观赛包厢里，国际奥委会主席亨利·德·巴耶-拉图尔（Henri de Baillet-Latour）就坐在希特勒身旁，却对此视而不见。

片刻之后，波兰驻德大使拍了拍巴耶-拉图尔的肩膀，"对于组织能力如此强大的民族，我们必须保持警惕，"他把说话声音压到最低，以免被希特勒听到，"如果他们把这种能力用于战争，将会轻而易举地动员起整个国家。"

*

旅居柏林期间，我们的住地附近有两处地标建筑。从公寓二楼向北望去，越过柏林墙旧址，可以看到老东德电视塔矗立在亚历山大广场。若站在其顶端，便可俯瞰整个勃兰登堡。再向南远眺，废弃的滕伯尔霍夫机场雷达塔从郁郁葱葱的树冠中探出了圆顶，那片树林位于我们这条街对面的墓地内。这两处地标一南一北，一个负责信号的输出，一个负责接收，恰好对应冷战的两极。

虽然电视塔是国际公认的柏林当代地标建筑，但滕伯尔霍夫机场却在我们的日常生活中扮演着更加重要的角色。该机场于2008年关闭，场内的跑道和滑行道随后便被纳入世界上面积最大、最引人注目的城市空间之一——滕伯尔霍夫公园（Tempelhofer Feld）。早在这个废弃的地块被卖给开发商前，柏林人便采取了惯用的"占用废弃房屋"策略，先下手为强，着手重新打造这处空间。等到政府准备有所行动时，生米早已煮成熟饭——这处民间公共乐园已经成型。每当我们想要放松心情的时候，便会漫步在滕伯尔霍夫区的柏油步道和绿地上，一边观赏风筝冲浪者乘风滑行，一边贪婪地吸闻从路旁烤架上飘来的阵阵香气。不远处，园区内的公寓映入眼帘，与教堂的尖顶和三三两两的高楼尖塔交相辉映，构成了一幅都市风景画。除了大人，孩子们也会来到这里享受一个多小时的闲暇时光——或是跑步，或是为学校的作业拍摄些都市风景。在这片昔日纳粹控制下的开拓地带，我的爱人瓦妮莎（Vanessa）用一种最有意义的方式，同此处最西侧的航站楼结下了不解之缘。她没有获得相关许可，无法在德国境内从事护士职业，只能加入一个志愿者组织，帮助在柏林落脚的难民家庭，其中有几户便是以滕伯尔霍夫区内的几个废弃机库为家。

　　瓦妮莎最终答应和我前往航站楼一探究竟。我们沿着哥伦比亚大道一路漫步，其间路过一块纪念碑，上面写着"普鲁士警察大楼旧址"。纳粹统治期间，这栋大楼被拆除，当局在原址上建成盖世太保的拘留所。行人每次路过这栋建筑，都可以听到里面传来的囚犯惨叫声。1935年，时任航空部长的戈林下令建造滕伯尔霍夫机场，部署工人（其中大多数是强制劳工）在此为纳粹德国空军组装容克

（Junker）型和斯图卡（Stuka）型轰炸机。1948至1949年间，西方国家为了打破苏联的封锁，共出动200余架次运输机，发起了为期11个月的"柏林空运行动"。当时，英美两国的轰炸机昼夜不停地在滕伯尔霍夫机场起降卸货（平均每三分钟就有一架飞机着陆），被柏林市民亲切地戏称为"葡萄干轰炸机"（Rosinenbomber）。所以，当难民们第一次看到停机坪上停放着一架老式"葡萄干轰炸机"时，其中一部分人惊恐万分，以为这是被派来抓他们回叙利亚的。

在一个处处彰显现代德国建设成就的城市里，滕伯尔霍夫航站楼最为醒目。该建筑采用了纳粹建筑特有的浅棕色石灰岩，走廊地面仍保留着红、黑、白三色地板，每个机库的穹顶均采用40米长的钢桁架支撑，以满足纳粹在机库顶部安装大型看台的要求（这类看台一次性可以容纳10万人参与纳粹党集会或者观看飞行表演）。

常言道，世事无常，造化弄人。当初用来突显"纯种"德国人地位的加固穹顶，如今却在庇护成百上千的黑皮肤难民。这些难民在找到合适的住所前，都会选择在此落脚。从某种意义上说，他们每个人都是德国政府的贵客。

第十五章

"别和我说话"先生

尼科：1979 至 2003 年

我的父母尼科和玛丽因为对佛蒙特州（Vermont）的热爱走到了一起。母亲原本是生活在费尔菲尔德县的一个乖乖女，但自从有一次到佛蒙特州参加夏令营后，便爱上了在田野间撒欢的集体生活，日后一直对那段经历念念不忘。父亲之所以喜欢佛蒙特州，是因为那里有广袤的草场和葱郁的山林，在那种环境下生活的当地人，方言口音与他的故乡巴伐利亚州十分相似。此外，我的父母都很喜欢卡尔·楚克迈尔（Carl Zuckmayer）的作品。此人是库尔特·沃尔夫出版社旗下的一名流亡作家，在20世纪30年代末来到了我父母居住的小镇，该镇隶属佛蒙特州。1963年，我父母带着我的小叔克里斯蒂安住进了镇子上的一间农舍。"来到未开发的处女地，务必要一步一个脚印地前行，只要拿出昂扬的斗志，保持谦卑的态度，追随坚定的目标，"暂居那片荒土期间，楚克迈尔写下了这句话，"我们便会逐渐意识到……流亡既不是在逃避，也不是遭到了什么诅咒，而是命中注定。人啊,一定要乐天知命。"

我父亲是一名移民,与流亡者不同,对生活节奏有着更高的要求,这实际上也是他的天命——用自己的方式找到一条通往美国道路,并在那里觅得一块最具欧洲特色的世外桃源。父亲做到了,他最终成了一名自由职业顾问。1979年,由于需要给农舍安装御寒设备,父母在河对岸的新罕布什尔州(New Hampshire)找了一处地方暂住下来,这样我的妹妹也能在当地的高中完成学业。等到妹妹上大学后,父母便又搬回了佛蒙特州东伯纳德市(East Barnard)的那条土路,在那里一住就是七年,直到年事已高身体每况愈下,才搬到距离医院更近的地方。事实证明,这种出于求生本能的决定是多么正确。两人最后一次搬家是到佛蒙特州诺里奇市(Norwich),几个月后,父亲便在除草时突发心脏病。四年后,他又被诊断出患有前列腺癌。

这个男人从两件事情中悟得了自己一生都是"笼中困鼠"的天命,一是那次在慕尼黑的地窖内躲过空袭,二是向"雪绒花"中队提供作战地图和侦察照片,亲手为自己编织了牢笼。到了80年代末,他参加美苏民众交流项目,借此公开宣扬自己的和平主张。我想,这背后的部分动因就和那两件事有关。在他看来,他的人生后来出现了转机,得归功于自己的运气,就像是坐在赌场的包间里,拿着手中的筹码最后赌赢了一把。不过,即使生活好了起来,也无法抹去他对战争的记忆以及对物资匮乏的恐惧。比如,有一天,他向我透露,自己曾以每股2美分的价格一次性购买了5万股英特尔股票。但就在同一天,他又满腔愤怒地给威瑞森电信公司(Verizon)写了一封信，指责其将州内长途的每分钟通话价格上涨了2美分。

父亲尤为鄙视一切试图欺骗普通人的实体，如政党、企业和宗教。所以，当"永恒世界电视网"（Eternal Word Network，美国最大的天主教电视网络）强行给他家的有线电视推送宗教节目时，家父便在当地的报纸上刊文，公开宣称自己"并非天主教徒"，并质问该公司为何将宗教信条强加给他。在他看来，只要有线电视或者电话公司将一点歪心思用于涨价或者诱骗用户缴纳更多的费用，那么上帝就一定会站在客服代表这边捍卫用户的利益。所以，他一直保留着各项收据。此外，由于当时家里电话还没有开通来电显示，父亲总是无法避免地接到推销电话。每当接到此类电话，他就会毫不留情地挂掉。然而，父亲觉得直接挂断电话还不够解气，所以会把听筒放在桌子上然后走开，任由对方在电话中自说自话。母亲觉得，父亲这种做法不妥，因为每一个努力谋生的人都值得尊重。但我却十分理解父亲的举动，这可能和他几十年前的"归乡者"经历有关，属于一种晚发型间歇性低强度创伤后应激障碍。几十年过去了，父亲仿佛仍在脖子上挂着纸板，上面写着："别和我说话。"

1955年的一整个夏天，父亲都在带着我的幺妹凯西（Kathy）环游地中海。他们从我父亲度过美好年少时光的意大利出发，一路向东，最终抵达伊斯坦布尔，并在土耳其境内的爱琴海沿岸登陆，后随旅行团在酷热干燥的库沙达斯（Kuşadasi）下船，从那里转乘半个小时的大巴抵达以弗所。

从散落在以弗所境内的古希腊殖民遗址中，两人依稀可以窥见古希腊文明曾经的辉煌：遗迹内的半圆形露天剧场当年可以容纳2.5

万观众，另有一百多根立柱支撑起世界七大奇迹之一——阿耳忒弥斯神庙（Temple of Artemis）。不过，古希腊的荣光不止于此，现存最令人惊叹的建筑物坐落在宽阔广场的尽头，它就是双层塞尔苏斯图书馆（Library of Celsus）。早在公元200年建成之初，这栋建筑的朝向就是为了让在此读书的读者能够看到清晨的第一缕阳光。

旅行途中，父亲独自离开队伍，在古广场边找了一把石凳坐下。等我妹妹找到他时，他正在掩面哭泣。

看到父亲哭泣的瞬间，妹妹意识到，过去半个世纪里，他一直在努力融入周围的环境，如今，被他压在心底几十年的真实情感在此刻终于喷涌出来。"就像是门帘一下子被掀开，他的内心世界完全暴露在我面前，"凯西后来给我写信时说道，"昔日文明的象征，如今却只剩下断壁残垣，寂寥地横亘在眼前，令人痛惜盛世之景不再。面对此情此景，父亲沉浸在自己的情绪中，表现出我从未见过的一面。"

在以弗所，父亲再次看到了"碎石破瓦缓缓塌下，就像浓稠的粥一样流淌到街面"的景象。回想"二战"刚刚结束时，他给自己的父亲库尔特写信时描述的达姆施塔特残破街景也是如此。就这样，记忆的闸门瞬间被打开，尘封已久的回忆直涌他心头。

在此之前，父亲也有过类似的表现——突然泛起某种情绪，令我们措手不及。傍晚的夕阳、菩提花的香气，或是舒伯特C大调弦乐五重奏慢乐章中的几个小节，都可能勾起他的情绪。所以，我渐渐地开始懂得，经历的悲伤越多，就越容易触景生情。眼前的景象越美好，就会越分明地激起人们深藏心底的记忆。父亲和我们在一起时,从来是谨言慎行,只与我们分享美好的一面。

*

我的堂兄乔恩出生在1944年慕尼黑遭遇空袭期间,是姑姑玛利亚的长子,现已成为一名家谱学家兼档案管理员,居住在慕尼黑。于是,我乘坐高速列车登门拜访,打算借此机会好好地听一听他对家族历史的深刻见解。

乔恩比我年长将近13岁,也更了解奶奶伊丽莎白的情况,甚至知道一些我从未听闻的往事。1921年7月中旬的一天,恰好是奶奶生下我父亲的一周后,一件令她此生感到最崩溃的事情发生了——她的妹妹安妮玛丽(Annemarie)在生日当天,用丈夫杰斯科·冯·普特卡莫(Jesko von Puttkamer,此人是我爷爷库尔特在"一战"期间结识的好友)的军用手枪开枪自杀。从安妮玛丽留下的信件和日记来看,伊丽莎白当时已经爱上了自己的妹夫。

一直以来,东波美拉尼亚(Pomerania)的普特卡莫家族注定与我们家族有着剪不断理还乱的纠葛。上文第三章已经提到,1926年,杰斯科·冯·普特卡莫的妹妹(名字也叫安妮玛丽)产下了库尔特的私生子,也就是我父亲同父异母的弟弟依诺克·克罗默。除此事外,杰斯科本也像奥得河对岸的变色龙泽利格(Zelig)[①]一样,在人生不同阶段竟以不同的身份出现在我们家族史中:年轻时是库尔特在炮兵团里的战友,结婚后成了伊丽莎白的妹夫(其妻就是上面那

[①] 出自伍迪·艾伦执导的电影《变色龙》(*Zelig*, 1983),指能改变外貌、行为或身份以适应任何情境的人。

位吞枪自杀的妹妹），到了晚年又变成了伊丽莎白的老伴。

杰斯科来自一个旧式容克贵族（Junker）[①]家族（该家族拥有斯托尔普镇附近的土地），曾是一个叛逆少年：他曾两次拿着从父母那里偷来的钱离家出走；十五岁时，家人便将他送到了一所"青年之家"进行管教；三年后，他所在的高中以"道德败坏"为由，拒绝为其颁授毕业证。多亏有私人教师的帮助，杰斯科才勉强通过了文理中学毕业考试。此后，他进入柏林的斯特恩音乐学院（Stern Conservatory）读书，用三年的时间学习声乐、钢琴、小提琴，最后在机缘巧合之下结识了丹麦指挥家兼作曲家弗里茨·克罗默（Fritz Crome）。到了1914年8月，"一战"爆发，杰斯科和库尔特一同被调往西线作战。

杰斯科知书达理，风流倜傥，无论男女，都为之倾倒。1915年3月，库尔特在他生日那天写信给伊丽莎白。他在信中提到，部门

杰斯科·冯·普特卡莫

[①] 又译作"容克地主阶级"，该词本义是"年轻贵族"或"少爷"。后来主要指易北河以东地区的贵族和地主。在德国从封建社会向资本主义社会过渡时期，容克地主长期垄断军政要职。

里"那个最会来事的家伙"只看了一眼他的简历,便记下了他的生日,"刚吃完早饭,他就来到我办公室,送给我一大束美丽的兰花。那一刻,我感觉自己就像颁奖典礼上的头牌大明星。"

伊丽莎白也渐渐地领会到杰斯科的个人魅力。到了4月,库尔特所属部队在卡塞尔(Kassel)驻留了一个月,伊丽莎白因此有机会去部队看望库尔特。正是在此期间,伊丽莎白第一次遇到了杰斯科。此后几天里,她在日记中记下了自己翻滚的心绪:最开始觉得"他非常帅气,但摆出一副自命不凡的样子",后来发现"他很有音乐天赋",到最后"很懊恼杰斯科没有在返回前线前送我一束黄玫瑰"。

那年稍晚时候,库尔特的部队被调至马其顿。当时,杰斯科正准备回家休假。于是,库尔特便委托杰斯科中途在维也纳停留,替他去看望卡尔·克劳斯,进而说服克劳斯加入刚刚成立的库尔特·沃尔夫出版社。多年之后,库尔特回忆起那次委托,这样写道:

> 克劳斯可不是随便派两个熟人或朋友过去就能搞定的家伙。杰斯科出发后,我才突然意识到,他人高马大,会不会让身材矮小的克劳斯感到自卑从而恼羞成怒。以往这样的例子也不少见,所以我一直心怀忐忑,迫切想知道这个大胆的决定会带来怎样的后果。
>
> 事实证明,我的担心纯属多余。克劳斯热情地接待了杰斯科,并且一下子就喜欢上了这个天赋异禀、三观端正、相貌堂堂的年轻人。从维也纳回来后,杰斯科向我汇报说,克劳斯能

言善辩、思想深邃、博闻强识,而且思维极其敏捷,可瞬间从辛辣讽刺转为和蔼幽默,继而妙语连珠,频频蹦出至理名言,如此张扬的个性把他深深地迷住了。

1917年初,根据库尔特的记述,杰斯科在受到"极大的精神刺激"后,便离开了前线。之后不久,他便开始追求伊丽莎白的妹妹安妮玛丽(她当时只有19岁)。到了1918年秋,两人正式订婚。"人各有命,命由天定,我们能做的,就是别因艳羡别人的命运而误入歧途。"伊丽莎白在给她母亲的信中毫不掩饰地说,"我虽已人老珠黄,"(其实她当时才28岁)"但命还算不错,那就祝愿安妮玛丽和她深爱的未婚夫幸福美满吧。"

1919年2月6日,安妮玛丽与杰斯科完婚。这对新婚夫妇随后

安妮玛丽与杰斯科的订婚照

定居在波恩。那段时间，杰斯科一边在大学学习数学，一边努力调养身体，安妮玛丽却正在经受精神的折磨。

关于1921年7月14日那天发生的事情，我父亲从未向我透露过一星半点。这些年来，我一直是从别人口中略知一二。比如，安妮玛丽逼问她的丈夫说清楚是否真的爱她；再比如，她丈夫的回答明显有些迟疑，甚至可能有些直白（但有没有提到安妮玛丽的姐姐，我们不得而知）。事后的死亡证明显示，安妮玛丽是在晚上10:15到11:00之间开枪自杀，死在了两人共同居住的普旭大街（Buschstrasse）公寓内。不过，这份报告无法证实姑姑玛利亚告诉我的内容——杰斯科当时就坐在床尾，看着安妮玛丽从枕头下掏出手枪。

一周后，也就是自己妹妹下葬的第二天，伊丽莎白在生下我父亲后，出现了产后并发症，被紧急送往诊所。

在接下来的几个月里，伊丽莎白、她的母亲克拉拉和杰斯科的母亲玛格丽特（Margarethe）互通书信。三人既对这场悲剧感到痛心，同时也想帮助绝望无助的杰斯科。玛格丽特·冯·普特卡莫在信中恳求我的奶奶，"亲爱的伊丽莎白，帮一帮可怜的杰斯科吧！"她写道，"以姐姐的身份，以爱人的身份，以母亲的身份，统统都行，只要能帮他走出来。"第二年夏天，伊丽莎白陪伴杰斯科在巴伐利亚州的贝格镇度过了一段时光，两人常去施塔恩贝格湖（Starnberger See）泛舟。43年后，我奶奶在写给杰斯科的信中回忆起两人共处的时刻，"嘿，回想起1922年的那些日子，我至今记忆犹新！咱俩在湖上划船，你套着一件拉链毛衣，我身穿一袭紫色亚麻连衣裙。我们逃离残酷的现实，躲进拂面清风中，沉醉在碧水蓝天间，尽情享受对彼此的爱慕。"

然而，到了1923年夏天，杰斯科突然与所有人失去了联系。家族的几位老人花了好几个月时间才弄清楚原委。原来，他插足了福克夫妇（the Fockes）的婚姻。夫妇俩对他各有所图——男方觊觎他的钱财，想拉拢他为企业投资，女方则对他暗生情愫。杰斯科招架不住夫妻俩的攻势，开始清算自己的所有资产，甚至变卖了与亡妻共有公寓内的所有物品，然后把所得收入全部交给了夫妻俩。他和这两口子在威斯巴登的纳绍尔霍夫酒店（Nassauer Hof Hotel）一起生活了长达六个月的时间，直至对方觉得从他身上再也榨不出什么油水。

那段时间，来自委内瑞拉的格瓦拉一家（the Guevaras）碰巧也住在纳绍尔霍夫酒店。当时，格瓦拉的女儿西奥多拉（Theodora）芳龄二十九，尚为单身。杰斯科与福克夫妇闹掰后，西奥多拉便深深地爱上了他。两人在相识的第二个月（即1928年5月）便步入婚姻，定居在马拉开波（Maracaibo）。婚后，杰斯科一直在当地忙于打理生意。1929年，两人移居美国，杰斯科在纽约真空油公司（Vacuum Oil）谋得了一份工作。到了1930年，夫妇俩搬回德国汉堡。自那时起，杰斯科便从我们家族的档案中销声匿迹。

就这样，杰斯科从伊丽莎白的生活中消失了，直到三十多年后，伊丽莎白才再次听闻他的音讯。1963年11月，伊丽莎白在日记中写道："我收到了尼诺（伊丽莎白对杰斯科的昵称）的信……！他还不知道库尔特已经去世，也没有在信中留下地址。此时此刻，泪滴我心，一如雨落在城市。"

又过去了18个月，时间来到1965年5月31日。杰斯科的妹妹安妮玛丽·冯·普特卡莫突然打电话给伊丽莎白，告诉她杰斯科将在当晚抵达慕尼黑。

两天后，杰斯科和伊丽莎白相约见面，共同度过了六个小时的时光。"岁月侵蚀了我的容颜，他也一样，"她在日记中写道，"我们有说不完的话，我很开心。"

重逢之后，杰斯科也和他的妹妹说起内心感受："感觉很美妙。"

但是，杰斯科此时尚未离婚。"西奥多拉想不惜一切代价留住你，好让你听命于她，"伊丽莎白在那年秋天写信给杰斯科，当时他似乎已经回到了美国，"但她除了提出离婚外别无他法。所以，跨过大洋回到我身边吧，你我相识几十年，只有我才能和你携手渡过眼前的难关。你就是这世上另一个我，我现在无比想你，你不在身边的每一秒，我都感觉在浪费生命。"

这封信寄出后不到三周，她又给杰斯科写了封信：

> 想必你已鼓起勇气当面告诉她（西奥多拉），不想再和她凑合过日子，只想自由自在地度过余生……这样她就能做出自认为合适的反应：要么保持冷静，要么提出离婚。
>
> 我不由得反思自己的处境……库尔特曾告诉我，"他可能不会再触碰婚姻"（他的确在很长一段时间里没有再婚）。话已至此，我便放手让他离开，既没有哭也没有闹，只是感到无比难过。毕竟，我还有两个孩子（而且还在那年初刚刚失去了第

三个孩子),我可以独自把孩子们带大,但汉斯·阿尔布雷希特在1931年闯入了我的生活。于是,我在1931年1月正式和库尔特离婚。当然,库尔特要对婚姻的破裂负责。

咱们别再浪费时间了……让我们在上帝和全世界面前发誓,我们一定会在一起。

1966年4月,杰斯科离开美国,搭乘一艘澳大利亚汽船前往南开普敦,在那里转乘火车前往慕尼黑。当时,他的身体每况愈下,但心意已决。"就在一年前,我还不相信,在人生暮年还能体会到上天恩赐的真情,"他在几个月后写信给我的姑姑玛利亚,"最重要的是,早在五十五年前,我就已料到自己将有怎样的宿命。如今,现实印证了我的预感。经过几十年的悲欢离合,我俩的命运终于交织在一起。"

在慕尼黑,杰斯科与伊丽莎白住在各自的公寓里,他们互相登门看望对方。两位老人回忆过去的岁月,谈论起各自熟悉的人与事,情到浓时,还会去乡间散步或观赏歌剧。到了1967年9月,两人搬到了巴伐利亚州阿默湖畔迪森镇(Diessen)的一家养老院,在那里比邻而居,携手度过了将近两年半的时间。

我清楚地记得,我父亲只是顺带和我提过奶奶的妹妹自杀这件事,既没有告诉我自杀的过程和动因,也没有提起过安妮玛丽的丈夫,也即他的姨夫杰斯科。关于杰斯科与我奶奶的关系,父亲更是闭口不谈。总而言之,父亲将大部分过往埋藏在心底,这些秘密远远超过了与战争和第三帝国有关的往事。

1970年2月，伊丽莎白便因癌症医治无效，在慕尼黑离开了人世。遗体火化仪式期间，杰斯科在我奶奶的骨灰盒旁留下了一张便笺，上面写着："这一生，你我等了对方太久。现在，你不用再等太长时间。我很快将追随你而去。"

在这张便笺旁，杰斯科轻轻地放下一束黄玫瑰。

第二年6月的一天，我的堂兄乔恩去迪森镇清理奶奶的公寓，顺便去隔壁看望杰斯科，结果发现这位老人已是奄奄一息。于是赶忙叫来了医生。当天下午，杰斯科便离开了人世。我的家人遵照他的遗愿，将他与奶奶合葬在达姆施塔特的老墓园（Alter Friedhof）。

这张照片拍摄后不久，伊丽莎白就去世了

*

杰斯科的传奇经历可能带有种种欧洲旧大陆色彩，但有助于我理解祖辈们的人生经历。与乔恩交谈后，我印象最深刻的是，奶奶一生经历了太多的情感打击，一辈子只享受过两段幸福时光，一是人生最后那几年，二是"一战"爆发前在莱比锡度过的日子——那时的她年轻貌美，初尝爱情滋味，同时又身处激情澎湃的年代。但自从《凡尔赛和约》缔结后，奶奶便先后经历了亲妹妹的自杀、魏玛共和国的恶性通胀以及库尔特对婚姻的不忠与背叛。但厄运并未到此结束，死产、她母亲去世和婚姻破裂几乎同时降临到她身上，正如当时的德国社会即将走向癫狂。到了1944年，癌症夺走了阿尔布雷希特医生的生命，那时奶奶和他在一起生活还不到十二年，而在"二战"结束前的几个月里，慕尼黑变成了人间炼狱。所有这一切都发生在我父亲的24岁生日之前，可以说，我的父亲见证了我奶奶大部分的不幸。

我奶奶一生不肯放下贵族身段，不愿适应社会，一时冲动加入基督教科学会等情形，开始变得可以理解。而我父亲对女性的殷勤，以及不愿谈论家长里短，便也在情理之中。

第十六章

浅水码头

尼科与亚历克斯：1996年

我父亲尼科年过七旬时，我也即将迈过四十岁的门槛。我们仍坚守着彼此间心照不宣的共识——生活要向前看，不可执拗于过去。但是到了1996年夏天，我们共处了一段短暂的时光，终于打破了这种默契。就在一年前，父亲带着幺妹环游地中海，这次则轮到我陪他乘船沿多瑙河顺流而下，度过一周的时间。正是在那段时间，我一点点从家父口中套出了他在战争期间的所有经历。不过，直到旅行结束后，我才意识到父亲将旅途起点选在纽伦堡可能是某种象征。

多瑙河连接德国山林区与黑海，沿途流经十个国家，被称为"兜住欧洲大陆的裤腰带"，是欧洲唯一一条自西向东流动的河流。根据意大利学者克劳迪奥·马格利斯（Claudio Magris）的说法，多瑙河沿岸"各民族交错杂居，通婚交融"。相比"替天行道，捍卫种族纯洁"的莱茵河，滔滔多瑙河水搅动了流域内各族，成为跨国主义的温床,见证了历史上的一次次创伤——从拿破仑战争,到两次世界大战,再到铁幕降临与南斯拉夫骤然解体。几个世纪前,东征的十字军亦经此河被运往中东。最终,每当炮火声沉寂下来,多瑙河又回归了生命动脉的本色:舟楫如织,船夫们往来贩运酒水、食盐、矿石、木炭、木材与石灰。如今,船上运送的不再是货物,而是乘客,譬如我们这样拥挤在狭小游轮上的老年游客。

我们先经由莱茵-美茵-多瑙运河(Rhine-Main-Danube Canal)来到凯尔海姆镇(Kelheim),再由此出发,开启多瑙河之旅。就在游轮驶出德国前,父亲指了指岸上的一处地点,那是他在寄宿学校读书期间露营过的地方。游轮继续前行,在距离奥地利国境线几公里远的一处山顶上,我们认出了当年(1964年)一家人游览的城堡——兰纳里德尔城堡(Schloss Rannariedl)。那时,父亲的表哥卢卡斯和表嫂赫塔就住在这座城堡里。不一会儿,瓦郝河谷(Wachau)山坡上的杏果园也映入了我们的眼帘。紧接着,一座村庄出现在视野中,该村因出土万年前的"威伦道夫的维纳斯"(Venus of Willendorf,又称"母神雕像")石像而闻名天下。最后,我们的船途经坐落在维也纳森林边缘的基尔林疗养院(Kierling),卡夫卡临终前仍在这里修订《饥饿艺术家》(*A Hunger Artist*)的校样。在这部作品中,本身就是完美主义者的卡夫卡塑造了一个追求完美的艺术家形象。

游弋在多瑙河上,亦是在直面第三帝国的历史,沿途的遗迹令我们不由得忆起一桩桩陈年旧事。阿尔卑斯山上的积雪融化后,雪水流经因河(Inn),汇入希特勒童年故乡帕绍(Passau)内的一条小河，致使水位暴涨了一倍。帕绍居民更希望游客关注的是，此地拥有世界上体积最大的教堂管风琴，但对另一件往事却闭口不谈——不到十年前，这里有一位年轻女子想要研究该镇在纳粹统治时期的历史，结果遭到当地所有人的排挤与恐吓，最终被赶出了小镇。多瑙河沿岸另一处与第三帝国有关的地点是林茨（Linz），希特勒在成为元首前，在这里度过了自己的年少时光。另外，希特勒还计划先将自己打造的千年帝国（Thousand-Year Reich）托付给继任者，然后偕爱娃·布劳恩（Eva Braun）在此地退休养老。紧挨着林茨的是毛特豪森（Mauthausen），这里建有一处集中营，该营最大的特点是不用毒气、机枪或禁食等手段杀人，而是强迫囚犯劳动至精疲力竭而亡。

我之所以把上述行程安排得如此详尽，其实是在为自己做铺垫。因为人越是在放松的环境下，往往越容易吐露真情。就像在这艘吃水并不深的游艇上，慵懒惬意的氛围可以使我和父亲聊起诸多无关紧要的话题。为了减轻父亲对我的戒备，我先与他分享了一些奇闻逸事，比如，德语中最长的单词"Donaudampfschifffahrtsgesellschaftskapitänsmützenabzeichen"便出自这条河流，与一支庞大的驳船船队有关，意思是"多瑙河轮船公司一位船长帽子上的徽章"；再如，在匈牙利语中，"你好（szia）"和英语"再见（see ya）"的读音一样，而"再见（hallo）"却是英语中"你好（hello）"的读音；又如，我会当着父亲的面与同船乘客聊些市井见闻，拿英格兰中部一对处事谨小慎微的夫妇开涮，或者嘲笑衣着得体的法国人总是在腋下夹一份皱巴巴的报纸。此外，我也会提醒父亲注意布拉迪斯拉发（Bratislava）

沿街橱窗里的商标——它们把两种看似不相干的风格——巴尔干假日风（balkan holidays）和斯洛伐克风（slovakia style）——混搭在了一起。最后，我还故意恳求父亲用他的惠普计算器编写了一个计算汇率的程序，用来帮助我们在三个国家旅行期间兑换外币。总之，无论是在甲板上观赏风景，还是回到房舱中休息，我都没有刻意向父亲打听事情，而是假装无意间抛出个话题，让他根据回忆娓娓道来。等他说完一段，我才动笔记下来，这样能给他冷静思考的时间，好让他说出更多的内容。大概就是用这样的方式，父亲把他知道的事情告诉了我，我也基本达到了自己的目的。

在我的诱导下，父亲把他幼年时期的一段记忆全部挖了出来。当时，一家人正在北海的叙尔特岛（Sylt）上度假，不知道是谁给他拍下了一张坐在废弃水雷壳上的照片。另外，他还记得，家人在旅店换了好几次房间，但每间屋子的四柱床都使用球形柱头作为装饰。他甚至回想起，自己在其中一个柱头上看到了扭曲的倒影。"通过倒影，我可以看见窗外的蓝天，"父亲回忆说，"倒影里的小人还会动呢，

尼科儿时坐在废弃水雷壳上的照片

傻傻的我一下子就被吸引住了。这事儿虽小,但给我的印象特别深刻。我那时能有……五岁?"

我还从父亲口中得知,他年轻时有段经历,和我当小混混抢地盘时"用雪球砸车被抓住"那回很像。20世纪30年代初,圣特罗佩湾的一家工厂负责为潜艇和舰船生产钢索。该厂老板格拉蒙(Gramont)先生,享受法国政府提供的巨额补贴,但有义务在战争爆发时为国家供应物资。不过,由于当时各方均未开衅,这位老板尚未转入战时状态,所以日子过得十分滋润。一天,父亲、姑姑玛利亚和海伦出门散步。三人边走边摘路边葡萄藤上的葡萄吃,随口将果皮和葡萄籽吐得满地都是。这时,格拉蒙先生恰好开着他的豪车路过,父亲吐出的一口葡萄皮"啪"的一声落到了汽车挡风玻璃上。

格拉蒙先生猛地把车刹住,然后摇下车窗,要求三人道歉。"等回到家让他爸收拾他。"海伦连连赔礼,赶忙帮格拉蒙先生擦玻璃。格拉蒙先生对她的态度很满意,于是驾车离开。车辆走远后,三人相视一笑。这样的情景,让我想起了自己用雪球砸车被抓住那晚——司机离开后,父亲也是转头对我咧嘴一笑。

一天下午,父亲随我回到房舱后,和我提起了童年的一位玩伴——他母亲的教女蕾妮-玛丽·霍善斯坦因(Renée-Marie Hausenstein),两人一直相处到纳粹掌权前。

"你会娶我吗?"有一天,蕾妮问我的父亲。

"当然不会。"

"好,你等着,你会的。"(原话为德语:Später willst du denn doch.)

蕾妮一字一顿地挤出这句话，满脸愤懑，一副很有把握的模样。

蕾妮的父亲威廉·霍善斯坦因（Wilhelm Hausenstein）是一位艺术评论家兼文化史学家，库尔特曾出版过他的作品。蕾妮的母亲玛戈特（Margot）是一名比利时裔犹太人，第一任丈夫在"一战"期间殁于佛兰德斯（Flanders）。多年来，霍善斯坦因夫妇一直慷慨地资助慕尼黑的科龙马戏团（Circus Krone），其间玛戈特还亲自照料一只脚踝受伤的大象，直至其痊愈。这件事过去十五年后，玛戈特带着我父亲和蕾妮回到马戏团，去后台看望当年那头大象。"那头象抬起曾经受伤的脚，卷起鼻子，发出了一声长嚎，"父亲告诉我，"它一直记得她。"

父亲和我说起这件往事的时候，玛戈特尚未离世，在迈阿密与蕾妮住在一起。蕾妮后来并没有嫁给我父亲，而是受生活所迫，委身于一位年轻的巴西裔德国工程师，并在婚后（1941年）随丈夫一同逃至巴西。到了1946年，她继续逃往佛罗里达州，将父母撇在了家乡——德国巴伐利亚州的村镇图岑（Tutzing）。玛戈特老两口在战火中艰难度日，时而东躲西藏，时而被软禁在家中。在父亲看来，纳粹之所以饶玛戈特不死，一方面是因为她出生在外国，另一方面是慑于其非犹太裔丈夫的社会影响力。威廉在担任《法兰克福日报》（*Frankfurter Zeitung*）的文字编辑期间，公然违抗戈培尔的命令，拒绝删除自己作品中与犹太人相关的所有注释，最终被报社辞退，即使这样，他也没有与纳粹政权同流合污。事实上，据我了解，玛戈特之所以能死里逃生，其实是因为她烧掉了纳粹征召其前往慕尼黑集中营报到的通知书，不然也一定会像自己的兄弟一样惨死在集中营内。等到她再次受到征召令时，已可以大胆地无视命令，因为当时第三帝国正在土崩瓦解。

就在我和父亲巡游多瑙河的第二年，玛戈特离开了人世，享年106岁。"有的人虽然死了，我们却永远记得他，"父亲曾说，"还记得那个可怜的克莱默夫人吧，她的丈夫从自家窗户跳了下去。"我在第四章开头也写到，克莱默夫人曾受我奶奶委托，陪父亲和姑姑乘火车去圣特罗佩度假。

父亲不必挑明为何将这两个人相提并论。玛戈特和克莱默丈夫都是犹太人，到底是什么导致玛戈特一生颠沛流离，又是什么造成了克莱默丈夫的悲剧，我和父亲彼此心照不宣。

巡游即将结束的时候，父亲向我透露了他在战后撇下自己母亲离开慕尼黑的原因。"你想想，突出部之役那场恶仗，我在防炮洞猫了一整个冬天，回到家却还要忍受那些繁文缛节，"家父提起当年的事情，仍然振振有词，"我可不想整天在挂着卡纳莱托（Canalattos）壁画的豪宅里熬日子，守着一堆破规矩不放，在烦琐的祖宗成法上浪费大把时间，就连吃饭都不能用纸巾。而我母亲那代人却把这些东西看得非常重。"

"我本可以一直在慕尼黑读书，然后到默克公司的科研实验室谋一份差事，从此过上轻松安逸的生活。但是我想彻底与过去告别，这不只是渴望移民他国或者想成为美国公民那么简单，更多的是看到自己的国家已被伤得千疮百孔。参军的时候，我从来没觉得自己是在保家卫国。我在人生的那五年里，一直在蒙受欺骗，一直在被迫遵守纳粹的命令。所以，我就像关在笼中的鸟儿，只要等到机会，就会立刻撞开笼门远走高飞。"

德国,用家父的话说:"背负了太多的包袱。"其实,这话他和我说过不止一次。

以前,我总把爷爷和父亲区分看待,认为前者是难民,后者是移民。但在听完父亲的讲述后,我觉得他在某种程度上也把自己当成了难民。

*

父亲常常说起自己这辈子"九死一生"。他觉得,在1921年7月7日出生的人,天生就有好运,因为这个生辰的年月日都带"7":月份是7,日子是7,年份后两位还是7的3倍。一天下午,在房舱里,他和我细细说起了战争期间几次差点丢命的经历。

第一次差点丢命是在驻守第聂伯罗彼得罗夫斯克期间。当时,他和部队的几名战友正围在桌子旁擦拭武器。一个粗心的巴伐利亚小伙事先忘记检查枪膛,不小心擦枪走火。一枚子弹从枪口射出,贴着父亲的头皮飞过,径直射中了头顶上方的墙壁。第二次差点丢命是窝在埃菲尔荒山区防炮洞期间。当时,父亲听到了炮弹落下时的呼啸声,但奇怪的是这枚炮弹没有爆炸,父亲和战友们只听到头顶传来"砰"的一声。后来,他们终于弄清楚发生了什么:盟军射出的一枚炮弹击中了炮筒与炮塔连接处的平滑表面,但由于角度太偏,这枚炮弹就像打水漂的石子一样,还没有爆炸就被弹开了。如果角度再正一些,恐怕呼啸声和爆炸声将是父亲这辈子听到的最后两个声响。

自从听了父亲尼科战友擦枪走火的故事后，我就再也无法正视这张照片，因为照片里的父亲也在擦枪

当我最后问起与集中营有关的事情时，我们的游艇已经驶离布拉迪斯拉发很远一段距离。据父亲说，他当年很清楚集中营的事情，他的父母也认识那些被送往达豪集中营的人。"那些是关押平民和强迫劳动的地方。"父亲向我透露了一些情况。不过，他坦言，他虽然曾在前往外地任职途中留宿奥斯威辛镇，但还是对最令人胆寒的死亡集中营一无所知。"我不知道那里正在发生什么，"他说，"只看到一辆辆卡车来来回回地运送穿着条纹制服的囚犯，而且全都是男人。别人告诉我，这些人是在工厂里工作。"

"二战"结束后的二十五年时间里，数百万德国人可能都和我一样，向家里老人提出过类似的问题。不过，这种广泛而深刻的反省历史思潮很快便偃旗息鼓：无论是一部分人过去与纳粹政权朋比作奸，还是去纳粹化进程中的双重标准，抑或是西方急于将西德打造为对抗苏联阵营的桥头堡，加之一个战败民族迫切想要公开宣布"从零开始"，所有这些都使德国迷失在所谓的西德"经济奇迹"中，让"一个被征服的国家产生了自己是胜利者"的幻觉。所以，数百万德国人在向家人提问时，对方往往避而不谈。但是，这些问题终究需要答案，因为德国年青一代已经为迟迟得不到回应付出了代价。1967年，一名23岁的学生向记者吉塔·塞雷尼（Gitta Sereny）描述了他们这代人如何看待上一代人，令人听后倍感担忧："我们要么给他们贴上骗子的标签，要么把现世生活建在历史虚无之上。"

于我而言，我的生活摆脱了虚无，与美国文化牢牢地绑在了一起，这一切都要归功于父亲的美式生活习惯：他会给家里草坪喷上"美国施可得公司草坪滋养肥料"（Scotts Turf Builder），会在里霍博斯比奇市（Rehoboth Beach）的路边给我们买冰镇"可口可乐"。另外，他还把最新型号的"福特野马"（Ford Mustang）买回家，和家里已有的"福特费尔兰"（Ford Fairlane）凑成一对，每天对这两辆爱车呵护有加。每到阵亡将士纪念日（Memorial Day）和美国独立纪念日（Fourth of July），他都会升起国旗，然后慷慨激昂地显摆自己的美国公民身份，甚至从来没让我听出来他的德国口音（但朋友们总觉得他有口音）。可以说，20世纪50年代的时代背景，给了父亲逃避过往的绝佳机会，让他能够披上"红白蓝"的保护色①，继续在融入"孤独人群"（the Lonely Crowd）②的过程中麻痹自我。到了60年

---

① 即美国星条旗的颜色。
② 此处借用了大卫·理斯曼（David Riesman）著作《孤独的人群》（The Lonely Crowd）的书名。

代中期，父亲忙于抚养我们兄妹三人，彼时的世界已不同往日，苏联前线早已沦为《霍根英雄》(*Hogan's Heroes*)① 中的一句搞笑台词。我也目睹父亲给自己筑了一个厚厚的壳，然后把头缩进壳里，"做一只缩头乌龟"。

游艇在上游停靠了几次，其间父亲明确地告诉我，如果他当初留在德国，到默克达姆施塔特公司谋一份差事，肯定能过上"轻松安逸的生活"。不过，父亲也承认，如果选择留下来，那么无论在情感还是心理上，他的人生之路一定会走得非常艰辛。正如格拉斯所写，挡在这条路上的，是"德国历史积淀下来的沉重包袱……根本无法绕过。这些阻碍好像是专为我而设，让我一直找不到突破口：这里炽热的岩浆尚未冷却，那里坚硬的玄武岩又把年代更为久远的岩石层压在身下。我想要从这里过去，就得先把一层层的积岩剥离挪开，再将它们分门别类"。

德国历史让每一个被卷入其中的人都无法独善其身 —— 即使没有出生在纳粹时期（Nazizeit），也仅仅能被豁免一半的罪责。我之所以说"豁免一半"，是听表外甥查理② 提起过一句名言 —— 对后代当行宽恕（Gnade der späten Geburt）。仔细想来，在和前几代德国人面临相同道德困境的情况下，如果我们觉得自己能做到比他们更高尚，那恐怕有些高估自己；反过来，如果在21世纪还在恳求欧洲

---

① 《霍根英雄》是一部以"二战"期间纳粹德国战俘营为背景的美国情景喜剧，讲述盟军战俘利用战俘营作为行动基地，对纳粹德国进行破坏与间谍行动。该剧集从1965年至1971年一共播出168集。——编者注
② 这是作者姑姑女儿的儿子。

邻国原谅（就像某些德国人现在的所作所为），那恐怕也有刻意博取赞美之嫌。这样一来，我们就像查理说的那样，"仿佛陷入了一个怪圈"。怪不得格拉斯在讨论这一话题时，会以地质现象作喻。原来，他也是在拼命寻找一处坚实的落脚地，以便能够展开自己的论述。

巡游期间，有一件事成了"笑梗"。我们的丹麦裔导游玛丽斯（Marlies）女士每天总会在早餐前出现，好心地提醒我们："今天的天气有变化哦。"结果，每一天的天气都是又湿又冷，压根没有变过。直到在布达佩斯下船前，我们每天在船上的生活也像陷入了怪圈：整日龟缩在房舱里，被势不可当的历史洪流推向前方，根本没有回头是岸的机会。

上岸后，我们从岸边码头搭乘出租车前往机场。就在登机飞回慕尼黑前，我们竟然听见航站楼广播里传来了一个熟悉的人名。但这显然不可能是我们熟悉的那个人，因为爷爷库尔特的好战友、姨奶普特卡莫的鳏夫、奶奶的余生挚爱早已在25年前去世了。斯人已逝，但历史有着悠长的记忆。这个正在被广播念到的名字，就像是房间里的大象的呼叫——杰斯科·冯·普特卡莫。

*

那次巡游结束22年后，我再次踏上了行程，不过这次是独自一人。这次旅行的所见所闻，好像是理查德·斯凯瑞（Richard Scarry）绘本中才有的情节。

我从克罗伊茨贝格区出发，换乘2次地铁（U-Bahn）和1次城市快铁（S-Bahn），到达柏林的中央火车站（Hauptbahnhof），从那里乘坐城际特快列车抵达汉堡，再搭乘丹麦国家铁路局的列车一路向北，穿过石勒苏益格－荷尔斯泰因州（Schleswig-Holstein）的平原，沿途可以看到只顾低头吃草的马群。来到普特加登（Puttgarden）后，我们又乘轮渡来到对岸的丹麦勒兹比（Rødby）港，上岸后便继续乘车赶路。一个小时后，我在紧邻哥本哈根西南的罗斯基勒（Roskilde）下车，然后打了一辆出租车，花费十分钟到达一座小型机场，在那里挤进一架螺旋桨空中巴士，飞往丹麦东北沿海的一处岛屿——莱斯岛（Laesø）。

前来机场迎接我的是依诺克·克罗默的女儿安妮玛丽。这是我平生第一次见到这位堂姐，她已有63岁，因为不适应哥本哈根的快节奏生活和高昂的物价，便搬到这处岛屿居住至今。几周前，我在网上意外地发现了她的手机号，于是唐突地打去了电话。通话过程中，面对一个陌生人接二连三地打听私人问题，她难掩惊讶，几度尝试平复自己的情绪。不过，没过多久，她便庆幸没有错过我的电话，感慨一切都是命运的安排：就在四个月前，她的父亲刚刚去世，享年91岁，在哥本哈根城郊留下了一处公寓。等待遗嘱检验法庭（Probate Court）允许其清理遗物期间，安妮玛丽碰巧读到了一个人的故事，此人便是她和我共同的爷爷、她素未谋面的长辈——库尔特。

我们在一家酒吧坐下共进晚餐，从那里俯瞰韦斯特勒（Vesterø）港，可以望见停泊在港内的游艇（挪威人能买得起游艇，得益于贩卖石油的收益）。我们边吃边聊，堂姐和我说起了库尔特·沃尔夫的尘封往事。

我从堂姐口中得知,她的奶奶安妮玛丽·冯·普特卡莫发现自己怀上了库尔特的孩子后,感到无比恐慌。"她出身于一个保守的波美拉尼亚基督教家庭,"堂姐告诉我,"家里人肯定不会接受她怀了犹太人的私生子。"不过,安妮玛丽很快通过哥哥杰斯科认识了一位名叫弗里茨·克罗默(Fritz Crome)的作曲家兼画家,此人曾在柏林学习和教书。安妮玛丽·冯·普特卡莫还了解到,弗里茨被传出有同性恋取向,事业因此受到了影响。于是,她在1925年写信给弗里茨:"我遇到一个难题,你也有一个难题,不如咱俩在一起,这样问题就都能解决。"就这样,两人于当年11月结婚。第二年7月,安妮玛丽生下了自己的儿子依诺克·卡尔·格尔德·克罗默(Enoch Karl Gerd Crome)。

弗里茨·克罗默

从库尔特的日记可以看出,他时常去看望这个小名叫作普夫劳姆(Pflaume)的私生子,家人有时叫他普拉姆(Plum)。不过,自从库尔特在1933年逃离德国后,安妮玛丽·冯·普特卡莫便只能靠着写小说、传记和翻译图书的微薄收入,在慕尼黑独自一人将依诺克拉扯长大。曾有一段时间,她将儿子送到了波美拉尼亚,寄养在父

313

母的庄园内。但是，由于出身容克贵族家庭，依诺克在当地学校遭到了同学的排挤。更糟糕的是，他的祖父恩哈德（Bernhard）和祖母玛格丽特（Margarethe）只允许他在厨房吃饭。依诺克一开始不理解为何受到这般对待，总是忍住不去想背后的原因，后来终于弄明白，可能因为自己是个"杜鹃蛋"（Kuckucksei），也就是私生子。①

小克罗默与母亲和祖母的合影

---

① 在大自然里，杜鹃鸟不做巢，把蛋产在其他鸟类的巢中，由不知情的鸟爸鸟妈喂养长大。

到了20世纪30年代末,安妮玛丽惊闻纳粹将强制征召希特勒青年团成员的消息,于是赶忙前往丹麦驻慕尼黑领事馆。当时,她虽然已经与弗里茨离婚,但对外还是隐瞒住了弗里茨不是伊诺克父亲的实情,顺利地给伊诺克弄到了一张丹麦护照,成功地把他送上驶往哥本哈根的列车。就这样,当时只有十几岁的伊诺克独自一人敲响了弗里茨的家门,自我介绍说:"我是你儿子,依诺克·克罗默。"

"但我不是你的父亲,"弗里茨回答道,"库尔特·沃尔夫才是。"

从那一刻起,伊诺克便得知了自己的身世。

不过,弗里茨·克罗默还是给伊诺克找了一间住处,而且平均每周请他吃一顿饭,定期给他些零花钱,时常带他去看歌剧。"德国人在丹麦不受欢迎,"安妮玛丽告诉我,"所以我父亲必须抓紧时间学会丹麦语。"后来,伊诺克以丹麦人的身份熬过了战争,进入大学读书,在那里认识了凯伦·阿伦岑(Karen Arentzen)。根据堂姐的说法,凯伦·阿伦岑来自当地的一个牧民家庭,"从小饱食暖衣,无忧无虑,过着我父亲从未体验过的生活"。大学期间,伊诺克学习英语与德语。两人相识后,凯伦很快怀上了他们的第一个孩子。于是,她放弃了攻读法律学位,与伊诺克成婚。孩子出生后,夫妻俩给他取名为汉斯(Hans)。一年半后,我的堂姐安妮玛丽也来到了人世。

然而,两人的婚后生活并不幸福,打骂成了家常便饭。渐渐地,凯伦将操持家庭当成了负担,多次尝试自杀。堂姐还记得,在她很小的时候,有一次凯伦吞下了一大把药片,吓得只有六岁的哥哥跑去找来邻居帮忙。见母亲一直寻死觅活,汉斯索性把电话丢给了母亲,让她赶紧给收尸的人打电话。

话说回伊诺克,他完成了学业,但从没参加过期末考试。多年后,安妮玛丽问他为什么那么做,他回答说:"要是通过了考试,我就得去教书了,但我并不想当老师。"于是,他在毕业后选择从事进口贸易,还经常与门窗等手工活打交道,收入多少完全取决于新房开工率和经济大环境。我的堂姐至今犹记得,当年家里生活条件随着经济形势大起大落,家人时刻担心自家房子会被收走抵债,所以常在心头抱怨,如果当初凯伦坚持完成学业成为律师,那么肯定能或多或少地改善家里的生活。事已至此,伊诺克便开始从其他女人身上寻求安慰。凯伦于2000年初逝世,直到临终前,她都不知道自己丈夫在外的风流韵事。

再说一说汉斯,他在年轻时便与父母断绝了关系,甚至更名改姓。2013年,汉斯在家中去世,死后三个月才被人发现。堂姐安妮玛丽也与父母疏远,不过她还是在父亲临终前一年见了他一面。

凯伦去世后没几年,伊诺克便在网上认识了一位美国寡妇。此人名叫琼·谢泼德·梅斯克(Joan Shepherd Meske),年轻时是一名铁道打卡员,后来结婚成家,养活着一家人。她和伊诺克一起生活了将近十年,直到2015年因癌症去世。那些年里,两人夏天住在丹麦,冬天则搬到佛罗里达州莱克兰市(Lakeland),在梅斯克家里过冬。

我告诉堂姐,很遗憾没能见到她父亲最后一面。不过,透过网上的蛛丝马迹,我得以窥见这位小叔的晚年生活。在社交网络脸书(Facebook)上,他介绍了琼家院子里挂满果实的橘子树,记录了自己在院子里喂鸟的生活场景；在亚马逊网站上，他给库尔特·沃尔夫出版社再版的泰戈尔诗集打了五星好评，并坦言："这是一条带有强烈个人情感与喜好的评论。"因为他的母亲参与翻译了这卷诗集。2013年7月，他在网上祝琼生日快乐。另外，他还发布过一条脸书状态——"愿我们在一起幸福久远。"这句说的可能就是他和琼。在一段脸书的聊天记录中，他告诉琼的儿子和女儿（即他的继子与继女）："以这种方式和你们成为一家人，是我人生中一段前所未有的经历。无论是我在德国的原生家庭，还是在丹麦的初婚家庭，都未曾带给我这种体验。"

堂姐从未见过琼·梅斯克，但她告诉我："我可以确定，爸爸和她在一起时，找到了真正的幸福。"

*

堂姐没有买车，平时只骑一辆踏板车在岛内通行。所以，和她见面的第二天，我吃完早饭便从海港边的旅店出发，步行四十分钟才走到小镇的尽头，她的小屋就坐落在那里。

透过屋子的玻璃门，屋外美景与屋内陈设融为一体。房屋的内墙被装饰得五彩缤纷，挂满了堂姐亲手绘制的画作。见我到来，堂姐翻出了一些老照片，里面有她的父亲伊诺克，有冯·普特卡莫家族在卡尔津（Karzin）附近的房产，还有与她同名的祖母，堂姐称她为"阿莫"（Amo），这既是对"安妮玛丽"（Annemarie）的简称，同时也与德语"奶奶"（Oma）一词音近。堂姐从中抽出杰斯科的照片，告诉我说，杰斯科虽然经历了两段婚姻，也不乏仰慕他的女性，但一生无儿无女。因此,她怀疑杰斯科可能是一名双性恋。此外,她还断定,我爷爷库尔特肯定认识将伊诺克抚养成人的弗里茨·克罗默,并且向我出示了证据:一本库尔特·沃尔夫出版社的《1925年诗画集》(1925 Almanac of Art and Poetry)上写有赠书题词、赠书日期与赠书人签名——"敬赠弗里茨·克罗默,谨致问候。1925年,库尔特·沃尔夫"。

我也打开了手机相册,来回滑动一张张照片给堂姐看。这些照片大多翻拍自家族相册,其中有一张库尔特的肖像——他前额饱满,五官俊朗,头微微偏向一侧,双眼透着深邃迷人的目光,五指张开,将香烟夹在食指与中指之间。

库尔特的肖像

"这张像杰里米·艾恩斯(Jeremy Irons)①!"堂姐脱口而出,难掩激动的语气。

堂姐从小就常听她的父亲提起库尔特,但只知道"有一个在美国的叔叔",直到十八岁那年去慕尼黑看望奶奶阿莫,才了解到全部的实情。等她一回到丹麦,刚询问自己父亲,伊诺克只是说:"我

---

① 杰里米·艾恩斯(1948—),英国著名影视明星,曾获1990年第63届奥斯卡最佳男主角奖。

父亲就是弗里茨·克罗默。"

直到现在,她才明白父亲为何说出这句话。"我父亲和库尔特·沃尔夫只是互通书信,从来没有见过面,"堂姐告诉我,"所以,他可能感到自己被忽视了。不过,这只是我个人的猜测,父亲从来没有亲口告诉过我,他不是那种愿意敞开心扉的人。也可能是他不愿接受库尔特·沃尔夫是他亲生父亲的事实。弗里茨·克罗默虽说不是生父,却对他有养育之恩。"

经历这些年的生活后,堂姐渐渐理解了其父内心的矛盾与抉择。1980年,她在一次醉酒后意外怀孕,因此很纠结要不要留住这个孩子。当时,孩子的父亲信誓旦旦地保证,一定会和她一起把这个孩子养大,成为一个负责任的父亲,而不只是在孩子生日时轻描淡写地送上一句"生日快乐"。听信了这样的花言巧语后,堂姐才生下了孩子。但从那以后,这位父亲便从孩子的生活中消失了。所以,堂姐只能无奈地看着自己的儿子米克尔(Mikkel,现年38岁)像伊诺克当年一样困惑。"孩子会因此对自己的身世产生怀疑,"堂姐说,"儿子常问,为什么爸爸不在我身边?是我做错了什么吗?这些问题深深地刺痛了我。"

我给堂姐看了几封库尔特与伊诺克之间互通的书信。到了20世纪50年代,由于弗里茨·克罗默已经去世,长大后的伊诺克也需要担负起更多的责任,所以他和库尔特的通信愈发频繁。伊诺克在信中向库尔特汇报了自己正在阅读的小说,并且答应库尔特,会去拍一张正式的肖像寄给他。库尔特这边则会定期给已经完成学业的伊诺克寄去生活费。当时,伊诺克和凯伦的感情已经出现了裂痕,库尔特一直在当中劝和，并催促库尔特去多结识些好哥们，以此缓解心头压力。库尔特还从万神殿出版社的书目中选出一些书寄给伊诺克，甚至还问他是否有兴趣将《来自大海的礼物》翻译成丹麦语。当时德国的经济欣欣向荣，海伦的外甥孙女婿一家正在巴伐利亚州经营着上文提到的造纸厂。库尔特便答应帮伊诺克联系，看是否能在那里为他谋一条出路。另外，伊诺克的生日与我父亲同月同日，所以我爷爷库尔特似乎不可能不知道伊诺克的出生日期。但奇怪的是，库尔特在信中却有这样一句话："请在下一封信中把你的生日告诉我。"

通过信件可知，俩人显然在汉堡见过一面，时间是在20世纪50年代初。另据克里斯蒂安回忆，伊诺克随其母来曼哈顿探亲的时候，他和这个同父异母的兄弟发现了彼此的共同爱好——爵士乐。此外，虽然库尔特和伊诺克在信中以亲密的代词称呼对方，如"Du"（你）、"Deins"（你的），但交流间总有一种尴尬的正式感。毕竟，抚养孩子不能只靠写信，不像奉承作家、捧红书评家或采购图书那样，只需动动笔就能完成。

虽然伊诺克在成长过程中缺少了父亲的陪伴，但其母的"形婚"和弗里茨·克罗默的善意实则救了他一命。要知道，希特勒为了自己的战争野心，不惜让无数年轻的生命暴尸东西线战场。如果一个德国男孩出生在1926年，那么他长大后就难逃被逼上战场充当炮灰的命运，在第三帝国日薄西山的年月里，为一场根本不可能打赢的战争白白送命。库尔特的妹妹埃尔莎（Else）的儿子爱德华·格拉费（Eduard Grafe）的儿子便是如此，他在1944年的一场战斗中丧生，年仅19岁。如此看来，倘若安妮玛丽·冯·普特卡莫当初没有到丹麦领事馆门前苦苦哀求，难么伊诺克也很可能会落得殒命阵中的结局。

*

回到柏林后，我翻出了库尔特的临终遗嘱。这份文件用法语写成，公证地点在日内瓦，文中将他在日内瓦居住的一家酒店列为合法住所。临终前四个月，库尔特又通过在遗嘱中添加附录的形式，分给尼古拉斯、克里斯蒂安和伊诺克每人10000美元。不过，这份遗嘱附录对三人的称呼有着微妙的差别：称呼前两人为"我的两个儿子"（mes deux fils），提到小克罗默时仅仅列出了他的全名——"哥本哈根的依诺克·克罗默"。

第十七章

在死人堆上嬉戏

尼科与亚历克斯：2002年

倘若我父亲一开始就想完全融入美国社会，可能早就学着像战后的美国工薪族一样，用拍肩膀称兄道弟的方式与周围人打成一片。但他无意于此，而是谨遵海伦多年前的教诲，坚持涵养"深邃的内心世界"。即使在成为美国公民几十年后，哪怕是在自家院子吃烧烤闲聊起体育话题时，他也是一副独善其身的矜持模样，更不用说让他分享自己的战争经历了。在这一点上，我与父亲不同，体育深深地吸引着我，教会了我如何统计数据，如何更好地记述事件，如何用父亲从未有过的热情表现美国精神。柏林举办奥运会那会儿，以及拳击场上马科斯·施梅林（Max Schmeling）大战乔·路易斯（Joe Louis）震惊全德那阵，父亲还只是一个十几岁的少年，对这两件大事都没有什么印象，只记得自己在寄宿学校打曲棍球时摔断过几次鼻梁，从那之后宁愿去给舞台剧搭设布景。多年来，库尔特始终对体育运动不屑一顾，甚至将这种态度带到了大洋彼岸。比如，当他听说,克里斯蒂安在贵格会中学读书期间报名参加了校内篮球赛,不禁皱紧了眉头,将此运动斥为"不健康的危险活动"。

但参与体育活动,或者只是追踪和谈论体育运动,能让我短暂地将祖辈们不堪回首的移民经历抛之脑后。借助体育运动,我可以实现祖父不齿、家父未竟的目标——融入美国社会,从而为子孙后代树立榜样。好在母亲遗传给了我一点运动天赋,让我能够先后在赛道、田径场和健身房找到自信。此外,篮球也为我打开了新世界的大门,帮助我跳出了父母的眼界。所以说,想要抑制德国人的种族优越感(我父亲骨子里就有这种孤傲感,那时距离美国篮球协会引入德特雷夫·施拉姆夫和德克·诺维茨基尚有时日)[1],想要肃清母亲家族中残存的南方白人奴隶主特权思想,研究篮球这项放松身心的运动恐怕是最好的方式,因为它与非裔美国人的过往经历紧密相关。

读高中期间,我对新闻报道产生了兴趣。父母得知后,曾在无意间向我吐露了他们的期望——希望我以后能够进入《国家地理》(*National Geographic*)杂志社工作。但最终事与愿违,我从事的正是迎合"运动员内心想法"的工作。对此,父亲和姑姑玛利亚表现得可能没有像保守的波恩小镇居民那么露骨,但也难掩不屑一顾的神情。

直到多年后读完了德国记者兼作家赛巴斯提安·哈夫纳的作

---

[1] 德特雷夫·施拉姆夫(Detlef Schrempf)和德克·诺维茨基(Dirk Nowitzki)均为德国前职业篮球运动员,二人加入美国篮球协会,象征着德国人放下了所谓的种族优越感。

品，我才意识到，祖辈们对体育运动的警觉，可能有着不可告人的原因，远不止摔断几次鼻梁那么简单——在父亲的少年时代，以及爷爷库尔特流亡欧洲期间，观赏性体育运动和纳粹主义逐渐被捆绑在一起。

纳粹领导人热爱德国，恰如赌红双眼的赛马主"爱惜"自己的赛马一样：一心只想赢得比赛，往死里训练赛马，把它们骑得精疲力竭，完全不顾马儿死活。至于马儿是否也想赢得荣耀，成为名副其实的赛马，是否会感到痛苦，是否会因训练落下终身残疾，他根本不会在意……当然，其他国家及其人民绝不会像德国人一样坐以待毙，甘愿沦为统一接受指令的运动队。而纳粹领导人的目标是，将德国变成一个庞大的体育俱乐部，以牺牲幸福、个性和民族认同为代价，换来在赛场上的"百战百胜"。

二十多年来，我一直在《体育画报》担任撰稿人，整日拿着笔记本东奔西跑。有一次，报社派我出差，目的地恰好是父亲的出生地。当时距离雅典举办2004年奥运会还有两年时间。因为雅典奥运会将是"9·11"事件后的第一场奥运会，所以我出差的任务是去重新调查1972年的慕尼黑奥运会惨案——"黑色九月"组织（Black September）的恐怖分子在奥运村杀害了十一名以色列人。

纽约那边的资深编辑给我传来了一些有用的新闻线索：距离悲剧发生已经过去了整整三十年；策划那场袭击的巴勒斯坦人刚刚写

完一本回忆录；雅典奥运会的组织者似乎在安保建设方面投入不足，1972年慕尼黑奥运会便是前车之鉴。不过，我只想从这些线索中听到"慕尼黑"三个字。事情发生那年，我只有十五岁，一直守在电视机前关注事件的进展，不放过美国广播公司播音员吉姆·麦凯（Jim McKay）播送的每一条最新消息——最开始，听闻人质被劫持，我倍感震惊；紧接着，营救人质的行动失败，心头仅存的一丝幻想破灭；最后，事件以骇人听闻的悲剧收场，城郊的机场上空腾起巨大的火球。联邦德国举办慕尼黑奥运会的初衷，是想消弭早在1936年柏林奥运会上就已显露端倪的劫难，没想到却引发了更大的灾祸。

当时，我一直关注着赛事，知道世界各地的运动员都来到了我的姑姑玛利亚、姑父和表兄妹们居住的城市。"二战"结束后，人们将残砖碎瓦推平，在废墟上重新建立起一座奥林匹克公园，所以公园的地面有些高低不平。正如姑父彼得所说："年轻人是在死人堆上嬉戏。"所以，当1972年奥运会惨案造成的死亡人数逐渐上升时，我便体会到这句话中的讽刺意味。

多年来，那场袭击背后的细节不断浮出水面。于是，我开始尽己所能去搜集一切信息。其间，一份旧报纸剪报中的几个段落引起了我的注意。我把这些文字反复读了好几遍，生怕因为德语不好而错会了文章的意思。这篇简报的大意是，一位安全专家早在慕尼黑奥运会开始前就针对假想情境做好了应急预案。事后证明，他的预案与袭击现场惊人地一致，令人不寒而栗。但遗憾的是，奥运会主办方并没有采纳他的预案。

在动身前往欧洲前的几周，我交给父亲两项任务：一是将这份简报翻译成英文,二是阅读我从德国报纸与杂志上搜罗来的各种报道,把他觉得可能有价值的内容标记出来。父亲此时已是81岁高龄,被恶性肿瘤折磨得面如枯槁,但依旧忍着病痛帮我查证了关于那位先知安全专家的传闻,找到了他的姓名——葛格·西伯博士(Dr. Georg Sieber)。在调查此事的过程中,我和父亲的关注点出奇地一致。要知道,上一次我俩如此默契,还是多年前坐在沙发上追踪水门事件的时候。在父亲看来,慕尼黑袭击案是他的家乡与人类历史碰撞的结果,是命中注定的劫数,此案不仅没有让当年的体育赛事名留青史,反而令其被历史反噬。在完成我布置的任务时,父亲想必也能想起我曾经耳闻的那句魔咒般的警言——必会重蹈覆辙[①]。我们就是这样心有灵犀。所以,当我走下飞机,准备在慕尼黑寻找葛格·西伯博士时,能感觉到父亲仿佛就在身旁。

两个月后,我在杂志上发表了一份长达七页的报道,开头如下:

> 生活在一个深受历史羁绊的国家,葛格·西伯博士练就了一身预测未来的绝活。1972年慕尼黑奥运会开幕前的几个月,时年39岁的葛格·西伯博士曾受西德主办方邀请,以警方心理专家的身份为奥运会做"沙盘推演"(根据安全专家的说法,此法可以推演出最为糟糕的情况)。西伯博士不仅长得有点像汤姆·克兰西(Tom Clancy,美国著名军事小说家),而且在进

---

① 此句出自著名西班牙裔美国哲学家、诗人乔治·桑塔亚那(George Santayana)的名言"Those who cannot remember the past are condemned to repeat it",即"忘记历史之人,必会重蹈覆辙"。

行危机推演时也融入了各类机场反恐小说的元素，如：绑匪与人质、境外势力提供的资金与走私武器、被劫持的飞机与遥控炸弹。这位博士深入研究了当时极为残忍的几大恐怖组织，上至爱尔兰共和军（Irish Republican Army）与巴勒斯坦解放组织（the Palestinian Liberation Organization），下到巴斯克武装分离主义集团"埃塔"（the Basque separatist group ETA）和西德本土的巴德尔－迈因霍夫集团（Baader-Meinhof Gang），而后提炼出26个经典恐怖袭击情境，用骇人听闻的细节警示世人。这些假想恐袭情境大部分发生在世界各地游客聚集的慕尼黑奥运村，但有一例除外：某个瑞典右翼组织驾驶喷气式飞机撞向挤满观众的奥林匹克体育场。多年后的一天，另一个城市果真发生了九月撞机事件，印证了此预言。

尽管西伯博士的预案如此周密，但留给德国人的时间并不多。1972年9月5日，恐怖组织悍然发动了袭击，试图以此制造大规模恐慌。这场的恐袭过程与西伯博士的预测惊人地相似——他曾向主办方提交的"第21号情境预案"包含如下细节：某日上午5点，十几名全副武装的巴勒斯坦人翻过奥运村的围墙，渗透进以色列代表团所在的大楼。他们先杀死了几名人质（根据西伯博士后来的说法，此举是为了震慑其他人质），然后要求以色列当局释放被关押在以色列监狱内的囚犯，并为他们准备一架飞往某个阿拉伯国家首都的飞机。虽然巴勒斯坦人没能救出他们的同伙，但据西伯博士预测，他们最终"要把这次奥运会变成一场政治示威"，并且"早就做好了牺牲的准备……所以绝不能指望他们主动投降"。

我最终见到了葛格·西伯博士,他就住在宁芬堡,那里与我父亲"归乡后的住所"仅隔几个街区。我找到他时,他已不再担任警方心理专家,而是为几家保险公司提供安全咨询。多年来,他从未忘记与慕尼黑警局共事的日子,仍对1972年那起惨案耿耿于怀。因此,他同我聊了好几个小时,凭借惊人的记忆力,镇静地与我分享了他的所有经历,清晰地还原了诸般细节。仿佛这三十年来,他一直在等待有人上门听他讲完当年发生的事情。

根据西伯博士的说法,慕尼黑奥运会主办方如果想要防止他预测的情况出现,就必须放弃已经筹备多年的奥运会方案,即所谓的"和平欢乐的盛会"——将奥运会打造成一场体育狂欢节,既不拉网警戒,也不安排荷枪实弹的警察。主办方之所以这样设计,是因为纳粹德国当年举办奥运会时,在会场处处挂满了纳粹万字符,甚至以礼炮齐鸣的方式宣告大会开幕。为了彻底抹去柏林奥运会的阴魂,慕尼黑奥运会改用象征"同一个世界"的会徽,所有安保人员均身穿蓝色奥运会制服,被称为"奥林斯"(Olys),其职责仅限于检查逃票与酗酒行为。为了配合此方案,主办方要求西伯博士修改应急预案,降低安保等级。

就这样,慕尼黑奥运会被打造成一场提前举办的啤酒节(Oktoberfest):在吉祥物瓦尔迪(Waldi)的伴随下,巡演的小丑和乐队可以穿行整个奥运村。年轻的运动员们半夜溜到慕尼黑皇家啤酒屋通宵畅饮,等回到奥运村时,根本不用费事去找正门入口,只需纵身一跃,便可轻而易举地翻过两米高的铁链围栏,一旁的"奥林斯"对此熟视无睹。一位负责奥运村安保的巡警甚至减少了夜间巡逻的次数,因为在他看来,"夜里不会发生什么意外"。

但意外偏偏就发生了,只不过和西伯博士的预言有一点点偏差——"黑色九月"成员迅速地翻过了围栏,用时比西伯博士在"第21号情境预案"中的估测少了大约50分钟。另外,武装人员在进入以色列运动员所在的一楼房间时,并没有像西伯博士想象的那样使用炸药,而是直接撬开了房门。但除上述两点外,这次袭击的其余细节与西伯博士的预言一一对应:首先是武装人员要求交换人质,并且让主办方准备好用于撤离的飞机;其次是武装人员提出将人质从奥运村运至别处关押;就连武装分子在一开始劫持人质的过程中枪杀了两名以色列运动员,也与西伯博士的预测完全一致。西德政府展开了拙劣的营救行动,最终以失败而告终——事发第二天清晨,剩余9名以色列人质全部遇难,8名参与袭击的武装人员中有5人被当场击毙,另有一名警察在行动中牺牲。

回忆这起案件的全部经过时,西伯博士自始至终十分镇静,既没有面露悲伤,也没有刻意为自己辩解,表现出的只有安全专家这份职业独有的客观冷静。"根据美国心理学家利昂·费斯汀格(Leon Festinger)提出的认知失调(cognitive dissonance)理论,"西伯博士告诉我,"如果你产生了两种难以调和的认知,你会本能地放弃其中一种,以迁就另一认知,使二者达成一致。"

就在武装人员劫持人质的当天,西伯博士接到了雇主代表慕尼黑警察局长曼弗雷德·施赖伯(Manfred Schreiber)的电话,被告知其安全顾问服务已被终止。"戈尔达·梅尔（Golda Meir，以色列总理）已介入此案，"西伯博士告诉我，"这已不再是心理问题，而是政治事件。"

那天放下电话后，西伯博士回到家中，打开电视，给自己倒了一杯咖啡。

*

时间来到2012年，这一年的奥运会将在伦敦举办，同时也是慕尼黑惨案发生后的第11届奥运会。盛会开幕前，我将和家人前往伦敦度过几个月的时间。那年夏天早些时候，"欧洲杯"赛事也拉开了帷幕，我的两个孩子（当时老大10岁，老二9岁）支持的是德国队，两人不假思索地套上了巴斯蒂安·施魏因施泰格（Bastian Schweinsteiger）和梅苏特·厄齐尔（Mesut Özil）的队服，这两件球衣是他们表兄回到巴伐利亚时带来的礼物。但我和瓦妮莎带领孩子们环游伦敦时却顾虑重重——无论是参观内阁战时办公室（Cabinet War Rooms）①，还是造访圣保罗大教堂（Saint Paul's Cathedral），抑或搭乘地铁，我们都会不可避免地谈到闪电战。每每聊到这一话题，我和瓦妮莎就得和孩子们提起纳粹德国，向他们透露一些重大历史事件，让他们知道这些事件对我们家族产生了怎样的影响。就在不久前，我还告诉孩子，德国政府曾经屠杀了数百万人，仅仅因为这些人是犹太人。要是在纳粹统治期间，德国可能会给施魏因施泰格

---

① 第二次世界大战期间英国政府设置的秘密办公地。

提供一处安身之所，但会把厄齐尔送到集中营。女儿克拉拉听完我的讲述后，疑惑地问我："既然爷爷的出身如此复杂，当初为什么不想办法当间谍呢？"

其实，我从小到大也有过类似的困惑。第一次产生这样的疑问时，我还是一名住在罗切斯特市郊区的少年。那时候，在犹太社区中心的更衣室内，每当看到一些老人的身上文有集中营编号时，我便会心生好奇——如果这些老人知道了我家人的纳粹身份，他们将作何反应？

如今，每当我听到瓦妮莎演奏小提琴时，也会产生同样的疑问。这把小提琴可是祖传的老物件，最初是由我父亲从他的继父阿尔布雷希特医生那里继承而来，而据我所知，阿尔布雷希特医生曾资助过党卫队。因此，这件音色优美但身世复杂的乐器，恰好能够体现德国曾经如何影响世界——带来了美好，但也带来了邪恶。

我们不妨做这样的假设：纳粹烧毁了我爷爷库尔特出版的大部分书籍，这是否可以减轻我父亲的罪孽（他曾在德国国防军中服役）？如果库尔特·沃尔夫出版社的图书全部被视为违反德国种族政策，而不仅仅是其中的80%，那么我的道德继承（moral inheritance）是不是更加"根正苗红"？

那么，真的存在"道德继承"这种东西吗？

如果说，我父亲那边的家庭成分不好，那么我母亲家族中的长辈卡洛琳·费里迪可以凭借自己的努力改变出身吗？她需要做多少善事，才能与自己的奴隶主祖先们划清界限？

我的假设到此打住。由此看来，每个人都应在心中备好一本道德资产负债表,而且应该从出生之日起就开始记账,这个空白账本,从一开始就将其所在家族的耻辱入账,在里面记下家族史上与这份耻辱有关的重要人物(犯罪或赎罪之人都应被计入),以警示今人当下该做什么。

历史潮流,浩浩荡荡;顺之者昌,逆之者亡,除偶尔出现的黑天鹅式人物外——如希特勒、本·拉登和加夫里洛·普林西普(Gavrilo Princip)——能够驾驭历史的,只有普通大众。葛格·西伯博士深知这一点,我的父亲也以自己的方式践行了此道理。诚然,慕尼黑奥运会主办方急于翻过历史上不光彩的一页,想将任何带有纳粹主义色彩的东西从奥运会中剔除。但是,想要正视历史,我们就必须懂得,现代德国想要呈现给世人的奥运会,绝不只是"调低安全预案等级"那么简单。

慕尼黑奥运会主办方谨遵了桑塔亚纳的那句警言——忘记历史之人,必会重蹈覆辙,但结果却事与愿违,十一名以色列人为此付出了生命的代价。其实,只要深入挖掘历史细节,我们不难发现,慕尼黑奥运会的悲剧并不在于任何人忘记了过去,而恰恰是深陷历史轮回之中的德国人对过往的记忆太过深刻。

*

我和瓦妮莎带着孩子,先乘坐火车,再换乘公司的配车,来到了家族企业的所在地——达姆施塔特。350年前,家族的先人在城中心护城河的对岸创立了最初的药房。此后,企业不断发展壮大,成为驰名全球的百年老厂,在医药界中享有崇高声誉,家族成员们都引以为豪。我父亲虽然很久以前就放弃了在该企业中的幕后合伙人股份，但公司的管理层始终觉得血浓于水，仍将他视为公司的一分子。因此，我经常收到公司寄来的信件和最新的族谱（默克家族人丁兴旺，截至目前，族谱已经记载到了第13代家族成员）。此外，公司的执行董事会还邀请我们参观"M-Sphere"，这是一个专为此次节庆活动修建的球形场馆，将举办晚宴、演讲，还有一场德国默克爱乐交响乐团（Deutsche Philharmonie Merck）的演出。

启蒙运动期间，默克家族一方面通过销售药品，另一方面通过在黑森-达姆施塔特伯爵领地内放贷，积攒了大量财富。在此基础上，特别是当伊曼纽尔·默克于19世纪20年代在罂粟碱制取方面取得重大突破时，默克制药公司便能够利用资本开启工业化量产。家族先人们秉持与生俱来的世界主义，在全球范围内积极开拓市场。因此，在战后德国工业遭遇重创与排挤的大环境下，默克制药公司却能够逃脱此厄运，免遭巨额损失。同样受益于先辈们的全球视野，家族药厂在"西德经济奇迹"期间重现辉煌。自"二战"结束以来，默克制药公司通过兼并手段，不断拓展业务，持续进军生物技术、半导体、材料研发（如色素和液晶）等领域，几乎一直保持着扩张的态势。

如今，默克制药公司在各地的产业园地不仅是生产药品的工厂，更扮演着研究中心的角色，雇佣了来自不同种族、说各国语言的员工，他们朝气蓬勃，看上去就像加州的学生。该企业现已尝试从事公益事业，积极响应"加速开放共享平台"（Access Accelerated Open Platform）的倡议，关注全球范围内的可防可治非传染性疾病。此外，默克公司还投资文化事业，不仅资助了以公司名称命名的管弦乐队，还赞助每年颁发一次的印度泰戈尔文学奖（Tagore Award，该奖项的设置是为了纪念爷爷库尔特与孟加拉族诺贝尔奖获得者泰戈尔之间的情谊）。公司当下的社会责任感（以及近期正面检讨公司历史上纳粹主义问题的意愿），大部分始于姑姑玛利亚的儿子乔恩担任董事长期间。此人已执掌公司执行董事会长达12年，今晚也将出席参观M-Sphere的活动。

近日，安格拉·默克尔参加了默克公司创立纪念日，但东道主由于疏忽，没有将部分贺词翻译为德语，因此遭到了默克尔的斥责，其中一句贺词便是"永远保持好奇"（Always Curious），这句话成了我这一年来的口头禅。"二战"期间，达姆施塔特同德国其他城市一样，经历战火的摧残后彻底沦为了废墟。但关于英国皇家空军在1944年9月11日晚将该城定为轰炸目标的详细经过，父亲从未和我提起。该城距离黑森伯爵的城堡仅有9英里，黑森伯爵曾这样描述达姆施塔特遇袭的场景："火光越来越大，橙红色的炮弹轨迹划过夜空，南边的整片天空都被照亮了。"此轮袭击导致8000人丧生，迫使近半数的城内居民涌入乡间避难，威廉舅公正是在此期间躲进了花园的棚屋里。这座耗费数个世纪才建成的古城，在不到一个小时的时间里，便被英军的飞机摧毁殆尽。然而，这仅仅是一系列打击的开始——三个月后，美国的B-17轰炸机又对默克公司的制药厂发动了袭击。

"一提到德国，" W.G. 塞巴尔德笔下某个流亡角色曾说，"我的脑海里就会蹦出一些歇斯底里的东西。"不过，德国却从未让我产生过类似的想法。我对这个国家的印象，还停留在小时候探亲期

334

间——那里住着温柔的叔叔阿姨、与我年龄相仿且兴趣相近的表兄弟姐妹，他们会拿给我美味的食物。所以说，"零时"这个概念仍有待商榷，因为它割裂了唤起回忆与追究历史责任所必需的时空记忆。有鉴于此，我最熟悉的几位默克家族表亲都坚决反对删改历史，其中就有独立学者哈兰德·宾德尔（Harald Binder），此人拿出自己持有的部分默克家族财产，在乌克兰的利沃夫市（Lviv，加利西亚人聚居于此）创立了中东欧城市研究中心（the Center for Urban History of East Central Europe）。该机构极尽尖锐之词，否定了哈兰德的曾祖母、祖先遗产学会的资助人——玛蒂尔德·默克。

当然，在一个"绊脚石"纪念碑时常遭到人为毁坏的国家，政治体制中尚有余毒没有肃清，德国的年轻一代仍有受到侵袭的可能。就在本周末，家族的一位股东因为加入"德意志学院"（Deutsches Kolleg，反犹种族主义"智库"，该组织主张推翻德意志联邦共和国，在驱逐移民的基础上重建德意志帝国，带领德国重回纳粹时代）而登上了新闻。2016年7月，这位亲戚出席了该组织在图林根州（Thuringia）召开的董事会，当时的情景也被记录在德国电视台于2017年拍摄的纪录片中。此外，该纪录片还录下了他在21世纪初随美国3K党成员大卫·杜克（David Duke）参加两场种族主义活动的镜头，其中一场是否认犹太大屠杀者在德黑兰举行的集会，另一场是杜克本人在新奥尔良市召开的欧美大会（European-American Conference）。

虽然家族的其他成员已声明与此人划清了界限，但这只不过是在敷衍我罢了。作为一家总部设在现代德国，业务遍及全球的公司，默克药厂最初对上述纪录片也只是做出了冷淡的回应——"此事系股东个人行为,与默克公司无关。"但随着事态的发酵,默克公司也渐渐意识到了不妥,于是在几周后发表了一份最终声明,表明公司的态度——"默克家族坚决同此类政治立场与相关意识形态划清界限。"

*

默克公司在纪念日上还提出了一句英文口号——"畅想下一个350年。"不过,我还没有准备好拥抱未来,而是在几周后回到了达姆施塔特,找到了公司的企业历史馆,打算与上个350年做个了结。

从默克公司的档案可以看出,在道德沦丧的道路上,该公司与20世纪德国的步调总体一致。20世纪60年代的前三年,掌管默克公司的是弗雷德里克·威廉·欧拉(Friedrich Wilhelm Euler),此人早在纳粹掌权前就认同"种族卫生"(racial hygiene)理论,并开展了反犹宗谱研究。1968年纪念日庆典期间,默克公司并没有提及其与第三帝国之间的关系。但实际上,早在20世纪90年代末,该公司就已开始正视其过去的所作所为,加入了记忆、责任与未来基金会(Erinnerung, Verantwortung und Zukunft,由多个德国企业于2000年发起),旨在追认"二战"期间被征调的强制劳工并向他们支付赔偿金。另外,就在公司创立350周年纪念日前夕,该公司还聘请独立学者编纂了一部重点关注纳粹统治时期的史书。我曾经翻阅过这部文献,它现由七名专家负责修订,他们均坚持秉笔直书,不会偏袒默克家族的任何成员。目前领导整个编纂小组的是萨宾纳·贝恩施耐德－赖夫（Sabine Bernschneider-Reif），她的办公室里收藏有几十卷玛蒂尔德·默克的日记。从2015年开始，经赖夫许可，达姆施塔特工业大学（Darmstadt's Technical University）的研究生可不受限制地查阅使用这些资料。得益于此，我便放心大胆地扎进故纸堆，从中探寻蛛丝马迹，力求还原历史的本来面目。就在我伏案工作的桌子上方，挂有爷爷库尔特和"蒂娜婶婶"等家族名人的等比例画像。

沃尔特·布鲁格曼（Walter Brügmann）曾在"二战"末期担任默克公司的人事主管，是一名狂热的纳粹分子。美军兵临城下时，此人销毁了所有对公司不利的用工记录。不过，我仍然了解到，从东方强制征调来的女性劳工每月仅能获得标准工资75%的佣金，这些钱在扣除伙食和住宿费用后，每月仅能剩下不到40马克，大约相当于4美元。更为残忍的是，他们还被禁止进入防空洞。这就解释了为什么默克工厂在1944年12月遭遇轰炸时，会有那么多人丧生——在那场袭击中，仅有一座强制劳工营房幸免于难，其余全部被炸毁。

"二战"爆发前的许多年里，默克公司一直生产制备消毒剂或漂白剂所需的过氧化氢。但资料表明，该公司在战争期间签订了秘密协议，负责向德国军工厂提供过氧化氢，用作鱼雷、火箭和喷气式飞机的燃料。"'二战'结束后，如果盟军更加深入地调查默克公司的战时生产活动，发现它们与该公司在战前的主营方向不一致，那么默克公司便很有可能面临被关停的风险，"这部纪念公司成立350周年的历史文献总结道，"由此看来，美国当局原本可以找到将默克公司划为头号工业'战争贩子'的证据。"

整个"二战"期间，家族成员卡尔·默克一直都是公司的主要合伙人。此人在国家社会主义汽车军团（National Socialist Motor Corps）、国家社会主义德国技工联盟（National Socialist League of German Technicians）和纳粹德国化学会（Nazified German Chemical Society）中担任要职。1933年5月1日那天，卡尔、卡尔表兄弗里茨和我的舅公威廉一同加入了纳粹党。为此，卡尔还在工厂里主持了一场全公司参与的欢庆劳动节活动，其中一个环节便是演唱《霍斯特·威塞尔之歌》。此外，他还参加了1936年的纽伦堡大集会（1936 Nuremberg Rally）。从那里返回达姆施塔特后，他利用公司某次点名的机会，大肆鼓吹"所有人都无比拥戴元首"。到了1939年，当时由纳粹主导的默克公司信托委员会对外宣称，默克公司"将不再雇佣拥有四分之一犹太血统的人士"——我父亲便属于他们所说的这类人，他当时即将在寄宿制学校度过最后一年。

虽说卡尔是第三帝国时期默克公司最为核心的任职合伙人，但最吸引我的还是舅公威廉的故事，因为他与卡尔（威廉需要向卡尔汇报工作）之间、与默克公司近代历史上最有权势的人物之间，都有着特殊的关系。想要讲清楚他的故事，我们需要回到"一战"时期，去了解"一战"后的世界格局。

*

在1915年5月被征召入伍之前，威廉·默克已经开始在德累斯顿大学（the University of Dresden）攻读工程学位。休战期间，公司让他负责工厂的技术事务，并于1921年任命他为任职合伙人。但是，作为亲自参与企业经营事务的第九代家族成员，威廉和他的三个表兄弟（卡尔、弗里茨和路易斯·默克）[①]很快意识到，他们并没有做好领导这个企业的准备。战争中断了兄弟几人的学业，也改变了他们受托经营的企业的性质。要知道，在《凡尔赛和约》划定的战后体系下，默克公司这类工业企业所遭受的损失，远远超过了库尔特·沃尔夫出版社那样的公司。不仅如此，《和约》还要求每一家德国制药公司将一半以上的库存作为战争赔偿交给盟军，并在随后的几年里以高昂的定价出售另外25%的库存。1923年，鲁尔危机爆发，法国与比利时出兵占领了德国工业腹地，加剧了本就动荡的经济局势，最终引发恶性通货膨胀（此轮通胀在那年秋天达到顶峰）。面对此情况，默克公司的管理层整日战战兢兢，担心外国军队随时会开进达姆施塔特，夺取默克工厂。

为了应对危机，默克公司第一次感到有必要从家族以外引入大批管理人员。在这一背景下，公司于1923年改组了执行董事会。到了1924年1月，默克公司亟须获得贷款机构的青睐，于是做出了一个影响公司前途命运的决定——经过长期的磋商后，公司不顾内部的诸多分歧，聘用了当地达姆施塔特国民银行（Darmstädter und Nationalbank）的行长伯恩哈德·弗顿豪威尔（Bernhard Pfotenhauer，是一位获得过"一战"勋章的军官），并给予其很大的自主权。这位新上任的改革者彻底转变了公司董事会的角色，简化了公司的管理，"默克家族也因权力遭到大幅削减，变成了'立宪制下的虚君'"。直

[①] 根据作者邮件补充的信息，卡尔出生于1886年，路易斯出生于1887年，弗里茨出生于1899年。

前排中间的便是弗顿豪威尔,他的右边是威廉·默克

到第三帝国覆灭,弗顿豪威尔的任期才宣告结束。

想要研究弗顿豪威尔时代的默克公司,就需要弄清楚一个投机分子如何利用危机,把自己同公司牢牢地绑在一起,同时看他如何沉浸在推崇专制行为的意识形态中,成为名副其实的"军工领袖"(Wehrwirtschaftsführer),只有最为坚定地支持纳粹战争行为的公司高管,才会被授予此称号。尽管他有如此行径,但默克家族仍然心甘情愿地选择同魔鬼做交易,因为这样可以避免公开发行股票,从而保护家族的财富不被稀释,防止手中的权力被进一步削减。"能请来这个弗顿豪威尔,我真是无比高兴,"在默克家族与弗顿豪威尔达成魔鬼交易后,威廉给卡尔和路易斯写了一封信,"他才38岁,又是财务方面的顶尖人才,所以我觉得他真的能为我们做很多事。"

然而,家族其他成员最初的担忧得到了证实。弗顿豪威尔瞧不起默克家族的合伙人,认为他们是管理企业的门外汉,不值得委以重任。于是,从1933年开始,他开始频频讨好当地的纳粹头目,如黑森-拿骚南方大区(southern Hesse-Nassau)的大区长官(Gauleiter)① 雅各布·斯普林格(Jakob Sprenger),同时醉心于研究和模仿希特勒的言行,染上了所谓的"独裁狂热症"(默克家族另一名高管在"二战"结束后发明的词语)。美国学者在1945年末总结道,弗顿豪威尔"常常将自己凌驾于任职合伙人和公司所有人之上,把陌生的政治理念强加给他们,在经营公司方面肆意妄为"。正如成文于1948年的一篇观察员书面证词所说:"抛掷套索的牛仔知道如何在短短几秒内从头到脚捆住一个人,弗顿豪威尔也有类似的魔力,能在瞬间麻痹周围大多数人,令他们丧失意志,成为任由他摆布的玩偶。"

到了最后,就连威廉也对弗顿豪威尔的独断专行感到厌恶。1941年12月,弗顿豪威尔与威廉和路易斯·默克在会议中发生激烈争吵,压抑已久的矛盾最终爆发。事后,卡尔·默克花费了四个月的时间,终于说服了两位持不同意见的表弟接受公司决议,二人同意被降级为幕后合伙人。但在接下来的问题上,双方仍旧僵持不

---

① 纳粹德国设立的官职之一,也是纳粹德国时期各大区的领导者。大区长官是纳粹德国第二高阶的职位,仅次于"元首"和"全国领导"(Reichsleiter),只能由希特勒直接任免产生。

下——卡尔坚持要求威廉和路易斯永久放弃以任职合伙人身份重新加入公司的权利,遭到了二人的一致反对。

卡尔和弗里茨·默克站在弗顿豪威尔一边,在人数上压倒了威廉和路易斯。1942年5月29日,威廉被传唤至位于法兰克福的纳粹党大区党部(Gauhaus)。他一进门,就发现卡尔和弗顿豪威尔早已在里面等他。"二战"结束后,威廉回忆说,那天,房间内的纳粹经济官员向他阐明了其中的利害关系。威廉深知,"如果拒绝在弃权协议上签字,等待他的将会是什么"。所以,他"内心挣扎着"签下了自己的名字。第二天,路易斯也被迫在协议上签了字。

弗顿豪威尔得逞后,便开始肃清公司内的异己。他率先拿一名在公司任职多年的高管开刀,因为此人曾给卡尔写过一封长篇累牍的报告,在其中抱怨弗顿豪威尔滥用职权。这名高管被解雇后,便前往当地劳动法庭提请仲裁,但未能胜诉,只好折返回家,却发现盖世太保已经站在家门口等他。不仅如此,仅剩的两名在公司任职的默克家族成员(卡尔和弗里茨)也没能逃过弗顿豪威尔的魔掌,二人手中的权力被大幅削弱,他俩可是外界公认的弗顿豪威尔的盟友。

弗顿豪威尔虽然得势,但他的命运实际上完全和纳粹政权绑在一起。不久之后,第三帝国便日薄西山。弗顿豪威尔的女儿乌苏拉也证实,1944年9月,英国皇家空军轰炸达姆施塔特,弗顿豪威尔虽侥幸活了下来,但已经成了"废人"。1945年3月23日,弗顿豪威尔先用鲁米那(Luminal,他之前从工厂仓库里取出来的一种巴比妥类安眠药)毒死了妻子、两个女儿和四个孙辈,然后开枪自杀。就在不久前,他曾告诉一位同事,自己不愿意面对"第二天醒来就要给美国犹太人擦鞋"的情景。

弗顿豪威尔自杀后的第三天,美军占领了默克药厂,不久后便将该工厂移交给美方指定的受托人经营。

*

在成堆的泛黄档案中,我惊讶地发现,有一个人竟然卷入了战后公司内部的夺权阴谋。1947年8月初,爷爷库尔特刚刚结束旅行(在此期间,他与我父亲和姑姑在瑞士边境重逢,上文对此已有详述)返回美国,便到默克集团的首席执行官、万神殿出版社的创始投资人乔治·W.默克住处报到。

> 你知道的,我和我的前妻,也就是你的堂妹伊丽莎白·阿尔布雷希特·默克(原文如此),一直保持着很好的朋友关系,而且我的大儿子也一直和他母亲住在一起。所以,如果我告诉你,我接受了伊丽莎白的款待,并且在她位于慕尼黑的家中住了下来,想必你也不会感到惊讶……6月30日,威廉·默克和他的堂兄利斯贝特·默克·普法尔(Lisbet Merck Pfarr)过来看我。负责开车把这两人从达姆施塔特送到慕尼黑的,正是E.默克(E. Merck)公司的受托人、(卡尔·)默尔劳博士[Dr.(Karl)Merlau]的亲信——君特·约翰先生(Mr. Günther John)。我、你的这几位亲戚还有约翰先生聊得很投机,我觉得我有必要把这件事汇报给你。

库尔特其实已经知道，黑森当地的社会民主主义者正准备把默克公司列为打击对象。所以，德国的默克家族成员和美国任命的受托人都希望乔治·W.默克（几年后，此人以尽职尽责的美国CEO形象登上了《时代》周刊的封面，被塑造为十全十美的模范人物）和美方实际掌权人能出面斡旋。"（左派）正想尽一切办法将公司国有化，他们还想搞一场兴师动众的公审，以证明永久剥夺默克家族对公司的所有权在政治等方面有据可依，"库尔特写道，"我们应当尽一切努力保护公司的私营企业性质不被改变……默克家族的成员们不需要任何物质支持，他们只求精神上的支援。"

在这封信中，库尔特还提到，正是1942年5月的那场冲突导致威廉与路易斯被逐出决策层，进而巩固了弗顿豪威尔的权力。"约翰先生指出，想把弗顿豪威尔赶出公司，根本就是一件不可能的事情，"库尔特在汇报时说，"他把弗顿豪威尔称作'黑森的希姆莱'，认为此人在纳粹党中位高权重，如果任何合伙人想要扳倒他，他轻而易举地就能用纳粹党的名义将整个默克家族赶出公司，然后立即把公司收归国有，自己一人独掌经营大权。"

1948年9月1日，受托人便解冻了默克公司的资产，将公司的控制权归还给默克家族，距库尔特向乔治·W.默克作汇报还不到一年。与此同时，盟军也废止了1942年的纳粹大区党部协议。经过此举的铺垫，威廉得以重回任职合伙人行列，再度与卡尔和弗里茨联手。至此，所有人都经受了去纳粹化进程的洗礼，至少在表面上都已捐弃前嫌（路易斯于1945年逝世）。

以上故事给予我的启发颇多。一方面，去纳粹化的进程能够加

344

速完成，公司能在战后重回默克家族手中，均得益于公司上下对资产国有化的恐惧。另一方面，恰恰是伯恩哈德·弗顿豪威尔在20世纪初救默克公司于水火之中，才使其免受经济危机的冲击。也正是这个被我爷爷称为"黑森的希姆莱"的男人，用自己的身份为公司谋得了种种政治便利，默克公司才能在第三帝国期间保持兴旺发达，并且始终没有脱离默克家族的控制，我的父亲也才因此能在1977年将自己持有的默克公司股票兑换成现金。直至我现在写下这些文字的时候，我仍然享受着家族企业留下的部分财富。

*

一天后，我又重新翻开公司的档案，结果从中发现了一份由威廉·默克手写，但没有注明日期的陈述。显然，这份文件是他在去纳粹化听证会上提交的材料。阅读这篇文字，便相当于当面倾听威廉的亲口辩解。

首先，在1933年以前，本人既没有频繁参与政治活动，也没有加入任何政治党派。我是迫于形势，才选择选边站队，当时很多人都是如此。之所以加入纳粹党，是相信它能带给我们美好的未来。最终，在周围熟人的轮番劝说下，我于1934年9月加入党卫队。之所以这么做，也是当时的政策要求：要想继续从事自己在机械飞行运动俱乐部（Motorflugsportklub）——后被并入"德国航空运动协会"（Deutscher Luftsportverband，缩写为DLV）——的活动，就必须先加入一个政党组织。关于这一点，我必须说清楚，我从1911年就开始练习滑翔机飞行，发自内心地热爱这项运动……

后来，我才了解到它（指党卫队）的所作所为，所以一再想要退出这个组织。但是，除非公然违抗命令被开除党籍，否则根本不可能全身而退。"

1937年，"德国航空运动协会"与"国家社会主义飞行军团"（Nationalsozialistisches Fliegerkorps，缩写为 NSFK）的合并，威廉似乎是想强调：他不再需要保留党卫队队员的身份，他也尝试了退出党卫队。"在国家社会主义飞行军团内，我的职责只是为年轻的滑翔机飞行员创造全身心投入这项运动的机会，"他辩解道，"我没有主动或被迫参加任何政治或意识形态课程。"

但实际上，"德国航空运动协会"与"国家社会主义飞行军团"并不是什么消遣性质的体育俱乐部，而是纳粹政权为撕毁《凡尔赛和约》，重新武装德国而打出的幌子。威廉继续坦白道，战争爆发后不久，他发现自己不仅没有脱离党卫队，反而因为在"国家社会主义飞行军团"的地位，被晋升为党卫队高级突击队中队长（SS-Hauptsturmführer，相当于陆军上尉）。"事实虽然如此，"威廉辩称，"我从没有向纳粹党或党卫队宣誓效忠，也从没有人让我这样发誓……纳粹掌权后不久，我便看清了这个党的本质，从未与它同心同德……在任何时候，我都尽量保持低调，避免在公共场合抛头露面。我可以摸着良心保证，除了在员工年终大会上，或是参加管理层培训外，我从没有站在纳粹党的立场上鼓吹集体劳动。"

在事实面前，一切辩解都显得苍白。1939年，威廉面向职工发表演说，豪言"要相信我们的元首"和"德国军队不可战胜"，同时补充说："我们在此表明决心，只要元首有令，我们便愿赴汤蹈火，随时投入战斗。只有武装起来，团结一致，同仇敌忾，才能如利剑出鞘，夺得最后的胜利。"历史学家在仔细研究这部纪念公司成立350周年的历史文献后，得出结论——尽管威廉"极力把自己塑造成一名在战后不参与政治的唯美主义者"，但是他"血统纯正、家世显赫，位高权重"，"不可能与纳粹主义划清界限"。这些历史学家援引劳工代表组织——默克劳资联合委员会（Merck Works Council）提供的证词："他曾'卷入历史的旋涡中'①，曾成为员工的反面教材，曾为'构建纳粹帝国效力'。"

默克公司有一位非雅利安裔工程师，名叫鲁道夫·恩格尔曼（Rudolf Engelmann），此人因血统问题被解雇，还有一位名叫奥拓·汉高（Otto Henkel）的人事主管，在纳粹县区长官（Kreisleiter）卡尔·席林（Karl Schilling）的暴力威胁下被迫离职，原因是他娶了犹太裔妻子艾美（Emmy）。对此，威廉坚称，他"曾多次试图"阻挠公司解雇二人。"对于这两位男士因政治倾向被辞一事，我深感遗憾，尤其是汉高博士，不过他现在已经回到了默克工厂并担任人力资源总监。"

---

① 根据作者在邮件中的解释，"卷入历史的旋涡中"指的是威廉因其在公司的头衔和职责而受到牵连——整个"二战"期间，他一直在默克工厂，并没有亲自前往前线参战，但鉴于默克公司与纳粹政权之间的勾当，鉴于他扮演的角色，威廉将承担很多的责任。

347

达姆施塔特人行道上有两块"绊脚石",它们证实了威廉的无能为力,其中一块纪念的是鲁道夫·恩格尔曼,另一块则是在缅怀艾美·汉高,两人均在集中营内遇害。

在为自己辩护时,威廉提到了自己在"夺权密谋"中失势一事,也就是后来在家族先人当中传开的"弗顿豪威尔事件"。"1942年,我离开了深爱的工厂,我在那里当了将近25年的老板与合伙人,"他写道,"我离开的方式很可能对我造成致命伤害,甚至可能导致我被关进集中营。"然而,就弗顿豪威尔与纳粹的关系而言,这种自怜的说法并没有切中要害。在那场权力斗争中,默克家族持有的公司股份岌岌可危——如果弗顿豪威尔得寸进尺,拉拢纳粹将默克公司收归国有,那么默克家族的每个成员都将失去股份。在这场权力之争中,威廉败给卡尔、弗里茨和"黑森的希姆莱"的原因有很多,但关于国家社会主义的意识形态冲突并不在其中。

在陈述的最后一段,威廉提到了另一件事情:"我的姐夫库尔特·沃尔夫有一半犹太血统,他曾经在我家留宿过,我们相处很愉快。"

没错,"和我相处最好的几位姐夫都有一半犹太血统"这句话的确起到了辩解的作用。

1948年6月,威廉被"去纳粹化法庭"划定为IV级共犯(即通敌者),并被处以2000马克(相当于200美元)的罚金。审判期间,法院批准数名证人出庭为他辩护,其中一位是哈默博士(Dr. Hammer)。据他所说,有一天,威廉看到了一份反犹报纸《先锋报》(*Der Stürmer*),便向他表达了"他对迫害犹太行为的憎恶……

348

态度之愤慨,语气之强烈,足够让他被抓进集中营了"。另外一名证人是韦加德(Weigand)先生,曾教过威廉儿子音乐。他证实,自己在"水晶之夜"被纳粹暴徒从公寓内抓走后,威廉曾在经济上接济过他。

在柏林,我们过去常用一种名叫"宝莹"(Persil)的洗衣粉清洗衣物。"二战"后,德国民众对去纳粹化进程持质疑态度,因此将去纳粹化无罪公证书戏谑地称

这张照片拍摄于20世纪20年代初的一天,图中的威廉正在为我的祖父母开车

为"宝莹洗白剂"(Persilscheine),因为像威廉这样位高权重、人脉广阔之人,想要给自己弄到"宝莹洗白剂"来开脱罪名,简直易如反掌。不过,威廉在法庭上为自己所做的各种辩解最终于事无补。庭审结束被拖出法庭时,他早已没有了往日野兽般的张狂,而是吓得瘫软成了一摊烂泥。他与纳粹的牵连程度虽然不及表兄卡尔,但其所作所为却极具代表性。纳粹的军装与军衔令他心向往之,滑翔机马达的轰鸣令他沉醉,于是,他便心甘情愿地做赛巴斯提安·哈夫

纳笔下"巨型体育俱乐部"①的马前卒。正是因为有太多像威廉这样的人，以及他们背后成千上万的拥趸，纳粹主义才找到了泛滥的土壤，迅速席卷整个德国，蛊惑各地民众。

作为整场去纳粹化闹剧的见证者，卡尔·默克早在美军抵达达姆施塔特前就已销声匿迹。公诉人原本想将他划定为"激进或好战分子"（即 II 级纳粹分子），但最终给出的判决却与威廉受到的惩罚一模一样——划定为 IV 级共犯，并处以 2000 马克罚金。不久之后，他便官复原职，重新担任公司的领导。

---

① 指纳粹组织。

第十八章

结局,自会到来

尼科:2003至2007年

父亲尼科从小在纳粹德国长大,在美国只有一位近亲——表兄阿尔伯特·默克(Albert Merck),小名叫作艾尔比(Albie)。他出生在新泽西州,是乔治·W.默克的儿子。2004年,84岁高龄的阿尔伯特,在波士顿城郊的家中发现了战争刚刚结束时与我父亲互通的书信。于是,他将这些信全部寄往佛蒙特州,收信人是我父亲。

德国投降的第二年,艾尔比在哈佛大学宿舍内给我父亲写信(他当时在慕尼黑),告诉他自己即将订婚。父亲用蹩脚的英语写了封回信,并附上了他和艾尔比在1938年徒步穿越奥地利期间拍摄的照片。不过,这封回信在寄到艾尔比手中前,需要先通过美国当局的审查。

> 得知你即将订婚,我无比高兴,祝你新婚快乐,万事如意!光从照片上,我就能想象出来这个姑娘有多么漂亮,在此

祝她幸福！你还记得咱俩年轻时在奥地利的快乐时光吗？一起散步，一起游泳，一起拍照录像。我今天查看老物件，发现了这些彩色照片，一张里面有你这个地道的"巴伐利亚人"，另一张是在萨尔斯堡（Salzburg）拍摄的米拉贝尔宫（Schloss Mirabell）。这些你都还记得吗？我多么希望时光能够倒流啊，但花有重开日，人无再少年。

我希望有一天，能来到美国与父亲团聚，这样我就不必遭此劫难，在这样一个满目疮痍的国家了却余生。过去因为战争，我已经失去了五年的时间，现在看来，我似乎还要失去更多。

我希望你没有忘记我这个表弟，所以才在信封里放了一张照片，这样你就能看到我现在的样子。

我的英语很差，敬请见谅，不过要是能去美国，我一定好好学英语。

"德国那时候得是一个多么令人心灰意冷的地方啊，"艾尔比写道，"所幸你后来真的来到了美国，那以后发生的事情，你我就都知道了。"

我可以想象到，父亲一边读信，一边连连点头的情景。随着年岁渐老，父亲愈发清楚自己已时日不多。在人生最后几年时间里，他虽然身患癌症，但仍然积极乐观——他会指导财务顾问购买哪些股票，会向他的肿瘤主治医师描述药物的分子结构。但他最喜欢做的，还是排除日常生活中的一切干扰，只专注于自己最想做的事情，比如让妻子和孙子孙女陪在身边，甚至会为观看"会发声的木匣"里为数不多的好节目,不惜花费一晚上时间组织家人围坐在电视机前。他常挂在嘴边的一句话是"谁需要那玩意?"(Who needs it?),这句已经成了全家人的口头禅,既带有责骂,也有嗔怪的味道。有一年生日,凯西的丈夫将这句话注册成域名"WhoNeedsIt.org"送给我父亲。女婿这种"以毒攻毒"的做法正合老丈人心意,直接把他逗乐了:对他来说,没有用的东西,他压根不会去碰。

反过来看"谁需要那玩意?"这句话其实还有另一层含意,那就是只要家父喜欢的东西,比如妻子的陪伴、意大利面和大侦探波洛系列小说,他会无节制地纵情享受。在他去世前几年的一场音乐会上,舞台上的五重奏乐团演奏了他最喜爱的舒伯特作品。父亲听后,轻声对我妻子瓦妮莎说:"他们要演奏重复段落了!"如果说,我爷爷对反复折磨他的创伤后应激障碍(PTSD)始终束手无策,那么我的父亲便找到了对抗这种病症的方法:让自己获得感官上的快乐。

父亲虽然不信教,但坚称自己是个唯心主义者。在他看来,如果神明就在科学家面前显灵,那么科学家不可能无动于衷。但是,所谓的"大"教堂在父亲眼中一无是处,因为它们并没有在德国陷入浩劫时保佑这个国家。父亲和我分享过的内容中,最接近宗教信仰的,是他把宇宙的起源比作一年的开始:假设宇宙大爆炸发生在1月1日,那么直到这一年最后一天的最后4秒,地球上的生命才开始出现。宇宙浩渺而伟大,人类有其位置,且神圣而光荣,然而人类却像野心家。我们应常怀敬畏之心。

有了正确的宇宙观,父亲能够以平和的心态正视人生的起伏,无论政治环境如何变化,无论生活多么糟糕,都不会在遭遇挫折时

353

灰心丧气。家母在其日记中证实了这一点。"摘自尼科2022年的日记。民主这东西，你得奋力争取……除非你想过一天算一天。"两年后的5月，母亲又在日记中写道："尼科度过了糟糕的一天，他写道：'记住了，每一天不可能过得都一样。'"到了2006年10月，母亲继续写道："尼科谈到了'坦然'。只有做到'坦然'，我们才能看透生老病死。他说，自己经历过多次死里逃生，看待问题也比较理性，所以形成了'莫问结局'的生活态度。'不必刻意追求结局。结局自会到来。'"

父亲懂得，人类是碳基生命，所以他和有机化学家一样，笃信自然的力量。一天晚上，他从梦中醒来，向窗外望去，看见一轮明月挂在明亮的夜空，于是淡定地向枕边的妻子汇报，"大自然，"他侧过脑袋接着说，"正在周而复始地运转。"

根据姑姑玛利亚的说法，当她弟弟还是个孩子的时候，每次随家人出游，都会强忍着晕车引发的不适。如果你问他感觉怎么样，得到的回答往往是："我不太想说。"但实际上，他已经处在晕车的边缘。玛利亚在去世前，还向我提起过另一件事。当时，父亲给她打电话，其间提到了自己的身体每况愈下。玛利亚赶忙追问具体情况，但得到的回答仍然是"我不太想说"。

"那时候我才知道他得了癌症。"玛利亚说。

癌细胞先扩散到父亲的胆囊，然后是一截小肠，最后到达了肺部。每次医生详细记录病情前，家父都会挤出一丝微笑，打趣称："马上就剩下一个器官独奏喽。"在去世前的几个月，他被转到了临终安养院。

我还记得，自己跟父亲说过的最后一句话是："你的一生就是传奇。"父亲听后并没有作声。不过，从他看向我的眼神，我可以断定，他认同了我的说法。而且我也知道，这句话对他的意义非同一般。

*

或许父亲没有说错，结局自会到来。但他的往生，很难说不是他刻意做出的选择。在生命的前三十年里，父亲被剥夺了自主选择人生的能力。正因如此，他才用生前最后的固执，做出了人生最后一次选择。他生前最后一天早上，访视护士在家中的客厅里安排了一张病床。父亲虽然无法清楚地表达心里的想法，但我们所有人都知道，他根本不想离开自己一直躺着的夫妻双人床，哪怕只离开一个晚上。

卧室的床头柜上，还放着父亲在去世前三天只填了一半的《时代》周刊字谜。他在"Bach's _____, Joy of Man's Desiring"这行的空格里，填上了"JESU"（此句补全后的意思是：巴赫的《耶稣，世人仰望的喜悦》），在"English county on the North Sea（北海边上的英格兰郡）"这行写上了答案"ESSEX（艾塞克斯郡）"。我拿过这本杂志，对着"1987 Prince song and album（普林斯·罗杰斯·内尔森在1987年发行的歌曲及专辑）"这句思考了半天，然后写下了"SIGNTHETIMES（时代标志）"一词。等到夜幕降临时，我和克里斯蒂安守在父亲床边，看着他躺在床板上，咽下了最后一口气。

父亲临终前，当护士询问要吃几片药时，他的回答成为他去世前留下的最后一句话。他用德语挤出了一个词——"三"（Drei）。

父亲生前一直戴着爷爷留给他的一枚金戒指，上面刻有库尔特·沃尔夫出版社的商标——正在吮吸罗马母狼乳汁的罗慕路斯与雷穆斯[①]。家父咽气后，母亲从他手上取下了这枚戒指，将它送给了我。

*

乘坐飞机离开柏林前，我们为了免交行李托运费，提前打包了几箱书籍寄回佛蒙特州，但回到了美国后却发现，这些包裹全都没有送达。我只收到了一个箱子，上面贴有我手写的标签，但里面装着的十几本书籍没有一本是我们的。显然，这个箱子是在由柏林发往佛蒙特州的途中，被某台分拣设备弄破了。某个分拣工看到后，先把箱子修补好，然后随手从身边抓了几本不属于我们的书塞了回去，其中有让-保罗·萨特（Jean-Paul Sartre）的《紧闭》（*No Exit*）和一行禅师（Thich Nhat Hanh）的《你真正的家》（*Your True Home*）。

瓦妮莎开玩笑说，这样的快递差错，其实是想加深我对跨大西洋迁徙期间种种艰辛的理解。

*

写这本书的过程中，有几幕场景令我印象深刻。

第一幕是我父亲参加希特勒发动的战争时，带去了一把小提琴。我不禁感慨，究竟是怎样的社会，才能培养出这样的年轻人啊。当

[①] 罗慕路斯（Romulus）与雷穆斯（Remus）是罗马神话中罗马市的奠基人，是一对孪生兄弟。

然，这首先要归功于我的爷爷库尔特，因为他能鉴别出好作品，并用尽浑身解数为它们寻找读者。不过，在这里说句冒犯受害者（从前文看，库尔特显然是受害者）的话，家族先人们对"教化"的执着追求，是否在助纣为虐，是否在一定程度上蒙蔽了德国人履行公民义务的意识（比如：街道另一头的邻居正在受难时，他们并没有退出文化沙龙去出手相助）？"教化中产阶层"的所作所为，难道不是在给德国裔犹太人们制造虚假的安全感吗？正因如此，受到蒙蔽的德国裔犹太人们才不愿相信，他们深爱的这个国家，这片曾经养育了贝多芬、歌德和康德的土地，竟会把枪口指向那些最倾慕德国文化的人，那些亲手创造并弘扬了德国文化的人。

第二幕是"水晶之夜"那晚，伊丽莎白·克莱默的丈夫躺在自家窗户下的地面上奄奄一息。德国人要是能早一点具备公民意识，将会变得多么高尚啊，这样一来，他们的友谊在日后就不必经受考验。注意，我说的是变得更高尚，而不是活得更轻松。只有具备了公民意识，才能为德国转型为更加公正、更加稳固的公民社会奠定基础。

第三幕是德国国会大厦的穹顶——采用独一无二的半透明设计，难以逾越。在柏林的一年时间里，我近距离目睹了当代德国如何在公共场合铭记历史，领略了德国民众的谦逊和对纳粹主义的警觉，见证了这个国家如何将军国主义成分从社会中彻底剔除（而仅仅在几十年前，这个国家的男人还以名片上印有预备役军衔为荣）。联邦德国用了两代人的时间，构建起一种共识——哪些东西对德国有益，西方盟国比德国人自己更清楚。带着以上收获，我回到了美国,心中对当代的德国(即爷爷库尔特和父亲尼科的祖国)充满了崇敬,坚信美国人可以从中学到很多东西。

第四幕是桌子上的纸牌屋。1923年,卡夫卡在寄给马克斯·布劳德的明信片中分享了一则寓言,这个故事深得库尔特喜爱。在我看来,它讽刺了魏玛共和国的失败,虽然它的作者并没能活着看到德国的首次民主尝试最终如何收场。"一个孩子用纸牌搭好房屋,旁边的大人晃了晃桌子,房子立刻就塌了,因此惹怒了孩子,"卡夫卡写道,"房屋倒塌的真正原因并不是大人晃动了桌子,而是房屋本身就是用纸牌搭建而成。对真正的房子来说,即使桌子被劈成了木柴,它也不会倒塌,也不需要外力的支撑。"民主也是一样,它能传入英美国,只是利用了两国资产阶级革命余波未平的可乘之机。德国的首个民主政府是另一种情形,是在德国蒙受战败的耻辱后,由外界强加给一个只知道如何做臣民而不知如何成为公民的民族。由此观之,民主是多么脆弱,多么受制于环境。

最后一幕,是我的父亲目送他的父亲远去的场景。有多少次,尼科在和库尔特道别时,会在心里想,我还能再见到他吗? 在1930年的慕尼黑,伊丽莎白"最糟糕的那些日子"。在20世纪30年代的法国和意大利。而后又在1947年,尼科和玛利亚把库尔特送上了从弗莱堡驶往巴黎的夜班火车,玛利亚当时感慨:"火车站啊,伤感之地。"在1959年的纽约艾德怀尔德机场(Idlewild Airport),库尔特"拖着疲惫的脚步登上飞往瑞士的飞机"。

我非常同情我爷爷,他虽然拥有两个国家的公民权,但在这两个国家里都遭遇了背叛。但我更同情父亲,因为他走上道德昏暗的道路实属身不由己（虽然他的父亲在某些方面也不是正人君子）。

*

行文至此，是时候罗列一些父亲从未告诉我，但我现在已经知道的事实。

家族先人中有一对父子，在时隔24年的两场反犹太暴动中，先后被赶出家门。

我父亲其实有个夭折的弟弟。

我父亲有个同父异母的弟弟名叫伊诺克，他的母亲在情急之下，利用自己形婚配偶的丹麦国籍救了他一命。

我父亲作为持有"'雅利安人'血统证明表"的混血儿，仅仅因为吃过纳粹配给的口粮，便参与了种族大屠杀。

我父亲喜欢的威廉小舅，是一名党卫队队员；父亲口中狂妄自大的"蒂娜婶婶"，是希姆莱的笔友；父亲深爱的业余魔术师继父，曾资助过党卫队，可能就是他与纳粹的这种关系，才保护他免受纳粹政权的迫害。

我父亲的姨妈，在自己22岁生日那天开枪自杀。

第三帝国统治期间，默克达姆施塔特公司做出过如下行径：（1）使用强制劳工；（2）提供影响希特勒决策的药物；（3）参与秘密武器研制项目；（4）投靠"黑森的希姆莱"；（5）一名公司雇员妻子被纳粹杀害，另一名雇员本人惨死纳粹手中时，该公司袖手旁观。

杰斯科·冯·普特卡莫原本是父亲的姨夫，但在过去将近半个世纪后，成了他的继父。

我奶奶小时候住过的房子（后来他弟弟住在那里），在盟军轰炸德国期间被炸毁。

我父亲教子尼科的家史。尼科是我的表弟，他的祖母是纳粹主义的受害者，他的祖父却是纳粹的刽子手。

我父亲所在部队的一名战友，在战争即将结束的时候杀死了自己的长官。

还有一些事情我父亲很可能不知道。当然，我在没有掌握任何线索的情况下，很少贸然去问父亲。不过，我也不愿意主动打扰他。那不愿打扰他的原因是什么呢？或许是害怕他告诉我残酷的真相；或许是担心他出于保护我的目的（或是不想让我看不起他，怕我把他当成懦夫或罪人），对我隐瞒真相。

还有一种可能，就是我想像我父亲一样，来到美国后就与过去彻底决裂，让一切都从头开始，忘记过去做过的事情（很多德国人都做过那些事），让它们烂在肚子里。

有些事情本身就很难说出口。翁贝托·埃科曾说："尚未定论的东西，我们只能阐述事实。"我也一直在努力这么做，但时常落入既想知道又不想知道的尴尬境地。正因如此，即使回到家中，我也仍对很多事情一知半解。

后 记

2018年7月底，我们已经回到了美国。在此之前，我们虽然身在欧洲，但一直密切关注着将在当年11月6日举行的中期选举。届时，美国总统特朗普将接受任职以来的第一次民意测验。

"历史上不存在什么必然规律，"弗里茨·斯特恩曾写道，"想弄清究竟发生了什么，就必须思考哪些事情本可以发生，哪些事情此前可能已经发生过……我们认为，未来社会一定是自由与开放的，不受任何先决条件的限制。若要实现此目标，公民参与将成为必要的政治与道德条件。"

1946年8月，就在海伦与爷爷成为美国公民后不久，她给我姑姑玛利亚写了一封信。当我结合斯特恩的上述言论阅读这封信时，内心颇受感动：

> 在异地他乡流亡多年后，重新获得了身份，重新有了归属感与安全感，感觉真的非常奇妙。看来人只要活着，命运的转盘就有可能反转，人生就可能翻盘。一切仿佛就在昨日，仿佛我们还生活在法国，还在为自己的安危担惊受怕，任由他人摆

布。但事实上，我们现已成为宣誓法官口中"世界上最强大国家"的公民，甚至还有一两颗原子弹作为后盾。这个伟大、奇特、至今仍蒸蒸日上的国家，在我宣誓那天，展现了她最美好的一面。

当然，如果任由命运的转盘继续转动，它也可能转向厄运。所以我们要以我们的肩头抵住车轮①。大选日那天早晨，我秉承爷爷与父亲的遗志，出发前往位于我们村庄内的白墙市政厅，一路上，昔日海伦、玛利亚和伊丽莎白论调一致的话语言犹在耳，振奋我心。我此行的目的，是要成为一名公民，是要在这个"至今仍蒸蒸日上的国家"里行使属于自己的权利，是决心肩负起摆在我们面前的使命。

现任总统实际上已将此次中期选举变成了针对移民与申请避难者的全民公决。但选举结果表明，国会中有40个席位倒向了民主党，总统的企图也没有得逞（我支持的也是这个结果）。民意调查显示，选举当天，约有54%的投票者认同"移民使祖国更强大"的说法。此比例虽然不是特别高，但仍比持反对意见的人数比例多出了20%，这在近两年来白宫及其喉舌歇斯底里宣扬反移民主张的大背景下，显得难能可贵。

长期以来，美国人形成了一个共识——不会用与纳粹有关的事物类比美国国内情况，以彻底消除第三帝国给世人留下的巨大阴影。此外，美国人也有充足的理由坚信，美国的制度要比魏玛共和

---

① 此处作者化用了一句俗语"Put your shoulder to the wheel"，起源于人们用肩头抵住车轮，把陷入泥潭的车子推出去，后被引申为"努力工作"。"Wheel"在文中一语双关，指命运的转盘。

国的体制更为持久。在"水门事件"中，尼克松及其亲信的做法可不止像盖世太保那么简单。我父亲将美国视作"第二祖国"，对这个国家有着更高的期望，所以才会将"周六夜间屠杀"（Saturday Night Massacre）①事件视作一个危险的信号。

和父亲一样，我在大洋彼岸的时局中也发现了纳粹的影子。前文提到，我们刚到柏林时，看到"白人至上主义者"在夏洛茨维尔市挥舞火炬，但他们那时尚未演变成对白宫俯首帖耳的"冲锋队"。与此同时，在边境通过合法手段寻求庇护的难民也仅仅是被拘留和驱逐出境，并没有被送往难民营。但不久之后，特朗普便对急于动手的追随者们点头示意，授意美国海关和边境保护局的爪牙集中关押难民，甚至将难民家庭中的孩童与父母分开——为了方便动手，他们甚至向家长谎称，儿童需要被带走"送去洗澡"。此举虽然不足以和纳粹在1933年的所作所为相提并论，但以美国人的观念看来，绝对是美国历史上前所未有的事件，在总统及其支持者各种谎言、羞辱之词、政治噱头和权谋的掩盖下悄然发生，令人不禁联想到纳粹统治下的黑暗岁月。卡夫卡虽然在纳粹掌权前就已去世，但对此早

---

① 在"水门事件"局势最为紧张的时刻，国会调查委员会和特别检察官考克斯双双向尼克松发出传票，要求交出录音带。尼克松总统拒不服从，并命令其司法部长理查森解雇考克斯。理查森不愿从命并请求辞职，副部长洛克肖斯同样不愿服从命令。尼克松只好请司法部第三号人物鲍克出面，鲍克犹豫再三勉强答应。于是，一夜之间，白宫宣布解除理查森和考克斯的职务，任命鲍克出任代理司法部长。鲍克随即签署命令，解雇特别检察官考克斯，并查封特别检察官办公室，扣押全部调查文件。这一事件引发了严重的宪政危机，是最终导致尼克松下台的直接原因，因被公开的时间是1973年10月20日星期六，所以被新闻媒体称为"周六夜间屠杀"，后演变为一个政治术语。

已做出预判,他写道:"凡需要掩人耳目的东西,便是恶行。"

*

中期选举结束后几周,我前往德国驻波士顿领事馆处理此前预约的事项。根据《德意志联邦共和国基本法》第116条的规定,凡因政治或宗教原因被第三帝国褫夺德国公民权之人,连同其两代子孙,均可重获德国国籍。

领事官员布罗斯(Brosse)先生把我喊到他的办事窗口前。我向他出示了带来的证明文件,里面详细记录了我在本书中所讲述的一切,其中包括我从紧急救援委员会档案中找到的一份针对库尔特·沃尔夫所作的学术调查研究、库尔特乞求瓦里安·弗莱帮他办理入境签证时手写的信件、库尔特在德国国会大厦被焚第二天记录的日记,以及他在20世纪30年代从托斯卡纳寄出,向纳粹当局申请续签护照,但最终石沉大海的多封信件。

布罗斯先生把所有的证件检查了一遍,却不为所动。"恢复公民权问题,从你父亲这里就不符合条件,"他说,"你的直系祖先之一,也就是你的父亲尼古拉斯,从未被剥夺公民权。直到20世纪50年代后期,他都一直持有有效的联邦德国护照,"布罗斯先生解释道,"所以,第116条并不适用于你的情况。"

隔着办事窗口的透明玻璃,我看见有东西引起了布罗斯先生的注意。

他指了指我的出生证明,上面写着"1957年2月3日"。

他把这份证明同我父亲的美国入籍证书并排放在一起,后者登记的日期是"1957年12月16日"。

"你确实是德国人。"他抬头看着我说。

此时,我并没意识到这两个日期之间的关联。

"那我的孩子们呢?"我问道。

"你有孩子?"

"有两个。"

"他们的父母是德国人,所以他们也是德国人。"

"那这应该不会影响我和我孩子的美国国籍吧?"

"如果你们都是在美国出生,那就不会。"

虽然整个认证流程才刚刚开始——从领事馆寄出上述文件,到科隆的联邦行政办公室开始审批它们,整个国籍认证过程大概需要耗费一年多的时间,其间还可能会有官员质疑布罗斯先生给出的解释,但听完布罗斯先生的话,我如释重负,迈着轻盈的步伐走出了领事馆,来到了洒满阳光的科普利广场(Copley Plaza)。虽说我的努力不可能让时光倒流到1933年2月27日,去改变国会纵火案和祖父逃离德国的事实,但我能凭借父亲而非祖父的种种经历获得德国护照,就等于承认第三帝国夺走了我父亲的青春年华。这个国家过去亏欠民众太多,因此急迫而真切地渴望补偿民众。①

---

① 作者在给译者的回信中,对这一段做了补充说明,原文如下:我原本以为,我能获得德国公民权,是因为我爷爷曾经是纳粹的敌人,因遭受纳粹政权的迫害而远走他乡。当今的德国政府这么做,是在赔偿受害者的后人,是一种赎罪的心理。但实际上,通过在波士顿领事馆的经历,我突然意识到,我能得到德国公民权的真正原因,不在于我爷爷,而在于我父亲。现今的德国政府重新给予我公民权,实际上是在承认他们当初故意利用了我父亲的青春与无知,现在只不过是在事后做找补,这让我看清了现今德国政府的本质,也拉近了我和父亲的心理距离。

最后，接纳德国血统一事，同样传递出一种信号：在如何做一名美国公民方面，德国人目前做得比美国人更好。另外，同时拥有两国的护照具有重要的象征意义，可以督促两国以对方为榜样，学习彼此最好的一面。作为德美两国文化熏陶下的产物，作为两国文化内涵的研习者，我对这两个国家投入了太多的情感，深知要想肩负起爷爷库尔特所说的"摆在我们面前的共同使命"，不能仅仅靠美国人与德国人——彻底告别20世纪不光彩的历史，是全世界公民的共同责任。

致谢与资料来源

本书是一本大杂烩，囊括了史料、新闻报道、回忆录，旨在围绕两个人的生平，阐发一些正在被世人淡忘的观点。我并不想把这部作品写成个人的回忆录，也不想就任何撰史过程中产生的争议发表个人观点，而是觉得有必要以记录旅程（一场被推迟多年的匆忙旅行，又因为催稿的原因匆匆结束）的形式，将一个故事娓娓道来。这个故事的线索有时显而易见，有时则需要我通过辩证的思考获得，好在时光流逝不但没有掩盖过去，反而使历史事件变得更加清晰——随着档案馆将越来越多的材料陈列在网上，后人得以从芜杂的细节中发掘出关键证据，让重大时刻浮出水面。

这些年来，我将家族成员随口与我分享的内容收集成册。大概从20世纪90年代中期某个时候起，我开始记录笔记。在2017至2020年这几年间，我更是频繁地向欧洲与美国的亲友确认往事发生的时间，让他们回忆事件细节，求他们帮忙寻找更多的支撑材料。首先，我不止一次感恩自己出身于作家与收藏家世家——家族很多人书写日记，编纂回忆录，收藏档案和保存信件。比如我的奶奶，她不仅保存了我父亲从前线寄回家的每一封信，而且还会在读完信件后把它们装回寄来时的信封里。我父亲每次给她寄信时,通常会在信封内附上几张照片,目的是提醒自己母亲再寄些胶卷。一个个邮戳和一串串部队邮戳编码(Feldpost numbers),还原出我父亲为第三帝国服役期间的种种活动。他在去世前,还将每一封信件都翻译了过来,并添加了注解。此外,我还要感谢以下个人与机构:撰写图书的作家,他们提供了相关的历史背景;致力于研究纳粹时代的纪念馆与研究中心;愿意与我交谈,向我提供无私帮助的专家、档案保管员和学者。比如,位于达姆施塔特的古老家族企业——德国默克公司(Merck KGaA),该公司聘任了一批历史学家,他们将收藏的档案毫无保留地向我开放,并且毫不避讳地回答我提出的问题。虽然有太多德国人在"二战"结束后的头几十年里刻意回避或删改历史,但到了21世纪,让泛起的纳粹主义沉渣重归于尘土,已成为当代德国人的共识。

"我所知的唯一不朽的方式,就是活在别人的思想中。"姑姑玛利亚·沃尔夫·施塔德尔迈尔(Maria Wolff Stadelmayer)曾告诉我许多道理,这句便是其中之一。此外,如果没有另外两位与父亲和爷爷关系亲密的女性,我也无法把本书的故事讲完整,她们便是我的祖母伊丽莎白·默克·阿尔布雷希特和继祖母海伦·莫泽尔·库尔特。有了二人的生动讲述,本书的叙事特色才得以凸显——虽然仍有些大男子主义色彩,但突出了家族女性所作的贡献。多年来,我一直在撰写关于体育人物的文章(其中许多主人公多是不愿暴露自身弱点的大男子主义者),在此过程中发现了一个屡屡得到印证的规律:一部作品最终能够成文,全都要归功于那些为人母、为人姐妹和为人妻者，因为她们愿意修补伤疤，善于保存整理文字和相片，常常动情地讲述失败的经历，所以能帮助作者感知故事的全貌。

我的小叔克里斯蒂安·沃尔夫（库尔特和海伦的儿子）也给予了我莫大的帮助。他允许我自由翻阅成箱的家族档案，耐心地回答我的问题，忍痛回忆自己破碎童年的往事。另外，负责管理家族档案的是我的表哥乔伊·鲍姆豪尔（即玛利亚的儿子），他一丝不苟的敬业态度令家族其他人钦佩不已。我的表妹（海伦的外甥孙女）玛丽安·德杰是一名学者，治学（研究领域包含文学史）严谨细致。以上每个人的阐述都非常翔实，远超出了我的预期，使我了解到更多的来龙去脉。

除了上面三位外，其他亲属也为我写成本书给予了莫大的帮助。想要讲好家族的故事，就必须得有家人的支持才行。在欧洲那边，我得到的支持主要分为以下三种：主人热情款待，受访者耐心倾听，讲述人细数往事。说到这里，我要特别感谢玛利亚的两个女儿克里斯蒂亚娜·克莱姆和西碧拉·施利普（Sibylla Schliep），感谢阿德尔海德·鲍姆豪尔（Adelheid Baumhauer）、尼古拉斯·默克（Niko Merck）和尤特·弗林斯－默克，感谢他们不厌其烦地敞开心扉，一次次热情地接待我。我还要感谢鲍姆豪尔家族的其他成员（菲利普、路易斯、伊丽莎白、约翰内斯、卡洛琳、马蒂亚斯和劳拉）、克莱姆家族的其他成员（克里斯托夫、伊曼纽尔和拉斐尔）、默克家族其他成员（乔佳和莉莉）、米勒家族的其他成员（诺伯特和加比）和施利普家族的其他成员（格雷戈尔、查理、尼古拉斯以及后面出现的彼得），以及哈兰德·宾德尔、安妮玛丽·克罗默、斯蒂芬·德杰、马丁·吉莉安（Martin Gillan）和阿娜·黑尔弗里希（Hanne Helfrich），与他们的沟通非常融洽，能在他们的公司里度过一年的时间，于我来说是一件幸事。而在美国这边，坚定支持我创作的亲友包括：凯特琳·沃尔夫（Katherine Wolff）、史蒂夫·达马托（Steve D'Amato）、霍普·（霍利）沃尔夫［Hope（Holly）Wolff］、尼古拉斯·（提科）沃尔夫［Nicholas（Tico）Wolff］、德娜·威尔基（Dena Wilkie）、安·詹姆斯（Ann James），以及那些成功移居至克罗伊茨贝格区的亲友——伊桑·沃尔夫-曼（Ethan Wolff-Mann）、塔姆森·沃尔夫（Tamsen Wolff）、查理·沃尔夫（Charles Ireland）、崔斯特瑞姆·沃尔夫（Tristram Wolff）、科里·伯恩（Corey Byrnes）和莎蒂·詹姆斯（Sadie James）。

大西洋两岸各个档案馆的专业人士对馆内的收藏如数家珍，他们同样为我提供了巨大的帮助。在德国，我需要感谢的专业人士有：在马尔巴赫市（Marbach）德意志文学档案馆（Deutsches Literaturarchiv）工作的尼古拉·赫韦格（Nikola Herweg）和多尔特·珀伦芬（Dörthe Perlenfein），在柏林-利希特费尔德区德国联邦档案馆工作的萨宾纳·格里森斯（Sabine Gresens），在卡尔斯鲁厄市（Karlsruhe）城市档案馆（Stadtarchiv）工作的莫妮卡·海德特-纳斯（Monika Haidt-Nass）和卡特娅·施马尔霍尔斯（Katja Schmalholz），在达姆施塔特市默克企业历史档案馆（Merck Corporate History Archive）工作的萨宾纳·贝恩德施奈德-里夫（Sabine Bernschneider-Rief）和彼得·康拉迪（Peter Conradi），在本斯海姆镇（Bensheim）个人历史研究所（Institut für Personengeschichte）工作的卢波尔德·冯·莱斯滕（Lupold von Lehsten）和沃尔克哈德·胡特（Volkhard Huth），以及在柏林－赖尼肯多夫区（Berlin-Reineckendorf）德国军人服务局（Deutsche Dienststelle），其前身是德国国防军死亡与被俘人员信息处（Wehrmachtauskunftstelle）。在美国这边，我受到了以下人士的热情接待：康涅狄格州古迹馆藏品经理埃琳·法利（Erin Farley）、伯利恒市（Bethlehem）贝拉米－费里迪故居（Bellamy-Ferriday House）的现场管理人员佩格·夏默（Peg Shimer）、耶鲁大学贝尼克珍本与手稿图书馆（Yale University's Beinecke Rare Book and Manuscript Library）的杰西卡·阿尔迪（Jessica Aldi）、埃伦·杜恩（Ellen Doon）、约翰·蒙纳罕（John Monahan）和艾德丽安·夏普（Adrienne Sharpe），以及哥伦比亚大学珍本与手稿图书馆（Columbia University's Rare Book and Manuscript Library）的馆员们。

大卫·梅奥拉是南阿拉巴马大学历史教授兼犹太人与犹太大屠杀研究项目（the Jewish and Holocaust Studies Program）负责人。通过与他交流，我发现了两处有意思的巧合：第一，我的几位祖先——巴登大公国的冯·哈伯家族恰好是梅奥拉教授的重点研究对象；第二，我在德国那年，正好遇到他在卡尔斯鲁厄市开展学术考察。在此，我非常感谢梅奥拉教授能够抽出时间向我提出深刻的见解。

通过阅读相关小说，我得以身临其境地置身于本书涉及的时代与地点。因此，我有必要在此重点指出参考文献部分列出的几部历史小说。首先，锡比勒·贝德福德（Sybille Bedford）的《拼图》（*Jigsaw*）描写了法国南部的社会景象。在20世纪30年代，库尔特和海伦这样的逃难者往往都会在法国南部停留。安娜·西格斯的《过境》与朱莉·奥瑞吉（Julie Orringer）的《飞行档案》(*The Flight Portfolio*)再现了瓦里安·弗莱如何在敌人占领下的马赛同维希政权斗智斗勇。劳拉·普雷斯科特（Lara Prescott）的《我们保守的秘密》(*The Secrets We Kept*)揭示了20世纪50年代文化与冷战地缘政治的交集，《日瓦戈医生》正是在这一时期问世。玛莎·霍尔·凯莉（Martha Hall Kelly）的《紫丁香少女》更是把我的先人卡洛琳·费里迪介绍给了无数读者。我在构思自己的作品时，主要参考了乌韦·约翰森（Uwe Johnson）的《周年纪念日》(*Anniversaries*)。"在几代人之间和两个国家之间的碰撞中……这可能是唯一合适的说话与思考方式。"汉娜·阿伦特在读完约翰森作品的手稿后，给他写了一封信。这本书之所以能给予我启发，不仅在于它采用了在不同地点与不同时间之间切换的日记式结构，还因为它的作者在其中一版的《周年纪念日》（海伦于1974年翻译出版的临时版本）上为我签名，当时距离约翰森完成下一部作品（成书时厚达1700页）的最后一节还有将近10年的时间。对我来说，此事极大地鼓舞了我着手实施自己的创作计划。约翰森通过在小说中创造出玛丽·克雷斯帕尔（Marie Cresspahl）这个充满好奇心的十岁女孩形象，不仅呼应了W.G.塞巴尔德作品开篇的题记，也体现了君特·格拉斯作品的主题——孩童向长辈们提问。最后，在《周年纪念日》这本书中，作者还向世人发出了一句忠告。每当我回忆起过去时，这句话就会在耳边响起——"我们回想往事，将过去带入现实时，往往同时玷污了过去的回忆与当下的观念。"[乌韦·约翰森，《周年纪念日——

记录玛丽·克雷斯帕尔的一年生活》第一卷（*Anniversaries: From a Year in the Life of Gesine Cresspahl*, vol. 1），译者：达米恩·塞尔斯（Damion Searls），引自《纽约书评》（*New York Review Books*），2019年，第446页。]

在大多数情况下，我在使用口述史料，以及援引未公开出版或者私下流传的家书、日记、记事本、文章、故事、演说稿、专著、家谱以及回忆录时，并没有在正文中注明出处。除此之外，其他所有内容均附有相应的尾注。需要说明的是，如果尾注特别标明正文内容出自某部已公开出版的德文或法文原著的英文版本，我会直接使用原著对应的英文版本译文。如果没有特别标注，那么我使用的便是自己的翻译。

以色列作家埃特加·凯雷特（Etgar Keret）喜欢把译者称作文学界的忍者，他说过这样的话：只有特别留意译者的文字时，才会发现他们默默地做了大量看似不起眼的工作。正因如此，德国歌德学院在海伦去世后不久，便设立了海伦与库尔特·沃尔夫翻译奖（Helen and Kurt Wolff Translator's Prize），旨在表彰将德语翻译成英语的语言大师们，本书也在参考文献部分列出了其中部分获奖者（至少有八位）。在此，我向以下译者致以诚挚的敬意与由衷的感谢，感恩他们所做的一切：苏珊·伯诺夫斯基（Susan Bernofsky）、谢莉·弗里希（Shelley Frisch）、迈克尔·霍夫曼（Michael Hofmann）、达米恩·塞尔斯和克里希纳·温斯顿（Krishna Winston），以及后来的安西娅·贝尔（Anthea Bell）、玛戈特·贝托尔·登博（Margot Bettauer Dembo）和迈克尔·亨利·海姆（Michael Henry Heim）。

我还要感谢克罗伊茨贝格区 Sprachwerk 语言学校的黛博拉·科（Deborah Cohen），此人做事耐心，想象力丰富，又肯动脑筋，协助我翻译了与本书相关的资料。另外，我也要向米德尔伯里学院（Middlebury College）德语系的克里斯蒂娜·伊尔格纳（Christina Ilgner）表达谢意，感谢她不厌其烦地帮我辨认家族先人与通信对象的字迹。

特别鸣谢米德尔伯里学院德语系主任贝蒂娜·马蒂亚斯（Bettina Matthias），以及米德尔伯里学院语言学校的领导斯蒂芬·斯奈德（Stephen Snyder）和贝丝·卡恩斯·凯夫（Beth Karnes Keefe）。得益于他们提供的便利，我才能在前往柏林前，以走读生的身份在该校借读几周。在此期间，伊莎贝尔·莫森（Isabel Meusen）、亚力克西斯·史密斯（Alexis Smith）、索伦·斯坦丁（Sören Steding）和弗里德里克·特本（Friederike Tebben）都为我提升德语水平提供了帮助。

本书的内容由我凭记忆整理而成，当中肯定存在疏漏。如有任何错误，我愿承担全部责任。另外，这本书能够付梓，最大的功臣当数艾米·休斯（Amy Hughes）和希拉里·麦克兰德（Hilary McClellen），前者负责审校我的手稿，后者则负责核查事实，两人都非常专业。

这本书从立项到完成，全程受益于本人经纪人安德鲁·布劳纳（Andrew Blauner）的推动。在筹划阶段，他说服联邦德国政府授予我们一家一年的临时居住权。在项目收尾阶段，他为这本书找到了格罗夫·大西洋出版社（Grove Atlantic），把我的手稿托付给朱莉娅·伯纳-托宾（Julia Berner-Tobin）、埃米莉·伯恩斯（Emily Burns）、塞尔瓦托·德斯特罗（Salvatore Destro）、艾米·亨德利（Amy Hundley）、格雷琴·默根塔勒（Gretchen Mergenthaler）、埃里卡·努涅斯（Erica Nuñez）、伊丽莎白·鲁格（Elisabeth Ruge）、德布·西格（Deb Seager）、萨拉·维塔莱（Sara Vitale）、通晓多国语言的彼得·布莱克斯托克（Peter Blackstock）和曼哈顿的摩根·恩特雷金（Morgan Entrekin，行事风格有些像我的爷爷）。有了这些高人相助，我才放下心来，确信这本书最终肯定能够出版。用我爷爷的话说："每写成一部手稿，就像完成了一场冒险，让我心跳加速。"当我平复完心情后，摩根与彼得向我提供了一些批注，帮助我进一步完善本书。

在默克达姆施塔特公司（或称德国默克公司，本书这样命名是为了和美国默克公司区分开来）开展调查研究期间，弗兰克·斯坦根博格-哈弗坎普（Frank Stangenberg-Haverkamp）与科妮莉亚·尼奇（Cornelia Nitsch）一直帮助我与家族的这家企业保持沟通。我还要感谢在柏林结识的友人，他们也为我们提供了帮助，其中包括：约书亚·汉默（Joshua Hammer）和考杜拉·克莱默（Cordula Krämer）；比尔（Bill）和洛雷尔·马丁（Laurel Martin）；德国柏林勃兰登堡国际学校社团（Berlin Brandenburg International School community）；瓦妮莎在"回馈柏林露天艺术避风港"（Give Something Back to Berlin's Open Art Shelter）的同事；克莉丝汀·格克拉斯（Christine Gerkrath），她帮助我们在伯格曼基兹（Bergmannkiez）找到了居所；以及约尔格·赫克（Jörg Hecker）、克里斯蒂安·舒尔茨·安库克（Christian Schulze Aquack）、莫里茨·米卡莱夫（Moritz Micalef）等克罗伊茨贝格区"AHA 众创空间所"内有所有热情好客的创客。另外，从我启动这个项目时，克雷格·内夫（Craig Neff）、托马斯·鲍尔斯（Thomas Powers）和卡罗尔·雷格罗特（Carol Rigolot）就非常支持我为前往德国所做的努力。除了我的家人外，很多朋友也阅读了我的手稿并提出了宝贵的建议，其中有罗伯特·科恩（Robert Cohen）、安德烈亚斯·科塞特（Andreas Kossert）和艾米·特鲁贝克（Amy Trubek）。此外，著书期间，我时常会得到以下友人的帮助，因此备受鼓舞，具体名单如下：罗伯·阿尔伯特（Rob Alberts）、布鲁斯·安德森（Bruce Anderson）、凯莉·安德森（Kelli Anderson）、亚历克斯·贝尔斯（Alex Belth）、大卫·布伦纳（David Brenner）、比尔·伯格（Bill Burger）、吉姆·卡拉汉（Jim Callahan）、迈克尔·科利尔（Michael Collier）、玛利亚·康西丁（Maria Considine）、尼古拉斯·达维多夫（Nicholas Dawidoff）、理查德·德希奇（Richard Deitsch）、露兹·德雷斯勒（Luzi Dressler）、雷纳·德雷斯勒（Rainer Dressler）、迪克·弗里德曼（Dick Friedman）、菲利普·格洛切维奇（Philip Glouchevitch）、杰克·古德曼（Jack Goodman）、威尔·古德曼（Will Goodman）、克萨林·冈德（Céline Gounder）、苏珊·格林伯格（Susan Greenberg）、黛安·黑尔（Diane Hare）、彼得·黑尔（Peter Hare）、凯莉·赫尔佐格（Carrie Herzog）、特蕾莎·海因德曼（Teresa Hyndman）、皮科·耶尔（Pico Iyer）、伍迪·杰克逊（Woody Jackson）、克劳德·约翰逊（Claude Johnson）、蕾切尔·珠（Rachael Joo）、格雷格·凯利（Greg Kelly）、奥尔登·金（Alden King）、杰瑞·克什鲍姆（Jerry Kirshenbaum）、欧内斯特·科劳瓦特（Ernest Kolowrat）、劳埃德·科米萨（Lloyd Komesar）、琳赛·克拉斯诺夫（Lindsay Krasnoff）、亚历克斯·拉斯卡利斯（Alex Laskaris）、蒂姆·莱登（Tim Layden）、弗朗茨·利兹（Franz Lidz）、玛吉·利兹（Maggie Lidz）、卡尔·林德霍尔姆（Karl Lindholm）、伊娃·曼特尔（Eva Mantell）、安德鲁·马拉尼斯（Andrew Maraniss）、杰克·麦卡勒姆（Jack McCallum）、杰米·麦卡勒姆（Jamie McCallum）、加布·米勒（Gabe Miller）、布雷特·米尔利尔（Brett Millier）、安妮特·内夫（Anette Neff）、已故的梅里尔·诺登（Merrell Noden）、托德·普杜姆（Todd Purdum）、迈克尔·罗伊（Michael Roy）、史蒂夫·拉欣（Steve Rushin）、皮埃尔·索瓦奇（Pierre Sauvage）、大卫·希尔兹（David Shields）、蒂莫西·斯奈德（Timothy Snyder）、蒂姆·斯皮尔斯（Tim Spears）、迈克·昂格尔（Mike Unger）、爱德华·瓦斯克斯（Edward Vasquez）、威尔·沃伊特（Will Voigt）、格兰特·瓦尔（Grant Wahl）、芭芭拉·韦德尔（Barbara Weidle）、斯特凡·韦德尔（Stefan Weidle）、乔恩·沃特海姆（Jon Wertheim）和道格·威廉（Doug Wilhelm）。

约翰·麦克菲（John McPhee）认为，大学二年级是最适合接受写作指导的阶段。而我在普林斯顿大学读大二时，有幸得到了历史叙事大师（现已去世）罗伯特·K.马西（Robert K. Massie）的指导——1977年春，约翰·麦克菲出差前往阿拉斯加州做讲座，由罗伯特代替他教授"纪实文学"（选课代码为"人文科学406"），于是我便顺理成章地选了罗伯特为历史系（新成立不久）开设的这门课程。四年前，我又在纽约州罗切斯特市城郊的布莱顿高中读二年级，在伊丽莎白·哈特（Elizabeth Hart）的"批判性阅读与写作"课上学习到"严谨措辞与润色修改"的重要性。从那以后，每当我提笔写作时，脑海中总会回响起她的教诲。

我已故的双亲——尼古拉斯·沃尔夫与玛丽·沃尔夫，虽然非常注重个人隐私，但同时也很热衷于公共事业，时常教育我既要践行自己的公民身份，也要积极弘扬公民意识。我写这本书的过程，实际上正是父母内心这两种矛盾心态的外在体现。至于哪种心态最终胜出，则完全取决于我。

弗兰克和克拉拉，你们让我感受到做父亲的真谛，你们让这个故事有了意义。

最后，我要感谢我的爱人瓦妮莎，她第一个站出来支持我创作，是这本书的第一位读者，永远把我们的感情放在第一位，永远在我心里排在第一。

于巴德杰维契（Budějovice）。

参考文献

档案

1. **德国联邦档案馆**（Lichterfelde）：收藏有纳粹档案；所在地：德国，柏林，利希特费尔德区。

2. **卡洛琳·费里迪文献集**（Caroline Ferriday Papers）：收藏于贝拉米 – 费里迪故居及花园；馆藏地点：康涅狄格州，伯利恒市；所有权及运营权归康涅狄格州地标公司（Connecticut Landmarks）所有。

3. **德国军人服务局**（Deutsche Dienststelle）：前身是联邦德国时期的德国国防军死亡与被俘人员信息处（Wehrmachtauskunftstelle）；所在地：德国，柏林 – 赖尼肯多夫区。

4. **德意志文学档案馆**（Deutsches Literaturarchiv-Marbach，缩写为DLA）：所在地：德国，马尔巴赫市。

5. **海伦 & 库尔特·沃尔夫文献集**（H&KW Papers）：收藏于耶鲁大学贝尼克珍本与手稿图书馆的《耶鲁大学德国文学选集》；馆藏地点：康涅狄格州，纽黑文市。

6. **库尔特·沃尔夫文献集**（KW Papers）：收藏于耶鲁大学贝尼克珍本与手稿图书馆的"耶鲁大学德国文学选集"（Yale Collection of

German Literature）；馆藏地点：康涅狄格州，纽黑文市。
7. 默克公司档案馆（Merck-Archiv）：即德国默克公司企业历史部档案馆；所在地：德国，达姆施塔特。
8. 万神殿出版社文献：1944—1968年间万神殿出版社档案，收藏于哥伦比亚大学珍本与手稿图书馆；馆藏地点：纽约。
9. 卡尔斯鲁厄市城市档案馆：即城市档案馆与历史博物馆；所在地：德国，卡尔斯鲁厄市城市。

书籍

1. Améry, Jean. *At the Mind's Limits: Contemplations by a Survivor on Auschwitz and Its Realities.* Bloomington: Indiana University Press, 1980.
2. Arendt, Hannah. *The Origins of Totalitarianism.* San Diego: Harcourt, 1973. Asmus, Sylvia, and Brita Eckert. "Emigration und Neubeginn: Die Akte 'Kurt Wolff' im Archiv des Emergency Rescue Committee." In *Kurt Wolff: Ein Literat und Gentleman*, edited by Barbara Weidle. Bonn: Weidle, 2007.
3. Azar, Gudrun. *Ins Licht gerückt: Jüdische Lebenswege im Münchner Westen, eine Spurensuche in Pasing, Obermeuzing und Aubing.* Munich: Herbert Utz, 2008.
4. Baier, Annette C. "Ethics in Many Different Voices." In *Hannah Arendt: Twenty Years Later*, edited by Larry May and Jerome Kohn. Cambridge, MA: MIT Press, 1996.

5. Bedford, Sybille. *Jigsaw*. New York: New York Review Books, 2018.
6. Béguin, Rebecca. *Finding Delos: Kurt and Helen Wolff's Far-Flung Author Mary Renault*. Royalton, VT: Lichen Limited Editions, 2019.
7. Behringer, Wolfgang. "Climate and History: Hunger, Anti-Semitism, and Reform During the Tambora Crisis of 1815–1820." In *German History in Global and Transnational Perspective*, edited by David Lederer. London: Palgrave Macmillan, 2017.
8. Bessel, Richard. *Germany 1945: From War to Peace*. London: Pocket Books, 2010. Bogart, Leo. *Commercial Culture: The Media System and the Public Interest*. Piscataway, NJ: Transaction, 2000.
9. Brooks, Christopher A., and Robert Sims. *Roland Hayes: The Legacy of an American Tenor*. Bloomington: Indiana University Press, 2016.
10. Burhop, Carsten, Michael Kißener, Hermann Schäfer, and Joachim Scholtyseck. *Merck 1668–2018: From a Pharmacy to a Global Corporation*. Translated by Jane Paulick, Timothy Slater, Patricia Sutcliffe, and Patricia Szobar. Munich: C. H. Beck, 2018.
11. Croose Parry, Renée-Marie. "Ostracism and Exile," "Life in Brazil," and "One Day in Miami." In *Odyssey of Exile: Jewish Women Flee the Nazis for Brazil*, edited by Katherine Morris. Detroit: Wayne State University Press, 1996.
12. Dagerman, Stig. *German Autumn*. Translated by Robin Fulton Macpherson. Minneapolis: University of Minnesota Press, 2011.
13. Detjen, Marion. "Zum Hintergrund des Hintergrunds." Afterword to

Helen Wolff, *Hintergrund für Liebe*. Bonn: Weidle, 2020.

14. Dundy, Elaine. *Ferriday, Louisiana*. New York: Donald I. Fine, 1991.

15. Eames, Andrew. *Blue River, Black Sea: A Journey along the Danube into the Heart of the New Europe*. London: Black Swan, 2010.

16. Elon, Amos. *The Pity of It All: A Portrait of Jews in Germany, 1743–1933*. London: Penguin Books, 2004.

17. Fellinger, Raimund, ed. *"Seismograph": Kurt Wolff im Kontext*. Berlin: Insel, 2014. Fermi, Laura. *Illustrious Immigrants: The Intellectual Migration from Europe, 1930–41*. Chicago: University of Chicago Press, 1968.

18. Fest, Joachim. *Hitler*. Translated by Richard and Clara Winston. San Diego: Harcourt Brace Jovanovich, 1974.

19. Fisher, Marc. *After the Wall: Germany, the Germans and the Burdens of History*. New York: Simon & Schuster, 1995.

20. Frevert, Ute. "Bourgeois Honour: Middle-Class Duellists in Germany from the Late Eighteenth to the Early Twentieth Century." In *The German Bourgeoisie: Essays on the Social History of the German Middle Class from the Late Eighteenth to the Early Twentieth Century*, edited by David Blackbourn and Richard J. Evans. Abingdon, Oxon, UK: Routledge Revivals, 2014.

21. Ginzburg, Natalia. *Family Lexicon*. Translated by Jenny McPhee. New York: New York Review Books, 2017.

22. Grass, Günter. *Crabwalk*. Translated by Krishna Winston. Orlando:

Harcourt, 2002. ——. *Peeling the Onion: A Memoir*. Translated by Michael Henry Heim. Orlando: Harcourt, 2007.

23. Grass, Günter, and Helen Wolff. *Briefe 1959–1994*. Göttingen, Germany: Steidl, 2003.

24. Haffner, Sebastian. *Defying Hitler: A Memoir*. Translated by Oliver Pretzel. New York: Picador, 2000.

25. ——. *Germany Jekyll&Hyde: A Contemporary Account of Nazi Germany*. Translated by Wilfrid David. London: Abacus, 2008.

26. Heilbut, Anthony. *Exiled in Paradise: German Refugee Artists and Intellectuals in America from the 1930s to the Present*. Berkeley: University of California Press, 1983.

27. Helm, Sarah. *Ravensbrück: Life and Death in Hitler's Concentration Camp for Women*. New York: Anchor Books, 2016.

28. Henseler, Theodor. *Bonner Geschichtsblätter: Das musikalische Bonn im 19. Jahrhundert*. Vol. 13. Bonn: Bonner Heimat- und Geschichtsverein und dem Stadtarchiv Bonn, 1959.

29. Hesse, Hermann. *Hymn to Old Age*. Translated by David Henry Wilson. London: Pushkin Press, 2011.

——. *The Seasons of the Soul: The Poetic Guidance and Spiritual Wisdom of Hermann Hesse*. Translated by Ludwig Max Fischer. Berkeley, CA: North Atlantic Books, 2011.

30. Hicks, Michael, and Christian Asplund. *American Composers: Christian Wolff*. Urbana: University of Illinois Press, 2012.

31. Hilmes, Oliver. *Berlin 1936: Sixteen Days in August.* Translated by Jefferson Chase. London: Bodley Head, 2017.
32. Hockenos, Paul. *Berlin Calling: A Story of Anarchy, Music, the Wall, and the Birth of the New Berlin.* New York: New Press, 2017.
33. Isenberg, Sheila. *A Hero of Our Own: The Story of Varian Fry.* New York: Random House, 2001.
34. Jähner, Harald. *Wolfszeit: Deutschland und die Deutschen, 1945–1955.* Berlin: Rowohlt Berlin, 2019.
35. Jarausch, Konrad H. *Broken Lives: How Ordinary Germans Experienced the 20th Century.* Princeton, NJ: Princeton University Press, 2018.
36. Johnson, Uwe. *Anniversaries: From a Year in the Life of Gesine Cresspahl.* Translated by Damion Searls. New York: New York Review Books, 2019.
37. Jungk, Peter Stephan. *Franz Werfel: A Life in Prague, Vienna, and Hollywood.* Translated by Anselm Hollo. New York: Grove Weidenfeld, 1990.
38. Kafka, Franz. *The Blue Octavo Notebooks.* Translated by Ernst Kaiser and Eithne Wilkins. Cambridge, MA: Exact Change, 2004.

———.*Letters to Friends, Family and Editors.* Translated by Richard and Clara Winston. New York: Schocken Books, 1977.

———. *Lost in America.* Translated by Anthony Northey. Prague: Vitalis, 2010.
39. Kelly, Martha Hall. *Lilac Girls.* New York: Ballantine Books, 2016.

40. Kershaw, Ian. *The End: Germany 1944–45*. London: Penguin Books, 2012. Kolowrat, Ernest. *Confessions of a Hapless Hedonist*. Middletown, DE: Xlibris, 2001.
41. Kossert, Andreas. *Kalte Heimat: Die Geschichte der deutschen Vertriebenen nach 1945*. Munich: Pantheon, 2008.
42. Krockow, Christian von. *Hour of the Women*. Translated by Krishna Winston. London: Faber and Faber, 1993.
43. Krug, Nora. *Belonging: A German Reckons with History and Home*. New York: Scribner, 2018.
44. *Kurt Wolff: 1887–1963*. Frankfurt: Verlag Heinrich Scheffler, and Pfullingen: Verlag Günther Neske, 1963.
45. *Kurt Wolff zum Hundertsten*. With contributions by Helmut Frielinghaus, Wolfram Göbel, Heinrich Maria Ledig-Rowohlt and Michael Kellner, Thomas Rietzschel, Klaus Wagenbach. Hamburg: Michael Kellner, 1987.
46. Ladd, Brian. *The Ghosts of Berlin: Confronting German History in the Urban Landscape*. Chicago: University of Chicago Press, 1997.
47. La Farge, Henry, ed. *Lost Treasures of Europe*. New York: Pantheon Books, 1946. Lindbergh, Anne Morrow. *Gift from the Sea*. New York: Pantheon Books, 1955.
48. Magris, Claudio. *Danube*. Translated by Patrick Creagh. New York: Farrar, Straus and Giroux, 1989.
49. Mak, Geert. *In Europe: Travels through the Twentieth Century*. Translated by Sam Garrett. New York: Vintage Books, 2008.

50. Marino, Andy. *A Quiet American: The Secret War of Varian Fry.* New York: St. Martin's Press, 1999.
51. Musil, Robert. *Tagebücher: Hauptband.* Edited by Adolf Frisé. Reinbek, Germany: Rowohlt, 1976.
52. Natonek, Hans. *In Search of Myself.* Translated by Barthold Fles. New York: G. P. Putnam's, 1943.
53. Neff, Anette. "Merck, Ursula." In *Stadtlexikon Darmstadt.* Historischer Verein für Hessen. Darmstadt: Konrad Theiss, 2006.
54. Neiman, Susan. *Learning from the Germans: Race and the Memory of Evil.* New York: Farrar, Straus and Giroux, 2019.
55. Nelson, Stanley. *Devils Walking: Klan Murders along the Mississippi in the 1960s.* Baton Rouge: Louisiana State University Press, 2016.
56. Neumann, Alfred. *King Haber.* Translated by Marie Busch. New York: Alfred H. King, 1930.

———. "Tagebücher." In *Exil am Mittelmeer: Deutsche Schriftsteller in Südfrankreich von 1933–1941*, edited by Ulrike Voswinckel and Frank Berninger. Munich: Allitera, 2005.
57. Ohler, Norman. *Blitzed: Drugs in Nazi Germany.* Translated by Shaun Whiteside. London: Penguin Books, 2017.
58. Orringer, Julie. *The Flight Portfolio.* New York: Knopf, 2019.
59. Pasternak, Boris. *Doctor Zhivago.* Translated by Max Hayward. New York: Pantheon Books, 1958.
60. Péguy, Charles. *Basic Verities.* Translated by Ann and Julian Green. New

York: Pantheon Books, 1943.

61. Posner, Gerald. *Pharma: Greed, Lies, and the Poisoning of America*. New York: Avid Reader Press, 2020.
62. Prescott, Lara. *The Secrets They Kept*. New York: Knopf, 2019.
63. Reeve, Simon. *One Day in September*. New York: Arcade Publishing, 2000.
64. Reichman, Amos. *Jacques Schiffrin: A Publisher in Exile, from Pléiade to Pantheon*. Translated by Sandra Smith. New York: Columbia University Press, 2019.
65. Remarque, Erich Maria. *The Night in Lisbon*. Translated by Ralph Manheim. New York: Harcourt, Brace & World, 1964.
66. Rigg, Bryan Mark. *Hitler's Jewish Soldiers: The Untold Story of Nazi Racial Laws and Men of Jewish Descent in the German Military*. Lawrence: University of Kansas Press, 2002.
67. Rose, Wolfgang. *Diagnose "Psychopathie": Die urbane Moderne und das schwierige Kind*. Vienna: Böhlau, 2016.
68. Roth, Joseph. *The Hotel Years*. Translated by Michael Hofmann. New York: New Directions, 2015.

———. *What I Saw: Reports from Berlin, 1920–1933*. Translated by Michael Hofmann. New York: W. W. Norton, 2004.
69. Sax, Boria. *Animals in the Third Reich*. Pittsburgh: Yogh & Thorn Press, 2013.
70. Schiffrin, André. *The Business of Books: How International*

Conglomerates Took Over Publishing and Changed the Way We Read. London: Verso, 2000.

———. *A Political Education: Coming of Age in Paris and New York.* New York: Melville House, 2007.

71. Sebald, W. G. *Austerlitz.* Translated by Anthea Bell. New York: Modern Library, 2011.

———. *The Emigrants.* Translated by Anthea Bell. London: Vintage Books, 2002.

———. *On the Natural History of Destruction.* Translated by Anthea Bell. New York: Modern Library, 2004.

72. Seghers, Anna. *Transit.* Translated by Margot Bettauer Dembo. New York: New York Review Books, 2013.

73. Sereny, Gitta. *The German Trauma: Experiences and Reflections, 1938–2001.* London: Penguin Books, 2001.

74. Snyder, Timothy. *Bloodlands: Europe between Hitler and Stalin.* New York: Basic Books, 2010.

75. Stach, Reiner. *Kafka: The Decisive Years.* Translated by Shelley Frisch. Princeton, NJ: Princeton University Press, 2013.

———. *Kafka: The Early Years.* Translated by Shelley Frisch. Princeton, NJ: Princeton University Press, 2017.

———. *Kafka: The Years of Insight.* Translated by Shelley Frisch. Princeton, NJ: Princeton University Press, 2015.

76. Steiner, John M. "The SS Yesterday and Today: A Sociopsychological

View." In *Survivors, Victims, and Perpetrators: Essays on the Nazi Holocaust*, edited by Joel E. Dimsdale. Abingdon, Oxon, UK: Taylor & Francis, 1980.

77. Steinweis, Alan E. *Studying the Jew: Scholarly Antisemitism in Nazi Germany*. Cambridge, MA: Harvard University Press, 2008.

78. Stern, Fritz. *Einstein's German World*. Princeton, NJ: Princeton University Press, 2016.

———. *Five Germanys I Have Known*. New York: Farrar, Straus and Giroux, 2007.

———. *Gold and Iron: Bismarck, Bleichröder, and the Building of the German Empire*. New York: Vintage Books, 1979.

79. Taylor, Frederick. *Exorcising Hitler: The Occupation and Denazification of Germany*. New York: Bloomsbury Press, 2011.

80. Thorpe, Nick. *The Danube: A Journey Upriver from the Black Sea to the Black Forest*. New Haven, CT: Yale University Press, 2013.

81. U.S. Strategic Bombing Survey, Morale Division. *The Effects of Bombing on Health and Medical Care in Germany*. Washington, DC, 1945.

82. U.S. Strategic Bombing Survey, Area Studies Division. *A Detailed Study of the Effects of Area Bombing on Darmstadt*. Washington, DC, 1945.

83. Vonnegut, Kurt. *Palm Sunday*. New York: Dial Press, 1999.

84. Walser, Robert. *Berlin Stories*. Translated by Susan Bernofsky. New York: New York Review Books, 2012.

85. Weidle, Barbara, editor. *Kurt Wolff: Ein Literat und Gentleman*. Bonn:

Weidle Verlag, 2007.

86. Wirtz, Rainer. *"Widersetzlichkeiten, Excesse, Crawalle, Tumulte und Skandale": Soziale Bewegung und gewalthafter sozialer Protest in Baden, 1815–1848*. Frankfurt: Ullstein, 1981.

Wolfe, Thomas. *You Can't Go Home Again*. New York: Scribner Classics, 2011.

87. Wolff, Helen. *Hintergrund für Liebe*. Bonn: Weidle, 2020.

88. Wolff, Kurt. *Kurt Wolff: A Portrait in Essays and Letters*, edited by Michael Ermarth, translated by Deborah Lucas Schneider. Chicago: University of Chicago Press, 1991.

——. *Kurt Wolff, Autoren-Bücher-Abenteuer: Beobachtungen und Erinnerungen eines Verlegers*. Berlin: Klaus Wagenbach, 2004.

——. *Kurt Wolff: Briefwechsel eines Verlegers, 1911–1963*. Edited by Bernhard Zeller and Ellen Otten. Frankfurt: Heinrich Scheffler, 1966.

89. Zuckmayer, Carl. *A Part of Myself*. Translated by Richard and Clara Winston. New York: Harcourt Brace Jovanovich, 1970.

——. *Second Wind*. Translated by Elizabeth Reynolds Hapgood. London: G. G. Harrap, 1941.

文章、论文、专著与演讲

1. Auden, W. H. "In Praise of the Brothers Grimm." *New York Times Book Review*, November 12, 1944.

2. Borchardt-Wenzel, Annette. "Das Duell-Seltsamer Ehrbegriff fordert

viele Opfer." *Badische Neuesten Nachrichten*, September 3, 2016.

3. Brooks, Christopher A. "Roland Hayes and the Countess." Indiana University Press News Blog, February 27, 2015. iupress.typepad.com/blog/2015/02/roland-hayes-and-the-countess.html.

4. Bruckner, D. J. R. "The Prince of Publishers," *New York Times Book Review*, January 5, 1992.

5. Calder, John. "Obituary: Helen Wolff," *Independent* (London), April 20, 1994. Chase, Jefferson. "AfD Candidate in Hot Water over Breivik Statements." DeutscheWelle.com, April 21, 2017. dw.com/en/afd-candidate-in-hot-water-over-breivik-statements/a-38537022.

6. Cords, Suzanne. "Curator of the Largest Holocaust Memorial Turns 70, but His Life's Work Continues." DeutscheWelle.com, October 27, 2017. dw.com/en/creator-of-the-largest-holocaust-memorial-turns-70-but-his-life-work-continues/a-41107926.

7. Detjen, Marion. "Kurt and Helen Wolff." *Immigrant Entrepreneurship: German-American Business Biographies, 1720 to the Present*. Vol. 5. Edited by R. Daniel Wadhwani. German Historical Institute, 2012. ImmigrantEntrepreneurship.org/entry.php?rec=83.

8. Deutsche Friedensgesellschaft Vereinigte KriegsdienstgegnerInnen Darmstadt. "Von Adelung bis Zwangsarbeit: Stichworte zu Militär und Nationalsozialismus in Darmstadt." May 2000. dfg-vk-darmstadt.de/Lexikon_Auflage_1/Von_Adelung_bis_Zwangsarbeit_Auflage1.pdf.

9. Eco, Umberto. "Umberto Eco: The Art of Fiction No. 197." Interview by

Lila Azam Zanaganeh. *Paris Review*, Summer 2008.

10. *Economist*. "Special Report: The New Germans." April 14, 2018.

11. Evans, Richard J. *"Blitzed: Drugs in Nazi Germany*, a Crass and Dangerously Inaccurate Account." *Guardian* (UK), November 16, 2016.

12. "Expressionism Today." *Times Literary Supplement*, November 6, 1970.

13. "Ferriday Started as 3,600-Acre Wedding Present." *Natchez Democrat*, November 22, 2006.Förster, Birte. "Seitenweise Aufschlussreiches." *Hoch 3: Die Zeitung der Technischen Universität Darmstadt*, December 2015.

14. Grass, Günter. Laudation for Helen Wolff upon posthumous awarding of Friedrich.

15. Gundolf Prize. April 30, 1994. DeutscheAkademie.de/en/awards/friedrich-gundolf-preis/helen-wolff/laudatio.

16. Greenberg, Stanley B. "Trump Is Beginning to Lose His Grip." *New York Times*, November 17, 2018.

17. Haas, Willy. "Kurt Wolff: 3 März 1887–22 Oktober 1963." *Die Welt*, December 28, 1963. Hamilton, Nigel. "Heinrich Mann and the Underdog." *Times* (London), June 24, 1972.

18. Havill, Kristin Peterson. "Caroline Ferriday: A Godmother to Ravensbrück Survivors." *Connecticut History*, Winter 2011–12.

19. Hennig, Falko. "Investieren in verlegerischen Gewinn." *Die Tageszeitung*, July 24, 2007. Herweg, Nikola. "Helen und Kurt Wolff in Marbach." Deutsches Literaturarchiv-Marbach. *Spuren* 106, 2015.

20. Huggler, Justin. "Five Names to Watch as the Anti-Immigrant AfD Looks

to Stir up Trouble for Angela Merkel." *Telegraph* (London), October 1, 2017.

21. Kazin, Alfred. "A Legend among Publishers." *New York Newsday*, October 20, 1991.
22. Kuenstner, Molli E., and Thomas A. O'Callaghan. "The *Führerprojekt* Goes to Washington." *Burlington Magazine* 159, May 2017.
23. "Kurt Wolff." *Neues Deutschland*, October 25, 1963.
24. Leavenworth, Jesse. "Caroline and the *Lapins*." *Northeast: Sunday Magazine of the Hartford Courant*, October 20, 2002.
25. Meola, David. "Mirror of Competing Claims: Antisemitism and Citizenship in *Vormärz* Germany." *Antisemitism Studies* 4, no. 1 (Spring 2020).
26. "Merck KGaA Plans Nazi-Era Forced Labour Compensation." ICIS.com, December 8, 1999.
27. Mitgang, Herbert. "Imprint." *New Yorker*, August 2, 1982.
28. "Mr. Kurt Wolff." *Times* (London), October 29, 1963.
29. Nelson, Howard. "Speaking Volumes: The Wide World of a Publisher." *Washington Post Book World*, April 4, 1971.
30. Nicholas, Elizabeth. "Hitler's Suicide and New Research on Nazi Drug Use." *Time* online, April 28, 2017. https://time.com/4744584/hitler-drugs-blitzed/.
31. Oltermann, Philip. "German Rightwing Party Apologises for Jérôme Boateng Comments." *Guardian* (UK), May 29, 2016.

32. Özdemir, Cem. "Cem Özdemir Compares Germany's Far-Right AfD Party to the Nazis in Hard-Hitting Speech." European Greens, February 22, 2018. European Greens.eu/news/cem-özdemir-compares-germanys-far-right-afd-party-nazis-hard-hitting-speech.
33. Packer, George. "The Quiet German." *New Yorker*, November 24, 2014.
34. Pinthus, Kurt. "Wie Literatur gemacht wurde: Zur Erinnerung an meiner Freund Kurt Wolff." *Die Zeit*, November 1, 1963.
35. Redlich, Fritz. "German Literary Expressionism and Its Publishers." *Harvard Library Bulletin* 17, no. 2 (April 1969).
36. Reemtsma, Jan Philipp. "Wozu Gedenkstätten?" *Politik und Zeitgeschichte*, June 21, 2010. Reuters. "AfD Co-Founder Says Germans Should Be Proud of Its Second World War Soldiers." *Guardian* (UK), September 14, 2017.
37. Riding, Alan. "A Tale of Two Germanys." *New York Times*, December 14, 2000. Scheffler, Heinrich. "Kurt-Wolff-Marginalien." *Börsenblatt für den Deutschen Buchhandel* 95, November 26, 1963.
38. Schnee, Heinrich. "Hofbankier Salomon von Haber als badischer Finanzier." *Zeitung für die Geschichte des Oberrheins* 109, no. 2 (1961).
39. Schuetze, Christopher F., and Michael Wolgelenter, "Fact Check: Trump's False and Misleading Claims about Germany's Crime and Immigration." *New York Times*, June 18, 2018.

Schuhladen-Krämer, Jürgen. "Haber-Skandal." Stadtlexikon Karlsruhe, 2012. https://stadtlexikon.karlsruhe.de/index.php/

De:Lexikon:ereig-0279.

———."Hepp!-Hepp!-Unruhen 1819." Stadtlexikon Karlsruhe, 2012. https://stadtlexikon.karlsruhe.de/index.php/De:Lexikon:ereig-0216.

———."Moritz von Haber." Stadtlexikon Karlsruhe, 2013. https://stadtlexikon.karlsruhe.de/index.php/De:Lexikon:bio-0802.

———. "Salomon von Haber." Stadtlexikon Karlsruhe, 2013. https://stadtlexikon.karlsruhe.de/index.php/De:Lexikon:bio-1013.

40. Schuyler, Steven. "Kurt Wolff and Hermann Broch: Publisher and Author in Exile." PhD thesis, Harvard University, Department of Germanic Languages and Literatures, 1984.

———."KurtWolff'sPublishingOdyssey."*ABBookman'sWeekly*,September6,1999.

41. Schwarz, Benjamin. "Hitler's Co-Conspirators." *Atlantic*, May 2009.

42. "The Seismographer of Expressionism." *Times Literary Supplement*, February 2, 1970.

43. Simoncini, Giuseppe. "Kurt Wolff, Soggiorno a Lastra." LastraOnline.it, 2008. Lastra Online.it/p/storia.php?idpag=374&idpag=374. Simpendorfer, Werner. "The Strange Must Cease to Be the Strange: In Memoriam Ernst Lange (1927–1974)." *Ecumenical Review* 49, no. 2 (April 1997).

44. Steinmeier, Frank-Walter. "75th Anniversary of the End of the 2nd World War." May 8, 2020. https://www.bundespraesident.de/SharedDocs/Reden/EN/Frank-Walter.

45. Steinmeier/Reden/2020/05/200508-75th-anniversary-World-War-II. html.
46. Taub, Amanda, and Max Fisher. "Germany's Extreme Right Challenges Guilt over Nazi Past." *New York Times*, January 18, 2017.
47. Tevetoglu, Cem, Matin Nawabi, and Tobi Moka. "Merck in der Zwickmühle." *Soziales Darmstadt*, March 2017.
48. Ueding, Gert. "Mit Hirn und Herz." *Frankfurter Allgemeine Zeitung*, March 3, 1987. "Vor der Spruchkammer/Dr. Karl Merck in Gruppe IV." *Darmstädter Echo*, June 1, 1948.
49. Weizsäcker, Richard von. "Speech by Federal President Richard von Weizsäcker during the Ceremony Commemorating the 40th Anniversary of the End of War in Europe and of National-Socialist Tyranny on 8 May 1985 at the Bundestag, Bonn." Bundespräsidialamt. Bundespraesident.de/ SharedDocs/Downloads/DE/Reden/2015/02/150202-RvW-Rede-8-Mai-1985-englisch.pdf?_blob=publicationFile.
50. Weyr, Thomas. "PW Interviews: Helen Wolff." *Publishers Weekly*, February 3, 1973. Wolff, Alexander. "When the Terror Began." *Sports Illustrated*, August 26, 2002.
51. Wolff, Helen. "Elective Affinities." Address to Deutsches Haus New York. May 15, 1990.
52. [Wolff, Maria.] "Wiedersehen und Abschied: Selbstgespräche mit dem Vater." *Die Gegenwart*, January 1948.

电影、广播与电视节目

1. *Central Airport THF*. Karim Aïnouz, dir. Lupa Film, Les Films d'Ici, Mar Films, 2018. Documentary film.
2. *The Exiles*. Richard Kaplan, dir. PBS, September 24, 1989. Documentary film.
3. *Das schreckliche Mädchen* (The Nasty Girl). Michael Verhoeven, dir. Filmverlag der Autoren, Sentana Filmproduktion, ZDF, 1990.
4. *Saving the Rabbits of Ravensbrück*. Stacey Fitzgerald, dir. From the Heart Productions, forthcoming. Documentary film. RememberRavensbruck.com/caroline-ferriday.
5. Voswinckel, Ulrike. "Den Starken Atem unserer Zeit spüren: Das erste Leben des Verlegers Kurt Wolff." *Land und Leute*, Bayerischer Rundfunk, April 15, 2001. Radio documentary.
6. Woj, Caterina, and Andrea Röpke. "Das braune Netzwerk: Wer steuert die Wütburger?" *Die Story*, Westdeutscher Rundfunk, January 11, 2017. Television report. Otto-Brenner-Preis.de/dokumentation/2017/preistraeger/3-preis.
7. Wolff, Kurt. Twelve radio essays broadcast over Norddeutscher, Westdeutscher, and Bayrischer Rundfunk, 1962 and 1963. Transcripts in H&KW Papers.
8. *Your Job in Germany*. Theodor Geisel and Frank Capra. U.S. Department of War, 1945. Training film. https://www.youtube.com/watch?v=1v5QCGqDYGo?

未公开出版或未出版的文章、族谱、专著、回忆录和故事集

1. Baumhauer, Jon. "Our Marx Ancestors in the Rhineland." Translated by Nikolaus Wolff. Munich, 1987.

2. Frensdorff, Karl. "How the Frensdorffs Came to America." Wilmington, DE, 2002.

3. Landheim Schondorf, Class of 1940, fiftieth-reunion book. Schondorf-am-Ammersee, Germany, 1990.

4. "Margot Hausenstein: The Life of 100 Years," annotated timeline. H&KW Papers, box 14, folder 463.

5. Wolff, Helen. "My Most Unforgettable Character." New York, ca. 1942. Wolff, Hope Nash. "Who Was Maria Marx? Three Views." Royalton, VT, 2007.

6. Wolff, Leonhard. "Remembering My Musical Life." Translated by Nikolaus Wolff. Bonn, 1932.

7. Wolff, Maria. "Dämmerung." Pfeddersheimerwegsproduction, Berlin, 2009.

8. Wolff, Nikolaus. "How I Came to the United States." Norwich, VT, ca. 2000.

———. "Wolff Clan: 1743–1963." With Jon Baumhauer. Norwich, VT, 2006.

9. Wolff, Kurt. "Reminiscing about Bonn and Music." Translated by Nikolaus Wolff. Locarno, Switzerland, 1961.

———. "Tagebücher, October 23, 1914, to June 28, 1915." Deutsches Literaturarchiv-Marbach, Germany.

图片来源

除以下照片与图片外,书中其他照片与图片均来自家族收藏:

1. 家谱插图,绘者:多诺万·安德鲁斯(Donovan Andrews)。
2. 第30页,哈伯公馆版画,卡尔斯鲁厄市档案馆,档案编号:8/PBS XIVe:0130,经卡尔斯鲁厄市档案馆授权使用。
3. 第60页,纪念厄娜·沃尔夫的"绊脚石"的照片,经FHXB-弗里德里希斯海因-克罗伊茨贝格博物馆(FHXB Friedrichshain-Kreuzberg Museum)授权使用,照片编号:FraCbB。
4. 第68页,费利斯·卡索拉蒂创作的肖像,1925年。
5. 第118页:罗兰·海斯照片,图片来源:E.阿扎利亚·哈克利(E. Azalia Hackley)收藏的从事表演艺术的非裔美国人照片,底特律公共图书馆。
6. 第121页,在法国塞尔贝尔小镇的瓦里安·弗莱,美国大屠杀纪念博物馆,供图:安妮特·弗莱(Annette Fry)。
7. 第177页,"红胶囊"可卡因广告(约制作于公元1900年),经德国默克公司授权使用,默克公司档案馆,档案编号:Y01-pr-1291-001。

8. 第340页，威廉·默克及威廉弗顿豪威尔与默克公司合影，经德国默克公司授权使用，默克公司档案馆，档案编号：Y01-al-4069。

注　释

导言

1. **遗传了母亲的犹太血统**：为了避免沿用纳粹时代的措辞，我没有使用加注引号的"雅利安"或"一半犹太血统"或"混血儿"等词语。但是，在本文涉及的年代里，"犹太人"一词仍具有种族与宗教色彩。我的爷爷沿袭了其母亲家族的传统，也皈依了基督教。不过，纳粹的种族理论只看中血统，仍将皈依者排除在基督教之外。巧合的是，犹太拉比律令《哈拉卡》(*Halakah*)对如何界定犹太人也有类似规定：生为犹太者，或合法皈依犹太教者，其犹太身份将永久不变。Bryan Mark Rigg, *Hitler's Jewish Soldiers* (Lawrence: University of Kansas Press, 2002), 7.

2. **"洗涤父辈罪孽仪式"**：1968年，一场大规模的学生抗议活动席卷全国，该词语由社会学家在诺贝特·埃利亚斯（Norbert Elias）在此抗议活动期间提出。

3. **库尔特在1933年2月28日那晚永远地离开了德国**：希特勒宣誓就任总理四周后，德国国会大厦便被大火焚毁。纳粹将这场大火归咎于共产党人，并以此为由限制公民自由。被指控纵火的荷兰共产党人坚称自己是单独行动，未受到任何个人或组织指使，这一点后来也得到了法庭的认同。

4. **亲爱的卡夫卡博士**：出自《库尔特·沃尔夫写给弗兰茨·卡夫卡的信件》，写信时间：1913年3月20日。KW Papers，box 5，folder 164。

5. **库尔特曾经发誓**：出自《库尔特·沃尔夫写给海勒姆·海顿的信件》，写信时间：1959年6月14日。H&KW Papers，box 16，folder 508。1959年，主编海勒姆·海顿（Hiram Haydn）征求库尔特的意见，让他写一些自传。但是，除了在20世纪60年代初给德国广播公司写了一些公开播出的广播稿外，我的爷爷并没有将写自传这事坚持到底。不过，在他的其他文稿里，他通过注释的方式给出了一些他觉得可以用于回忆录的书名，其中一个是"执着的书痴——一位出版人的一生：从卡夫卡到帕斯捷尔纳克"（The Obsession of an Addict: A Publisher's Life from Kafka to Pasternak），另一个读起来有点像德语字谜："关于出版人，关于出版，诸事种种"（Vom Verleger, vom Verlegen, und was damit zusammenhängt）。H&KW Papers，box 80，folder 2390。

6. **"他是一个很难相处的人"**：D. J. R. Bruckner, "The Prince of Publishers," *New York Times Book Review*, January 5, 1992.

7. **初到柏林时，我还带来了成堆的家族信件**：耶鲁大学贝尼克珍本与手稿图书馆和马尔巴赫市（Marbach）德意志文学档案馆收藏了大约一万封库尔特的信件，以及海伦的许多信件。1966年，法兰克福的海因里希·舍弗勒出版社（Heinrich Scheffler Verlag）出版了一本选集《库尔特·沃尔夫：一位出版商的书信集，1911—1963年》(*Kurt*

Wolff: Briefwechsel eines Verlegers），内容长达600余页。在国会纵火案发生前的几周，舍弗勒亲自前往我爷爷在柏林居住的养老院，并告诉他，自己也想成为像他这样的出版商。舍弗勒回忆起爷爷的回答："他温柔地笑了笑，看着窗外说：'要做到这一点，你需要上帝的庇护。'"海因里希·舍弗勒在《库尔特－沃尔夫－旁注》中写道。出自 Heinrich Scheffler, "Kurt-Wolff-Marginalien", in Börsenblatt für den Deutschen Buchhandel 95，1963年11月。

8. "在为其他作家工作时"：*Kurt Wolff: A Portrait in Essays and Letters*, ed. Michael Ermarth, trans. Deborah Lucas Schneider（Chicago: University of Chicago Press, 1991），149.

9. "就像中了魔法一样"：出处同上，第155页。

10. 就连信中骂人的话，也经过了精心的雕琢：出处同上，第6页。

11. 我们出版人的职业生命：《库尔特·沃尔夫写给莱纳·玛利亚·里尔克的信件》，写信时间：1917年12月10日。*Kurt Wolff: Briefwechsel eines Verlegers, 1911–1963*, ed. Bernhard Zeller and Ellen Otten（Frankfurt: Heinrich Scheffler, 1966），148.

12. "谁会对收信人感兴趣呢？"：*Kurt Wolff : A Portrait, 137.*

13. "在善恶两方"：Brian Ladd, *The Ghosts of Berlin : Confronting German History in the Urban Landscape*（Chicago : University of Chicago Press, 1997），6.

第一章：传承家风，初耕书田

1. 赫尔曼很早就开始追随勃拉姆斯：Kurt Wolff, "Reminiscing about

Bonn and Music", trans. Nikolaus Wolff（Locarno, Switzerland, 1961）.

2. "我至今仍然记得": Kurt Wolff, "Reminiscing." 勃拉姆斯从［位于提洛尔（Tyro）］出发，历经40个小时的长途跋涉来到曾祖父家，在吃完早饭后竟又匆匆离去。出自 Theodor Henseler, *Bonner Geschichtsblätter*: *Das musikalische Bonn im 19. Jahrhundert*, vol. 13（Bonn: Bonner Heimat- und Geschichtsverein und dem Stadtarchiv Bonn, 1959）, 286.

3. "如果一个教员的儿子不愿学习": Kurt Wolff, "Reminiscing."

4. 但不乏"附庸风雅"之辈: 出处同上。

5. "无论我想听什么": 出处同上。

6. "这个孩子举止文雅": Kurt Pinthus, "Wie Literatur gemacht wurde: Zur Erinnerung an meiner Freund Kurt Wolff", *Die Zeit*, November 1, 1963.

7. 留下的十万金马克: Falko Hennig, "Investieren in verlegerischen Gewinn", *Die Tageszeitung*, July 24, 2007.

8. "时间来到1908年": 从爷爷的论文导师——德高望重的莱比锡大学文学教授阿尔伯特·考斯特给出的评价来看，我爷爷并没有完全放弃攻读博士学位。此人经常参加我爷爷和奶奶在莱比锡举办的沙龙，如果不是爷爷做得太过分，他也绝不会给出这样的评语："库尔特非常勤奋地为这篇博士论文收集资料，但这也是唯一能为这篇论文添彩的地方了。除此之外，他没有为这篇论文动半点脑筋，文章的措辞单调粗糙，毫无润色，让读者毫无读下去的欲望……如此有趣的话题却被写得这般无趣，实属少见。这位博士生仅仅是在记录他的阅读心得而已。"

9. "我喜欢书籍"：Kurt Wolff, 1962, conversation with Herbert G. Göpfert, cited in Thomas Rietzschel, "Der Literat als Verleger", in Kurt Wolff zum Hundertsten（Hamburg: Michael Kellner, 1987）.

10. "到了1912年"：Reiner Stach, Kafka：*The Decisive Years*, trans. Shelley Frisch（Princeton, NJ: Princeton University Press, 2013）, 73.

11. 那天是我第一次见到卡夫卡：*Kurt Wolff: A Portrait*, 54–55.

12. "我会感激不尽"：出处同上，第55页。

13. "库尔特和恩斯特·罗沃特的合作便破裂了"：Peter Stephan Jungk, *Franz Werfel：A Life in Prague, Vienna, and Hollywood*, trans. Anselm Hollo（New York: Grove Weidenfeld, 1990）, 30–31.

14. "我觉得出版商也应如此。"：《库尔特写给卡尔·克劳斯的信件》，写信时间：1913年12月14日，出自 *Kurt Wolff：Briefwechsel*, 128.

15. "如果他想陪你走回酒店"：*Kurt Wolff: A Portrait*, 87.

16. 我们恳请你息怒：德语原文为：*Verschon uns, Gott, mit Strafen / Und laß uns ruhig schlafen, / Und unsern kranken Nachbar auch!* 翻译：黛博拉·卢卡斯·施奈德, *Kurt Wolff: A Portrait*, 86. 大多数人都知道这首诗的第一句——月亮升起来（德语：*Der Mond ist aufgegangen*）。

17. "他惊讶地盯着我看"：*Kurt Wolff: A Portrait*, 86–87.

18. "对音乐的热爱"：爷爷对其父亲这边祖先的印象很深，知道关于他们热爱音乐的许多事迹，相比之下，对其母亲那边的祖先（既有钱又有文化）却没有什么印象。我的婶婶霍普（霍莉）·纳什·沃尔夫

[Hope (Holly) Nash Wolff, 出生于佛特蒙州, 与我爷爷素未谋面], 在一篇私下流传的家谱论文中, 详细记述了玛利亚·马克斯的生活与家庭。霍普受到历史学家弗里茨·斯特恩所著备忘录《我所知的五个德国人》(*Five Germanys I Have Known*, New York: Farrar, Straus and Giroux, 2007) 启发, 提出了一个理论来解释库尔特为什么绝口不提自己的犹太血统。她注意到, 弗里茨·斯特恩也是出身"教化中产阶层", 并且同样经历了流放, 而且斯特恩认为, "这些人长期以来对自己的犹太身份保持沉默, 同时又牢牢地记着自己是犹太人", 是因为他们下定决心想要融入德国社会。霍普还评论道: "他们毁于同胞之手, 真是不可思议的结局……而从某种程度上说, 一些不可言说的事情早就预示了这样的结局。"另外, 她还援引库尔特出版过的犹太作家(如布劳德、哈森克勒弗尔、卡夫卡和韦尔弗)的作品, 推崇他们当中大多数人所秉持的反权威主义, 并在此基础上指出, 成为一名德裔犹太人的代价是, 终究会发现自己被周围人孤立, 被贴上斯特恩所说的"耻辱与不合群"的标签。霍普和她丈夫克里斯蒂安在佛蒙特州农舍的客厅里挂了一幅雅各布·马克斯的肖像。雅各布·马克斯是库尔特母亲的祖父, 也是我们的犹太祖先, 其生活方式相比其他祖先更接近现代, 并且此人从未皈依基督教。在我看来, 霍普和她丈夫克里斯蒂悬挂画像的行为, 是在表达抗议——反对我们的犹太血统在家族历史中遭到了忽视。

19. "随着路易一世大公": Heinrich Schnee, "Hofbankier Salomon von Haber als badischer Finanzier", *Zeitung für die Geschichte des Oberrheins* 109, no. 2 (1961); and Jürgen Schuhladen-Krämer, "Salomon von Haber",

Stadtlexikon Karlsruhe, 2013, https://stadtlexikon.karlsruhe.de/index.php/De:Lexikon:bio-1013.

20. 陆续有市民加入暴民的行列: Jürgen Schuhlden-Krämer, "Hepp!-Hepp!-Unruhen 1819", Stadtlexikon Karlsruhe, 2012, https://stadtlexikon.karlsruhe.de/index.php/ De:Lexikon:ereig-0216. 关于暴民们叫嚷的"Hep！"一词（译者注：正文中译为"去死"），史学家们存在争议。有人认为，这是牧羊人用曲棍杖驱赶羊群时发出的口头禅，也有人认为该词是拉丁短语"Hierosolyma est perdita"（意为"耶路撒冷被毁"）的缩写。

21. 将哈伯安全地护送至六十英里以外的施泰纳赫镇: 出处同上。

22. "这些人是何等的冷漠": Amos Elon, *The Pity of It All : A Portrait of Jews in Germany, 1743–1933*（London : Penguin Books, 2004）, 106-7. 路德维希·罗伯特致信的这位"姐姐"名叫拉赫尔·瓦尔哈根（Hannah Arendt），是柏林沙龙圈内的名人，热衷于参加各类沙龙。拉赫尔的传记作家汉娜·阿伦特这样评价她，"她虽逝去多年，但仍是我最亲密的朋友"。引自 Annette C. Baier, "Ethics in Many Different Voices", 该文出自 *Hannah Arendt: Twenty Years Later*, eds. Larry May and Jerome Kohn（Cambridge, MA : MIT Press, 1996）, 336.

23. 街头那些煽动性的标语也不见了: 出处同上，106。

24. 路易斯一世大公亲自乘坐六驾马车护送哈伯回城: Wolfgang Behringer, "Climate and History : Hunger, Anti-Semitism, and Reform During the Tambora Crisis of 1815–1820", 出自 *German History in Global and*

Transnational Perspective, ed. David Lederer（London：Palgrave Macmillan, 2017）, 19.

25. 1830年晚些时候：我在叙述"哈伯事件"等内容时，参考了以下材料：

（1）Annette Borchardt-Wenzel, "Das Duell-Seltsamer Ehrbegriff fordert viele Opfer", *Badische Neuesten Nachrichten*, September 3, 2016；

（2）Jürgen Schuhladen-Krämer, "Moritz von Haber", Stadtlexikon Karlsruhe, 2013, https://stadtlexikon.karlsruhe.de/index.php/De:Lexikon:bio-0802；

（3）"Haber Skandal", Stadtlexikon Karlsruhe, 2012, https://stadtlexikon.karlsruhe.de/index.php/De:Lexikon:ereig-0279.

但是，我参考最多的内容，还是我与阿拉巴马大学历史系教师兼犹太大屠杀研究项目负责人大卫·梅奥拉的对话，以及他的文章"Mirror of Competing Claims: Antisemitism and Citizenship in *Vormärz* Germany", *Antisemitism Studies* 4, no.1（Spring 2020）.

26. "他的两个弟弟均已同罗斯柴尔德银行家族联姻"：Ute Frevert, "Bourgeois Honour：Middle-Class Duellists in Germany from the Late Eighteenth to the Early Twentieth Century", in *The German Bourgeoisie: Essays on the Social History of the German Middle Class from the Late Eighteenth to the Early Twentieth Century*, ed：David Blackbourn and Richard J. Evans（Abingdon, Oxon, UK：Routledge Revivals, 2014）, 273.

27. 关于两人的流言蜚语在城内传播开来：引发谣言的原因可能是莫里

茨此前好心捐赠了一笔钱款——塞西莉公主出生时，莫里茨以这位公主的名义捐赠了10000荷兰盾（大约相当于今天的200万美元），以资助卡尔斯鲁厄城内的穷人。1857年，塞西莉公主嫁给了沙皇尼古拉斯一世（Czar Nicholas I）之子——俄罗斯大公米哈伊尔·尼古拉耶维奇（the Russian Grand Duke Mikhail Nikolaievich）。

28. **对犹太人来说**：Elon, *The Pity of It All*, 243.

29. **很快**：63名接受审讯的暴民中，大部分人或被无罪释放，或仅仅被判处短期的监禁。萨拉查加-乌里亚最终被判处4周监禁，并且还被巴登大公减刑为16天。袭击当天的一位目击者——卡尔斯鲁厄城银行家兼政客爱德华·科勒（Eduard Kölle）在其日记中记录道："军官们向暴民们大喊：'别害怕！'你们不会有事，互相让一让，继续往前走。" Translation by David Meola, of Eduard Kölle, "Aus meinem Leben", from Die Handschriften 67/715, in Generallandesarchiv Karlsruhe, cited in Rainer Wirtz, "Widersetzlichkeiten, Excesse, Crawalle, Tumulte und Skandale", Soziale Bewegung und gewalthafter sozialer Protest in Baden, 1815–1848（Frankfurt: Ullstein, 1981）, 135.

30. **上述所有不公**：一方面，在19世纪中期的巴登，社会财富大多集中在犹太人手中，引发基督徒的嫉恨。另一方面，对一个典型的基督教居民而言，因为早已被精英阶层压榨殆尽，所以渐渐地看清了政治，认为这不过是一场彼此争夺资源的零和游戏。正因为这些原因，莫里茨才成了"完美的替罪羊与宣泄不满的对象"，大卫·米奥拉写道："他是个离经叛道的人物，作为一个犹太人，却常和基督教精英阶层混在一起。不过，莫里茨想要的只是个人满足感，只是想维护自己的声誉，渴望被接纳为上层社会的一员。所以，他不仅乐善好施，而且投资了一家拥有众多读者的自由派报纸《高地德语报》(*Oberdeutsche Zeitung*)。他的妹妹莱奥妮（Leonie）皈依了基督教，并且嫁给了一位非常有权势的基督徒陆军军官。另外，他家族开办的三座工厂均与国家有特殊关系，因此生意兴隆。"米奥拉把所罗门父子比作路易斯·布兰代斯（Louis Brandeis）和亨利·摩根索（Henry Morgenthau），这两个美国人都是犹太人中的敢为人先者，均忠心耿耿地为政府高层服务。

31. "这部小说混淆了真相与谣言"：威利·莫德尔的呈堂证供。"Der Fall Moritz von Haber: Eine Episode aus der Geschichte von Karlsruhe", New York, 1947, Stadtarchiv-Karlsruhe, 7/N/ Model 61. 莫德尔移民至纽约后，宣读了他的证词。《哈伯王》的译本于1930年在美国出版。这部小说的作者阿尔弗雷德·诺伊曼（Alfred Neumann）本身就是一名犹太人。1940年末至1941年初的那段时间，诺伊曼和我爷爷一直在四处筹措船票钱，同时为续签签证奔走于各地领事馆之间。就这样，境遇相同的二人在流亡的过程中结为好友。"他是一名和蔼的绅士，举手投足间透露出绅士必不可少的自信与胆识。" 1940年11月4日，诺伊曼在尼斯的瑞士旅业（Kuoni）旅社偶遇我爷爷，写下了自己对他的第一印象。但仅过了一个月，他便识破了爷爷强装出来的自信："库尔特·沃尔夫来到我这里，向我吐露了他对自己和家人在美国生活的担忧……但我并不认同他的担忧，并且可以有理有据地反驳他的所有观点。"引自 Alfred Neumann, "Tagebücher", in *Exil am Mittelmeer：Deutsche Schriftsteller in Südfrankreich von 1933–*

1941, eds. Ulrike Voswinckel and Frank Berninger (Munich : Allitera, 2005), 222-64. 我既不清楚诺伊曼是否知道他的新朋友库尔特将莫里茨·冯·哈伯奉为祖先, 也不知道诺伊曼为什么会把"莫里茨叔叔"描写得如此不堪——在这本中篇小说中, 他将莫里茨描述为"强势、富有野心之人, 为达目的不择手段"。引自 Alfred Neumann, *King Haber*, trans.Marie Busch (New York: Alfred H. King, 1930), 3.

32. **萨拉查加·乌里亚曾向莫里茨发出宣战书**: Georg von Sarachaga-Uria, *Vermächtnis oder neue Folgen in der Göler-Haber'schen Sache*, cited in Meola, "Mirror of Competing Claims".

33. **他这样写道,"呦!"**: Moritz von Haber, Beilage, *Augsburger Allgemeine Zeitung*, January 11, 1844, cited in Meola, "Mirror of Competing Claims".

34. **"哈伯在决斗中获胜"**: Meola, "Mirror of Competing Claims".

35. **但奇怪的是,我的父亲从未向我提起过莫里茨**: 根据霍莉·纳什·沃尔夫的说法, 我父亲曾告诉她, 他小时候曾几次前往法兰克福找姑姥玛蒂尔德(路易斯·冯·哈伯之女, 身份是男爵)喝茶。莫里茨这个侄女有个正式的全名, 叫作玛蒂尔德·奥古斯都, 哈伯·冯·林斯伯格男爵(Mathilde Auguste, Freiin Haber von Linsberg)。

36. **发现里面有这样一句一带而过的描述**: 在"哈伯事件"之后, 莫里茨继续活了30年才寿终正寝。他虽然被驱逐出巴登大公国, 虽然在1847—1848年经济危机期间投资多个家族银行与企业都惨遭失败, 但最终均能全身而退。1853年, 莫里茨与他人合伙创立了达姆施塔特贸易与工商银行(Bank für Handel und Industrie Darmstadt),

该银行后被并入德累斯顿银行（Dresdner Bank）；1855年，他在其弟路易斯的帮助下，创立了奥地利信贷银行（Austria's Creditanstalt），该银行现隶属意大利控股公司——裕信银行（UniCredit）。出自Schuhladen-Krämer，"Moritz von Haber"。

37. **上述反差表现得更为鲜明：** 在20世纪，柏林经历了种种分割与封锁，却能凭借超前的眼光，一次次重获新生。截至1990年，移民或其后代的数量占柏林人口总数的60%。第一次世界大战后，流离失所的波兰人、俄罗斯人和匈牙利人来到这里；"二战"结束后，被驱逐出西里西亚（Silesia）、波美拉尼亚（Pomerania）和东普鲁士的境外德国人从东侧涌入柏林；在柏林墙倒塌后的三十年里，一批又一批的流民登陆施普雷河岸：首先是为了躲避战乱，逃离巴尔干半岛的波斯尼亚人；接下来是慕名来到有着"加沙地带"之称的新克尔恩区（Neukölln）①的巴勒斯坦人；最后是两德统一时，涌进这座城市的20万名俄人（其中4万人是犹太裔）；还有以色列人当中的左翼分子和同性恋者、双性恋者及跨性别者（LGBT），这部分群体饱受国内犹太复国主义右倾思潮的困扰，他们来到柏林后才发现，即使在希特勒当初设想的第三帝国世界之都"日耳曼尼亚"（指柏林），感受到的氛围也比以色列国内要自由得多。

38. **"借用普鲁士式的严谨说法，柏林是"：** Sebastian Haffner, *Germany Jekyll & Hyde: A Contemporary Account of Nazi Germany*, trans. Wilfrid David（London：Abacus, 2008），288–89.

---

① 柏林第八区，是土耳其人和阿拉伯人居住较为集中的区，被称为"小伊斯坦布尔"。

第二章：投身行伍

1. **他还在这一年创办了**：*Kurt Wolff: A Portrait*, 192. 1913年的一天晚上，库尔特、哈森克勒费尔、韦尔弗和一位名叫库尔特·品图斯的编辑围坐在莱比锡市的一家酒吧内，绞尽脑汁地思考应该给他们新创立的杂志取什么名字。正当众人没有主意时，有人提议，不如打开桌上的韦尔弗最新作品，然后随意挥动铅笔，看笔尖落在哪句话上，就用这句话为杂志命名。最终，笔尖选中了一句话，此句的开头是"哦，审判日"（*O jüngste Tag*）。Gert Ueding, "Mit Hirn und Herz", *Frankfurter Allgemeine Zeitung*, March 3, 1987.

2. **"身材修长苗条"**：Robert Musil, *Tagebücher: Hauptband*, ed. Adolf Frisé（Reinbek, Germany: Rowohlt, 1976）, 293.

3. **多数情况下，这家出版社的运作方式**：Willy Haas, "Kurt Wolff: 3 März 1887–22 Oktober 1963", *Die Welt*, December 28, 1963.

4. **库尔特可不是那种**：*Kurt Wolff: A Portrait*, 10.

5. **"我只出版让我在临终前都问心无愧的书籍"**：出自家族档案中未注明日期的笔记，由玛丽安·德杰转译成英文："Kurt and Helen Wolff", in *Immigrant Entrepreneurship: German-American Business Biographies, 1720 to the Present*, vol. 5, ed. R. Daniel Wadhwani, German Historical Institute, 2012, ImmigrantEntrepreneurship.org/entry.php?rec=83.

6. **未婚妻费里斯·鲍尔**：柏林墙倒塌后不久，柏林普伦茨劳贝格区（Prenzlauer Berg）新开了一家名为"致费里斯的信"（Briefe an

Felice）咖啡馆，地址就在伊曼纽尔基希大街（Immanuelkirchstrasse）——卡夫卡曾在此给最终没能娶过门的未婚妻写下了这封著名的情书。Paul Hockenos, *Berlin Calling: A Story of Anarchy, Music, the Wall, and the Birth of the New Berlin*（New York: New Press, 2017）, 285.

7. "库尔特年方二十五岁，长相俊美"：Stach, *Kafka: The Decisive Years*, 334.

8. "太初有言"：出自爷爷库尔特在接受德国书商协会所授荣誉时发表的感言，发表时间为1960年5月15日，引自 *Kurt Wolff: A Portrait*, 197.

9. 爷爷从小就被教育要尊重经典："对当下和过往，我们都要持开放的态度"，库尔特常常这样说。Alfred Kazin, "A Legend among Publishers", *New York Newsday*, October 20, 1991.

10. 那段时间也是德国图书业发展的黄金期：Elon, *The Pity of It All*, 273.

11. 其下13名雇员只剩2人，其余11人均被征召入伍：Reiner Stach, *Kafka: The Years of Insight*, trans. Shelley Frisch（Princeton, NJ: Princeton University Press, 2015）, 36.

12. "我自诩对炮兵的业务略知一二"：Kurt Wolff, "Tagebücher, October 23, 1914, to June 28, 1915", DLA-Marbach.

13. "仅仅一片非常狭小的区域，就挤满了堆积如山的尸体"：出处同上。

14. 这些人被腐尸的恶臭包围：出处同上。

15. 克劳斯对这场战争的猛烈批判从未间断：Elon, *The Pity of It All*,

305.

16. "巨大的毁灭性的虚无"：引自 Geert Mak, *In Europe：Travels through the Twentieth Century*, trans. Sam Garrett（New York：Vintage Books，2008），125.

17. 库尔特·沃尔夫出版社：Stach, *Kafka：The Years of Insight*, 37.

18. 我驾车驶入黑夜：Kurt Wolff, "Tagebücher", DLA-Marbach.

19. "所以英国人一下子就能猜到"：出处同上。

20. "不知道是否受到了天气的影响"：出处同上。

21. 插句题外话：出处同上。

22. 我便想到：出处同上。

23. 我们爬上城墙：出处同上。

24. "就像盆中被来回搅动的浑水"：Mak, *In Europe*, 75.

25. 步兵部队、补给车队：Kurt Wolff, "Tagebücher", DLA-Marbach.

26. 战争已持续太久：出处同上。

27. 库尔特被调往东线：Stach, *Kafka：The Years of Insight*, 37.

28. 欢迎回家：《弗朗茨·卡夫卡写给库尔特·沃尔夫的信件》，写信时间：1916年10月11日，出自 *Letters to Friends, Family and Editors*, trans. Richard and Clara Winston（New York: Schocken Books, 1977），127.

29. "我简直被这本书迷住了"：Cited in Helmut Frielinghaus, "Vorbilder", in *Kurt Wolff zum Hundertsten*.

30. 《臣仆》经由库尔特·沃尔夫出版社出版后：这部小说的灵感来自亨利希·曼在1906年目睹的一件事，当时德皇碰巧经过作者所在的一间柏林咖啡馆：咖啡馆里的顾客们几乎都跑到外面为国王欢呼；当他们回来时，才注意到一个衣衫褴褛的男人坐在角落里，对这件事无动于衷。于是，人们立即将经理喊过来，把那个倒霉蛋轰了出去；顾客们认为，此人不配和刚刚向"皇帝陛下"行礼的人同坐在一家咖啡馆里。这件事听起来可能微不足道，但在亨利希·曼看来，它折射出一种恣意蔓延的狂躁情绪：掩盖在此情绪之下的，是狂热服从与甘愿为奴的心态，随之而来的是令人作呕的暴行。Nigel Hamilton, "Heinrich Mann and the Underdog", *Times*（London）, June 24, 1972.

31. 其实，他心里清楚: Stach, *Kafka: The Years of Insight*, 133-34.

32. "我完全同意你对'痛苦'内容的批评意见"：《弗朗茨·卡夫卡写给库尔特·沃尔夫的信》，写信时间：1916年10月11日，出自 *Letters to Friends*, 127.

33. 在1918年的出版目录中: Klaus Wagenbach, "Kurt Wolff", in *Kurt Wolff zum Hundertsten*.

34. （德国人）就将忘记自己输掉了这场战争：Elon, *The Pity of It All*, 354.

35. 供应链中断，员工宿舍紧缺: Stach, *Kafka: The Years of Insight,* 313.

36. "我整天都被库尔特·沃尔夫出版社的事务缠身"：《库尔特·沃尔夫写给哈森克勒费尔的信》，写信时间：1920年11月9日，出自 *Kurt Wolff: Briefwechsel*, 265。

37. 9个月后: Stach, *Kafka: The Years of Insight,* 532.

38. "当初我们出版社要是出版了乔伊斯的任何一部早期作品"：爷爷在

写信回绝乔伊斯教授时，使用的措辞比较委婉。他列出了出版社在战后生产经营方面遇到的种种困难，然后表示："正因如此，目前就连我社正式签约作家的要求都难以得到满足。" KW Papers, box 5, folder 162.

39. 到了通货膨胀最为严重的时候：*Kurt Wolff：A Portrait*，35.

40. "柏林永远受到命运的诅咒"：Ladd，*The Ghosts of Berlin*，123–124.

41. 如此杂乱的天际线便是对柏林历史最好的诠释：Mak，*In Europe*，36.

42. 在修缮德国国会大厦的过程中：George Packer，"The Quiet German"，*New Yorker*，November 24，2014.

43. 朝国会大厦的南面望去：在旅游胜地的中心位置建立庄严的纪念碑有利有弊。2017年，以色列艺术家沙哈克·沙皮拉（Shahak Shapira）看到，前来柏林观光的年轻游客在纪念碑的石碑间玩起了捉迷藏。这位艺术家深受触动，于是将从社交媒体上摘取的游客自拍照与集中营的历史图片合成在一起，举办了一场叫作"Yolocaust"[①]的展览。展览网址参见：Yolocaust.de.

44. "德国是世界上唯一一个将国耻纪念碑建在首都中心位置的国家"：Amanda Taub and Max Fisher，"Germany's Extreme Right Challenges Guilt over Nazi Past"，*New York Times*，January 18，2017.

45. "你不可以把自己的良知寄托在别的作家身上"："A Tale of Two Germanys"，Alan Riding，*New York Times*，December 14，2000.

---

① "Yolocaust"是"yolo"和"holocaust"的结合。yolo是英文You Only Live Once的首字母缩略字，意为"你只活一次"；"holocaust"意为"大屠杀"。

46. **1944年底**：党卫军（在党卫队基础上扩建而成的武装部队）大约有90万名成员，他们均向希特勒本人誓死效忠，其中约有三分之一的成员是像格拉斯这样的被强征入伍者和外国志愿兵。

47. **"整理集体的记忆时"**：Timothy Snyder, *Bloodlands：Europe between Hitler and Stalin*（New York：Basic Books, 2010），408.

48. **随时将某个遇难者一生中的某个特定时刻鲜活地呈现在我们面前**："绊脚石"本身只刻有遇难者的基本信息，但是研究者在该项目的网站上补充了许多遇难者的生活细节，参见：Stolpersteine-Berlin.de.

49. **除此之外，其余信息不详**：为了写好2019年出版的《借鉴德国》一书，驻柏林的政治哲学家苏珊·尼曼来到密西西比州杰克逊市，与第一位进入密西西比大学读书的非裔美国学生詹姆斯·梅雷迪思（James Meredith）及其妻子朱迪（Judy）展开交谈。梅雷迪思认真地听着尼曼向他描述"绊脚石"的情况，然后问道："像好莱坞星光大道上的明星一样吗？""就在人行道上？"朱迪·梅雷迪思感到难以置信："真是不可思议。"她说道。Susan Neiman, *Learning from the Germans：Race and the Memory of Evil*（New York：Farrar, Straus and Giroux, 2019），172.

50. **"我生在柏林墙下"**：*Economist*, "Special Report：The New Germans", April 14, 2018.

51. **默克尔的难民政策**：1985年5月8日，联邦德国总统里夏德·冯·魏茨泽克在纪念"二战"结束四十年的讲话中，鼓励德国人"把对本国历史的记忆化作指导当下行为的准则"。而在2015年难民危机最严重之际，魏茨泽克生前说过的这句话似乎在默克尔耳畔回响："如果我们还没有忘记那些因种族、宗教和政治受到迫害并面临死亡威胁的人,还记得他们被其他国家拒之门外,无助地站在国境线上的情景,我们今天就不会对真正受到迫害并向我们寻求保护的人关闭大门。"见《1985年5月8日联邦德国总统里夏德·冯·魏茨泽克在波恩(西德)联邦议院举行的纪念欧洲战争和法西斯暴政结束40周年仪式上的讲话》。网址:Bundespräsidialamt,Bundespraesident.de/SharedDocs/Downloads/DE/Reden/2015/02/150202-RvW-Rede-8-Mai-1985-englisch.pdf?_blob=publicationFile.

52. "**既然法国人以其皇帝为豪**":Reuters, "AfD Co-Founder Says Germans Should Be Proud of Its Second World War Soldiers", *Guardian* (UK), September 14, 2017.

53. **此外,萨克森州法官延斯·迈尔声称**:Jefferson Chase, "AfD Candidate in Hot Water over Breivik Statements", DeutscheWelle.com, April 21, 2017, dw.com/en/afd-candidate-in-hot-water-over-breivik-statements/a-38537022;Justin Huggler, "Five Names to Watch as the Anti-Immigrant AfD Looks to Stir up Trouble for Angela Merkel", *Telegraph* (London), October 1, 2017.

54. **但真要与杰罗姆做邻居的话**:Philip Oltermann, "German Rightwing Party Apologises for Jérôme Boateng comments", *Guardian* (UK), May 29, 2016.

55. **大约有80%的德国人认同政治中间派**:*Economist*, "Special Report:The New Germans", April 14, 2018.

56. **历史学家康拉德·雅劳施**:Konrad H. Jarausch, *Broken Lives:How*

Ordinary Germans Experienced the 20th Century（Princeton, NJ：Princeton University Press, 2018), 2–3.

57."对历史的极大讽刺"：Timothy Garton-Ash, cited in Jarausch, *Broken Lives*, 380.

第三章：从痴迷技术的男孩，到被时代抛弃的"废君"

1. "泰戈尔留着灰白色的长须"：*Kurt Wolff：A Portrait*, 119.
2. 保姆梅勒妮·齐特琴严格执行爷爷制定的家规：弗莱彻法则的发明人赫瑞斯·弗莱彻（此人名字被用于命名该法则）的座右铭是"大自然会惩罚吃饭不细嚼慢咽的人"。
3. 一只名叫佐施的毛绒熊：父亲离家参战后，我奶奶便把"佐施"放到了家里客厅角落的架子上。就这样，这只毛绒熊一直待在原地，直到20世纪50年代的某个时候，才引起了前来拜访的艺术家汉尼斯·罗塞诺（Hannes Rosenow）的注意。"这是一个被倾注了太多爱的物件，"罗塞诺宣布，"我必须要把它画下来。"1962年，他为"佐施"创作的画像在"慕尼黑艺术之家"（Munich's Haus der Kunst）展出。
4. 祖父母租住在佛罗伦萨市郊费埃索的坎塔加利别墅内：费利斯·卡索拉蒂（1883—1963）参与了"一战"后欧洲绘画界的"回归秩序"（Return to Order）运动。意大利女作家娜塔利娅·金兹伯格（Natalia Ginzburg）在其回忆录《族词》（*Family Lexicon*, trans. Jenny McPhee, New York：New York Review Books, 2017, 51）中，描述了两场世界大战之间卡索拉蒂的作品（深受文艺复兴影响，属于现

421

实主义风格）在都灵（金兹伯格的家人和其他艺术家当时都居住在此）中产阶层当中的流行情况。

5. **总售价约37.5万帝国马克**：Jos. Baer & Co., *Ergebnisse der Versteigerung Kurt Wolff*, Frankfurt, October 5–6, 1926. H&KW Papers, box 80, folder 2384.

6. **这些顾虑可能和生意有关**：库尔特·沃尔夫在那年只出版了10本书，其中1本是约瑟夫·洛特（Joseph Roth）的小说，另外9本是讲述艺术或食物的书籍。

7. **两人保持了长达二十余年的书信往来**：Wolfram Göbel, "Ernst Rowohlt und Kurt Wolff" in *Kurt Wolff zum Hundertsten*. 文史学家戈培尔（Göbel）认为，库尔特少年丧母，克拉拉·默克扮演着他母亲的角色。克拉拉·默克十分欣赏这位女婿，她用默克家族的部分资金帮助库尔特创立了他的首个出版公司。

8. **不过，如果你属于纳粹所说的"混血儿"**：欲了解纳粹定义犹太人的标准，以及像我父亲这样在德国国防军中服役的大约15万名犹太裔德国男性，请参阅：Rigg, *Hitler's Jewish Soldiers*, 特别是其中第21页的表述："即使三代以内的父系祖辈皈依了基督教，也无法抹去其血统中的犹太成分。"由此看来，库尔特的外祖父母都接受了洗礼；但在他的曾外祖父母当中，只有曾外祖母亨利埃特·冯·哈伯·马克斯（Henriette von Haber Marx）接受了洗礼。德国国防军士兵彼得·高普（Peter Gaupp）的双亲中有一人是犹太人。高普向里格描述，他在1935年读到《纽伦堡法案》时，内心有一种如释重负的感觉："这是我第一次知道自己的身份是否合法……在此之前，一切都要碰运气。如果你遇到了某些部门的纳粹官员,便可能会遭遇杀身之祸,但如果你遇到的是一位心地善良的纳粹成员,没准会得到他的帮助。" Rigg, *Hitler's Jewish Soldiers*, 98.

9. **恕我无能,我不愿再**:《库尔特·沃尔夫写给弗兰茨·韦尔弗的信件》,写信时间:1930年6月23日,出自 *Kurt Wolff*: *Briefwechsel*, 351–352。20世纪30年代初,库尔特把他的出版业务卖给了前妻妹妹卡洛琳的丈夫彼得·莱因霍尔德(Peter Reinhold),此人曾担任过一年的魏玛共和国财政部长,而且长得颇像泰坦尼克号的船长。

10. "**公司的业务为何停滞了一段时间?**" *Kurt Wolff: A Portrait*, xxiii.

11. **作为一名以标新立异为卖点的书商**:库尔特虽然狂热地追求标新立异,但有自己的尺度,而达达主义却超出了他的尺度:"我曾误认为达达主义是所有趣味创意的源泉,但在阅读了(达达主义者)迂腐、乏味与凄凉的书信后,我就否认了自己的看法,从那以后便意识到,但凡以达达名义表现或衍生出来的东西,都是彻头彻尾的垃圾。" *Kurt Wolff*: *A Portrait*, 16.

12. **但仅仅五年后**: Leo Bogart, *Commercial Culture*: *The Media System and the Public Interest*(Piscataway, NJ: Transaction, 2000),56. 在卡夫卡的一生中,他的所有作品都没有再版。Howard Nelson, "Speaking Volumes: The Wide World of a Publisher", *Washington Post Book World*, April 4, 1971.

13. "**库尔特·沃尔夫看中的作品,如今很多都成了经典之作**": "The Seismographer of Expressionism", *Times Literary Supplement*, February 2, 1970.

14. **不过，据我猜测，这应该与纳粹不久后开始推行的"一体化"政策有关**：爷爷曾和一位实力雄厚的美国投资商多次沟通，满心期望对方能投入一笔现金挽救他的出版生意。但在1929年的股市崩盘后，最后的这一丝希望也破灭了。

15. **"宛如被大革命废黜的君主"**：此句出自兰贝特·施奈德（Lambert Schneider）为库尔特颁发德国书商协会荣誉奖章时发表的颁奖词。

16. **"库尔特·沃尔夫出版社"**：《弗兰茨·韦尔弗写给库尔特·沃尔夫的信件》，写信时间：1930年3月25日，出自 *Kurt Wolff: Briefwechsel*, 350。随着年龄的增长，库尔特越来越不愿意被贴上"表现主义出版人"的标签。他在去世前的几年里曾抱怨，这个标签"令他憎恶不已，实际上已成了一种骂名"；*Kurt Wolff: A Portrait*, 18–19. 弗朗茨·雷德里克（Fritz Redlich）指出，库尔特之所以拒绝接受"表现主义出版人"这一荣誉称号，可能有以下两点原因：首先，他在年轻气盛的时候出版了一些自认为无法经受时间考验的作品；其次，表现主义者包含左翼思想与无政府主义主张，这些与他的中间道路政治立场不符。Fritz Redlich, "German Literary Expressionism and Its Publishers", *Harvard Library Bulletin* 17, no. 2（April 1969）. 我的小叔克里斯蒂安最为认同雷德里克的第三种观点：库尔特就是不喜欢被贴上标签。"他觉得'表现主义'太具排他性了，"克里斯蒂安告诉我，"书写文字的不是政治运动，而是人。"

17. **路易斯彻底地抛弃了这个家庭**：海伦发现自己的父亲加入了纳粹党并定居柏林时，就更加坚定了自己想法——发誓再也不会提起父亲的名字。在柏林，路易斯·莫泽尔起初深陷窘境，但很快便通过如下方式寻回了部分权力与地位——他在"德意志帝国微薄养老金收入群体联盟"（Reichsbund der deutschen Kapital- und Kleinrentner，支持纳粹主义的游说团体，面向的对象是依靠微薄养老金生活的群体，他们的存款因魏玛共和国的恶性通胀而变得一文不值）中谋得了一个没有薪酬的职位。自始至终，海伦都极力拒绝同自己父亲扯上任何关系。在库尔特和海伦的流亡圈子内，如果让别人知道她父亲与纳粹的关系，可能会给二人的生活带来很多麻烦。

18. **海伦十分珍惜与库尔特在一起的每分每秒**：Marion Detjen, "Zum Hintergrund des Hintergrunds", afterword to Helen Wolff, *Hintergrund für Liebe*（Bonn：Weidle, 2020），147．"二战"爆发前，海伦曾和一名比她大很多的花花公子在法国南部四处游玩与驻留。她以这段经历为蓝本，创作出小说《爱的背景》（*Hintergrund für Liebe*），在文中着重描绘了二人刚在一起时，这段前景不明朗的关系给他们带来的刺激感。"有人会游泳，就有人会溺死，"海伦借笔下一名角色之口说道，"所以，游泳的时候就别去想溺死的事。"（63）1933年4月，罗沃特出版社（Rowohlt Verlag）曾口头答应出版海伦的这部小说，但在次月的焚书事件发生后，该社便收回了承诺。乌尔斯坦出版社（Ullstein Verlag）也对这本书失去了兴趣，给出的借口是故事的背景发生在法国。Detjen, "Zum Hintergrund des Hintergrunds", 209．直到海伦逝世26年后，这部小说才在德国出版。

19. **"不如每年拿出一周的时间与这个男人独处"**：Detjen, "Zum Hintergrund des Hintergrunds", 157．

20. **"那里的氛围已经阴郁到令人作呕"**：《库尔特·沃尔夫写给沃尔

特·哈森克勒弗尔的信件》，写信时间：1931年11月26日，引自 Steven Schuyler, "Kurt Wolff and Hermann Broch：Publisher and Author in Exile", PhD thesis, Harvard University, Department of Germanic Languages and Literatures, 1984.

21. "每天睡觉，游泳"：《库尔特·沃尔夫写给弗朗茨·韦尔弗的信件》，写信时间：1930年6月23日，出自 Kurt Wolff：Briefwechsel, 353。

22. "焦虑"与"疲惫不堪"等字眼也经常出现在他那段时间写给别人的书信中：Detjen, "Zum Hintergrund des Hintergrunds", 152.

23. 长期赋闲在家：出处同上，第138页。

24. 1931年3月：出处同上，第164页。

25. "刚刚冒出来的报刊有"：Cited in Mak, In Europe, 208.

26. "我们此刻深陷法西斯主义的旋涡"：Detjen, "Zum Hintergrund des Hintergrunds", 201.

27. "退化为蛮夷"：出处同上，第204页。

28. "这帮人简直是疯子"：海伦在《流亡者们》[The Exile, 理查德·卡普兰（Richard Kaplan）于1989年拍摄的一部纪录片]中描述了当时的情景。

29. "报纸里都是令人难过的离谱消息"：Kurt Wolff：A Portrait, 156–57.

30. "决定去留的随机应变是一门智慧"：Cited in Fritz Stern, Gold and Iron：Bismarck, Bleichröder, and the Building of the German Empire (New York: Vintage Books, 1979), 542.

31. "极权主义统治的理想主体"：Hannah Arendt, The Origins of

Totalitarianism（San Diego：Harcourt, 1973），474。

32. **生活的全部内容**：Sebastian Haffner, *Defying Hitler：A Memoir*, trans. Oliver Pretzel（New York：Picador, 2000），68-69。

33. **只有某个受过文化熏陶的阶层**：出处同上，第70页。哈夫纳在20世纪30年代末做出了这段剖析，而在国会纵火案发生的前一天，海伦在给其弟的信中，也分析了德国人的精神特质。令人难以置信的是，二人关于德国人性格特点的描述，竟然如此地一致。

34. **"人猿相揖别"**：出处同上，第135页。

35. **阿尔伯特·爱因斯坦也批判过德国人"骨子里的奴性"**：Fritz Stern, *Einstein's German World*（Princeton, NJ：Princeton University Press, 2016），129。

36. **"迷信权威是真理最大的敌人"**：出处同上，第91页。库尔特·沃尔夫出版社旗下作家之一约瑟夫·罗特也在其专栏文章《冬日德国》（*Germany in Winter*）做出了类似的表述。该作品发表于1923年12月，文中将恶性通货膨胀的影响比作恶疾病人的症状——高烧不退、癫狂紊乱。"病人会无意识地胡言乱语，冒出各种与自身情况不符的只言片语，属实可笑。此时，他已丧失了调控意识的能力，这正是德国目前的症状——丧失调控意识。" Joseph Roth, *The Hotel Years*, trans. Michael Hofmann（New York：New Directions, 2015），33。

37. **柏林艺术家君特·戴姆尼亲自雕刻并安置了每一块黄铜"绊脚石"**：Suzanne Cords, "Curator of the Largest Holocaust Memorial Turns 70, but His Life's Work Continues", DeutscheWelle.com, October 27, 2017,

427

dw.com/en/creator-of-the-largest-holocaust-memorial-turns-70-but-his-life-work-continues/a-41107926.

38. "撇开负罪感来看": Jan Philipp Reemtsma, "Wozu Gedenkstätten?" *Politik und Zeitgeschichte*, June 21, 2010. Translation after Neiman, *Learning from the Germans*, 283.

39. "我们无法选择继承何种遗产": Neiman, *Learning from the Germans*, 325.

第四章：避难地中海

1. "这里季风常拂海岸": Sybille Bedford, Jigsaw（New York：New York Review Books, 2018）, 76–77.

2. **但经济条件已经无法支撑我们继续待下去了**：《库尔特·沃尔夫写给赫尔曼·黑塞的信件》，写信时间：1934年12月19日，出自 *Kurt Wolff : A Portrait*, 158。为了筹集资金购买托斯卡纳的房产，库尔特再次把其图书馆里的书拿出来拍卖，这次的拍卖地是在戛纳的亚历山大三世美术馆（Galerie Alexandre III）。Schuyler, "Kurt Wolff and Hermann Broch".

3. **如果遇到急事**：海伦与库尔特靠着挣来的一笔小费逃离了意大利。这笔钱可能是两人暂居拉斯特拉－阿锡尼亚期间，当地农户为了报答二人的善行而表达的一点心意。21世纪头十年中期，拉斯特拉－阿锡尼亚当地开展了一项口述历史项目，该项目采纳了两位居民的晚年回忆（20世纪30年代，两人在伊尔摩洛别墅附近长大），其中有这样一段讲述："沃尔夫夫妇能在这一带留下好口碑，还和另一件事有关：一个三岁的女孩患上了支气管炎，这在当时可是致命的疾病。孩子姐姐和我们详细说起过事情经过。海伦和库尔特·沃尔夫来看她，他俩也有个岁数不大的孩子……两人建议用麻籽粉和橄榄油做热敷。整整一夜，他们隔一小会儿就给我妹妹换一次药……第二天，医生上门坐诊时，发现妹妹竟然好转了，于是很惊讶地问道：'她今天好了很多，你们对她做了什么？'就这样，我妹妹康复了。" Giuseppe Simoncini, "Kurt Wolff, Soggiorno a Lastra", LastraOnline.it, 2008, LastraOnline.it/p/storia.php?idpag=374&idpag=374。作者本人翻译了这段材料。

4. **威利·哈斯便是其中之一**：Haas, "Kurt Wolff: 3 März 1887–22 Oktober 1963"。

5. **填写了成堆的申请书与表格**：不同部门的公职人员与神职人员在收到库尔特的申请后便做出了回复，给他寄去了各种出生、死亡、结婚等证明文件。例如，1936年12月，波恩的新教事务厅向意大利寄出了一份证明，证实库尔特的外祖父母——奥古斯都·卡尔和贝尔莎·伊莎贝拉于1856年结婚，并且举行的是新教结婚仪式。但是，这份文件从曼海姆"以色列社区"（"Israelitische Gemeinde" in Mannheim）的死亡记录中断章取义，使用具有争议的措辞详细地介绍了奥古斯都的诸位先人。在一封未寄出的"雅利安血统证明"申请书中，库尔特没有提及其外祖父母以外的祖先，显然是因为他的曾祖父雅各布·马克斯从未皈依基督教。

6. **"之所以做出这个选择，"库尔特在1938年8月致信哈森克勒弗尔时说**：Detjen, "Zum Hintergrund des Hintergrunds", 206.

7. **"懂得艺术"**：引自 Stern, *Five Germanys*, 17.

8. **高外祖母的父母同样是表兄妹结婚**：19世纪，表兄妹结婚在德国犹太人当中十分常见。在极度封闭的犹太人世界里，这种做法既强化了家族成员之间的血缘纽带，也巩固了家族财富，不失为一种万全之计。

9. **但在历史上**：Rigg, *Hitler's Jewish Soldiers*, 7.

10. **"受洗的犹太人"这一称呼之所以在19世纪的德国被频频提起**：费利克斯·门德尔松－巴托尔迪（Felix Mendelssohn-Bartholdy）曾皈依基督教，并以作曲的方式盛赞宗教改革。但是纳粹极力否认其基督徒身份，将他打回犹太籍，以致这位作曲家如今被广泛地认为是犹太人。

11. **这个决定很快让他悔不当初**：海涅时而心受祖国羁绊，时而又想逃离。逃往巴黎后，他在诗作《德国：一个冬天的童话》（*Germany: A Winter's Tale*）中，表达了内心的纠结与痛苦，懊恼德国还没有达到巴黎当下盛行的民主标准。尽管如此，从海涅的诗作中，我们仍旧能够读出这位诗人对德语（伴随他长大的母语）的热爱。他将德语称为"我们最宝贵的财富"，认为"即使是被恶意褫夺了国籍的人，或一时糊涂放弃了国籍的人，也仍旧把德语视为母语"。Elon, *The Pity of It All*, 118. 海涅被基督教文化同化，他仰慕歌德，崇拜康德，追求一切古典与开蒙的事物，他笔下的诗，便是对其一生经历最为悲情的注解。用诗人自己的话说，这种单相思式的向往，让他这个德国裔犹太人看起来和周围其他德国人没有差别，甚至比他们更像德国人。Stern, *Five Germanys*, 21.

12. **这就像一个高不成低不就的暴发户**：Stern, *Five Germanys*, 296. 整个19世纪，德裔犹太人致力于推行阿摩斯·阿隆（Amos Elon）所说的"激进式文化包容政策"（reckless magnanimity），即"急功近利地想要驯服德国的民粹主义——将公民身份建立在法律而非血缘基础之上，实行政教分离，建立今天所谓的多元开放社会"，但最终以失败告终。Elon, *The Pity of It All*, 9.

13. **截至20世纪中期**：弗里茨·哈伯因发明了从空气中固定氮的方法，被授予诺贝尔化学奖。为了让自己的事业更上一层楼，他皈依了基督教，但等到12年后才被评为正教授。作为一名退伍军人，他原本可以在1933年纳粹上台后继续负责德皇威廉物理化学学院的工作，但前提是必须解雇所有在他手下工作的犹太人。面对这一要求，弗里茨·哈伯选择了辞职，一年后便离开了人世。见 Stern, "Together and Apart: Fritz Haber and Albert Einstein", in *Einstein's German World*, 59–164. 哈伯曾研究过第一次世界大战期间使用的部分化学武器，参与研发了纳粹日后在毒气室中使用的毒剂"齐克隆–B"（Zyklon-B）。虽说哈伯是弗里茨·斯特恩的教父，并且哈伯的长子赫尔曼是斯特恩的叔叔，但斯特恩还是直截了当地指出了哈伯这段经历的讽刺意味："哈伯参与研制的毒气，令数百万人死于纳粹的屠戮，其中不乏亲戚朋友，惨状难以言表。"Stern, *Einstein's German World*, 135. 我的姐姐霍莉在研究弗里茨·哈伯的家谱后，认为此人是艾萨克·哈伯（我的曾曾曾曾曾祖父）的后人，同时也是所罗门·冯·哈伯的父亲。另外，和弗里茨·哈伯一家一样，艾萨克和所罗门也来自布雷斯劳（Breslau）。

14. **其中有一位甚至成了特利尔的大拉比**：这位祖先名叫莫迪凯·本·撒母耳·哈·列维（Mordechai ben Samuel ha Levi），使用的俗名是马克斯·利瓦伊（Marx Levi）。此人不仅是卡尔·马克思和雅各布·迈耶·马克斯（我高外祖父的父亲）的父亲，同时也是我往上数七代的祖先。所以，想要找到被认定为犹太人的祖先，我需要追溯至所罗门·冯·哈伯，以及雅各布·迈耶·马克斯的儿子雅各布·马克斯（卒于1830年）。

15. **若继续往上追溯至18世纪**：在一次秘密通信中，教皇本尼狄克十四世（Pope Benedict XIV）曾称摩西·沃尔夫（Moses Wolff）为"波恩城堡里唯一一个长脑子的人"。1768年，沃尔夫医生被召唤至梵蒂冈，为本尼狄克的继任者克来孟十三世（Clement XIII）治疗眼疾。

第五章：无条件引渡

1. **库尔特、海伦和克里斯蒂安提前一天听到了风声**：听到风声后，两人很快离开了意大利，不仅扔下了三年前调用"所有积蓄"购买的房产——伊尔摩洛别墅，还撇掉了其他许多财产。接下来的几年，两人先后逃离巴黎和尼斯时，也是如此仓促。2000年去佛罗伦萨旅游时，我和瓦妮莎搭乘公交前往拉斯特拉-阿锡尼亚，在当地找到了伊尔摩洛别墅，并按响了它的门铃。给我们开门的男子名叫卢西亚诺·因诺琴蒂（Luciano Innocenti），他家三世同堂，现在全都居住在这座被隔出多个房间的别墅内。接下来的的几个月里，我的父亲和因诺琴蒂及其女儿劳拉（Laura）有了书信往来。一年后，我们两口子和我的父母一同回到了这里，其间父亲为我指出了几件家具。

据他回忆，这些都是他父亲在20世纪30年代用过的老物件。

2. **从库尔特当时的日记来看：**海伦的母亲约瑟芬（Josephine）于1937年6月在拉斯特拉－阿锡尼亚去世，被安葬在佛罗伦萨维奇奥桥（Ponte Vecchio）旁，紧邻圣斯特凡诺（Santo Stefano）教堂。

3. **想在意大利待下去，没有护照是不可能的：**Detjen, "Kurt and Helen Wolff", in *Immigrant Entrepreneurship*. 这位友人名叫伊丽莎白·迈耶（Elisabeth Mayer），曾是海伦的钢琴老师，后成了沃尔夫冈·索尔兰德尔（和库尔特及海伦在万神殿出版社共事的编辑）的岳母。

4. **前来投奔他们：**父亲尼科所说的总能逢凶化吉的"露露老太"——路易斯·马克斯于1947年6月在尼斯寿终正寝。1943年9月，在意大利单独与同盟国缔结和约后，纳粹入侵了法国境内的意大利占领区（其中就包括尼斯），并在接下来的五个月内抓捕了5000名犹太人。"露露老太"虽然有犹太血统，但侥幸逃过一劫。另一个人物——库尔特的妹妹埃尔莎同样很走运。她的丈夫赫尔曼·格拉费没有半点犹太血统，所以总担心埃尔莎会因"一等混血儿"身份被抓走。但幸运的是，埃尔莎从未遭遇纳粹毒手，直至1967年在拉施塔特去世。

5. **到了9月29日：**库尔特这篇日记记录的是英国、法国和意大利召开的会议。会上，三国同意德国吞并苏台德地区。当时，《慕尼黑协定》被宣扬为避免战争的手段，但实际上助长了希特勒的扩张野心，后被归入臭名昭著的"绥靖政策"。"当（英国首相）内维尔·张伯伦起身离开时，我们便知道，"我父亲曾告诉我，"战争已不可避免。"

6. **事情发生在"水晶之夜"：**1938年11月9日，德国普通民众加入希

433

特勒"褐衫党"（缩写为 SA），在全国范围内发动了一场袭击犹太人和洗劫犹太人住宅与商铺的运动，该事件被称为"水晶之夜"（Kristallnacht）。

7. **书自有命**: Cited in Schuyler, "Kurt Wolff and Hermann Broch".

8. **两人恳求友人（两位在法国大学任教的德国教授）**: Herbert Mitgang, "Imprint", *New Yorker*, August 2, 1982.

9. **她看见我后**: Helen Wolff, "My Most Unforgettable Character", 未发表，写作时间约为1942年。

10. **两棵树龄长达百年的古柏盘绕在一起**: 出处同上。

11. **贝尔莎·科洛雷多-曼斯费尔德伯爵夫人**: Christopher A. Brooks and Robert Sims, *Roland Hayes：The Legacy of an American Tenor*（Bloomington: Indiana University Press, 2016), 107.

12. **在很长一段时间里，两人保持着书信往来**: 出处同上。

13. **但最终还是压抑住心中的怒火**: 罗兰·海斯传的合著者克里斯多夫·A. 布鲁克斯（Christopher A. Brooks）在该传记出版商的网站"印第安纳大学出版社博客"（Indiana University Press News Blog）上发表了一篇博客，详述了这位男高音家与科洛雷多-曼斯费尔德伯爵夫人的关系。文章发表时间：2015年2月27日，网址：iupress.typepad.com/blog/2015/02/roland-hayes-and-the-countess.html。

14. **她隐居山间**: Ernest Kolowrat, *Confessions of a Hapless Hedonist*（Middletown, DE：Xlibris, 2001), 170. 伯爵夫人的侄子科洛拉特在其回忆录中生动地描绘了这位姑母的模样，并称呼她为"啥女士"（Issten），因为她总爱问："那它是啥呢？"（德语：Was ist denn?）

15. **"要是非得等万事俱备才行动"**：Helen Wolff, "My Most Unforgettable Character"。1982年，伯爵夫人在古堡附近去世，享年91岁。在她去世前的那些年里，她的儿子们一直遵照父亲的遗愿，定期给母亲生活费，这个遗愿是——"你们妈妈永远照顾不好自己，替我好好爱她。" Kolowrat, Confessions, 181. 尽管如此，伯爵夫人还是先后变卖了家具、画作、古董和古堡周围的田产。出处同上，第173页。由于伯爵夫人在当地积德行善，以乐善好施的形象名留圣拉里村的历史，所以她的债主们深知不可能讨回这位名人的欠款，所以也就没把她赶出古堡。伯爵夫人葬礼当天，她的两个孙子——玛雅的双胞胎儿子伊戈尔·伯达诺夫（Igor Bogdanoff）和戈内科卡·伯达诺夫（Grichka Bogdanoff）乘坐直升机抵达现场。Brooks and Sims, *Roland Hayes*, 319. 伯达诺夫兄弟后来成为伪科学电视明星和YouTube网名人。

16. **"每日静坐在房间里"**：Mitgang, "Imprint".

17. **库尔特也是如此**：1942年7月，在被称为"大拘捕"的事件中，伪政权的宪兵抓捕了13000名犹太人，其中大多数是外国侨民和无国籍人士，他们先被人从家里揪出，然后被押往巴黎冬季赛车场（海伦在被驱逐至居尔俘虏拘留营前，也曾被关押在此）。在这处集结地，这些人被统一押上驶往死亡集中营的列车。

18. **"我们必须搬到"**：Mitgang, "Imprint".

19. **为了营救儿子**：我小叔克里斯蒂安当时只有六岁，他记得，有一天他在拉罗歇尔闲逛，看到街上有几个德国国防军士兵，于是就用德语和他们聊天。"他们有点惊讶。"克里斯蒂安回忆说。直到很久以后，他才意识到自己可能把自己和父母置于危险境地。

20. 时间是9月16日下午10点：Mitgang, "Imprint".

21. 弗莱坚持不懈地同它们斗智斗勇：宾汉接二连三的正义之举，毁掉了他在美国国务院的职业生涯。Sheila Isenberg, *A Hero of Our Own: The Story of Varian Fry*（New York：Random House，2001），193n.

22. "就像阴郁的清晨响起了第一声啼鸣"：Hans Natonek, *In Search of Myself*, trans. Barthold Fles（New York：G. P. Putnam's，1943），180.

23. 当晚，弗莱便出现在西班牙境内：Andy Marino, *A Quiet American：The Secret War of Varian Fry*（New York: St. Martin's Press，1999），164 ff. 在西班牙边境小镇波港（Port-Bou），正当弗莱同他的营救对象聚餐庆祝偷渡成功时，"一个男人走到桌边，在弗莱耳边低语，用英语问他能不能借一步到外边说话。二人出去后，这个男人先亮明了自己的英国领事身份，然后解释说，自己认出了海因里希·曼，而且坐在餐厅角落里的那个西班牙人很可能也认出了他，但这个西班牙人是此地的秘密警察首领。'实话告诉你，他可不是善茬。'英国领事对弗莱说。于是，弗莱赶忙返回桌边，众人立即结束聚餐，各自上楼睡觉"。Marino, *A Quiet American*，176.

24. 他们还得持有法国离境签证才可以出境：申请离境签证就是在向盖世太保公布自己的身份。难民们认为，这是"当局设置的陷阱"，维希当局会通过这个招数，获得申请者的姓名，然后把它们全都告诉纳粹。Marino, *A Quiet American*，109.

25. "一座浪漫、肮脏、咄咄逼人的城市"：Marino, *A Quiet American*,

104.

26. **我这家出版社**：Sylvia Asmus and Brita Eckert, "Emigration und Neubeginn: Die Akte 'Kurt Wolff' im Archiv des Emergency Rescue Committee", in *Kurt Wolff：Ein Literat und Gentleman*, 139.

27. **把这份名单悄悄地贴在了一侧大腿上**：Isenberg, *A Hero of Our Own*, 4.

28. **另一封保荐信**："美国政府要求提供书面证明，以证明移民者不需要经济援助。正因如此，这种保荐信才给知识分子们留下了巨大的心理阴影，"安东尼·海尔布特写道，"还有谁能比他们更清楚，公民拥有无限的潜能，这是几页薄纸就能证明的吗？ 在他们看来，这类保荐信肯定了最不重要的个体属性（支付能力），却玷污了最重要的属性（个性），最终成为人存于世最看重的东西。"Anthony Heilbut, *Exiled in Paradise: German Refugee Artists and Intellectuals in America from the 1930s to the Present*（Berkeley：University of California Press，1983），32.

29. **9月20日**：Asmus and Eckert, "Emigration und Neubeginn", in *Kurt Wolff：Ein Literat und Gentleman*, 140–41.

30. **"这背后的逻辑可能是"**：Mitgang, "Imprint".

31. **弗莱在回信中向爷爷表示了感谢**：Asmus and Eckert, "Emigration und Neubeginn", in *Kurt Wolff：Ein Literat und Gentleman*, 142.

32. **末世的洪水每天都在暴涨**：Erich Maria Remarque, *The Night in Lisbon*, trans. Ralph Manheim（New York：Harcourt, Brace & World, 1964），3.

33. **几十年后，海伦认识的一位作家**：海伦于1994年去世后，埃柯的翻译威廉·韦弗（William Weaver）将这部小说角色设计的英文打字稿传真给了远在纽约的哈考特·布莱斯。当然，这篇稿子之所以能通过审查，是因为埃柯将它混进了一篇在意大利出版的元首颂词中。

34. 人群不时从领事馆的旋转门涌入涌出: Anna Seghers, *Transit*, trans. Margot Bettauer Dembo（New York: New York Review Books, 2013）, 147.

35. 就必然要调动大批铁路员工参与运输工作: Benjamin Schwarz, "Hitler's Co-Conspirators," Atlantic, May 2009.

36. 德国宣传部长戈培尔发表演说: 出处同上。

37. 在慕尼黑，5000名德国民众: Neiman, *Learning from the Germans*, 24.

38. "我嘴上说自己什么都不知道": Günter Grass, *Peeling the Onion: A Memoir*, trans. Michael Henry Heim（Orlando: Harcourt, 2007）, 111.

第六章：摸进黑屋

1. 最接近父亲角色的长辈——继父汉斯·阿尔布雷希特: 我父亲的继父于1944年因癌症去世。父亲闻讯后便向部队请假，从前线回慕尼黑参加了他的葬礼。姑姑玛利亚在一封信中这样描述尼科——"他虽然穿着军装，但哭得像个孩子一样。"

2. 希特勒向军队鼓吹此次行动"志在必得": Snyder, *Bloodlands*, 166.

3. 他曾坦言: Joachim Fest, Hitler, trans. Richard and Clara Winston（San Diego: Harcourt Brace Jovanovich, 1974）, 647.

4. "深邃的内心世界"：海伦使用的这个德语短语 "heimliche Unendlichkeit" 出自尼采著作《善恶的彼岸》(*Beyond Good and Evil*) 中的一个段落。在该段中，尼采描述了不受宗教、社会和国家束缚的个体所拥有的纯净内心世界。

5. 希特勒在1942年夏做出一项决策时还特意提到了乌克兰人口问题：Frederick Taylor, Exorcising Hitler : *The Occupation and Denazification of Germany*（New York : Bloomsbury Press, 2011），150–53.

6. 乌克兰将由"苏联的粮仓"彻底沦为血统纯正的"第三帝国辖地"：Snyder, *Bloodlands*, 416.

7. "终结他们生命的，不是战火，而是蓄谋已久的屠杀政策"：出处同上，第 viii 页。

8. "开启了一场无法用语言描述的灾难"：出处同上，第155页。

9. "苏德战争爆发后不久"：出处同上，第 xi 页。

10. "德国士兵获取食物的唯一手段就是从周围人口中夺食"：出处同上，第167页。"德国士兵想要摆脱食物匮乏的困境，就只能抛弃心里仅存的仁义道德，狠下心来打家劫舍，"斯奈德写道，"可以确定的是，德国士兵必须填饱肚子；但他们吞噬食物的目的，却是攒足力气去打一场已经输掉的战争。可以确定的是，德国士兵需要从乡野榨取能量；但这种恶行引发的饥馑毫无意义。军队的高层官员在执行非法屠杀政策时，除了希特勒给出的说法，再也找不到其他任何正当理由。希特勒曾这样说道：人类就像能量罐，每当装满能量时，就应该及时清空。而斯拉夫人、犹太人、亚洲人和苏联人连人都算不上，所以死不足惜。"出处同上，第178页。

11. **1941年10月13日**：Gitta Sereny, *The German Trauma: Experiences and Reflections*, 1938–2001（London：Penguin Books, 2001），280.

12. **他的家信显示**：Snyder, *Bloodlands*, 204–5.

13. **通过阅读父亲的家书**：柏林巴德学院历史学教授玛丽安·德杰是海伦的外甥孙女，即海伦妹妹伊丽莎白·（莉斯尔）莫泽尔·斯泰恩拜斯 [Elisabeth（Liesl）Mosel Steinbeis] 的孙女。

14. **"从现在开始"**：Jarausch, Broken Lives, 82.

15. **"我不想让教育开启民智"**：Cited in Sereny, *The German Trauma*, 288.

第七章：救命之恩

1. **"一位欧洲人，初到美国"**：此句由笔者根据弗兰茨·卡夫卡原著的英文译文改写而成，Franz Kafka, *Lost in America*, trans. Anthony Northey（Prague：Vitalis, 2010），42.

2. **在场的美国宾客竟无一人打听他们的过往经历**：万神殿出版社的第一本书——对开本木版画集《死亡之舞》（*Danse Macabre*）对这个没问出口的问题做出了回答。在这本书中，原库尔特·沃尔夫出版社签约作家法朗士·麦绥莱勒描绘了巴黎陷落时，自己当时所在的法国与比利时联军仓皇溃逃的情形。

3. **"我可不想那样"**：海伦·沃尔夫，引自纪录片《流亡者们》中的镜头，导演：理查德·卡普兰。

4. **但在"一战"期间被美国政府依据《对敌贸易法》收归本国所有**：Carsten Burhop, Michael Kißener, Hermann Schäfer, and Joachim

Scholtyseck, *Merck 1668–2018: From a Pharmacy to a Global Corporation*, trans.: Jane Paulick, Timothy Slater, Patricia Sutcliffe, and Patricia Szobar(Munich: C. H. Beck, 2018), 230–31. 美国于1917年4月1日参与第一次世界大战；一年后，默克公司美国分公司便被收归国有。从此，美国和德国的这两家公司便分道扬镳，不再属于同一家母公司。

5. **甚至都不知道距离住处最近的警局在哪**: 海伦·沃尔夫，引自纪录片《流亡者们》中的镜头，导演：理查德·卡普兰。

6. **两人还经常出入音乐会**: Detjen, "Kurt and Helen Wolff", in *Immigrant Entrepreneurship*.

7. **乔治·默克**: 默克家族的成员们虽然身居大西洋两岸，但仍然保持着密切的联系，这种血浓于水的感情即使在美国将默克达姆施塔特公司新泽西州分公司收归国有后，也没有变淡。亚当·(哈利)·哈佩尔 [Adam(Harry)Happel] 便是鲜活的例证，此人是我外曾祖父卡尔·伊曼纽尔·默克（即奶奶伊丽莎白·默克的父亲）与其保姆伊利斯·(哈利)·哈佩尔的私生子，以伊曼纽尔·默克养弟的身份在达姆施塔特长大，后在19世纪70年代移民美国。他先在马萨诸塞州的格洛斯特县（Gloucester）做了十八年的渔民，又在俄克拉荷马州当了几年的农场主，最后于1898年出发前往阿拉斯加淘金，定居在科尔多瓦市（Cordova）。在科尔多瓦市，哈佩尔一直与美国默克集团（现已独立于德国默克公司）CEO 乔治·W. 默克保持联系，甚至曾邀请该公司代表前往当地考察，以确定能否收购他提供的原材料。但默克集团后续是否做出回应，后人不得而知。1946年，哈利·哈佩尔突发脑溢血逝世,享年84岁。他的一位好友当即从阿拉斯加州给乔治发去了消息,乔治闻讯,立即把哈利·哈佩尔去世的消息告诉了库尔特,库尔特则继续把讣告传到了达姆施塔特。以上内容全部收录在默克公司档案(编号:A-148)中。

8. "希望我们的努力": *Kurt Wolff : A Portrait*, xxvi.

9. 为了得到美国文学界的认可与接纳:2018年6月,在柏林的马克·布洛克中心(Centre Marc Bloch)的一场演说中,玛丽安·德杰着重分析了这张照片,以此探讨爷爷与海伦这类流亡者在新环境中为实现于己有利的"自我重塑",所采用的"自我包装式策略"。如今,克里斯蒂安常常对着照片里爷爷的浮夸上衣皱紧眉头,冲着他身边用来装点门面的宠物狗直摇头。"其实,我们一直是养猫一族。"他如是说。

10. "想必你已有切身体会":出自《托马斯·曼写给库尔特·沃尔夫的书信》,写信时间:1946年1月11日,出自 *Kurt Wolff : A Portrait*, 163.

11. 雅克·希夫林(此人是一名俄裔犹太难民):希夫林开创了著名的"普雷亚德丛书"(Bibliothèque de la Pléiade),并且在法国出版商伽利玛(Gallimard)的支持下坚持编辑该丛书。但在伽利玛遵照维希政权的命令解雇所有犹太裔雇员后,希夫林便逃离了巴黎。

12. 讲的则是德语:Detjen, "Kurt and Helen Wolff", in *Immigrant Entrepreneurship*.

13. "公司的订单管理员是阿尔巴尼亚人":Schuyler, "Kurt Wolff and Hermann Broch".

14. "说来好笑"：出自《海伦·沃尔夫写给玛利亚·沃尔夫·鲍姆豪尔的信件》，写信时间：1946年3月28日，引自 Schuyler, "Kurt Wolff and Hermann Broch"。库尔特的蹩脚英语是马克西米利安文理中学教学理念的产物，该校更推崇古典语言的学习，而非现代语言。

15. 有一次，公司员工提出：Laura Fermi, *Illustrious Immigrants*：*The Intellectual Migration from Europe*，1930−1941（Chicago：University of Chicago Press，1968），280.

16. "我们要像学习一门新语言一样去了解这个国家"：Detjen, "Kurt and Helen Wolff", in *Immigrant Entrepreneurship.*

17. "这不是上天的恩赐"：海伦·沃尔夫，引自纪录片《流亡者们》中的镜头，导演：理查德·卡普兰。

18. "经历了生活的磨砺"：Schuyler, "Kurt Wolff and Hermann Broch".

19. "要向美国民众提供能够久经时间考验的作品"：出处同上，第25页。

20. 综合各种因素来看：Detjen, "Kurt and Helen Wolff", in *Immigrant Entrepreneurship.*

21. "对岸欧洲大陆血雨腥风"：Helen Wolff, "Elective Affinities"，出自在纽约"德意志之家"（Deutsches Haus）发表的演说，时间：1990年5月15日。

22. 一年后："这个圣诞节，请不要用格林童话玷污你的家，"斯特林·诺斯在《芝加哥太阳报》的图书增刊中写道，"广播中的新闻评论员将会带来大量的德国负面报道。" Cited in Schuyler, "Kurt Wolff and Hermann Broch". 另见 André Schiffrin, *The Business of Books*：*How International Conglomerates Took Over Publishing and Changed the*

Way We Read (London: Verso, 2000), 21.

23. 为了捍卫万神殿出版社的声誉: W. H. Auden, "In Praise of the Brothers Grimm", *New York Times Book Review*, November 12, 1944. 万神殿出版社编辑尔夫冈·索尔兰德尔的岳母在"二战"前曾任安德烈的德语导师。Schuyler, "Kurt Wolff and Hermann Broch".

24. "我便更加热爱这个国家":《海伦·沃尔夫写给巴伐利亚州科洛雷多－曼斯费尔德伯爵夫人的信件》,写信时间:1942年3月29日。H&KW Papers, 2019 genm 0032, box 3. 海伦是在法国给伯爵夫人写下的这封信。其中,佩罗这句话是笔者根据安妮和尤莉安翻译过来的《基础真理》(*Basic Verities*, 万神殿出版社, 1943年) 译文改写而成, 第150—52页。

25. "可以肯定":《弗朗茨·卡夫卡写给库尔特·沃尔夫的信件》,写信时间:1917年7月27日, 出自 Kafka, *Letters to Friends*, 134–135。

26. "看到你对未来的规划": Stach, *Kafka: The Years of Insight*, 181.

27. "别人都在担心": 出处同上, 第183页。"只要表现主义继续存在,(库尔特·沃尔夫)就会一直出版这类书籍, 并且会尽己所能出资相助——想要知道出版这类书籍获得的报酬有多么微薄, 我可以给你举个例子……卡夫卡在1918年获得的版税是25马克, 而在1923年通货膨胀最为严重的时候, 他出书得到的报酬仍然是这点钱。""Expressionism Today", *Times Literary Supplement*, November 6, 1970. 但仅凭此事就指责库尔特抛弃了卡夫卡, 或者说库尔特没有公正地对待卡夫卡, 那恐怕是在冤枉库尔特。1921年11月, 为了鼓励卡夫卡提交一两部长篇小说的手稿, 库尔特写道:"你我都知道,好书在读者当中的影响力往往需要时间的沉淀，这不是一蹴而就的事情；我们有信心，终有一天，德国的读者们会给出这些好书应得的评价。"Stach, *Kafka：The Years of Insight*, 412–413. 卡夫卡于1924年6月去世，在此后的几年时间里，库尔特出版了卡夫卡的《美国》和《城堡》。"作为卡夫卡的出版商，库尔特问心无愧，"《泰晤士报文学副刊》给出了这样的评价，"可以想象，如果卡夫卡落到一个不那么敏锐的出版商手里，将会多么痛苦。""The Seismographer of Expressionism", *Times Literary Supplement*, February 2, 1970.

28. "会哭的孩子才有奶吃"：《弗朗茨·卡夫卡写给约瑟夫·科尔纳的信件》，写信时间：1918年12月16日，引自Stach, *Kafka：The Years of Insight*, 183.

第八章：在恐惧中死去

1. "盟军利用滩头阵地"：Ian Kershaw, *The End：Germany 1944–45*（London：Penguin Books, 2012），253.

2. **他和另一名士兵从营地出发**：尼科的朋友在汉堡附近被英国人俘虏，但在"二战"结束后便被释放。此人的家族葡萄酒厂位于法国占领区，但他本人的证件在该区内无效。"我成功地说服了一名爱喝葡萄酒的英国军官，让他开着一辆英国轿车把我带到了格吕豪斯，"他在顺道府文理中学1940届第15次同学聚会纪念册上写道，"我永远不会忘记，当我回到家时，发现一切都完好如初的那种感觉。"

3. 到了1945年初：Kershaw, *The End*, 188.

4. "任何不想为人民而战"：引文，出处同上，第207页。

5. "我们该怎么做": 我父亲那天可能目睹了一起反对纳粹政权的行动。我对纳粹种族政策了解越深入，就越觉得此事可能会使父亲成为纳粹政权的打击对象。虽然他可能随身带着"'雅利安人'血统证明表"，但是"混血儿政策始终不够明朗，一直在变化"。Rigg, *Hitler's Jewish Soliders*, 199. 并且整个战争期间，纳粹慢慢地将"混血儿"清除出了德国国防军。"如果战争继续下去，或者德国获胜，那么大多数拥有一半犹太血统的人将被灭绝。拥有四分之一犹太血统的人将遭受变本加厉的歧视，甚至可能被选择性地灭绝。"Rigg, *Hitler's Jewish Soliders*, 272.

6. 虽说盟军最终俘虏了25万余名战俘: Taylor, *Exorcising Hitler*, 95.

7. 但每天供给的850卡路里口粮: Günter Grass, *Peeling the Onion*, 163.

8. 我们心头的一道坎: 从1943年秋开始，尼科就已经离开了苏德战场前线，但是他被调走的消息似乎没有传到纽约。

9. 如果不这样给元首打"强心剂": Norman Ohler, *Blitzed: Drugs in Nazi Germany*, trans. Shaun Whiteside (London: Penguin Books, 2017), 128.

10. 另一种则是名为"优可达"的阿片类药物: Elizabeth Nicholas, "Hitler's Suicide and New Research on Nazi Drug Use", *Time* online, April 28, 2017, https://time.com/4744584/hitler-drugs-blitzed/.

11. 截至20世纪初: Ohler, *Blitzed*, 11.

12. "优可达小妹妹": Klaus Mann, *Tagebücher*, entry for January 16, 1932, cited in Burhop, et al., *Merck 1668–2018*, 238–39. 1932年1

月日记，引自 Burhop, et al., Merck 1668–2018, 238–39.

13. **或是如葡萄酒陈酿品鉴家**：Ohler, *Blitzed*, 172.

14. **在药物的作用下**：出处同上，第167—172页。

15. **等到10月**：出处同上，第334页。

16. **再次将目光投向默克公司的药物**：出处同上，第195—202页。

17. **到了1944年12月**：默克药厂被炸导致提供给希特勒的阿片类药物断货这一说法，仅仅是《闪电战：纳粹德国的毒品》作者的推测。但是《美国战略轰炸调查报告》在其给出的一句评论中证实了此说法："罂粟碱部门遭遇重创，损失最为惨重，而德国国防军使用的吗啡替代品——优可达，便产自这里。空袭发生后，该药物的生产便停止了。"U.S. Strategic Bombing Survey, Morale Division, *The Effects of Bombing on Health and Medical Care in Germany*, Washington, DC, 1945, 332, in Merck-Archiv, F 15-7.

18. **事实上，久居地堡之中的希特勒**：Ohler, *Blitzed*, 230.

19. **等到1945年1月……莫雷尔再也无法给元首使用该药物**：出处同上，第267页。

20. **两个月后**：出处同上，第275页。

21. **正如奥勒所说**：安东尼·比弗（Anthony Beevor）和伊恩·克肖（Ian Kershaw）等历史学家都支持奥勒著作的观点，但理查德·J. 埃文斯（Richard J. Evans）则指责他暗指"希特勒是一名瘾君子，所以在战争末期无法对自己的行为负责"。另外，埃文斯还援引多名历史学家的观点，他们也看过莫雷尔医生的日记，但不敢断定这些日记能证明希特勒滥用阿片类药物。更早的历史文献则将希特勒的身体状况恶化归因于帕金森病。Richard J. Evans, "*Blitzed: Drugs in Nazi Germany*, a Crass and Dangerously Inaccurate Account", *Guardian* (UK), November 16, 2016.

第九章：血与耻

1. 占整个"二战"期间德国总伤亡人数的二分之一：Kershaw, *The End*, 379.

2. 可是元首并没有带领他们脱离苦海：Richard Bessel, *Germany 1945: From War to Peace* (London: Pocket Books, 2010), 6.

3. "可耻的缺陷"：W. G. Sebald, *On the Natural History of Destruction*, trans. Anthea Bell (New York: Modern Library, 2004), 70.

4. "二战"期间：Victor Gollancz, cited in Stig Dagerman, *German Autumn*, trans. Robin Fulton Macpherson (Minneapolis: University of Minnesota Press, 2011), 11.

5. "有些苦难是值得的"：Dagerman, *German Autumn*, 17.

6. "根本不可能"：Cited by Mark Kurlansky in foreword to Dagerman, *German Autumn*, xii.

7. 2月17日来信收悉：《海伦·沃尔夫写给玛利亚·沃尔夫·鲍姆豪尔的信件》，写信时间：1946年3月18日，出自 *Kurt Wolff: Ein Literat und Gentleman*, ed. Barbara Weidle (Bonn: Weidle, 2007), 261–63.

8. 玛利亚，其实你应该弄清楚：库尔特用英语写的这句话。

9. "我宁愿"：多年后，海伦写信给克里斯蒂安所属的征兵局，支持克里斯蒂安申请"出于良知拒服兵役",她在信中引用了玛利亚的这句童言。《海伦·沃尔夫写给当地选择征兵局的第四封信件》,写信时间:1958年11月23日。H&KW Papers, 2019 genm 0032, box 1B.

10. **"寒冷与饥饿的味道"**:Taylor, *Exorcising Hitler*, 172.

11. **到了1946年初,慕尼黑的德国民众**:出处同上,第194页。发给"没有劳动力的成人"的第五级配给卡后来被称为"死亡卡"。

12. **为了贴补家用**:爱心包裹(CARE)其实是美国向欧洲汇款合作社(Cooperative for American Remittances to Europe)的缩写。美军原计划在1945年进攻日本本土,爱心包裹中的食物原本是提供给登陆部队的口粮配给。但是,美国在广岛和长崎投下原子弹后,太平洋战事提前结束,这些口粮便被腾出来用于战后欧洲人道主义援助。

13. **教学影片《你在德国的职责》**:"别握德国人的手!"格塞尔在书稿中发出警告。"那是不怀好意的手",除非德国人"治好了他们自己的病——种族优越病和征服世界狂妄症"。参见美国国家档案馆发布的《你在德国的职责》,发布时间:2007年2月1日,网址:https://www.youtube.com/watch?v=1v5QCGqDYGo?

14. **我们现在经常需要填写各种调查问卷**:在当时,很多人都像我父亲这样心存恼怒,所以恩斯特·冯·萨罗蒙(Ernst von Salomon)的《调查问卷》(*The Questionnaire*)才在20世纪30年代的西德成了畅销书。这部小说以一名右翼分子的视角,描述了盟军占领德国期间施行的繁杂手续。Neiman, *Learning from the Germans*, 33.

15. **若没有涉嫌参与重大犯罪**:尼科在自己的去纳粹化调查问卷中填写的几乎全部是"不是"(*neins*)和"没有"(*keins*),因为他是被强制征召进三个纳粹组织：在寄宿学校读书期间，加入了希特勒青年团；毕业后被招入国家劳役团；1943年末至1944年初，在慕尼黑理工学院休假进修期间，被征召进德国学生联合会（German Student Organization）。

16. **她于1927年自杀身亡**：医生的报告将埃内斯塔的自杀归因于"突发性重度心理抑郁或情绪极度激动"。从一位表亲那里，我获知了一则在家族成员当中流传的传闻：一天，埃内斯塔的专职司机经不住她的软磨硬泡，同意让她自己开车。但不幸的是，她那天撞死了一名行人。警察到达现场后，专职司机揽下了全部的责任，但不久便张口向埃内斯塔勒索钱财。在负罪感的折磨下，加之无法忍受司机的敲诈，埃内斯塔最终开枪自杀。另一位表亲提供的说法则有所不同：她在圣雷莫的赌桌上输了很多钱，情绪极度沮丧，于是开枪自杀。

17. **"事实证明"**：如果库尔特没有加入美国国籍，尼科就永远不可能前往美国求学。这是因为德意志联邦共和国在1949年5月才成立，而德国公民申领该国护照还要等到两年之后。

18. **她还使用了"森林"这一意象**：Nora Krug, *Belonging : A German Reckons with History and Home*（New York：Scribner，2018），28. 1953年7月，我父亲在参加寄宿学校同学聚会期间，曾写信给远在曼哈顿的爱人（也就是我的母亲，两人当时已经确定恋爱关系）："我了解到关于当今德国的许多内容，此时此刻，我只想说，我非常非常开心，我已经放下了内心的戒备，永久地定居在美国。只有偶尔间，我才会想念家乡，想要回去和老友打打招呼，看看那里的一草一木和山山水水，因为这些人和物于我来说非常亲切，远离了政治和人性卑劣。"

19. **你总想为远方舍弃故乡**：原文为德语：*Du willst die Heimat mit der Fremde tauschen，/ Dich lockt die Neue Welt，/ Der roten Ahornwälder krafterfülltes Rauschen... / Europa stirbt, die müden Menschen sehnen sich nach dem Todesschlaf，/ Nur Ruhe suchen sie und Kühlung für die Wunden，/ Da Sie der Kriegsgott traf.*

20. **玛利亚在回忆录《重逢与离别：与父亲的心灵对话》**：玛利亚的记述刊载在1948年1月的德语文学杂志《当下》(*Die Gegenwart*)中。

21. **不惜花费四周的时间**：Molli E. Kuenstner and Thomas A. O'Callaghan, "The *Führer-projekt* Goes to Washington", *Burlington Magazine* 159, May 2017, 375–85. 库尔特从老友沃尔特·泽韦林（Walter Severin）那里得知了"元首计划"的存在。沃尔特·泽韦林是柏林的一名书商，他的儿子便是负责该项目的纳粹宣传部委派的300名摄影师之一。于是，库尔特向华盛顿政府阐明了这些照片的文化价值，证明了自己的德裔美国人身份，并表示自己在德国被占领区内拥有大量人脉。最终，他和华盛顿方面达成了一项口头协议——他负责弄到这些照片，美国国会图书馆报销他的一切支出。接下来，库尔特利用德国摄影师紧缺的"爱心包裹"、食物、衣服、胶卷等物资，换得了大部分相片（加上日后弄到的照片，总共有3572张）。从1948年6月开始，特别是在苏联对柏林实施封锁后，库尔特这种以物易物的方式很受欢迎。但在事后，他花了两年的时间，才从美国政府那边拿到了报销费用，而且只有区区5000美元，仅占他花销的二分之一多点。"库尔特·沃尔夫开始打听'元首计划'时,便意识到:摄影师们心里清楚,这些相片质量极高,并且它们记录下来的艺术品因种种原因已经不复存在了。"库恩斯特纳和奥卡拉甘写道,"沃尔夫的行动不仅具有文化意义,而且弥合了美国与德国之间的鸿沟,兼具外交性质和人道主义精神……这位杰出的出版商,甘愿冒着身败名裂与破产的风险,四处收集相片,把它们带回了北美。"

22. **一度成为人们凄惨生活的焦点**: Bessel, *Germany 1945*, 249.

23. **带我们走吧**: 其实,库尔特和海伦一直在想各种办法帮助玛利亚搬到纽约,这样她就可以帮忙打理万神殿出版社的生意。但玛利亚自始至终没有走上移民这条路:1955年,她和第二任丈夫彼得·施塔德尔迈尔(Peter Stadelmayer)结婚,两人在慕尼黑和汉堡两地过日子,直到海伦于1996年在巴伐利亚州的一间诊所内去世。曾有七年多的时间(始于1964年),玛利亚和彼得的确生活在曼哈顿,两人住在第五大道的歌德故居(Goethe House),彼得在那里担任馆长。

24. **德国医生**: Martha Hall Kelly, *Lilac Girls*(New York: Ballantine Books, 2016), 477.

25. **年仅12岁的她**: Jesse Leavenworth, "Caroline and the Lapins", *Northeast: Sunday Magazine of the Hartford Courant*, October 20, 2002; 以及 Kristin Peterson Havill, "Caroline Ferriday: A Godmother to Ravensbrück Survivors", *Connecticut History*, Winter 2011–12.

26. **就在点名广场的不远处**: Sarah Helm, *Ravensbrück: Life and Death in Hitler's Concentration Camp for Women*(New York: Anchor Books, 2016), 221–35. 领导拉文斯布鲁克集中营医药小组的医生

名叫卡尔·格布哈特（Karl Gebhardt）。1942年5月，捷克游击队员在布拉格境内炸毁了莱因哈德·海德里希（Reinhard Heydrich）乘坐的轿车。救治莱因哈德·海德里希的医生便是卡尔·格布哈特。海德里希（纳粹骨干，曾主持了前文提到的万塞会议，并在当天早上的演说中提到"德军在东线收获的新风景"）没有在爆炸中当场毙命，而是八天后死于弹片滞留在脾脏内引发的气性坏疽感染。纳粹高层指责格布哈特没有使用磺胺类药物治疗海德里希。格布哈特为了自保，才下令在拉文斯布鲁克集中营开展实验，大概是为了证明磺胺类药物其实没有什么效果。

27. **用尿液制作隐形墨水**：出处同上，第247—252页。

28. **到1945年4月**：出处同上，第593—610页。

29. **以非犹太裔女性为主的集中营**：Leavenworth，"Caroline and the *Lapins*"；Havill，"Caroline Ferriday"。

30. **卡洛琳听闻此事**：Kelly，*Lilac Girls*，482。

31. **两人有个儿子**：Elaine Dundy，*Ferriday, Louisiana*（New York：Donald I. Fine，1991），51–56。

32. **根据J.C.本人在美国内战前夕所做的调查**："Ferriday Started as 3,600-Acre Wedding Present"，Natchez Democrat，November 22，2006。历史学家蒂莫西·斯奈德曾指出，数字越准确（比如149名奴隶，而不是150多名奴隶），反映的问题就越深刻。

33. **积攒了一件又一件功德**：Caroline Ferriday Papers。

34. **"路易斯安那州小镇"**：费里迪是康科迪亚教区（Concordia Parish）的腹地。民权运动期间，康科迪亚教区成为神秘组织银元帮（Silver

Dollar Group，从3K党中分离出来的最为凶残的一个分支）的活动基地。参见 Stanley Nelson, *Devils Walking: Klan Murders along the Mississippi in the 1960s*（Baton Rouge: Louisiana State University Press, 2016）。1990年，费里迪的葬礼在康涅狄格州乡下举行。费里迪镇圣查尔斯天主教堂的黑衣牧师奥古斯都·汤普森神父（Father August Thompson）出席葬礼并发表了演说。自由法国的一位驻美密使同样发表了讲话，转达了"抵抗运动"战士、拉文斯布鲁克集中营同监舍狱友、夏尔·戴高乐（Charles de Gaulle）侄女——热纳维耶芙·戴高乐（Geneviève de Gaulle）的哀悼。1961年，法国总统戴高乐授予卡洛琳荣誉勋章，表彰她为抵抗运动家属所做的工作。

35. **比如执拗:** 斯坦尼斯瓦娃·斯莱杰尤斯卡-奥希奇科（Stanisława Śledziejowska-Osiczko），引自即将上映的纪录片《拯救拉文斯布鲁克集中营的"小白兔"》（*Saving the Rabbits of Ravensbrück*）的预告片，导演：斯泰西·菲茨杰拉德（Stacey Fitzgerald），制片公司 Heart Productions，网址：RememberRavensbruck.com。斯莱杰尤斯卡-奥希奇科是寿命最长的几名"小白兔"幸存者之一，于2017年去世。

36. **正如苏珊·奈曼所说:** Neiman, *Learning from the Germans*, 39.

第十章：连锁式迁移

1. **或死于战争:** Bessel, *Germany 1945*, 8.
2. **尚有一种说不清道不明的东西:** Epigraph to *Kurt Wolff zum Hundertsten*.
3. **随着海拔逐渐升高:** 在好莱坞和纽约城的新学校转了一圈后，移民剧作家卡尔·楚克迈尔（Carl Zuckmayer）最终选择定居佛蒙特州，在那里以耕读的方式度过了战争岁月。他抓住了该州对流亡者产生的吸引力，库尔特和尼科也逐渐感受到了这种魅力："这片人迹罕至的树林深深地吸引着我，林中的寂静给予我庇护，让我有了安全感，令我感到心安。" Carl Zuckmayer, *A Part of Myself*, trans. Richard and Clara Winston（New York：Harcourt Brace Jovanovich，1970），356.

4. **这个房间的原主人**：布洛赫命中注定与高层建筑有不解之缘：1951年，他在康涅狄格州纽黑文市的一间寄宿公寓内突发心脏病去世。当时，他拖着脚步，费力地爬了三层楼梯。Heilbut, *Exiled in Paradise*, 282. 万神殿出版社仅售出1000册《维吉尔之死》，部分原因是报社罢工，导致原本设想的针对《纽约时报书评》的炒作氛围没有如期出现。Thomas Weyr, "PW Interviews：Helen Wolff", *Publishers Weekly*, February 3, 1973.

第十一章：人生暮年

1. **圈内的插画师与译者纷至沓来**：Schuyler, "Kurt Wolff and Hermann Broch".
2. **"他根本没有校对过"**：哈考特、布莱斯与寰球出版公司于1962年出版了卡尔·雅斯贝尔斯的《大哲学家》(*The Great Philosophers*)第一卷，并将其纳入"海伦与库尔特·沃尔夫出品"书系。
3. **最后，库尔特不得已变卖了自己多年来的收藏**：Schuyler, "Kurt Wolff and Hermann Broch".

4．**库尔特审视了万神殿**：出处同上。

5．**"有一天，库尔特走进卧室"**：Mitgang,"Imprint"．

6．**另一件事发生在1943年**：Detjen,"Kurt and Helen Wolff", in *Immigrant Entrepreneurship*. 柏林根基金会丛书（Bollingen Series）的前几卷为C. G. 荣格作品的英文译本，玛丽·梅伦曾接受过荣格的心理分析。

7．**根据本协议**：Schuyler,"Kurt Wolff and Hermann Broch".

8．**四十年后**：《海伦·沃尔夫写给史蒂文·斯凯勒的信件》，写信时间：1984年4月21日，H&KW Papers, box 39, folder 1219.

9．**"会计代表所有大股东"**：Helen Wolff,"Elective Affinities".

10．**我正抱着万分虔敬的态度掂量您**：Detjen,"Kurt and Helen Wolff" in *Immigrant Entrepreneurship*.

11．**趁着克里姆林宫方面还未采取更为严厉的措施**：帕斯捷尔纳克极其乐观。1958年5月，在得知苏联政府将禁止他接受诺贝尔奖时，他写信给库尔特："正是这些命运强加给我们的难以逾越的障碍，为我们的生活注入了动力，令它有了深度和分量，变得非同寻常，充满了欢乐、魔力与真实感。" *Kurt Wolff：A Portrait*，179.

12．**"我们很快就会乖乖就范"**：Kurt Wolff：A Portrait，181–82.

13．**"两位都是大作家"**：出处同上，第180页。

14．**几年前的一天**：Detjen,"Kurt and Helen Wolff", in *Immigrant Entrepreneurship*.

15．**"这是我生平第一次"**：《海伦·沃尔夫写给赫伯特·米特冈的信件》，写信时间：1970年4月3日。H&KW Papers, 2019 genm 0032, box 2.

16. 目前可能存.一些歧义:《海伦·沃尔夫写给约翰·刘易斯的信件》,写信时间:1958年11月29日。H&KW Papers,2019 genm 0032,box 4.

17. "你压根就不是什么出版人":《海伦·沃尔夫写给克里尔·夏伯特的信件》,写信时间:1958年11月27日。H&KW Papers,box 39,folder 1186.

18. 反观夏伯特:Detjen, "Kurt and Helen Wolff", in *Immigrant Entrepreneurship*.

19. 随着《日瓦戈医生》大获成功:《来自大海的礼物》大获成功后,万神殿出版社仍然保持着谨慎的经营态度。《日瓦戈医生》出版前夕,克里尔·夏伯特在1958年8月写给库尔特的一份备忘录中汇报说,该公司的库存现金迅速回升至75300美元。Pantheon Papers,II/25.

20. 夏伯特和另外两名董事: Detjen, "Kurt and Helen Wolff", in *Immigrant Entrepreneurship*.

21. "他们在某些领域能呼风唤雨":Heilbut, *Exiled in Paradise*, xi.

22. "我已身处人生暮年": 这个绿色的螺旋线圈笔记本收藏在"海伦&库尔特·沃尔夫文献集"中。H&KW Papers, box 53, folder 1624a.

23. 非常渴望再次拜读黑塞一篇宽慰老年人的文章:普希金出版社将黑塞谈论此话题的文章收录在《晚年赞美诗》(*Hymn to Old Age*)一书中。*Hymn to Old Age*, trans. David Henry Wilson and published in 2011.

24. 库尔特离开美国时:《海伦·沃尔夫写给赫伯特·米特冈的信件》,写信时间:1970年4月3日。H&KW Papers,2019 genm 0032,box 2.海伦继续写道:"那些关于沉默不语与公然背叛的回忆,让我觉得,库尔特不会介意让与自己有关的任何东西出现在曾经排挤他的地方。"尽管如此，海伦还是在1991年，与芝加哥大学出版社合作出版了《库尔特·沃尔夫：散文与书信中的肖像》(*Kurt Wolff*: *A Portrait in Essays and Letters*)，并对此次合作表示满意。库尔特的美国籍孙辈（其中包括四位已出版著作或即将出版著作的作家），也都没有受到美国文学界的排挤。

25. **对此，玛丽安·德杰曾一语道明**：Detjen, "Kurt and Helen Wolff", in *Immigrant Entrepreneurship*.

26. **东德的《新德意志报》**："Kurt Wolff", *Neues Deutschland*, October 25, 1963。库尔特与海伦离开美国后不久，兰登书屋便收购了万神殿出版社，并任命雅克之子安德烈·希夫林为总裁。在希夫林的领导下，被收购后的万神殿出版社依旧是业界翘楚，但更加关注政治和社会话题，而非沃尔夫夫妇青睐的文学、艺术与哲学主题。

27. **爷爷别无选择**：1924年，爷爷库尔特前往美国游历三周，其间接受《纽约论坛报》(*New York Tribune*)的采访。当他被问及其出版社即将出版的辛克莱·刘易斯《巴比特》(*Babbitt*)英译本时，这样回答记者："我在纽约没有遇到过巴比特式的人物。""哥伦布的伟大之处在于，发现了这样一个处处是沃尔特·惠特曼式人物的国家。"这篇采访报道的内容围绕如下标题展开：《美国人不是巴比特，德国编辑如是说/慕尼黑出版商库尔特·伍尔夫（原文如此，并非错字）认为小说是最重要的图书类别，但称再版〈巴比特〉并非明智之举》。令人唏嘘的是，最终让库尔特卷入纷争的，正是纽约的巴比特式人物。*New York Tribune*, March 13, 1924。H&KW Papers, box 79, folder

2361.

28. 1945年4月15日：Taylor, *Exorcising Hitler*, 249–250. 这些民族社会主义工人党档案 [被称为"纳粹名册"（NSDAP-Kartei）] 直到1994年才被移交给德国政府。冷战期间，许多原纳粹分子在盟军阵营中任职，有鉴于此，美国人才迟迟没有移交这批档案。

29. **可能揭示了**：《霍斯特·威塞尔之歌》的词作者是柏林冲锋队（Berlin SA）成员霍斯特·韦塞尔，此人在1993年遭遇枪击，身负重伤。一个月后，霍斯特·韦塞尔因感染败血症去世，约瑟夫·戈培尔当即将这首歌定为纳粹党颂歌。

30. **"你看"**：Bundesarchiv-Lichterfelde, NS/12, 11377.

31. **还曾在1933年**：商人或技术人员想要巴结纳粹党却又不彻底卷入政治，可以通过捐款成为"党卫队赞助会员"（FMSS）。所以，社会上有人戏称，FMSS 是"明哲保身（德语：Feiner Mann Sichert Sich）"的缩写。John M. Steiner, "The SS Yesterday and Today: A Sociopsychological View", in *Survivors, Victims, and Perpetrators: Essays on the Nazi Holocaust*, ed. Joel E. Dimsdale（Abingdon, Oxon, UK：Taylor & Francis, 1980), 420.

32. **"他的政治立场毋庸置疑"**：Bundesarchiv-Lichterfelde, R/9361/II, 5058.

33. **如果一点不参与纳粹党的政治活动**：1937年，我的继祖父汉斯·阿尔布雷希特接生了赫斯的儿子沃尔夫。作为感谢，伊尔斯·赫斯送给他一个烟盒。35年后，玛利亚将这个烟盒还给了赫斯，建议她把这个礼物传给现已长大成人的儿子。"二战"期间，阿尔布雷希特医生在罗特派资（Rotkreuzplatz）开设了一间检疫站，我的奶奶和伊尔斯·赫斯一同在那里担任志愿者。因此，她在"去纳粹化法庭"上做证，伊尔斯·赫斯曾反对纳粹政权。

34. **与她相关的档案证实**：Bundesarchiv-Lichterfelde，NS/21，1953.

35. **最厚实的档案袋**：Bundesarchiv-Lichterfelde，R/9361//III，131140.

36. **正是因为他所做的这一切**：威廉本人很依赖埃尔弗里德·维施曼（Elfriede Wischmann），此人又名"舍斯卡"（Schescha），是家族的保姆兼女佣，在战后物资短缺的情况下，仍会前往法兰克福的黑市购买吗啡，以满足威廉的毒瘾。据威廉说，他是在"一战"期间治疗伤口时染上的毒瘾。威廉于1952年去世。

37. **离婚三年后**：Gudrun Azar, *Ins Licht gerückt : jüdische Lebenswege im Münchner Westen, eine Spurensuche in Pasing, Obermeuzing und Aubing*（Munich: Herbert Utz, 2008），122.

38. **希伯尔松的前夫**：Anette Neff, "Merck, Ursula", Stadtlexikon Darmstadt, Historischer Verein für Hessen（Darmstadt : Konrad Theiss, 2006），628. 1943年，恩斯特·兰格被赶出顺道府文理中学。此后，他熬过了"二战"，成为一名新教神学家，最后在47岁那年自杀身亡。去世几十年后，他被追认为"继承邦赫费尔衣钵之人，具有远见卓识，促进了基督教各教派的联合"。Werner Simpendorfer, "The Strange Must Cease to Be the Strange: : In Memoriam Ernst Lange（1927–1974）", *Ecumenical Review* 49, no. 2（April 1997）.

39. **乌苏拉·朗格从顺道府文理中学毕业后**：约翰内斯·朗格本人曾对"种族卫生"理论展开研究，并在纳粹时期的"遗传卫生法庭"

（Erbgesundheitsgericht）担任法官。该法庭是决定国家可以对哪些人采取强制性绝育手段的"遗传健康法庭"之一。Wolfgang Rose, Diagnose "Psychopathie": Die urbane Moderne und das schwierige Kind（Vienna：Böhlau, 2016），260n。

第十二章：第二次流亡

1. **我终于欣然接受**：《库尔特·沃尔夫写给科尔特·冯·法伯尔·杜·福莱的信件》，写信时间：1958年5月11日。出自 *Kurt Wolff*：*Briefwechsel*，482–83。

2. **"我整个人疼得都要散架了"**：《库尔特·沃尔夫写给科尔特·冯·法伯尔·杜·福莱的信件》，写信时间：1962年3月18日。出自 *Kurt Wolff*：*Briefwechsel*，484。

3. **这个孩子比我儿子尼科还要小**：威廉·约万诺维奇实际上比我父亲大一岁。

4. **威廉·约万诺维奇用潦草字迹写下一句简短问话**：Detjen, "Kurt and Helen Wolff", in *Immigrant Entrepreneurship*.

5. **回想起自己长期受制于万神殿董事会**：出处同上。

6. **"我觉得，库尔特的句子"**：海伦不仅亲口将这件事告诉我，而且还在写给君特·格拉斯的信中（写信时间：1959年12月19日）提到了他。Günter Grass and Helen Wolff, *Briefe 1959–1994*（Göttingen, Germany：Steidl, 2003），210。

7. **二人获准用自己的物品布置一个三居室的套房**：《库尔特·沃尔夫写给凯瑟琳·罗森的信件》，写信时间：1959年12月19日，H&KW

Papers，2019 genm 0032，box 3。

8. "我常感困惑"：Wolfram Göbel，"Ernst Rowohlt und Kurt Wolff"，in *Kurt Wolff zum Hundertsten*.

9. "这就很棒"：Barbara Weidle，"Gespräch mit Christian Wolff"，in *Kurt Wolff：Ein Literat und Gentleman*，177.

10. 库尔特通常会在秋天前往德国参加法兰克福书展：Schuyler，"Kurt Wolff and Hermann Broch"。

11. 1960年，在接受德国书商协会：*Kurt Wolff：A Portrait*，197.

12. 四七社是一家成立于战后的德国作家团体：Wagenbach，"Kurt Wolff"，in *Kurt Wolff zum Hundertsten*. 四七社的名称来源于该组织成员的幻想——1947年，德国经历了漫长的寒冬，四七社成员们受卡夫卡的启发，幻想能够凝聚成一把巨大的斧子，去劈开被冻住的海面，而1947年是我父亲在其出生地度过的最后一年。

13. 几年之后，伦敦《独立报》：John Calder，"Obituary：Helen Wolff"，*Independent*（London），April 20，1994.

14. 没想到这句话竟一语成谶：Schuyler，"Kurt Wolff and Hermann Broch"。

15. "库尔特有着难能可贵的品质"："Mr. Kurt Wolff"，*Times*（London），October 29，1963.

16. 德国饱受战火的摧残：Stern，*Five Germanys*，250.

17. 这么写也没错：Nikola Herweg，"Helen und Kurt Wolff in Marbach"，Deutsches Literaturarchiv-Marbach，*Spuren* 106，2015.

18. "我对此感到欣慰"："Von Herzen Ihnen Beiden：Briefe von Hannah

Arendt an Kurt und Helen Wolff ", in *Kurt Wolff：Ein Literat und Gentleman*, 268. 在纽约, 库尔特和海伦都和这位流亡哲学家兼政治理论家建立了交情——最先与阿伦特打交道的是库尔特。阿伦特刚到肖肯出版社（Schocken Books）担任编辑时，库尔特帮助她处理起草合同时的细节问题；接下来与阿伦特有交集的是海伦，纳粹入侵法国后，她走过的关押与逃亡路线几乎与阿伦特完全一致——从巴黎冬季赛车场，到居尔俘虏拘留营，再到停战结束后继续被关押，最后在瓦里安·弗莱的帮助下经里斯本出逃。阿伦特委身的避难所位于维希法国境内，是蒙托邦（Montauban）附近的一间马厩，远比海伦藏身的圣拉里村古堡简陋，但是"阿伦特和（她的丈夫）海因里希（·布吕歇尔）并没有被焦虑的情绪吞噬，反而想方设法弄到了一辆自行车，骑着它四处探寻美丽的乡间景色"，海伦在阿伦特去世后不久写道："意气风发的汉娜，把这段苦难的经历当成了时光的馈赠，将它视为可以在干草堆上小憩的长假，认为它是长期劳累后的一段休整期。"未注明日期且未公开出版的回忆录，出自H&KW Papers，box 73，folder 2056。

19. **"库尔特知人善任"**：Herweg, "Helen und Kurt Wolff in Marbach".

20. **"突显了库尔特毕生的追求"**：出处同上。

21. **克里斯蒂安打算在新英格兰成家立业生子**：克里斯蒂安一开始学习的是钢琴，而非大提琴，但他很快发现，自己的兴趣和天赋并不是表演，而是作曲。他的钢琴老师格雷特·苏丹（Grete Sultan）了解到，住在她楼上的舞蹈家默斯·肯宁汉（Merce Cunningham）正是作曲家约翰·凯奇（John Cage）的好友，于是主动做中间人，介绍克里斯蒂安和约翰·凯奇相识。克里斯蒂安刚满十六岁时，就与约翰·凯奇共同谱曲，等到高中毕业时，已经成为"纽约学派"的一员["纽约学派"由多名先锋派作曲家组成，如凯奇、厄尔·布朗（Earle Brown）和莫顿·费尔德曼（Morton Feldman），其中莫顿·费尔德曼在多年之后想起克里斯蒂安时，把这个小神童称作"穿着网球鞋的俄耳甫斯"]。凯奇念及沃尔夫夫妇创业维艰，不愿向二人收取克里斯蒂安的学费。作为报答，克里斯蒂安经常将万神殿出版社出版的新书带给凯奇，其中就有柏林根基金会版本的《易经》（*I Ching*）。凯奇受《易经》启发，创制了"机遇音乐"（又称"偶然音乐"）谱曲规程，因此名声大噪。库尔特和海伦还举办各类聚会，其间凯奇与万神殿出版社的签约作者艾伦·沃茨（Alan Watts）及约瑟夫·坎贝尔（Joseph Campbell）交往甚密，创作思想也受到了二人的影响。参见：Michael Hicks and Christian Asplund, *American Composers*：*Christian Wolff*（Urbana：University of Illinois Press, 2012），17-18.

22. **在接下来的三十年里**：哈考特、布莱斯与寰球出版公司的股东投票决定，将公司名称的最后一部分改成了威廉·约万诺维奇的姓氏。得知此事后，君特·格拉斯的反应是"我猜，这是'寰球'二字的气势在他看来还不够大"。

23. **每次重新开始**：Hermann Hesse, "Stages" in *The Seasons of the Soul*：*The Poetic Guidance and Spiritual Wisdom of Hermann Hesse*, trans. Ludwig Max Fischer（Berkeley, CA：North Atlantic Books, 2011），113．德语原文为：*In jedem Anfang wohnt ein Zauber inne / Der uns*

beschützt und der uns hilft, zu leben.

第十三章：猪窝

1. "故乡寄托着一个人的童年和青春"：Cited in *Sebald*, *On the Natural History of Destruction*, 160. 让·埃默里一生过着自己所写的流离失所的生活。他出生在维也纳，得名汉斯·查姆·梅耶（Hanns Chaim Mayer），在犹太裔父亲于"一战"期间去世后，由母亲抚养长大并皈依天主教。1938年，德国吞并奥地利时，埃默里立即偕犹太裔妻子先后逃往法国和比利时，但他本人最终还是被盖世太保抓获并饱受折磨，之后被发往奥斯威辛集中营。"二战"结束后，埃默里在比利时定居，其间调整自己姓氏的字母顺序，拼凑出一个读起来像法语的笔名。他拒绝使用德语和奥地利语发表文章，同时向瑞士德语区的报纸投稿。埃默里在1964年撰文阐述了如何处置纳粹罪行才能对历史负责，原文标题是 *Jenseits von Schuld und Sühne*（《跳出犯罪与赎罪》），该文日后得以正式出版，使用的是英文标题《触碰思维极限》（*At the Mind's Limits*）(Bloomington: Indiana University Press, 1980)。

2. "一副漠然与身无所寄的样子"：Kurt Vonnegut, Palm Sunday (New York: Dial Press, 1999), 20.

3. **父亲的脸色一下子变得很难看**：我和朋友露兹最终还是坐火车去了达豪集中营。此行给我留下了难以磨灭的印象，令我至今记忆犹新的不仅有焚尸房和条纹制服，还有我在城市快铁站台上看到的一幕——一名妇女向过往的旅客散发传单，劝诫他们别逼像她这样的达豪年轻人对几十年前在这个镇子里发生的事情负责。此番遭遇让我接触到了联邦德国"悼念文化"（Erinnerungskultur）的雏形。

4. **这位诗人的诗句**：诺曼底登陆前夜，英国播送了保尔·魏尔伦《秋歌》（Chanson d'automne）中的三句诗，以此作为暗语，指示"抵抗运动"组织发起破坏行动策应盟军。这三句诗是：悠长难耐的阴郁／刺痛了／我心脾（法语：Blessent mon coeur / D'une langueur / Monotone）。

5. **"我们必须找到属于自己的评判标准"**：出自德意志联邦共和国总统里夏德·冯·魏茨泽克的演说，1985年5月8日。德国历任总理掌握着行政大权，但德国的各个总统往往是哲人王。2020年5月8日，在纳粹战败75周年纪念日这天，德国总统弗兰克－瓦尔特·施泰因迈尔（Frank-Walter Steinmeier）继魏茨泽克之后发表演说。"德国的过去是支离破碎的历史，背负着屠杀数百万人和使数百万人受难的罪责，"他说道，"这让我们心碎至今。这就是为什么我说，只能带着一颗破碎的心去爱这个国家。"（德国总统弗兰克－瓦尔特·施泰因迈尔的演说《纪念"二战"结束75周年》）

    观看网址：https://www.bundespraesident. de/SharedDocs/Reden/EN/Frank-Walter Steinmeier/Reden/2020/05/200508-75th-anniversary-World-War-II.html.

6. **"我们不是在向过去妥协"**：出处同上。

7. **"结合历史来看"**：出处同上。

8. **但在亚历山大·高兰德和比约恩·霍克代表的"德国选择党"党徒看来**：Taub and Fisher, "Germany's Extreme Right Challenges Guilt over

Nazi Past".

9. 到底是"德国"排在前面，还是"人"排在前面：2000年，德意志联邦共和国给出了这个问题的答案。当时，联邦议院通过了一项法案，放宽了非德国血统居民所生子女获得公民身份的途径。

10. 仅有13%的人口：Taylor, *Exorcising Hitler*, 382.

11. 正如绿党：策姆·约茨德米尔演讲："策姆·约茨德米尔在措辞严厉的讲话中将极右翼势力德国选择党比作纳粹党"，欧洲绿党，2018年2月22日，观看网址：EuropeanGreens.eu/news/cem-özdemir-compares-germanys-far-right-afd-party-nazis-hard-hitting-speech.

12. 他要将自己的书名定为《借鉴德国：直面种族与邪恶记忆》时：Neiman, *Learning from the Germans*, 20.

第十四章：海龟湾

1. "突然之间，一切都成了过往烟云"：君特·格拉斯，海伦·沃尔夫被追授弗里德里希·贡多尔夫奖时，君特·格拉斯当即撰写的颁奖词，1994年4月30日，网址：DeutscheAkademie.de/en/awards/friedrich-gundolf-preis/helen-wolff/laudatio.

2. 德国人建成的这座高大宏伟的体育场：Thomas Wolfe, *You Can't Go Home Again* (New York：Scribner Classics, 2011), 531.

3. "我们必须保持警惕"：Oliver Hilmes, *Berlin 1936：Sixteen Days in August*, trans. Jefferson Chase (London：Bodley Head, 2017), 16–17.

4. 当难民们第一次看到：*Central Airport THF*, dir.Karim Aïnouz, Lupa

Film, Les Films d'Ici, Mar Films, 2018, documentary film.

第十五章:"别和我说话"先生

1. **"务必要一步一个脚印地前行"**: Carl Zuckmayer, *Second Wind*, trans. Elizabeth Reynolds Hapgood(London: G. G. Harrap, 1941), 236.

2. **斯托尔普镇**: 今波兰斯武普斯克市(Słupsk)。

3. **"刚吃完早饭"**: Kurt Wolff, "Tagebücher", DLA-Marbach.

4. **克劳斯可不是**: *Kurt Wolff: A Portrait*, 91.

5. **泪滴我心**: 祖母在此引用了魏尔伦的诗句:"泪滴我心,一如雨落在城市。"

第十六章:浅水码头

1. **"兜住欧洲大陆的裤腰带"**: Andrew Eames, *Blue River, Black Sea: A Journey along the Danube into the Heart of the New Europe*(London: Black Swan, 2010), 15.

2. **"各民族交错杂居"**: Claudio Magris, *Danube*, trans. Patrick Creagh(New York: Farrar, Straus and Giroux, 1989), 29.

3. **希特勒童年故乡帕绍镇内的一条小河**: 纳粹政权擅长用神话与传说粉饰自己的疯狂。希特勒在三岁的时候就搬到了帕绍镇,而狼正是这个地方的图腾,所以希特勒一生都在宣扬狼的品质——忠诚、凶猛、勇敢、冷酷,忠于种群内部森严的等级体系。另外,"狼"是希特勒的代号,"元首"一词是古高地德语单词"adal"(意为"贵族")

和 Wolf（狼）的合成词。到了1934年，德国政府甚至将狼列为国家保护动物——此举仅仅具有象征意义，因为自19世纪中期以来，狼这种动物在德国境内一直处于灭绝的状态。纳粹此举是想唤起"人们的承诺——承诺无论文明是否衰退，都会严守纪律；承诺恪守本性，杜绝无政府状态"。Boria Sax, *Animals in the Third Reich*（Pittsburgh：Yogh & Thorn Press, 2013），68.

4. **帕绍居民更希望游客关注的是**：Marc Fisher, *After the Wall：Germany, the Germans and the Burdens of History*（New York：Simon & Schuster, 1995），24–28. 20世纪80年代，一位名叫安娜·罗斯莫斯（Anna Rosmus）的帕绍镇当地居民，撰写了一篇题为《自由在欧洲》的文章，并因此获得了全国征文大奖，全镇居民为此欢呼雀跃，纷纷向她表示祝贺。高兴之余，安娜·罗斯莫斯决定参加另一场征文比赛。这一次，她选择的题目是《第三帝国时期的家乡》。然而，似乎就在一夜间，邻居和朋友们见到她都避之不及。市政府也拒绝授权她查阅公共图书馆收藏的档案（包括过期的当地报纸）。但是，每次受到官方的阻挠后，她都变得更加坚定。在长达四年的合法斗争中，罗斯莫斯收到了各种死亡威胁，就连她的丈夫也同她离了婚。在慕尼黑一家餐馆内，她遭遇新纳粹分子袭击，倒地昏迷不醒。不过，她最终得以展开研究，将自己的发现全都记录了下来，其中部分文字提到了两件事情——帕绍镇当地的一名牧师告发了一位犹太裔商人，导致这名商人被逐出小镇，最终客死他乡；帕绍镇当地天主教报社的一名编辑，从战争一开始就以反抗纳粹志士自居，但实际上曾撰文颂扬希特勒和纳粹。到了1994年，罗斯莫斯再也忍受不了各种威胁与骚扰，携女儿移居美国。1990年，导演迈克尔·费尔赫芬（Michael Verhoeven）拍摄的电影《招人厌的女孩》（*The Nasty Girl*）讲述的便是罗斯莫斯的故事。

5. **到了1946年**：蕾妮-玛丽在纽约找到库尔特后，库尔特出面做担保，写下了一份担保书（总共有两份），帮助她从巴西移民到了美国。Renée-Marie Croose Parry, "Life in Brazil", in *Odyssey of Exile : Jewish Women Flee the Nazis for Brazil*, ed. Katherine Morris（Detroit: Wayne State University Press, 1996），225.

6. **等到她再次受到征召令时**：1950年，霍善斯坦因夫妇搬到了巴黎，时值联邦德国刚刚成立，威廉在巴黎担任联邦德国第一任驻法大使。威廉于1957年去世后，玛戈特成立了泰亚尔·德·夏尔丹协会（Teilhard de Chardin Association）。此后，她一直经营着该协会，直至1975年携蕾妮及其第二任丈夫肯尼斯搬离德国。三人先来到了伦敦，十年后又搬到了佛罗里达州。"Margot Hausenstein: The Life of 100 Years", privately published annotated timeline. H&KW Papers, box 14, folder 463.

7. **"一个被征服的国家"**：Sereny, *The German Trauma*, 60.

8. **1967年**：出处同上，第65页。

9. **"德国历史积淀下来的沉重包袱"**：Grass, *Peeling the Onion*, 415–16.

10. **对后代当行宽恕**：德国总理赫尔穆特·科尔（Helmut Kohl）在1984年创造出这个短语，目的是同德国的纳粹历史划清界限，当时正值美国总统罗纳德·里根（Ronald Reagan）因参观比特堡（Bitburg）

党卫军士兵陵园引发众怒。但自那以后的几年里，"对后代当行宽恕"被他人曲解，通常具有讽刺意味。在政治生涯结束之时，科尔及其中右翼政党"基督教民主联盟"实际上已经认可"接纳过去"。Neiman，*Learning from the Germans*，270，290，370.

11. **这个正在被广播念到的名字：**在庞大的普特卡莫家族中，历代家族成员都喜欢给第一胎出生的男孩起名为"杰斯科"（Jesko）或"杰斯克"（Jesco）。但我们在布达佩斯机场寻人广播中听到的"杰斯科"，肯定不是"黑色九月"组织袭击慕尼黑奥运会期间担任联邦德国驻以色列大使的外交官杰斯科·冯·普特卡莫，因为此人在九年前就已离开人世。

12. **寄养在父母的庄园内：**杰斯科和安妮玛丽·冯·普特卡莫还有一个妹妹，名叫艾米·冯·克罗科（Emmy von Krockow），此人女儿卢比萨（Lubissa）的英勇事迹比正文所述的所有事件都更具传奇色彩。1945年4月，苏军逼近卢比萨一家在波美拉尼亚的庄园时，卢比萨的继父身着全套军装，双手握枪站在家人面前，大声向所有人宣告，为了捍卫普鲁士军队的光荣传统，全家人现在必须献出生命。此时，已怀孕八个多月的卢比萨感觉到，肚子里的孩子正在踢自己，似乎是在表达抗议。于是，她斥令继父脱掉这身挂满勋章的制服，连同手中的武器一起扔进庄园内的池塘，然后想尽一切办法保住全家性命。在接下来的几周里，杰斯科和安妮玛丽的这个外甥女悄悄地生下了孩子，躲过了一心只想奸淫掳掠的苏联士兵，艰难地养活了自己和襁褓中的女儿。她先逃到了西部，然后又偷偷溜回波美拉尼亚，将思想顽固的继父从苏联军营中救了出来，最后抵达盟军占

471

领区，开启了新的生活。卢比萨的哥哥——已故历史学家克里斯蒂安·冯·克罗科（Christian von Krockow），在《女性时刻》（*Hour of the Women*）中完整地讲述了艾米的传奇经历。出自 *Hour of the Women*, trans. Krishna Winston（London：Faber and Faber，1993）。

13. **卡尔津附近**：今波兰卡尔津村。

14. **在遗嘱中添加附录的形式**：根据库尔特的遗嘱，他在生前已将属于玛利亚的那份遗产赠予了她。

第十七章：在死人堆上嬉戏

1. **库尔特始终对体育运动不屑一顾**：Weidle，"Gespräch mit Christian Wolff"，172–73.

2. **纳粹领导人热爱德国**：Haffner, *Germany Jekyll & Hyde*，48.

3. **生活在一个深受历史羁绊的国家**："When the Terror Began"，*Sports Illustrated*，August 26，2002.

4. **那天放下电话后，西伯博士便回到家中**：出处同上。结束对西伯的采访后，我顺道去拜访了堂兄乔恩（他同样住在宁芬堡，也是一位训练有素的心理学家），并解释了自己为何会出现在他家附近。"我认识葛格·西伯，"乔恩告诉我，"他是个聪明人，曾当过很多年的巴伐利亚心理学家协会（Bavarian Psychologists Association）会长。"原来，正是乔恩接替了西伯的职位。

5. **女儿克拉拉听完我的讲述后**：我们的女儿曾在佛特蒙州的一场夏令营中，与"女武神行动"参与者之一贝特霍尔德·冯·斯陶芬伯格的曾孙女马法尔达·冯·斯陶芬伯格（Mafalda von Stauffenberg）同住一间营房。2014年，在世界杯期间一个周末，我和其他来访的父母一起徒步旅行，其间同马法尔达的父亲菲利普（Philippe）聊了聊几天前德国队在世界杯上取得的胜利，但从未提起我们共同的德国血统。事后，鉴于女儿克拉拉曾经问我："既然爷爷的出身如此复杂，当初为什么不想办法当间谍呢？"我便突然意识到：菲利普的父亲确实是个间谍，并为此付出了生命的代价。

6. **第一次产生这样的疑问时**：我的一位德国表姐身体力行地"克服过去"后，便开始从"希波克拉底誓言"的角度重新审视阿尔布雷希特医生（上文提到的慕尼黑检疫站的负责人）的妥协行为："他发誓要保护那些处于弱势地位的人，至少他能做的是确保自己不会沦落到弱势地位。"

7. **启蒙运动期间**：Burhop et al., Merck 1668—2018, 60–69.

8. **在此基础上，特别是当伊曼纽尔·默克**：出处同上，第101—108页。

9. **"永远保持好奇"**：默克尔损人的水平世界一流。2018年访问白宫期间，她送给美国总统特朗普一张德国莱茵兰-普法尔茨（Rhineland-Palatinate）的地图，其中囊括了卡尔施塔特市（Kallstadt），特朗普的祖先正是从此地出发移民至美国。这个礼物传递出的信息再清楚不过：不要忘记你是移民的后代。

10. **该城距离黑森伯爵的城堡仅有9英里**：Cited in Sebald, *On the Natural History of Destruction*, 23.

11. **三个月后**：《美国战略轰炸调查报告》显示，英国皇家空军在9月11日对达姆施塔特的发动袭击是一次"区域性空袭"："短短51分钟内，234架'兰开斯特'和'哈利法克斯'轰炸机向市中心投下大约979

吨高能炸药（HE）和燃烧弹（IB），将达姆施塔特城这座城市夷为平地。这是一次典型的饱和式区域性空袭，在极短的时间内迅速夷平了科隆和汉堡两地。低空飞行的蚊式轰炸机射出星式信号弹，照亮了空袭目标。与此同时，在高空飞行的四引擎轰炸机编队没有遇到任何防空力量的打击或敌方战斗机的拦截。从'发现目标'到'投下炸弹'，本次空袭几乎是在敷衍地例行公事，但达姆施塔特最终仍然被摧毁殆尽。相比之下，美国第八航空队（US Eighth Air Force）在1944年12月12日实施的轰炸则是一次'精准打击'，不仅摧毁了默克药厂，同时也切断了希特勒的优可达供给。此次空袭出动了446架B-17轰炸机（近乎二倍于英国皇家空军在9月区域性空袭中出动的战机数目），在城市中心西北方向的主要工业区投下了1011吨普通航空炸弹和310吨燃烧弹。E.默克公司是重点打击目标……60名员工在空袭中丧生……工厂不仅遭受了4000万地租马克（约合1600万美元）的物质损失，而且在两个月内损失了98%的产能。"该报告还指出，即使"二战"后披露的信息表明，默克公司卷入纳粹战争行径的程度超出了人们此前的判断，它所在的达姆施塔特城对第三帝国来说也没有什么战略意义。U.S. Strategic Bombing Survey, Area Studies Division, *A Detailed Study of the Effects of Area Bombing on Darmstadt*, Washington, DC, 1945, 1–29, in Merck-Archiv, F15-7.

12. "一提到德国"：W. G. Sebald, *The Emigrants*, trans. Anthea Bell (London: Vintage Books, 2002), 181.

13. 德国电视台于2017年拍摄的纪录片中: Caterina Woj and Andrea

Röpke,"Das braune Netzwerk：Wer steuert die Wütburger？"*Die Story*，Westdeutscher Rundfunk，January 11，2017.

14. "默克家族"：Cem Tevetoglu，Matin Nawabi，and Tobi Moka，"Merck in der Zwickmühle"，*Soziales Darmstadt*，March 2017.

15. 20世纪60年代初的前三年：弗雷德里克·威廉·欧拉于1932年加入纳粹党，并很快在内政部获得职务。任职期间，他开展优生调查，汇编了用于起草纽伦堡法案的资料。直到1975年，欧拉——又名"维尔弗里德"（Wilfried），该名称由姓名中的"弗雷德里克"和"威廉"合并而成——仍在编辑家族期刊《默克家族期刊》(*Merck'sche Familien-Zeitschrift*)。Alan E. Steinweis，*Studying the Jew：Scholarly Antisemitism in Nazi Germany*（Cambridge，MA：Harvard University Press，2008），107；and Burhop et al.，*Merck 1668–2018*，22–23.

16. 纪念日庆典期间：Burhop et al.，*Merck 1668–2018*，26.

17. 加入了记忆、责任与未来基金会："德国默克公司制定纳粹时期强制劳工赔偿计划"，参见 ICIS.com，1999年12月8日。默克公司追认了257名强制劳工，其中大部分是来自俄罗斯、波兰和乌克兰的年轻女性，她们在战争期间被分配至公司下辖的达姆施塔特工厂。默克公司给出的赔偿金为每人5000多美元，并且如果当初受到剥削的劳工已经死亡，仍在世的家属则没有资格领取赔偿金。

18. 目前领导整个编纂小组的是：Birte Förster，"Seitenweise Aufschlussreiches"，*Hoch：Die Zeitung der Technischen Universität Darmstadt*，December 2015. 为了找到突破口，以了解玛蒂尔德·默克日记中近一个世纪以来的德国社会和政治事件，福斯特教授的学生们按照主

题对日记篇目进行了分类，并摘录下关键词。他们先在内部划分出日记的主题，如"蒂娜婶婶"的婚姻、"蒂娜婶婶"的旅行、"蒂娜婶婶"女儿的青少年时期，以及"蒂娜婶婶"对纳粹的看法，然后在推特上对外公开他们的发现。

19. **就在我伏案工作的桌子上方：**我参观完默克公司档案馆几个月后，慕尼黑的C. H. 贝克出版社（Verlag C. H. Beck）出版了《默克公司1668—2018：从药房到全球企业》(*Merck 1668-2018: From a Pharmacy to a Global Corporation*)，该书是四名独立史学家的研究成果，他们分别是：卡斯滕·伯霍普（Carsten Burhop）、迈克·基塞纳（Michael Kißener）、赫尔曼·舍费尔（Hermann Schäfer）和约阿希姆·朔尔蒂泽克（Joachim Scholtyseck）。如果馆藏档案提到了具体材料的出处，那么我会引用该出处的英文版本。针对纪念公司成立350周年的文献没有提及的馆藏史料，我会引用该史料的默克公司档案馆编号（下文称"档案编号"）。

20. **沃尔特·布鲁格曼：**Burhop et al., *Merck 1668-2018*, 308.

21. **不过，我仍然了解到：**出处同上，第312页。

22. **该公司在战争期间签订了秘密协议：**出处同上，第324—332页。

23. **"'二战'结束后，如果"：**出处同上，第495页。

24. **1933年5月1日那天：**出处同上，第270页。

25. **从那里返回达姆施塔特后：**出处同上，第273页。

26. **到了1939年：**出处同上，第304-305页。

27. **休战期间：**出处同上，第227页。

28. **在《凡尔赛和约》划定的战后体系下：**出处同上，第247页。

29. 鲁尔危机爆发：出处同上，第229页。

30. 为了应对危机：出处同上，第228页。

31. 这位新上任的改革者：出处同上，第253页。

32. "我真是无比高兴"：出处同上，第254页。

33. 研究和模仿：出处同上，第313—323页。

34. 一篇观察员书面证词所说：出处同上，第256—257页。

35. 卡尔和弗里茨·默克站在弗顿豪威尔一边：出处同上，第313—323页。在1942年6月1日的一份文件备忘录中，弗顿豪威尔本人记录了如果威廉和路易斯拒绝让步，纳粹党准备采取的行动："那么第三帝国经济部（the Reich Ministry of Economics）将根据大区长官的建议，立即任命一名专员（接管公司）。"

36. 也没能逃过弗顿豪威尔的魔掌：出处同上，第322页。同时期一则报道卡尔·默克去纳粹化进程听证会裁决的新闻显示，弗顿豪威尔原本想把默克工厂同法本公司（IG Farben，第三帝国最为臭名昭著的工业巨头，曾在奥斯威辛分工厂内使用奴隶劳工，并且制造了死亡集中营所使用的毒气）合并。"二战"后，该公司也被盟军列入勒令解散名单。"Vor der Spruchkammer/Dr. Karl Merck in Gruppe IV", Darmstädter Echo, June 1, 1948.

37. 弗顿豪威尔的女儿乌苏拉也证实：出处同上，第337页。

38. 自己不愿意面对：出处同上。弗顿豪威尔的一个女儿玛格特在服毒后捡回一条命，另一个女儿乌苏拉当时不在达姆施塔特。

39. 弗顿豪威尔自杀后的第三天：出处同上。

40. 你知道的：出处同上。《库尔特·沃尔夫写给乔治·W.默克的书信手稿》,1947年8月4日。Merck-Archiv,A-148。根据默克公司文献《默克公司1668—2018:从药房到全球企业》的说法,这封书信并非出自库尔特·沃尔夫之手,而是美国默克公司的副总裁鲁道夫·格鲁勃(Rudolf Gruber)所写。但是默克公司档案馆收藏的这份书信手稿使用的是带有万神殿出版社抬头的信笺,并且信中提到了爷爷库尔特到慕尼黑看望我奶奶和我父亲一事。

41. 尽职尽责的美国CEO形象:1950年,乔治·W.默克在弗吉尼亚医学院(Medical College of Virginia)发表演讲时说:"我们永远不要忘记,医学的服务对象是人民。行医不是为了追逐利润。只要牢记这一点,利润自会到来。我们记得越清楚,获得的收益就越大。"总的说来,在20世纪余下的时间里,美国默克集团一直恪守着乔治·W.默克的讲话精神。杰拉尔德·波斯纳(Gerald Posner)在2020年出版的著作《制药公司》(*Pharma*)中,对整个美国制药业提出了批评,其中包括默克公司。但在批评之余,波斯纳仍然重点肯定了默克公司免费向发展中国家提供异阿凡曼菌素(Mectizan)以战胜寄生虫病的决策。"一个行业领先的公司,为了根除某种疾病,主动放弃本公司发现并已申请专利保护的霉素,在现代制药史上仅此一例,"他写道,"发现异阿凡曼菌素的科学家们在2015年获得诺贝尔医学奖时,默克公司已向全球发放超过10亿支药剂。" Gerald Posner, Pharma : Greed, Lies, and the Poisoning of America (New York : Avid Reader Press, 2020), 388.

42. (左派)正想尽一切办法:《库尔特·沃尔夫写给乔治·W.默克的书信手稿》,1947年8月4日。Merck-Archiv, A-148.

43. "约翰先生指出"：出处同上。

44. 盟军也废止了1942年的纳粹大区党部协议：Burhop et al., *Merck 1668-2018*, 348-49 and 357.

45. 首先：Merck-Archiv, A-1052.

46. 1937年，"德国航空运动协会"与"国家社会主义飞行军团"的合并：纳粹为了训练军用飞机飞行员，创立了"德国航空运动协会"和"国家社会主义飞行军团"，这两个组织是纳粹德国空军的前身。

47. 1939年，威廉面向职工发表演说：Burhop, et al., *Merck 1668-2018*, 278.

48. 这些历史学家援引劳工代表组织——默克劳资联合委员会提供的证词：出处同上，第268页。

49. 有两块"绊脚石"：就威廉提到的这两人而言，他们的婚姻被视作纳粹统治时期的少数跨种族"特权"通婚，至少在一段时期内曾得到了纳粹的准许，就像前文提到的威廉·霍善斯坦与玛戈特的结合。纳粹县区长官卡尔·席林虽然认为恩格尔曼的妻子是"雅利安人"，但仍然在1943年下令逮捕这位已在默克公司工作了18年的工程师。1944年，恩格尔曼被押往劳工集中营。一年后，他又被转押至特莱西恩施塔特集中营（Theresienstadt），最终在那里遇害。达姆施塔特罗纳林街14号（Rhönring 14）路面上的一块"绊脚石"刻有恩格尔曼的出生与死亡时间。1941年10月，没有犹太血统的汉凯被席林下令解雇。虽然默克公司向席林支付了养老金，但是席林的犹太裔妻子艾美却被驱逐至奥斯威辛，最终在那里遇害。雅恩大街116号（Jahnstrasse 116）路面上一块"绊脚石"的铭文印证了我叙述的这些内容。Burhop, et al., *Merck 1668–2018*, 305。需查询达姆施塔特城内的"绊脚石"列表，可访问网站：dfg-vk-darmstadt.de。

50. **韦加德先生**："Spruchkammer Darmstadt-Stadt, Begründung in Sachen Merck, Wilhelm", June 30, 1948, Merck-Archiv, A–1052.

51. **不久之后，他便官复原职，重新担任公司的领导**：Burhop, et al., *Merck 1668–2018*, 349.

第十八章：结局，自会到来

1. **在父亲眼中一无是处**：随着第三帝国的建立，此前就已在德国新教内部发轫的一场宗教运动，得以推进其关于"建立德国教会"的设想，即接纳纳粹对待民族主义、"种族"差异和犹太人的态度。作为回应，迪特里希·潘霍华（Dietrich Bonhoeffer）和马丁·尼莫拉（Martin Niemöller）等反纳粹神学家致力于建立"忏悔教会"，主张将上帝和《圣经》同任何世俗政治领袖或运动分离开来。同时，许多天主教人士也对纳粹政权持迁就态度，甚至在纳粹取缔天主教中心党（Catholic Centre Party）时也无动于衷。1933年希特勒与梵蒂冈达成"政教协定"后，约瑟夫·罗特隐晦地指出，"当基督教世界圣明的教皇陛下与基督的敌人缔结协定时，新教徒正尝试建立'德国教会'并审查《圣经》"。Joseph Roth, *What I Saw : Reports from Berlin, 1920–1933*, trans. Michael Hofmann（New York：W. W. Norton, 2004），209.

2. **"因此惹怒了孩子"**：《弗兰茨·卡夫卡寄给马克斯·布劳德的明信片》，写信时间：1923年9月6日。出自 Kafka, *Letters to Friends*,

379.

3. **不过，我也不愿意**：君特·格拉斯在其备忘录中，反思了自己为什么想要知道答案却不肯开口："是因为我不再是个孩子，所以才不敢开口吗？难道只有童话中的孩子们才会心直口快地提问吗？" Grass, *Peeling the Onion*, 10.

4. **"尚未定论的东西"**：Umberto Eco, "Umberto Eco: The Art of Fiction No. 197", interview by Lila Azam Zanaganeh, *Paris Review*, Summer 2008.

后记

1. **"历史上不存在什么必然规律"**：Stern, *Five Germanys*, 10.

2. **感觉真的非常奇妙**：Detjen, "Kurt and Helen Wolff", in *Immigrant Entrepreneurship*.

3. **约有54%的投票者**：Greenberg Research poll, cited in Stanley B. Greenberg, "Trump Is Beginning to Lose His Grip", *New York Times*, November 17, 2018.

4. **在总统及其支持者各种谎言、羞辱之词、政治噱头和权谋的掩盖下悄然发生**：其中一则谎言是：特朗普总统曾在推特上发文称，默克尔接纳难民导致德国犯罪率急剧上升。但是，我们于深夜漫步在城市当中，穿过无人的地铁人行隧道时，却感觉周围非常安全——这是因为德国的犯罪率实际上处于25年来的最低水平。Christopher F. Schuetze and Michael Wolgelenter, "Fact Check: Trump's False and Misleading Claims about Germany's Crime and Immigration", New

York Times, June 18, 2018.

5. **他写道：" 凡需要掩人耳目的东西，便是恶行 "**：Franz Kafka, *The Blue Octavo Notebooks*, trans. Ernst Kaiser and Eithne Wilkins （Cambridge，MA：Exact Change, 2004）, 24. 1917至1919年间，卡夫卡在多本笔记中写满了只言片语和各种警句。马克斯·布劳德从其中一本笔记中发掘出这句话。

6. **作为德美两国文化熏陶下的产物**：库尔特在写给玛利亚的信中，使用了" 摆在我们面前的共同使命 "这句话，此句与亚伯拉罕·林肯（Abraham Lincoln）在葛底斯堡演说中提到的" 摆在我们面前的伟大任务 "相呼应，这种修辞性的关联笔法，将我这本家族故事的德国支线与美国支线汇合到了一起。

译后记

到了这里，一段译书的旅程又要结束了。这本书大约26万字，翻译期间，我认真地斟酌每一个词的表述，同时转换英文的行文逻辑，力求语言流畅，最大限度地去除"翻译腔"，以符合中文表达习惯。又因为是历史类非虚构作品，所以遇到每一个历史名词时，我都会一一查证，补充了详细的"译者注"。关于本书，关于译书这件事儿，我想用这样几个词语概括：机缘巧合、感同身受、历历在目、逻辑自洽。

能够完成这本书，要感谢几处"机缘巧合"。第一处"巧"是接这本书的契机。提交完上一部作品的手稿后，我在豆瓣上闲逛，发现豆邮中有一封人民文学出版社编辑的留言，提到了有一本历史非虚构类图书在招募译者。收到"大社"编辑的来信，我内心既诚惶诚恐，又跃跃欲试，于是将精雕细琢的试译稿连同简历发了过去，最终开启了一段奇妙的译书之旅，开工的时间距离完成上一本书还不到三天。第二处"巧"是与编辑之间的情谊。我有一个习惯，在译书过程中遇到问题喜欢与人探讨，或是遇到自己满意的句子，也想找人分享，所以我的好友和作品的责编都会成为"骚扰对象"，编辑自然也未能"幸免",他对我在译书过程中的疑问有问必答,与我一起探讨译文的措辞与文法,我们很快熟络起来,成为几乎每天都能聊上几句的好友。最巧的是,在一段时间的深入交流后,我们发现两人竟然是家乡离得特别近的老乡。第三处"巧"是我联系上了英文原著的作者。这本书的作者是德裔美国人的后代,所以英文的表达不是很规范,原文里偶尔会有一些语义不明的句子。我还是抱着试试看的心态,在网上找到了作者的邮箱,给他发去了第一封邮件。以往译书时,我也这么做过,但要么是原著年代久远,作者早已亡故,要么是寄出去的邮件直接石沉大海。所以,我压根没有抱太大的希望。但仅仅在邮件发出后的当天,我便收到了作者的回信。此后,每一周我都会将翻译过程中遇到的问题罗列出来发给作者,作者会逐一地做出详细的解答,这样的信件往来贯穿了译书的全过程。可以说,译这本书,有一种和原著作者共同完成的感觉。综合以上三处"巧"来看,这本书于我的译书生涯而言,算是实现了三个一直以来想达到的目标:接触更好的出版平台、以书会友、能用英语与原著作者有深入沟通。

译这本书的过程中,有很多地方让我"感同身受",与作者产生了共鸣。一处是作者的父亲与家人在防空洞里躲避"慕尼黑空袭"时,感慨自己的命运如同"笼中困鼠"。翻译这部分内容时,我在外地就医,因时局原因,被医院拒之门外,困在几平米的旅店里长达两周的时间。无助的我在读到作者的文字时,竟有一种"时空重合"的错愕感,两个不同国家,两个不同时代的经历,竟如此地相似。另一处共鸣是在这本书的致谢部分,作者在感谢自己的爱人瓦妮莎时说:"她第一个站出来支持我创作,是这本书的第一位读者,永远把我们的感情放在第一位,永远在我心里排在第一。"我人生有幸,也遇到了海伦这样的人生伴侣——我的妻子丛佳慧女士。我平常在学校担任班主任,每天早出晚归,业余时间还要译书写稿。妻子支持我的事业,承担了所有的后勤工作。周一到周五回到家,妻子都做好了热气腾腾的饭菜,每到周六日,妻子还会陪我去咖啡馆写稿,我敲键盘码字,她在一旁看书,虽不说话,却是一种默契的精神陪伴。每本书完成后,妻子也会像海伦一样,成为我的"第一位读者",逐字逐句地通读书稿,找出脱漏补误,提供修改建议。曾经的我是一个容易焦虑,缺乏安全感的人,有妻子的陪伴,我倍感安心,才能心如止水,静心完成一部又一部作品。

迄今为止,我已经翻译了12部作品,总计200余万字,平均半年完成一本。在我看来,每完成一本书,就像在人生道路上标记了一块路牌。翻开每部作品,半年译书时光里的往事都"历历在目"。这本书的时间稍长一些,大概将近一年的时间。在此期间,我接手了一个可爱的班级,和爱人买下人生的第二套房子,按照自己的意愿装出了一间书房,还在演唱会上看到了陪伴自己整个青春的偶像。这一年过得也很艰难,和爱人一起在克服巨大苦难的道路上做出了第一次尝试,经历了一场魔幻的时局转折。生活有喜有悲,但也别丢掉了想要的美好,要过得有滋有味。

前几天看到一句话,非常认同——"生活的目标是,活到'逻辑自洽'就好。"感谢译书这件事,打通了我生活的各个环节,让我想通了凡事种种的关联,形成了一个完整的逻辑闭环,因而找到了生活的意义，寻得了自己的舒适区，最终在忙碌生活中觅得人生乐趣与成就感。譬如，读书的意义在于为译书积累语感和语言素材，译书可以提升自己的语言表达能力，语言流畅又可以提高教学水平，教学语言的规范又可以反哺遣词造句。历史教学的内容有助于理解译文的时代背景，译书获得的新知又可以在课堂上分享给学生。另外，自己的作品被别人看到，还可以带来更多机遇。比如，今年初能在省里做讲座，便因为省教研员看到了我翻译的历史地图集。曾经的我，对于提拔等事情意难平，如今，我在精神的花果山里"逻辑自洽"，怡然自得，便也与自己和解。与其做什么弼马温，不如做自己的"齐天大圣"。

想要表达的，都写了出来，就到这里吧。

王聪

于辽宁大连

2023年6月27日